죽음을 철학하다

THE PHILOSOPHY OF DEATH

Copyright © 2009/2010 by Steven Luper
All rights reserved.

Korean translation copyright © 2025 by Antares Co., Ltd.
Korean translation rights arranged with Cambridge University Press through EYA Co., Ltd.

DEATH

가슴으로 읽는 철학 ❷

죽음을 철학하다

스티븐 루퍼
조민호 옮김

안트레스

| 일러두기 |

- 본문에서 스티븐 루퍼 교수가 철저히 구분해 사용한 'human'과 'person'은 각각 생물적 측면에서의 '인간'과 심리적·정신적 인격체인 '사람'으로 옮겼으며, 인간(사람)을 포함한 모든 개별 생명체를 지칭할 때 쓴 표현인 'individual'은 '개체'로 번역했다.
- 본문의 성서 인용문은 옮긴이가 임의로 번역하지 않고《개정판 공동번역 성서》(대한성서공회, 1999)에서 해당 구절을 발췌했다.
- 명확한 이해가 필요한 용어에는 한자를 병기했다.
- 참고문헌 표기는 영미권 표준인 원서의 방식을 그대로 따랐다. 찾아보기에서 인명은 성만 표기하고 원어명을 병기했다.

죽음은 사실 우리에게 아무것도 아닐세.
우리 자신이 존재하는 한
죽음은 우리와 아무런 상관이 없다네.
죽음이 우리를 찾아왔을 때
우리는 이미 사라지고 없지.
따라서 우리가 살아있든 죽었든 간에
죽음은 우리와 무관하네.
살아있을 때는 죽음이 없고
죽었을 때는 우리가 없기 때문일세.

에피쿠로스, 《메노이케우스에게 보내는 편지》 중에서

서문

생명 과정의 돌이킬 수 없는 중단

DEATH

한 시간 뒤 여러분이 세상에서 더는 존재하지 않는다고 가정해보자. 그러면 지금의 여러분, 현재 이 글을 읽고 있는 여러분이 미래의 자신을 위해 계획을 세우는 일 따위는 아무런 의미가 없게 된다. 우리는 보통 다가올 삶을 기대하면서 현재의 계획을 실행하는 자신을 상상하거나, 지금으로서는 알 수 없는 미래의 여러분이 또 다른 계획을 세우고 실행하는 모습을 떠올리곤 한다. 또는 그저 미래의 자신이 즉흥적으로, 일테면 바다 위 저물어가는 태양을 여유롭게 감상하는 모습을 그려보기도 한다.

이처럼 우리는 미래에도 당연히 계속 존재한다고 여기기에 현재 어떤 행동을 해야 한다고 느낀다. 바쁜 하루하루를 열심히 살면 '미래의 나'에게 도움이 되리라 믿는 까닭도 이 때문이다. 미래의 나도 결국 현재의 나다. 그와 동시에 미래의 나는 나 자신이 키우고 돌보는 아이와도 같다. 우리는 모두 그 아이가 훗날 행복하기를, 자랑스러운 사람이 되기를 바라며, 과거의 자신을 따뜻하게 기억하기를 원한다.

그런데 현재 우리가 하는 많은 일들은 오직 그 아이가 성장하고 번영할 때만 의미가 있다. 소멸, 즉 우리 존재 자체가 사라지는 일이 닥친다면 이 모든 계획과 돌봄은 무의미해진다. 인생에서 기대할 게 아무것도 없게 된다. 돌봐야 할 미래의 내가 없기에 지금 중요하다고 여기는 일을 계속할 이유가 없고 새로 도전할 일도 없다. '나'라는 존재 자체가 완전히 사라지는데 무슨 소용이 있단 말인가. 따라서 죽음이 소멸을 뜻한다면, 우리 대부분에게 죽음은 매우 나쁜 일이다.

이 책에서 여러분과 나는 '죽음(death)'을 제1부 '죽음(dying)'과 제2부 '죽임(killing)'으로 구분해 철학하게 될 것이다. 제1부의 '죽음'은 '죽어감', 즉 죽어가는 과정이나 상태로 이해하면 된다. 우리가 필멸의 존재로서 죽어가는 과정에 대한 철학적 성찰이다. 어쩌면 죽음은 우리에게 익숙한 삶이 어떤 형태로든 지속되는, 이른바 사후 세계로 이어지는 변화 과정일지도 모른다. 그렇지만 나는 그에 대해서는 전혀 모르기에 그 가능성을 다루진 않는다. 다만 나는 죽음을 곧 우리의 종말이라고 가정한 뒤 그것이 어떤 종류의 끝인지, 그 끝에 어떤 의미를 부여할 수 있는지 밝히고자 한다. 설령 여러분이 죽음을 끝이 아니라 계속되는 무엇이라고 생각하더라도 소멸이 갖는 의미를 숙고함으로써 얻을 게 있을 것이다. 소멸이 우리에게 전적으로 해롭다면 영원한 삶은 중요할 수밖에 없다. 영원히 살아야 소멸이라는 악을 피할 수 있기 때문이다. 반대로 소멸이 우리에게 해롭지 않다면 왜 그토록 불멸의 가능성을 기대하는지 의문을 제기하지 않을 수 없다.

죽음을 마주할 때 우리는 계속 살았더라면 누렸을 좋은 것들을 잃게 된다. 심지어 죽음은 그 커다란 상실감을 느낄 기회조차 주지 않는다. 하지만 죽음이 우리에게서 좋은 것들만 빼앗진 않는다. 죽음은 좋은 것과 나쁜 것들을 함께 앗아간다. 삶은 때때로 대단히 끔찍한 것이 되기도 한다. 사랑하는 사람을 잃거나, 고통만 가득한 질병을 앓거나, 치매로 기억을 잃어가는 사람이라면 이를 잘 안다. 이런 고통으로부터 벗어나게 해준다는 측면에서 보면 죽음은 우리에게 아주 좋은 일이 될 수도 있다.

그러므로 삶을 계속 사는 게 좋은 일이라면 죽음은 우리에게 해로울 수 있고, 삶을 지속하는 것 자체가 나쁜 일이라면 죽음은 오히려 이로울 수 있다. 오늘날 죽음에 대해 논의하는 철학자들 대부분은 이 관점을 어떤 형태로든 옹호한다. 죽음은 여러 가지 그럴듯한 논리적 결론을 낳는다. 예컨대 계속 살아감으로써 더 좋은 삶을 살 수 있다면, 수명을 크게 늘리는 일은 바람직할 것이다. 노화의 메커니즘이 점점 더 명확히 드러나고 있는 만큼 현실적으로 충분히 가능하다. 유리한 조건 아래에서 무기한 연장된 삶을 누릴 수 있다면 우리의 삶 전체가 더 나아질 것이기에 환영할 만한 일이다.

그렇지만 죽음의 악함이 우리에게서 앗아가는 삶의 선함에서 비롯된다는 관점은 또 다른 결론을 도출한다. 죽음에 대한 불안이 삶을 향한 사랑의 또 다른 얼굴이라는 것이다. 비극적인 죽음을 피하고자 우리 삶을 스스로 형편없거나 너무 평범하게 만드는 것은 터무니없으며, 되레 상황을 더 악화할 뿐이다. 그러면 살 가치가 없는 삶만 남게 된다. 그럴 바에는 차라리 더 열심히 살다가 죽음이라는 비극을 맞이하는 편이 나을 것이다.

그럼에도 불구하고 "좋은 삶은 나쁜 죽음을 남긴다"는 명제에 놀라울 만큼 끈질긴 반대 의견이 있었다. 이런 반론 중 일부는 고대 철학자들이 발전시켰는데, 이들은 죽음이 우리에게 해롭다는 믿음이나 불멸에 대한 갈망 같은 잘못된 신념과 욕망에서 벗어난다면 더 평온하고 나은 삶을 살 수 있다고 봤다.

그러나 나는 그와 같은 노력, 적어도 내가 알고 있는 그런 노력은 오히려 역효과를 초래한다고 생각한다. 우리 삶을 더 피곤하고 빈곤하게 만들 뿐이다. 고대 그리스 철학자 에피쿠로스(Epicuros)는 불멸에 대한 욕망을 버리고 죽음이 나쁘다는 믿음을 포기하도록 설득해 우리를 돕고자 했던 인물 중 한 사람이었다. 물론 소크라테스(Socrates)를 위시한 많은 철학자도 죽음은 사후 세계로 가는 관문이고, 그곳에서 우리는 계속 잘 살아갈 테니 실제로는 해롭지 않다고 주장했다. 하지만 에피쿠로스의 접근법은 이들과는 사뭇 달랐다.

에피쿠로스는 죽음은 사실상 우리에게 아무것도 아니라고 주장했다. 우리 존재가 살아있을 때는 죽음이 없고, 죽었을 때는 우리가 없기 때문이다. 에피쿠로스에게 가장 중요한 논점은 죽음 때문에 해를 입는 '주체'를 특정하는 것, 그 해악의 '내용'이 무엇인지 명확히 규명하는 것, 그리고 그 해악이 발생하는 '시점'을 정확히 식별하는 것이었다. 그래야 비로소 죽음이 나쁘다고 규정할 수 있다. 그런데 에피쿠로스의 말처럼 죽은 사람은 더는 존재하지 않으므로 이 세 가지 논점을 짚어 내기가 더욱 어렵다. 그에 따르면 죽음이 해롭다고 말할 수 있는 시점은 오직 살아있는 동안이나 사망 이후뿐이다. 하지만 일단 죽고 나면 해를 입을 주체가 없으니 죽음이 나쁘다고 할 수 없고, 살아있을 때는 주체를 찾는 건 쉬우나 죽지 않았으므로 죽음이 그 주체에 어떤 해를 입히는지 설명할 수 없다. 에피쿠로스가 죽음은 전혀 나쁜 것이 아니라고 역설한 까닭이 여기에 있다.

  이 책의 제1부 '죽음'에서 나는 주로 에피쿠로스 관점의 반론들을 다루는 동시에 무엇이 사람의 이익에 부합하고 무엇이 반하는지를 규명하려고 시도할 것이다. 그러려면 죽음을 본격적으로 철학하기 전에 먼저 여러분과 나 같은 사람이 무엇인지, 우리 같은 사람의 존재란 무엇을 의미하는지 살필 필요가 있다. 여기서 존재란 곧 '살아있음'과 연결되므로 '생명'이 무엇인지 규정하고 넘어가야 할 것이다. 아울러 우리는 사람이기에 '인간성'과 '인격성' 그리고 '동일성' 개념을 정리하는 작업도 필요하다. 제1장의 내용이다. '생명'에 관해 되짚어보는 제1장은 살아있는 존재는 유기체 및 그 유기체를 구성하는 기관과 조직을 포함한다고 설명한다. 지금까지 알려진 모든 유기체는 고유하고 특정한 과정을 통해 스스로 생명을 유지하는 존재들이다. 이를 '생명 과정'이라고 부르며 DNA가 제어한다. 그리고 이론상 DNA가 아니더라도 다른 메커니즘을 기반으로 한 생명체가 발견되거나 인공적으로 만들어질 수도 있다. 그것들을 살아있는 존재, 즉 생명체로 간주할 수 있을지는 해당 메커니즘이 DNA와 충분히 유사한지 따져보면 된다. 다시 말해 DNA처럼 시간이 지남에 따라 진화할 수 있는 속성을 갖춘 '복제자(replicator)'인지가 핵심 기준이 될 것이다.

유한한 생명체는 죽음에 이르면 생명 과정을 유지할 수 없어서 소멸한다. 그런데 사람에게만큼은 잣대를 달리해 여러분과 나의 존재 여부는 사람이 무엇인지, 어떤 조건에 따라 시간이 지나도 지속될 수 있는지에 달렸다고들 말한다. 이를 이해하는 방식에도 여러 견해가 있는데, 여기서는 크게 세 가지 관점을 들여다보려고 한다. 첫 번째는 '인격 본질주의(person essentialism)'로, 사람(인격체)은 본질적으로 '자기 인식(self-awareness)'을 하는 존재라는 관점이다. 두 번째는 우리가 본질적으로 '동물'이라는 '동물 본질주의(animal essentialism)'다. 세 번째 '정신 본질주의(mind essentialism)'는 우리가 본질적으로 '정신(마음)' 그 자체라는 견해다. 마찬가지 맥락에서 우리의 '지속 조건'에 관한 설명도 여러 가지가 있다. '심리적 설명(psychological account)'에 따르면 우리 존재의 지속은 심리적 속성과 그 속성들 사이의 관계에 달렸다. '동물적 설명(animalist account)'은 우리가 동물인 상태를 유지하는 한에서만 지속된다고 말한다. '정신적 설명(mindist account)'은 정신이 온전하게 유지되는 한 우리는 지속된다고 본다.

어떤 관점이든 제각기 결함이 있어 보인다. 여러분과 내가 어떤 존재인지, 우리 생명이 지속하는 데 필요한 것이 무엇인지 정확하고 명확하게 설명하기란 결코 쉬운 일이 아니다. 동물적 관점이 우리 같은 생명체에 관한 갖가지 익숙한 사실들을 설명해주긴 한다. 예를 들면 우리는 팔다리를 잃고도 생존할 수 있으며, 확실히 인간은 동물인 것 같다. 그러나 동물 본질주의와 동물적 설명 이론에 결정적인 반론을 제기하는 몇 가지 사고 실험도 있다. 그 대표적인 사례가 대뇌 이식이다. 여러분의 대뇌를 본래 신체에서 꺼내 다른 사람의 몸에 이식하는 데 성공했다고 가정해보자. 수술을 마친 후 외과의사들이 환자를 깨우니 그 환자는 자신이 여러분이라고 말하고 실제로도 여러분의 기억과 성격을 그대로 갖고 있다. 그렇다면 그 환자가 여러분이라는 사실이 자명하지 않을까? 하지만 동물 본질주의나 동물적 설명의 관점에서 보면 그렇지 않다. 뇌는 독립된 존재가 아니며 신체를 이루는 기관의 일부일 뿐이다. 신체 기관이나 그 일부를 동물이라고 할 수는 없으므로, 대뇌를 다른 사람의 신체로 옮겼다고 해서 동일한 존재로서 생명을 지속한다고 할 수 없다.

동물적 관점에 따르면 여러분이 이 수술을 통해 살아남았는지는 대뇌가 제거된 몸에 무슨 일이 일어났는지에 달렸다. 만약 여러분의 본래 신체가 여전히 살아있다면 동물적 관점에서는 그 몸이 바로 여러분이다. '뇌간(腦幹/brain stem)'이 온전한 신체는 대뇌가 제거되더라도 수년 동안 생존할 수 있는데, 이는 대뇌가 손상되고도 식물인간 상태로 생명을 유지한 낸시 크루잔(Nancy Cruzan)이나 테리 샤이보(Terry Schiavo) 같은 사람들의 사례에서도 잘 드러난다. 그렇다고는 하나 대뇌 이식에 성공한 환자는 격렬히 반박하면서 자신이 여러분이라고 주장할 것이다.

한편으로 인격 본질주의나 정신 본질주의, 심리적 설명이나 정신적 설명은 인간 존재의 생명 지속과 관련해 대뇌 이식 사례를 더 잘 설명할 수 있을 것 같다. 하지만 이런 이론들 역시 나름의 문제를 안고 있다. 아직 정신을 형성하지 못한 태아는 어떻게 봐야 할까? 여러분도 태아 시절을 거쳤으니 같은 존재일까? 인격 본질주의나 정신 본질주의 관점에서는 그렇지 않다. 본질적으로 정신이거나 인격인 존재가 어떻게 정신과 인격이 없는 존재였던 적이 있겠는가? 그런데 태아도 분명히 어떤 존재다. 태아를 인간 존재라고 한다면, 여러분이 정신이나 인격으로서 존재하기 시작하는 순간 태아였던 존재는 소멸하는 걸까? 그렇지 않을 것이다. 정신과 인격이 발달한다고 해서 그 근간이 된 인간 존재가 사라지는 것은 아닐 테니까. 인격 본질주의와 정신 본질주의에 따르면 현재 여러분의 몸에 두 존재가 공존하고 있다는 궁색한 결론이 나올 수밖에 없다. 한때 태아였던 어떤 인간 존재와 지금의 여러분과 나라는 인격 또는 정신이 함께 존재하는 셈이다. 이게 정말 사실일까? 이런 문제들 때문에 오히려 동물 본질주의가 더 설득력 있어 보이기도 한다.

제2장에서는 '죽음'이 무엇인지 철학한다. 이 장에서 여러분과 나는 죽음이 노화와 무엇이 다른지, 죽음은 영구적인 것인지, 어떤 징후로 죽음을 식별할 수 있는지, 생명이 일시적으로 중단됐다가 소생될 수 있는지 등을 살필 것이다. 아울러 '죽음'이라는 용어가 지닌 몇 가지 모호한 측면도 구분할 것이다. 그중에서도 가장 중요한 구분은 죽음을 죽어가는 '과정(process)'으로 보는 것과 그 과정이 결국 사람을 어떤 '상태(state)'로 만드는지를 이해하는 방식이다.

몇몇 이론가들은 사람이 죽은 뒤에도 존재를 지속한다고 주장한다. 그 가운데 가장 단순한 주장은 우리에게 그다지 특별한 의미로 다가오지 않는다. 왜냐하면 그들이 말하는 사후 존재는 우리가 '시신(시체)'으로서 지속하는 것을 뜻하기 때문이다. 나는 이 관점은 논의할 가치가 없다고 본다. 시신이 된다는 것은 우리 존재를 지속하는 방식이 될 수 없다.

그렇다면 죽음은 확실히 영구적인 것일까? 이 문제를 명확히 하려면 생명의 '소생(reviving)'과 '복원(restoring)'을 구분할 필요가 있다. 자연에서는 해마다 수없이 많은 생명이 소생한다. 씨앗은 본질적으로 생명 과정이 일시 정지된 식물이며, 봄날 단비가 내리면 다시 소생한다. 개구리나 심지어 인간 배아조차도 냉동 보관했다가 해동하면 생명 과정이 재개된다. 따라서 생명 과정은 일시적으로 중단됐다가 다시 활성화할 수 있다. 마찬가지로 어떤 생물이 죽어가는 과정 또한 중단되거나 되돌릴 수 있다. 그러나 일단 죽음의 과정이 완료돼서 생명이 더는 존재하지 않게 되면, 그 과정을 되돌리거나 소생시키는 것은 불가능하다. 그런데 복원은 또 다른 문제다. 복원이란 죽어서 존재하지 않는 생명이 다시 살아나는 것을 의미한다. 나는 복원이 개념적으로는 가능하다고 제안할 텐데, 죽음이 반드시 영구적인 것은 아닐 수도 있어서다. 그렇더라도 여러분과 내게 죽음이란 개념은 우리 존재를 지속하던 '생명 과정의 돌이킬 수 없는 중단'을 뜻한다.

제3장에서는 에피쿠로스가 죽음이나 죽음 이후의 사건이 죽는 사람에게 나쁘지 않다고, 전혀 해를 끼칠 수 없다고 주장한 이유를 설명할 것이다. 나아가 그의 추종자 루크레티우스(Lucretius)가 같은 결론을 뒷받침하기 위해 제시한 이른바 '대칭 논증(symmetry argument)'도 함께 검토한다. 루크레티우스는 우리가 태어나기 전 비존재일 때가 전혀 나쁘지 않았듯이 죽고 나서의 비존재 역시 우리에게 해가 되지 않는다고 주장했다. 여기서 나는 태어나기 전의 비존재와 죽음 이후의 비존재에 대해 같은 관점을 가질 이유가 없다는 '비대칭 논증(asymmetry argument)'도 소개할 것이다.

그렇지만 에피쿠로스의 주장 자체는 생각보다 다루기가 어렵다. 그는 죽음은 우리가 존재하던 상태에서 존재하지 않는 상태로의 전환을 의미하기 때문에 죽음 또는 죽음 이후의 사건이 우리에게 영향을 미칠 수 있다는 생각 자체가 성립할 수 없고, 더욱이 진정 중요한 방식으로 영향을 미칠 수 있음을 증명하기란 불가능하다고 지적했다. 에피쿠로스는 우리에게 진짜 나쁘고 해로운 것은 정신적이든 육체적이든 고통만이 있을 뿐인데, 죽고 나면 더는 존재하지 않기에 고통을 경험할 수 없다고 역설했다. 물론 이 주장은 죽음이 일어나는 그 순간의 해악에 관해서는 가능성을 열어두고 있지만, 그 해악이 그저 우리가 죽을 때 느끼는 고통으로만 한정할 수 있을지는 의문이 남는다. 고통이 없는 죽음이라면 우리에게 아무런 해를 끼치지 않는 걸까?

제4장과 제5장에서는 제3장에서 제기된 문제들에 대한 반론을 살핀다. 제4장에서 여러분과 내가 풀어볼 주요 과제는 대다수가 받아들일 만한 개인적 삶의 '타산적 가치(prudential value)'에 대한 이론을 발전시키는 것이다. 죽음이 나쁘고 해롭다면 상대적으로 삶은 우리에게 좋고 이로운 것이어야 할 것이다. '복지(welfare)', 즉 '행복한 삶'은 무엇으로 이뤄지는지, 그것이 우리 삶의 '개인적 이익'과 어떻게 연결되는지 이해할 필요가 있다. 나는 '비교주의(comparativism)'라고 부르는 표준적 견해를 옹호한다. 비교주의란 어떤 가치를 따질 때 절대적으로 바라보지 않고 비교해서 판단한다는 입장이다.

비교주의 관점에서 뭔가가 우리의 이익에 부합한다고 말하려면 그것이 발생했을 경우 우리에게 이익이 돼야 한다. 우리 삶을 지금보다 더 나아지게 해야 비로소 이익에 부합한다고 할 수 있을 것이다. 같은 맥락에서 뭔가가 우리의 이익에 반한다고 말하려면 그것이 발생했을 경우 우리에게 해가 돼야 한다. 우리 삶을 지금보다 더 나빠지게 한다면 해롭고 이익에 반한다고 할 수 있다. 이런 방식으로 분석한 개인적 가치 개념은 복지의 본질에 관한 갖가지 견해와 아우러질 수 있다.

여러분과 나는 복지를 세 가지 분석 도구로 살필 것이다. 첫 번째는 '쾌락주의(hedonism)'다. 우리에게 본질적으로 좋은 것은 쾌락이라는 입장이다. 반면 본질적으로 해로운 것은 고통이다. 두 번째는 '선호주의(preferentialism)'다. 우리에게 본질적으로 좋은 것은 우리의 선호(욕구)와 결과가 일치해야 한다는 견해다. 다시 말해 P라는 어떤 상태가 실현되기를 바랐는데 실제로 P가 실현되면, 우리에게 본질적으로 좋은 게 된다. 반대로 P가 실현되기를 바랐지만 실현되지 않으면, 우리에게 본질적으로 나쁜 게 된다. 세 번째는 '다원주의(pluralism)'다. 말 그대로 다양성을 인정한다. 우리에게 본질적으로 좋은 것이 쾌락주의나 선호주의 요소들에 한정되지 않는다는 입장이다.

제4장 후반부에서는 죽음이나 죽음 이후의 사건이 우리에게 해를 끼칠 가능성에 관해 경쟁적으로 설명하는 몇 가지 이론을 살필 것이다. 죽음이 해롭지 않다는 이들의 주장은 보통 해악을 고통으로 치환해 바라보는 경향이 있다. 한마디로 말해서 죽음은 고통을 경험할 능력 자체를 '박탈(剝奪/deprivation)'하므로 우리에게 해를 끼칠 수 없다는 것이다. 그러나 이는 해로움을 지나치게 좁게 보는 관점이다. 반대로 죽음이 우리에게 해를 끼친다고 보는 이들은 해로움이 비단 고통뿐 아니라 좋은 것을 박탈당할 때도 해당한다고 주장한다.

제5장은 에피쿠로스가 제시한 '시점'의 문제를 해결하려는 주요 이론들에 집중한다. 뭔가가 우리에게 해를 입힐 수 있으려면 반드시 그로 인해 우리가 특정 시점에서 이전보다 더 나빠져야 한다는 가정도 검토

한다. 나는 이 가정이 거짓이라고 주장할 것이다. 죽음이나 죽음 이후의 사건은 그 때문에 더 나빠진 시점이 없더라도 우리에게 해로울 수 있다. 죽음으로 인해 우리의 '삶'이 박탈당했기에 이전보다 더 나빠졌다고 할 수 있기 때문이다. 그리고 나는 죽음이나 죽음 이후의 사건으로 우리가 더 나빠지는 특정 시점이 존재한다고 제안할 것이다. 다름 아닌 죽음에 반하여 우리에게 이익이 있는 동안, 다시 말해 우리가 살아있는 동안이다.

이 책의 제2부 '죽임'에서는 살해 행위의 윤리적 의미를 논의할 것이다. 더 구체적으로 말하면 살해가 왜 그리고 언제 '일단의(prima facie)' 잘못된 행위가 되는지 질문을 던질 것이다. 다만 살해가 살해당한 사람에게 미치는 직접적 영향에만 초점을 맞추고 그것이 초래할 수 있는 부수적 효과에 대해서는 논외로 한다. 제6장이 이와 관련한 이론을 다루고, 제7장과 제8장에서는 자살과 안락사 그리고 낙태의 윤리적 측면을 검토할 것이다.

모름지기 살해가 잘못된 행위라는 점은 분명히 그 해악과 관련이 있으므로, 제1부에서 도출된 결론은 제2부의 논의에 그대로 영향을 미칠 것이다. 만약 여러분이나 나와 같은 사람에게 죽음이 해롭지 않다면, 우리를 살해하는 것이 도덕적으로 문제가 되지 않는다고 결론지을 수 있을까? 그렇게 단순한 문제가 아니기에 신중한 생각이 필요하다.

살해가 왜 그리고 언제 문제가 되는가에 관한 이론적 관점은 몇 가지로 나뉠 수 있다. 첫째, '해악 설명(harm account)'은 살해의 잘못은 사망한 사람에게 가한 해악의 문제라고 주장한다. 둘째, '동의 설명(consent account)'은 살해가 도덕적으로 문제가 되는 이유를 피살자가 자기 죽음에 동의하지 않았기 때문이라고 말한다. 셋째, '주체 가치 설명(subject value account)'은 피살자가 상실한 고유의 가치 측면에서 살해의 잘못을 판단하는 관점이다.

이 세 가지 설명 모두 들여다볼 필요가 있으니 각각 공정하게 다룰 것이다. 미리 말하자면 이 가운데 '주체 가치 설명'이 가장 널리 수용되는 관점이지만, 이를 더 정밀하게 발전시키는 일은 상당히 어려운 과제다. 개인이 고유한 가치를 지닌 존재라고 주장하는 순간 우리는 그 즉시 다음과 같은 난제들과 맞닥뜨리게 된다. 인간 한 사람의 가치는 양 몇 마리의 가치와 동등할까? 사람마다 가치가 똑같다면 두 사람은 두 배이므로, (무고한) 한 사람을 죽여서 두 사람을 살리는 행위를 정당화할 수 있을까?

그런데 내가 볼 때 가장 설득력 있는 설명은 따로 있다. 내가 '결합 설명(combined account)'이라고 이름 붙인 네 번째 관점이다. '주체 가치 설명'과 달리 이 관점은 개인이 고유한 주체적 가치를 지닌다고 주장하지 않는다. 그렇지만 '동의 설명'과 마찬가지로 '자기 죽음에 판단 능력이 있는' 사람이 '충분한 정보'를 바탕으로 죽임을 거부하는 선택을 했을 때, 그 사람을 살해하는 행위를 잘못이라고 본다. 더불어 '해악 설명'과 같은 맥락에서 '자기 죽음에 판단 능력이 없는' 사람이라도 그 사람에게 해악을 입히면 살해 행위가 잘못이라고 규정한다. 참고로 이 책 전반에서 "오직 ~할 때뿐"이라는 표현이 자주 나올 텐데, 일테면 방금 문장은 "자기 죽음에 판단 능력이 없는 사람을 살해하는 행위는 오직 해악을 입힐 때만 잘못"이라는 뜻이다.

제7장은 자살과 안락사는 합리적이고 도덕적인 선택이 될 수 없다는 주장에 대한 논쟁을 다룬다. 만약 삶을 지속하는 것이 개인의 이익에 절대적으로 반하는 상황이라면, 고통 없이 빠르고 확실하게 죽을 수 있는 방법이 존재한다는 가정 아래 자살이나 안락사가 합리적 선택이 될 수 있을 것 같다. 하지만 반드시 고려해야 할 여러 복잡한 요소들이 있다.

자살과 안락사를 도덕적으로 허용할 수 있다는 주장에 대한 가장 강력한 반대 논거는 '주체 가치 설명'을 절대적으로 옹호하는 관점에 근거한다. 이 입장은 우리 인간이 그 자체로 다른 모든 가치를 초월하는 고유한 가치를 지닌다고 주장한다. 그러나 어떤 형태의 살해가 주체 가치 상실을 상쇄하고도 남을 만큼 충분히 유익한 상황이라면 주체 가치 설명은 설득력을 잃게 된다. 예컨대 동물을 안락사시키는 행위를 윤리적으로 허용하는 명백한 현실에 직면해 이 이론은 수정될 필요가 있다. 나는 적절한 조정을 거친다면 인간을 살해하는 행위가 주체 가치 상실을 초월할 만큼 유익할 가능성을 인정해야 한다고 주장할 것이다. 내 설명이 옳다면 자살과 안락사가 무조건 잘못된 것은 아니다. 한 걸음 더 나아가 나는 '결합 설명'이 살해를 설명하는 가장 적절한 이론이며, 자살과 조력 자살 및 안락사 모두를 도덕적으로 허용할 수 있어야 한다고 제안할 것이다.

 마지막 제8장에서는 낙태가 도덕적으로 문제가 되는지, 그렇다면 그 이유는 무엇인지에 대한 논의를 다룬다. 낙태에 반대하는 가장 강력한 주장은 태아를 살해하는 행위가 우리와 같은 삶을 누릴 기회를 박탈함으로써 해를 끼치기에 도덕적으로 잘못됐다는 것이다. 그러나 이 논증이 합당한지는 여러 이견이 있다. '인격 본질주의'와 '정신 본질주의'는 이 관점을 거부하는 경향이 있다. 이들은 낙태로 인해 태아가 우리와 같은 삶을 박탈당하는 게 아니라고 말하고 싶어 한다. 앞서 언급했듯이 태아는 인격과 정신이 없기에 본질적으로 우리 인간과 다른 유형의 존재이며, 우리와 같은 생명체와는 다르다는 입장이다.

 제8장에서 다루는 문제들은 우리를 다시 원점으로 되돌려 제1장에서 논의한 어려운 질문들과 연결된다. 다름 아닌 '생명'이란 무엇인가에 대한 일반적인 문제, 더 구체적으로는 여러분과 내가 어떤 종류의 생명체인가에 관한 문제를 또다시 들여다보게 만든다.

: 차례 :

서문 | 생명 과정의 돌이킬 수 없는 중단 _6

제1부 ° 죽음 DYING

제1장 살아있다는 것 _26
생명 그리고 살아있는 존재 _28 | 인간성, 인격성, 동일성 _50

제2장 죽는다는 것 _78
생명의 노화, 종결, 중단 그리고 존재의 소멸 _79 | 죽었다는 기준 _97

제3장 죽음에 관한 논쟁들 _113
대칭 논증 _114 | 시점의 문제 _128 | 평온에 이르는 길 _147

제4장 필멸의 해로움 _161
삶의 타산적 가치 _162 | 해악 논제 _193

제5장 죽음은 언제 해로운가? _243
에피쿠로스의 도전 _244 | 죽음이 나빠지는 다섯 시점 _252

제2부 ° 죽임 KILLING

제6장 죽인다는 것 _282
해악 설명 _285 | 주체 가치 설명 _294
| 동의 설명 _313 | 결합 설명 _317

제7장 스스로 죽는 것과 남의 손에 죽는 것 _337
자살과 안락사 _339 | 합리적으로 선택한 죽음 _352
| 도덕적으로 선택한 죽음 _361 | 막거나 돕거나 _371

제8장 태아 살해의 딜레마 _385
낙태 반대 논증 _386 | 낙태 옹호 논증 _391
| 철학으로 풀기 어려운 유일한 죽음 _401

주 _428
참고문헌 _442
찾아보기 _467

제1부

죽음

DYING

제1장

살아있다는 것

DEATH

1651년 토머스 홉스(Thomas Hobbes)는 《리바이어던(Leviathan)》 서문에서 17세기 중반에 쓴 글이라고 믿기 힘들 정도로 현대적인 생명관을 제시했다.

> 생명이란 팔다리의 운동일 뿐이며, 그 시작은 내부의 어떤 중요한 부분에서 이뤄진다. 그렇다면 모든 '자동기계(automata)', 예컨대 시계처럼 태엽과 톱니바퀴로 스스로 움직이는 장치에도 인공적인 생명이 있다고 말할 수 있지 않을까? '심장'은 '태엽', '신경'은 수많은 '줄', '관절'은 수많은 '톱니바퀴'이고, 이것들이 모두 제작자의 의도대로 몸 전체를 움직이게 하는 장치에 불과하지 않은가?

홉스는 생명체가 살아있는 까닭은 그 움직임이 내부에서 비롯하기 때문이라고 주장했다. 따라서 여러분과 나 그리고 다른 모든 생명체 역시 자동기계와 다를 바 없다. 우리는 마치 회중시계처럼 때마다 태엽을 감아 시간을 보내는 존재들이다. 이렇게 보면 생명을 창조하는 것도 매우 단순한 일이 된다. 시계 제작자처럼 누구라도 생명을 만들어낼 수 있으니까.

홉스는 생명체를 '스스로 움직이는 것'이라고 정의함으로써 생명의 신비성을 제거했다. 물론 그의 생명 개념은 지나치게 단순하다. 하지만 그의 관점에는 중요한 시사점이 있다. 죽음을 이해하려면 먼저 생명이 무엇인지를 자세히 들여다봐야 한다는 것이다. 죽음이란 생명 과정이 끝나는 순간 일어나는 현상이기 때문이다. 만약 홉스의 단순한 생명 개념이 옳다면 죽음도 그만큼 단순한 문제가 된다. 우리의 '운동'이 멈출 때, 내부에서 더는 '움직임'을 초래하지 않을 때, 우리는 죽는다.

우리는 이 장에서 생명, 즉 '살아있음'이라는 속성을 명확히 규명하려고 할 것이다. 그러나 이 과업은 너무나도 방대한 데다 연관된 문제들도 무척이나 복잡하다. 그래서 우리는 생명에 대한 철학적인 개요를 확인하는 데 그칠 수밖에 없다. 그리고 이를 바탕으로 더 구체적인 유형의 생명체인 인간, 여러분과 나 같은 존재가 무엇인지 깊게 살펴볼 것이다. 여기서 우리가 던질 질문은 "우리는 무엇인가?"다. 우리가 '인간'이고, '인격체'이고, '의식적인 존재'라는 사실은 자명해 보인다. 그렇지만 이렇게 서로 다른 특징들은 저마다 중요한 방식으로 차이가 있고, 우리가 죽음을 어떻게 이해할지에도 영향을 미친다. 죽음 자체는 제2장에서 본격적으로 다룰 테니 여기서는 생명에만 집중하자.

우리는 이 장에서 두 가지를 살필 것이다. 하나는 살아있다는 게 무엇을 의미하는지다. 또 하나는 인간만의 특징인 인간성과 인격을 무엇으로 봐야 하는지다. 우리가 살아있다는 것, 달리 말해 존재한다는 것은 인간, 즉 인격체의 지위와 밀접하게 연결돼 있기 때문이다.

생명 그리고 살아있는 존재

우리는 분명히 살아있는 존재와 분명히 살아있지 않은 존재를 구별할 수 있다. 아울러 바이러스처럼 분류하기 어려운 존재들도 발견하거나 상상할 수 있다. 생명체에 대한 개념을 확실히 하려면 무엇이 살아있는 것의 특징인지 알아야 한다. 바이러스 같은 애매한 사례들을 분류하는 잣대가 있어야 하고, 적어도 그것들이 살아있는 존재인지 아닌지가 불분명한 이유라도 제시할 수 있어야 한다. 그렇기에 우선 이런 개념을 진화 생물학과 분자 생물학의 기본적인 발견 사실을 대략적으로나마 정리한 다음 논의를 이어갈 것이다.

생명

생명체 진화의 핵심 메커니즘은 DNA 분자다. DNA는 '세포 내 공생

(endosymbiosis)'을 포함하는 자연선택을 통해 생명체가 발달하고 유지하고 번식하는 진화 과정 전반을 조절하는 역할을 한다. DNA는 다음의 네 가지 핵심 활동을 수행함으로써 생명체의 진화를 가능케 한다.

1. 복제: DNA는 자기 복제(self-replication)를 통해 자신의 복제본을 만든다.
2. 변이: DNA의 복제본은 시간이 지나면서 원본과 상당히 다른 형태로 변형된다.
3. 증식: DNA는 자신의 수명과 복제 과정을 촉진하는 구조를 구축하고 통합한다. 이 구조를 '복제체'라고 한다.
4. 변이 유전: DNA는 자신의 복제본에 돌연변이를 남길 수 있는데, 이 돌연변이에도 복제체를 형성하는 특징이 유전된다.

DNA가 처음에 어떻게 형성됐는지는 명확하지 않지만, 더 단순한 자기 복제 분자에서 진화했을 가능성이 크다. 아주 오랜 옛날 지구에 산소와 생명체가 없었던 때 대기에는 수소, 메탄, 암모니아, 이산화탄소 같은 가스와 물이 존재했을 것이다. 이런 혼합물이 번개나 태양에서 방출되는 자외선에 노출됐을 것이다. 플라스크에서 이와 같은 조건을 재현하면 단백질의 주요 구성 요소인 아미노산과 DNA 및 RNA와 같은 핵산의 기본 성분인 '퓨린(purine)'과 '피리미딘(pyrimidine)'을 생성할 수 있다.[1]

지구 역사상 가장 초기의 자기 복제 분자는 이런 유기 화합물의 '원생액(primordial soup)'에서 생겨났을 것이다.[2] 그리고 이 과정에서 미네랄이 골격 역할이나 촉매 역할을 했을 것이다.[3] DNA 자체는 RNA에서 진화했을 가능성이 크다. 1980년대에 화학자 토머스 체크(Thomas Cech)와 시드니 올트먼(Sidney Altman)은 RNA가 스스로 절단하고 재조합할 수 있으며, 따라서 독자적으로 복제체가 될 수 있음을 입증했다.[4]

어떤 방식으로 기원했든 최초의 DNA 유사 분자는 자기 복제와 스스로 변이를 일으켜 증식하고 유전해 복제체를 구성하기 시작했다. 이런 원시적인 DNA와 복제체의 조합은 '원생생물'이라고 부를 만한 복합적인 구조를 형성했다. 그리고 기나긴 진화의 어느 시점에서 원생생물은 점진적으로 미생물 같은 '생명체'로 전환했다. DNA의 복제체가 독립적인 개별 유기체로 기능하자 비로소 생명체가 탄생한 것이다.[5]

그렇지만 원생생물과 생명체 사이의 경계는 아직 명확하지 않다. 원생생물과 달리 생명체는 어느 정도 자율성과 독립성을 갖는다. 생명체는 부분적으로 DNA 분자에 의해 구성됐으면서도 DNA로부터 독립적인 존재다. 예를 들어 대표적인 단세포 생물인 '짚신벌레(paramecium)'를 떠올려보자. DNA가 짚신벌레의 형태와 생리적 기능을 결정하지만, 미생물을 섭취하고 소화하는 것은 개별적인 짚신벌레다. 섬모를 이용해 스스로 움직이고, 무성 또는 유성 생식을 통해 개체를 증식하는 것도 DNA가 아닌 짚신벌레 자체다. 이 구분은 훨씬 복잡한 고등 생명체에서는 더욱 명확해진다. 개를 예로 들어보자. 개의 뇌, 성대, 호흡 기관 등은 모두 DNA에 의해 형성되지만, 나의 개 '마라(Mara)'가 주인의 관심을 받고 싶어 낑낑거리고, 낯선 동물을 보고 짖으며, 빛줄기를 쫓아다니는 것은 DNA가 아닌 마라 자신이다.

생명체는 스스로 발달하거나 성장하고 유지하면서 온전한 상태를 보전한다. 이를 위해 화학합성, 광합성, 세포 호흡 등으로 에너지를 포착해 이용할 수 있는 형태로 전환하고, 세포 생성과 재생을 통해 손상된 부분을 복구하고, 영양소를 각각의 기관으로 전달하고, 노폐물을 제거하거나 배출하고, 생리적 기능을 유지하는 데 필요한 내부 환경을 조절한다.[6] 이것이 '생명 과정'이다. 생명체를 이루는 일부 구성 요소도 자체적인 생명 과정을 통해 스스로 기능을 유지할 수 있다. 하지만 전체 생명체와 달리 생명 유지 기능을 완전히 독립적으로 수행할 수는 없다. 예를 들면 피부 상태의 유지와 재생은 피부 세포 내부에서 일어나는 생명 과정에 의존하지만, 피부 자체는 신체의 다른 부분에서 일어나는 생명 과정에 더 크게 의존한다. 결국 피부는 부분적으로만 자율적인 유지 기능을 갖는다. 한편으로 생명체의 필수 구성 요소 중 하나인 '물' 분자는 그 어떤 생명 과정도 수행하지 않기 때문에 살아있는 존재가 아니다.

때로는 생명 과정이 일시적으로 중단되기도 한다. 일테면 내생포자, 씨앗, 씨몽키(sea monkey)로 알려진 아르테미아(artemia), 냉동 배아 등은 특정 조건에서는 생명 과정이 멈췄다가 적절한 환경이 조성되면 재

활성한다. 일반적으로 생명체는 모든 생명 과정이 정상적으로 이뤄지면 일부 예외를 제외하고 생식을 통해 개체를 증식한다. 생명체가 이런 생명 활동을 수행하는 과정은 DNA에 저장된 정보로 조절된다. 이와 같은 일련의 관찰을 바탕으로 생명을 다음의 세 가지 부분으로 설명할 수 있다.

1. '생명체'란 자신의 생명 유지에 필요한 과정을 수행할 수 있는 상당한 능력을 갖춘 개별 존재로, 이 과정은 해당 생명체의 일부인 지속 가능한 복제자에 의해 조절된다. 복제자가 지속 가능하다는 것은 DNA와 마찬가지로 변이를 일으키고, 스스로 증식하며, 변이된 복제체를 유전할 수 있다는 뜻이다.
2. '생명 과정'이란 생명체 또는 생명체의 일부 기관이 발달하거나 유지되는 데 필요한 과정, 즉 지속 가능한 복제자에 의해 조절되는 과정이다.
3. '살아있음'은 생명체가 지속 가능한 복제자의 조절 과정을 통해 스스로 유지할 수 있는 상당한 능력을 갖추고 있을 때를 말한다. 이런 생명 과정은 활성화 상태일 수도 있고 일시적으로 중단된 상태일 수도 있다.

간결하게 표현하면 생명은 복제자를 기반으로 한 자기 지속성으로 구성된다. 이 같은 복제자 기반의 생명 개념은 생물학에서 논란이 되는 몇 가지 문제를 명확히 하는 데 도움이 된다. 예컨대 바이러스는 통상적으로 살아있는 존재로 분류되지 않지만, 이 부분은 여전히 논란의 여지가 있다. 그래도 논란의 원인은 쉽게 찾을 수 있다. 일단 바이러스는 생명체가 아닌데, 독립적인 생명 유지 기능을 갖추지 못했기에 오직 다른 생명체(숙주)의 생명 과정을 장악해야만 존재할 수 있다. 그렇더라도 바이러스가 생명체가 아니라는 사실이 곧 그것들이 살아있는 존재가 아니라는 의미는 아니다. 왜냐하면 살아있다고 해서 모두가 생명체는 아니기 때문이다. 우리 몸의 혈액, 근육, 세포 내 다양한 소기관들도 살아있는 것으로 간주한다.

그러나 바이러스는 생명체가 아닌 데다 생명체의 구성 요소도 아니기에 살아있는 존재에서 배제할 수 있다. 인간 유전체(genome)의 약 8%가 바이러스 DNA 서열로 이뤄져 있다는 다소 놀라운 사실에도 불구하고 말이다.[7] 그렇다면 바이러스는 대체 무엇일까? 이를 살아있는 존재로 분류하는 대신 원시 유기체의 생존 사례로 보는 편이 더 합리적일 수 있다. 그럼에도 불구하고 복제자 기반의 생명 개념은 여전히 생명체를 설명하는 더 세밀한 정의에 따라 몇 가지 미해결 과제를 남긴다. 그 가운데 세 가지 핵심적인 질문은 다음과 같다.

1. 생명체는 반드시 번식할 수 있어야 하는가?
2. 꿀벌이나 개미의 군집도 하나의 생명체로 간주할 수 있는가?
3. 다세포 생물은 하나의 생명체인가, 아니면 개별 생명체들의 집합인가?

첫 번째 질문은 두 가지 이유에서 제기된다. 첫째, 일부 생명체는 '잡종', 즉 서로 다른 종 생명체를 교배한 결과다. 일반적으로 전형적인 종의 생명체는 번식할 수 있지만, 노새(수탕나귀와 암말의 교배종)나 버새(암탕나귀와 수말의 교배종) 같은 잡종은 번식 능력이 없다. 둘째, '사회성 곤충', 예를 들어 개미, 꿀벌, 흰개미 등은 영구적으로 불임인 일꾼 개체에서 진화했다.[8] 개체가 불임이라고 해서 생명 과정으로 독특하고 안정적인 특징을 형성하고 유지하는 능력이 멈추는 것은 아니다. 더욱이 불임이라는 사실이 생명 형태의 진화를 불가능하게 만드는 것도 아니다. 개미나 꿀벌 집단에서 불임 개체들이 존재한다는 게 그 증거다. 따라서 번식할 수 없는 개체도 생명체로 간주할 수 있다.

두 번째 질문이 제기된 까닭을 이해하려면 의사이자 의학자 루이스 토머스(Lewis Thomas)가 쓴 책 《세포의 삶(The Lives of a Cell)》에 나오는 다음 설명을 참조할 필요가 있다.

> 꿀벌 집단은 개별 생명체인 동시에 조직, 세포, 세포 내 소기관 등으로 살아간다. 벌집을 떠나 꿀을 채집하는 한 마리 벌도 마치 실로 연결된 것처럼 벌집의 일부다. 벌집을 짓는 일벌들은 발달하는 조직을 구성하는 배아세포 같은 모습을 보인다. 무리가 분열할 때가 되면 늙은 여왕벌이 일부 개체와 함께 떨어질 준비를 한다. 이 과정은 마치 벌집 전체가 세포 분열을 하는 것과 같다. 수정란이 분열하듯이 검고 황금빛을 띤 벌집이 둘로 갈라지고, 각 무리는 같은 유전체를 공유한다.

서로 독립된 개체들이 결합해 하나의 생명체를 형성하는 현상은 비단 곤충들만의 고유한 특징은 아니다. 점균류 세포들도 이런 과정을 반복한다. 처음에 점균류의 아메바형 세포들이 개별적으로 떠다니며 박테리아를 섭취하고 서로 접촉하지 않은 채로 살아가다가 특정 신호에 반응해 일부 세포에서 아크라신(acrasin)이 분비되면 나머지 세포도 별 모양을 이루며 한곳에 모여든다. 이후 서로 접촉하고 융합해 하나의 개체를 형성하는데, 이 덩어리는 송어만큼 단단해져서 기다란 줄기가 솟아오르고 그 끝에는 포자체가 형성된다. 이 포자체에서 또 새로운 아메바형 세포들이 방출되며, 이들은 다시 개별적으로 습한 땅을 가로질러 이동하면서 독립적으로 흩어졌다 모이기를 반복한다.[9]

루이스 토머스가 묘사한 이 같은 생명체들은 '진사회성(eusociality)'을 띤다. 진사회성 생물은 여러 세대가 공존하고, 번식하지 않는 일꾼 개체가 존재하며, 개체들이 협력해 자손을 양육하는 특징을 지닌다. 대표적으로 꿀벌, 개미, 흰개미, 말벌 등이 있다. 이런 특징들에 근거해 어떤 생물학자들은 진사회성 생물의 군집을 하나의 '초생명체'로 규정하기도 한다. 진사회성 생명체들의 진화적 성공을 고려하면 이들의 생태적 영향력은 무시하기 어렵다. 개미과 곤충은 지구 전체 동물 생체 질량의 약 15%를 차지하며, 이 가운데 흰개미와 개미만 놓고 보면 전체 곤충 종의 2%에 불과하지만, 곤충 생체 질량으로 치면 절반 이상이다.[10]

그런데 복제자 기반 설명은 어떤 존재가 '개별' 생명체인지 아닌지에 관한 기준이 모호해서 진사회성 집단이 그 자체로 유기체인지에 대해서는 명확한 답을 제시하지 못한다. 두 마리 짚신벌레를 떠올려보자. 각각은 복제자 기반의 자기 유지 능력을 통해 고유하고 안정적인 특성을 유지할 수 있으며, 두 마리를 합치더라도 하나의 단위로 작동하지 않는다. 각각의 짚신벌레는 분명히 유기체이지만 둘을 묶은 쌍은 아니다. 하지만 진사회성 집단은 다르다. 집단을 놓고 봐도 자기 유지가 가능한 하나의 단위로 기능하므로 유기체가 아니라고 단정하기 어렵다. 그렇다면 어떤 존재가 유기체이기 위해서는 그 구성 요소가 저마다 유기체여서는 안 되지 않을까? 이른바 구성 요소가 배제된 유기체 관점을 따른다면 점균류 덩어리도 유기체에서 제외된다.

그러나 이 입장을 취하기 전에 세 번째 질문을 마저 고려해야 한다. 다세포 생물은 하나의 생명체일까, 아니면 개별 생명체들의 집합일까? 이 질문이 나오는 이유는 다세포 생명체를 이루는 개별 세포들이 마치 유기체들의 군집처럼 보이기 때문이다.

오늘날 다세포 생명체를 이루는 진핵세포는 약 10억 년 전 서로 독립적으로 진화하던 유기체들이 결합해 만들어졌을 가능성이 크다. 진핵생물은 지구상에 존재하는 두 가지 생명체 중 하나이며, 나머지 하나는 원핵세포로 이뤄진 원핵생물이다. 사람에게 인후염을 일으키는 박테리아 같은 원핵생물은 진화 계통상으로 보나 세포 구조상으로 보나 진핵생물보다 더 원시적이다. 진핵생물보다 20억 년 먼저 출현했으며, 진핵세포의 핵과 세포 내 소기관은 막으로 둘러싸여 있는 데 반해 원핵세포에는 핵이나 세포 내 소기관이 없다. 그리고 진핵생물만 유성생식, 즉 세포 융합을 통한 번식을 할 수 있다.

'세포 내 공생' 이론에 따르면 진핵세포의 일부 세포 내 소기관은 원핵생물인 박테리아에서 진화했다.[11] 박테리아가 원핵세포에 흡수된 뒤 그 속에 머무르면서 서로에게 이익이 됐고, 시간이 흐르자 박테리아를 품은 세포가 진핵세포로 진화했다. '엽록체(chloroplast)'와 '미토콘드리아(mitochondria)' 같은 세포 내 소기관이 바로 세포 내 공생 과정을 통해 생겨났다. 엽록체는 광합성을 통해 햇빛을 당과 같은 유기 분자로 바꾸는 세포 내 소기관이며, 미토콘드리아는 당을 세포 활동에 필요한 에너지 물질인 '아데노신 3인산(adenosine triphosphate/ATP)'으로 바꾸는 소기관이다. 이런 소기관들이 세포 내 공생을 통해 생겨났다는 근거는 충분하다. 엽록체와 미토콘드리아는 핵 DNA가 아닌 박테리아와 유사한 자체 DNA와 RNA를 갖고 있으며, 다른 세포의 개입 없이 스스로 분열해 증식할 수 있고 이들 소기관이 없는 세포에서는 생성되지 않는다. 단백질도 자체적으로 합성하는데, 그 과정 역시 박테리아와 유사하다. 여기에 더해 지금도 2차 세포 내 공생, 즉 한 진핵세포가 다른 진핵세포를 흡수해 공생하는 현상이 관찰된다는 사실을 추가할 수 있다.[12] 엽록체와 미토콘드리아를 비롯한 다른 세포 내 소기관도 수십억 년 전 더 큰 세포에 흡수된 유기체들이 서로 뒤섞이면서 현재 우리가 알고 있는 세포 구조를 이루게 됐을 것이다. 일찍이 루이스

토머스는 이 점을 인상 깊게 설명했다.

미토콘드리아의 안쪽을 둘러싼 세포막은 일반적인 동물의 세포막과는 다르고 박테리아의 것과 가장 비슷하다. 미토콘드리아의 DNA도 동물 세포핵의 DNA와는 질적으로 다르며, 마찬가지로 박테리아의 DNA와 놀라울 만큼 흡사하다. 미토콘드리아의 RNA 역시 세포 내 소기관의 DNA와는 일치하지만, 다른 동물 세포핵의 DNA와는 다르다. 미토콘드리아 내부의 소기관 리보솜(ribosome)도 동물 세포의 리보솜이 아닌 박테리아의 리보솜과 닮았다. 미토콘드리아는 세포 내에서 생성되는 게 아니라 세포가 복제되는 것과는 무관하게 스스로 복제한다. 수정란에서부터 신생아까지 계속 존재하고 세대를 거쳐 고스란히 유전된다.

모든 식물의 엽록체도 마찬가지다. 엽록체는 자신만의 DNA, RNA, 리보솜을 갖춘 독립적이고 자기 복제가 가능한 세포 내 소기관이다. 구조나 색소 구성 측면에서도 엽록체는 원핵생물인 남세균(남조류)과 똑 닮았다.

이뿐만이 아니다. 세포에 핵이 형성되던 초기의 편모와 섬모도 본래는 나선균이었고, 다른 원핵생물들과 결합해 지금의 구조를 이뤘다는 주장도 제기된 바 있다. 중심립과 기저체 같은 세포 내 소기관도 독자적인 유전체를 가진 반자율적 유기체라는 견해도 있다. 나아가 아직 우리가 알아차리지 못한 개별 생명체가 더 있을지도 모른다.[13]

세포는 개별 유기체들의 군집, 집합일까? '구성 요소가 배제된 유기체'라는 기준을 따른다면 이 문제는 세포 내 소기관들이 유기체로서 지위를 완전히 잃었는지에 달렸다. 과연 그렇다고 볼 수 있을까? 그렇게 여길 만한 근거가 없는 것은 아니다. 엽록체와 미토콘드리아는 모두 숙주 세포의 DNA를 토대로 세포 내에서 생성되는 단백질에 의존하기 때문이다. 이 근거로 충분하다고 생각할 수도 있겠지만, 그래서 유기체가 아니라고 단정 짓기에는 뭔가 석연치 않다. 진핵세포가 여전히 유기체를 구성 요소로 포함하고 있다고 해도 함부로 아니라고 말하기가 애매한 것이다. 구성 요소가 배제된 유기체 기준으로만 보면 진핵생물은 유기체가 아닌 게 된다. 그러면 진핵세포가 무엇이란 말인가? 군집? 진핵생물인 여러분과 나는 무엇인가? 군집의 군집인가?

또 다른 놀라운 주장 하나도 살펴볼 필요가 있다. 이번에는 '유기체'와 '군집'이라는 개념이 서로 뒤섞인다는 문제와는 무관하다. 복제자 기반 생명 개념에 따르면 살아있지 않은 존재도 번식하는 게 가능하다. 어떤 존재가 살아있는지는 그 존재가 자기 자신을 어떻게 지속시키는지, 즉 복제자 기반 과정을 통해 스스로 복제하는가에 달렸다. 복제자 기반이 아니지만 자기 복제를 할 수 있는 것들은 그 자체로 살아있는 존재라고 불리지 않는다.

이런 가능성은 어쩐지 불편하게 들릴 수도 있다. 번식할 수 있는 능력 '덕분에' 살아있는 것 아니냐는 물음이 자연스럽게 떠오르기 때문이다. 물론 많은 이들이 이런 관점을 옹호한다. DNA 구조가 밝혀지기 전에 사람들은 살아있는 존재들이 지닌 다양한 능력을 기준으로 생명을 정의하고자 애썼다. 특히 고대 그리스 철학자 아리스토텔레스(Aristoteles)에게는 이 같은 접근이 매우 자연스러웠다. 그는 어떤 사물이든 고유한 기능이나 능력을 기준으로 그 특징을 정의했다. 일테면 시계는 시간의 흐름을 표시한다는 점에서 고유하기에 그런 기능을 수행하는 장치는 모두 시계로 간주했다. 같은 맥락에서 아리스토텔레스는 어떤 존재가 생명체의 고유한 기능을 수행한다면 그 존재는 살아있다고 생각했다. '어떻게' 그 기능을 수행하는지는 중요하지 않았다. 핵심은 '무엇을' 할 수 있는가이며 메커니즘은 부차적인 문제였다.

그렇지만 그의 접근 방식은 문제가 있다. 생명체에는 수많은 능력이 있으며, 어떤 생명체가 가진 능력은 다른 생명체와 크게 다르다. 아리스토텔레스가 제시한 생명체의 특징적인 능력으로는 영양 섭취, 욕구 또는 욕망, 성장, 번식, 지각, 운동, 사유 등이 있고, 그중 하나로 생명을 정의하려고 하면 콕 집어 어떤 기준을 선택해야 할지 어려움이 생긴다. 그래서 아리스토텔레스는 요즘 식으로 말하면 '다중성 문제(multiplicity problem)'에 직면해 상대적으로 간단한 해법을 제시했는데, 다름 아닌 생명체의 특징을 하나라도 지니고 있다면 살아있는 존재라는 것이었다. 한마디로 위에서 나열한 능력 가운데 하나라도 있으면 바로 '그 사실에 의해(ipso facto)' 살아있다는 얘기다.[14]

그런데도 최근 몇 년 사이 여러 이론가가 여전히 생명체를 특징적인 능력들로 정의하려는 시도를 이어가고 있다. 생명체의 내부 작동 방식에 대한 정보가 더 많이 드러나면서 이들이 주목하는 능력의 목록에도 약간의 변화가 생겼지만, 여전히 '다중성 문제'는 해결되지 않고 있다. 번식, 성장, 운동, 환경 반응, 항상성 유지, 신진대사 같은 갖가지 능력들이 생명의 핵심 정의를 놓고 경쟁하는 상황이다.[15]

사실 대체로 생물학자들은 생명을 정의하려는 시도에 대해 회의적인 태도를 보였다. 어떤 학자들은 이런 각각의 능력들은 생명체의 조건으로 삼기에 불충분하거나 불필요하다는 이유로 생명은 정의 불가능한 개념이라고 주장하기도 했다.[16] 예를 들어 운동은 고대부터 현대까지 살아있는 존재의 특징으로 간주해온 능력인데, 살아있다고 할 수 없는 것들도 스스로 움직이는 경우가 많다. 로봇 청소기를 떠올려보자. 내가 집에 없을 때도 정해진 시간이 되면 내 룸바(Roomba) 청소기는 알아서 작동하기 시작해 집안 곳곳을 청소한 뒤 충전 거치대로 되돌아간다. 이 로봇 청소기는 자율적으로 '운동'한다. 하지만 누구도 기계를 살아있는 생명체라고 여기진 않을 것이다.

이처럼 생명체의 능력을 기준으로 생명을 정의하는 전통적인 방식은 '다중성 문제' 때문만이 아니라 비생명체들조차 이런 능력들을 갖추고 있다는 점에서 실제로 문제가 된다. 눈부신 기술 발전으로 인해 이 부분이 더욱 분명해졌다. 이런 기계들이 살아있다면 비생명체가 생명체의 핵심 능력을 수행할 수 있다는 사실이 전혀 문제가 되지 않겠지만, 분명히 그것들은 살아있는 존재가 아니다. 이런 이유로 기존의 접근 방식은 누가 봐도 생명체가 아닌 기계들을 생명체로 간주하는 오류를 저지르게 된다.

인공 생명

이제 몇 가지 사고 실험을 해보자. 자율적으로 움직일 수 있다는 점에서는 내 룸바 청소기도 대부분 생명체와 비슷하지만, 룸바와는 비교할 수 없을 정도로 최첨단 기술이 녹아든 자율 운동 및 유지 장치들도 있을 것이다. 원형 도로 위를 주행하도록 설계된 로봇 트럭이 있다고 가정해보자. 도로 양옆에 일정한 간격으로 고유한 바코드가 표시돼 있고, 트럭은 이 바코드를 두 개의 로봇 팔에 장착된 리더기로 스캔하면서 자신의 위치를 파악한다.

이 트럭은 자기 부품을 스스로 교체하면서 점진적으로 자신을 재구성할 수 있다. 이 기능은 특별한 설계와 주변 환경 덕분에 가능하다. 트럭 부품은 레고 조각처럼 고도로 모듈화돼 있어서 쉽게 조립할 수 있다. 트럭이 이동하는 도로 옆에는 부품이 보관된 창고가 있는데, 부품마다 붙어 있는 바코드는 트럭의 해당 부품에 붙은 바코드와 일치한다. 트럭은 정기적으로 이 창고 옆 도킹 스테이션에 멈춰 서서 전원을 충전하는 동안 로봇 팔이 헌 부품을 분리해 창고에서 꺼낸 새 부품으로 교체한 뒤 버린다. 장착된 컴퓨터가 로봇 팔에 탑재된 바코드 리더기로 부품을 인식하고 조립하는 절차를 실행한다.

간략히 설명하면 트럭의 부품 목록은 바퀴, 전기 모터, 두 개의 로봇 팔, 로봇 팔 등과 연결된 케이블을 포함한 컴퓨터, 각 부품에 전원을 공급하는 배터리, 온도 센서로 작동하는 배터리 결빙 방지 히터, 네 개의 바퀴를 연결하는 차축, 로봇 팔과 모터 슬롯, 컴퓨터 슬롯, 그리고 너트와 볼트다. 시간이 지나면서 로봇 팔은 부품을 순차적으로 교체한 뒤 다시 처음부터 이 과정을 반복한다. 로봇 팔조차도 교체 대상이며, 한쪽 로봇 팔이 다른 한쪽을 교체한다. 아마도 가장 까다로운 작업은 트럭 앞부분의 부품 교체일 것이다. 거기에 있는 컴퓨터 위에 로봇 팔이 있어서인데, 그래도 뒤쪽 로봇 팔이 케이블로 컴퓨터에 연결된 상태라면 이 작업도 수행할 수 있다.

이 트럭은 나름의 방식으로 자기 자신을 유지하고 지속한다. 이동하거나 부품을 자가 교체할 때도 주변 환경에 반응하며, 온도가 급격히 떨어질 때 배터리가 얼지 않도록 보호하는 히터 같은 장치 덕분에 항상성과 신진대사 능력도 갖췄다고 볼 수 있다. 이런 측면에서 이 트럭은 외부 장치의 도움 없이도 스스로 유지하기 때문에 '식물'과 유사하다.

이 식물형 트럭을 R1이라 부르기로 하자. 그리고 이번에는 포식형 트럭 R2를 상상해보자. R2도 원형 도로를 주행하는데, 이 도로 주변은 R1들로 가득 차 있고 R1의 부품은 R2의 것과 동일하다. 이제 다음과 같은 상황을 가정해보자. R2는 지나가면서 로봇 팔로 R1의 작동을 중단시킨 뒤 자기 부품 대신 R1의 부품을 떼어다 교체할 수 있다. R1의 컴퓨터를 사용할 때는 R2의 컴퓨터가 케이블을 연결해 초기화하고 다시 프로그래밍한다. 이런 방식으로 R2는 먹잇감의 부품을 활용해 자기 자신을 유지하고 지속한다.

이런 R1과 R2를 살아있다고 할 수 있을까? 그렇게 말할 수는 없을 것이다. 진정한 의미에서 영양을 섭취하지 못해서일까? 당근 같은 식물은 '독립영양생물(autotroph)', 즉 무기물에서 직접 유기물을 합성해 스스로 영양분을 만든다. 햇빛이나 화학 에너지원을 이용해 당분 등의 유기 분자를 합성하고 저장한다. 그렇다면 반드시 스스로 영양물질을 합성해야만 영양 활동을 한다고 할 수 있을까? 눈치챘겠지만 꼭 그럴 필요는 없다. 토끼나 늑대 같은 동물은 자체적으로 영양물질을 합성하지 않아도 영양 활동을 한다. 이런 생물을 '종속영양생물(heterotroph)'이라고 하는데, 이들은 독립영양생물이나 다른 종속영양생물로부터 필요한 영양분을 섭취한다. 여러분과 나도 종속영양생물이다.

자연 생태계에서 영양 활동은 이렇듯 다양하다. R1이나 R2의 영양 활동은 자연계와 비교해 매우 조잡하다. 진짜 생명체는 길가에서 주운 부품을 떼어다가 자기 몸에 붙이지 않는다. 늑대는 토끼를 잡아먹어 영양을 섭취할 뿐 프랑켄슈타인 박사의 괴물처럼 토끼 살덩이를 꿰매 만든 존재가 아니다. 하지만 영양 활동을 어떤 존재가 자기 자신을 구성·유지·재생산하기 위해 물질을 처리하는 과정이라고 정의한다면 R1과 R2가 영양 활동 능력이 없다고 단정 지을 명분은 없다.

그러면 왜 R1과 R2가 생명체가 아닌 걸까? 번식 능력이 없어서일까? 사고 실험을 더 확장해 이제는 R1과 R2보다 훨씬 정교한 로봇 트럭 R3를 상상해보자. R3는 다른 두 모델과 몇 가지 차이점이 있는데, 우선 차체 부품의 위치가 반대다. 컴퓨터가 뒷부분에 탑재돼 있고 구동은 전면부가 맡는다. 그리고 R1이나 R2를 분해해서 그 부품들을 자신에게 재사용할 수 있다. 또 하나의 차이점은 단순히 스스로 유지·지속하는 수준을 넘어서 부품들을 별도로 조립해 새로운 R3를 만들어낼 수 있다는 것이다. 부품을 자신에게 덧붙이는 게 아니라 독립된 새 개체를 조립할 수 있다. 게다가 먹잇감으로 삼은 R1이나 R2의 컴퓨터를 다시 프로그래밍해 새로운 R3를 만들고 제어할 수 있게 바꾼다.

요컨대 R3는 자기 복제가 가능하다. 이 점이 확실히 R3를 이전 모델들보다 훨씬 생명체와 유사해 보이게 만든다. 그러니 이제 명실상부 R3는 살아있는 생명체일까? 아닐 것이다. 여전히 설득력이 약하다. 번식 능력도 생명의 조건을 충분히 충족하지 못한다. 무엇이 빠진 걸까?

R3는 그 어떤 부품도 '복제자', 다시 말해 스스로 복제하는 구조로 기능하지 않기 때문에 살아있다고 할 수 없다. R3가 자신을 유지하고 번식하는 과정은 복제자 기반이 아니다. 그냥 R3 자체가 일종의 복제자 역할을 하고 있을 뿐이다. DNA를 살아있다고 하지 않듯이 R3도 생명을 가진 존재는 아니다.

그렇다면 R3를 원시 생명체라고 부를 수는 있을까? 그에 부합하려면 R3가 복제체를 자신에게 통합해 자기 복제 능력이나 수명을 증진할 수 있어야 한다. 하지만 R3는 그렇게 할 수 없다. R3가 돌연변이를 일으키거나 그 변이를 복제된 개체에 유전할 수 있다고 말하려면 엄청난 상상력이 필요하다. 자연선택에 따라 진화할 가능성도 희박하다. 물론 R3도 외부 요인에 의해 변형될 수 있다. 나뭇가지가 떨어져 바퀴가 손상될 수도 있고 부품이 녹슬 수도 있다. 그러나 그 변형이 유전 가능한 형태로 이어질 수 있는 메커니즘은 없다. 그나마 가능성이 있는 쪽은 컴퓨터 프로그램이다. 일테면 하드웨어 오류나 우주 방사선 같은 요인으로 컴퓨터 코드가 변경돼 기존의 R3가 아닌 조금 다른 형태의 자기 복제 트럭을 만들어낼 수는 있을 것이다. 그렇더라도 R3는 어디까지나 창고 부품을 공급받아 활동한다. 설령 부품이 무한정으로 공급되더라도 부품 조합 방식에는 제한이 있고 그 밖의 조합법은 작동하지 않을 것이다. 결국 R3 컴퓨터 프로그래밍의 무작위적인 오류가 R3의 수명을 늘리거나 복제 효율을 향상하는 방향으로 변이를 일으킬 가능성은 매우 낮다.

따라서 R3가 번식 능력이 있다고 볼 수는 있지만, 살아있는 생명체라고 규정하기는 어렵다. 복제 능력만으로는 생명을 정의하기에 충분치 않다. 그런데 우리가 알고 있는 생명체들은 모두 DNA 분자라는 복제자에 의해 형성되지만, 복제자 기반 설명은 모든 생명체가 반드시 DNA에 기반을 두고 있어야 한다고 말하진 않는다. 어쩌면 우리가 발견하지 못했을 뿐이지 우주 어딘가에는 전혀 다른 복제자를 기반으로 한 생명체가 존재할 수도 있다. 심지어 지구에서도 생명의 초기 형태는 RNA에서 출발했을 수도 있다.

그래서 복제자 기반 설명은 '인공 생명(artificial life/a-life)'의 가능성과 양립할 수 있다. 물론 인공은 정도의 문제다. 현재 존재하는 생명체 중에서도 인공적인 것들이 많다. 예를 들면 선택 교배나 이종 교배를 통해 인위적으로 탄생시킨 푸들, 노새, 살인벌(아프리카화 꿀벌) 등도 모두 인공 생물이라고 할 수 있다. 유전체 조작으로 인공 생물을 만들어낸 사례는 더 많다. 최근에는 한 박테리아 종의 유전체를 다른 종에 이식하는 데 성공했고, 새로운 유전체를 합성해 기존 생명체에 이식하는 수준까지 목표로 삼고 있다.[17]

유전적으로 변형된 생명체들은 우리에게 상당히 중요한 사실 한 가지를 보여준다. 생명체라고 해서 모두가 자연선택을 통해 진화한 존재는 아니다. 이는 복제자 기반 설명과 전혀 모순되지 않는다. 즉, 어떤 존재를 살아있다고 말할 수 있으려면 복제, 변이, 증식, 유전만 수행할 수 있으면 된다. DNA처럼 적절한 조건 아래에서 자연선택을 통해 유기체를 생성할 수 있는 '구조'만 갖추면 된다는 얘기다. 달리 말해 어떤 생물이 실제로 자연선택을 통해 '진화'했는가는 핵심이 아니다. 해당 생명체의 기반 구조가 자연선택으로 진화할 가능성을 '충분히' 갖추고 있으면 될 뿐 그 구조가 실제로 진화를 일으켰는지는 중요하지 않다. 생명의 조건은 진화의 결과가 아니라 진화를 가능케 하는 구조다.

나아가 우리는 훨씬 더 인공적인 생명체도 얼마든지 상상할 수 있다. 많은 학자가 기술을 활용해 인간 수명을 연장하거나, 유전자 조작을 포함한 유전공학 등으로 인간 능력을 광범위하게 향상하는 일을 미래의 과업이라고 여긴다.[18] 그런 기술이 인간 본성을 어느 정도 변화시키더라도 말이다. 이들은 이처럼 과학 기술로 인간을 인간으로서 유지하면서도 인간을 초월한 새로운 인류를 지향하는데, 이를 '트랜스휴머니즘(transhumanism)'이라고 한다.[19] 인간을 지금과는 전혀 다른 존재, 또는 인간을 대체할 인간인 이른바 '트랜스휴먼(transhuman)'이나 '포스트휴먼(posthuman)'으로 변화시킨다는 발상이다.

이들의 시나리오 중 하나는 유전자 조작으로 인류를 진화시키는 방식이다. 이 경우 트랜스휴먼은 생명체이면서도 고도로 인공적인 존재가 된다. 또 다른 시나리오는 인간의 신체에 각종 기기를 이식해 능력을 향상하는 방식이다. 예컨대 생체공학자 케빈 워릭(Kevin Warwick)은 자기 몸에 전극을 장착해 인터넷에 접속할 수 있도록 만든 뒤 자신을 "세계 최초의 사이보그"라고 선언했다.[20] 〈X 파일(The X Files)〉에서 스컬리(Scully) 요원을 연기한 배우 질리언 앤더슨(Gillian Anderson)은 이를 두고 "영국 로봇 시대를 선도하는 예언자"라고 치켜세웠으나, 내 판단은 멀더(Mulder) 요원 데이비드 듀코브니(David Duchovny)의 생각을 들을 때까지 유보하겠다. 어쨌든 이런 시나리오에서 인간의 한계는 신체 일부를 기계로 대체함으로써 극복된다.

이 계획을 극단까지 밀어붙이려는 학자들도 있다. 이들은 인간의 뇌를 로봇 장치에 이식해 인간보다 더 다재다능하고 내구성과 적응력이 뛰어난 기계를 제어하고 싶어 한다. 이와 같은 '인간 뇌와 로봇 결합체'를 흔히 '사이버네틱 유기체(cybernetic organism)', 줄여서 '사이보그(cyborg)'라고 부르지만, 그 자체로는 유기체라고 보기 어렵다. 인공 심장이나 인공 관절 등의 보형물을 이식한 경우라면 살아있는 생명체에 비생명적 장치를 결합한 형태로 볼 수 있으나, 대체 범위가 선을 넘으면 해당 존재 전체를 살아있다고 말하기 어려운 지경에 이른다. 〈스타워즈(Star Wars)〉의 다스 베이더(Darth Vader)처럼 인간의 뇌를 로봇 장치에 이식해 로봇이 뇌의 명령에 따라 움직이도록 한 존재는 그저 유기체의 일부, 즉 뇌라는 기관이 로봇 안에 보존돼 살아남은 형태일 뿐이다. 이런 방식으로 인간의 신체 부위를 기계로 바꾸는 구상이 저 멀리까지 나아가면, 어느 순간 그 결과물은 더는 유기체라고 부를 수 없는 존재가 된다. 뇌마저도 기계로 대체한다든지, 한술 더 떠 아예 뇌는 버리고 의식만을 컴퓨터에 '업로드(upload)'하는 상황까지 이르면, 그 존재는 살아있다고 볼 수 없다. 그 시점에 이르면 인간은 자신의 생명을 비생명적인 기계로 대체하는 과정에서 존재를 상실한다.[21]

어쩌면 언젠가 과학자들이 우리가 정의한 것처럼 스스로 유지·지속하는 복제자 역할을 할 수 있을 만큼의 고도로 정교한 로봇을 발명할지도 모르겠다. '나노 기술의 대부'라 불리는 공학자 에릭 드렉슬러(Eric Drexler)가 상상한 '나노봇(nanobot)'일 수도 있고, 원자 단위로 사물을 조립하는 '극초소형 로봇(microscopic robot)'일 수도 있을 것이다.[22] 이런 로봇들이 자신과 똑같은 복제물을 스스로 만들 수 있는 능력을 지녔다고 상상해보자. 자신의 수명과 복제 과정을 촉진할 장치를 만들고 통합할 수 있다고 해보자. 자기 복제 과정에서 복제 방식이나 통합 장치의 기능이 돌연변이를 일으킬 수 있으며, 그 돌연변이마저 복제해 유전할 수 있다고도 해보자. 이 로봇들이 만든 장치가 결국 그들 자신, 즉 그 장치의 일부로 포함된 복제 로봇에 의해 계속 유지되는 과정을 반복한다고 가정해보자. 이렇게 다재다능한 복제 로봇이 통제하는 과정을 통해 스스로 유지·지속하는 메커니즘을 갖추고 있다면, 그 방식과 상관없이 살아있는 존재라고 간주할 수 있을 것이다.

물론 지금으로서는 이런 상상이 얼마나 현실적일지 판단하기 어렵다. 그래도 도움이 될 만한 학문 분야가 있다. 바로 위에서 언급한 '인공 생명'이라고 불리는 연구 분야다.[23] 이 분야의 이론가들은 컴퓨터 시뮬레이션을 활용해 생명체가 어떻게 진화할 수 있는지 그 원리를 이해하려고 시도한다. 원리만 밝힐 수 있다면 생명이 어떻게 가능한지, 생명체가 어떻게 진화하는지, 나아가 어떤 형태의 생명이 가능한지도 명확해질 것이다.

인간성, 인격성, 동일성

인간은 온전한 인간 존재를 비롯해 뼈나 발 같은 신체 일부가 떨어져 나갔어도 여전히 살아있거나 기형이나 장애 등 비정상적인 형태도 통칭하는 개념이다. 인간 존재는 생물학자들이 '호모 사피엔스(Homo sapiens, 슬기로운 사람)'라고 이름 붙인 생명체 '종(種/species)'에 속한다. 그리고 호모 사피엔스 종의 구성원은 서로 약간의 차이는 있지만 고유한 '유전체'를 지닌다.[24]

유전체가 크게 다르거나 DNA 자체가 없는 존재는 아무리 인간처럼 보일지라도 인간 존재라고 할 수는 없다. 그렇다면 그 반대는 성립할까? 다시 말해 호모 사피엔스 유전체를 지닌 존재는 모두 인간일까? 이 부분은 논란의 여지가 많다. 분자생물학자 에릭 올슨(Eric Olson)이 설명한 것처럼 우연의 일치로 호모 사피엔스의 유전체를 가졌으나 그 기원이 지구상의 유기체와는 전혀 무관한 생명체라면 인간이라고 부르기 어렵다.

외계 생명체를 떠올려보면 이해하기 쉽다. 분석철학자 도널드 데이비슨(Donald Davidson)의 '늪지 인간(Swampman)' 사고 실험을 변형한 예다.[25] 여러분이 지구에서 멀리 떨어진 행성을 탐험하다가 벼락을 맞았는데, 그 순간 떨어져 나간 분자들이 옆에 있던 다른 생명체와 우연히 결합해 호모 사피엔스 유전체를 지닌 또 다른 존재가 만들어졌다고 상상해보자. 그 존재를 인간이라고 부를 수 있을까? 게다가 뒤에서 더 살피겠지만, 호모 사피엔스 유전체를 지녔더라도 아직 발달 중이라면 '완전한' 인간이라고 할 수 없다. 그렇더라도 한 가지는 확실해 보인다. 어떤 생명체가 인간 존재가 되려면 호모 사피엔스 고유의 유전체를 지닌 유기체여야만 한다.

'인간성(humanity)'과 '인격성(personhood)'은 어떤 관계에 있고 무엇이 다를까? 첫 번째 관점은 어떤 존재를 '사람(person/인격체)'이라고 부르려면 반드시 '인간(human)' 존재여야 한다는 것이다. 이를 '생물적(biological) 인격성'이라고 부르자. 이에 대응하는 두 번째 관점은 '심리적(psychological) 인격성'이며, 특정 종류의 심리적·정신적 속성, 그중

에서 특히 '자기 인식' 능력을 지녔다면 모두 '사람'으로 규정한다.[26]

생물적 인격성 관점이 협소한 이유는 단순하고 명료하다. 인간 존재 말고도 자기 인식이 가능한 동물, 일테면 침팬지나 오랑우탄이 있다.[27] 병코돌고래도 그렇다고 알려져 있다.[28] 그리고 어쩌면 우주 어딘가에 호모 사피엔스가 아니면서도 자기 인식이 가능한 존재가 있을 수도 있고, 언젠가는 어떤 형태로든 자기 인식이 가능한 AI 로봇이 나올 수도 있다. 생물적으로 인간이 아니라고 해서 자기 인식 능력을 가질 수 없는 것은 아니며, 이 같은 정체성을 지녔다면 인격성이 있다고 충분히 간주할 수 있다. 하지만 생물적 인격성 관점에 따르면 인간성이 곧 인격성이다. 생물적으로 인간이 아닌 이상 사람이 아니다. 그렇기에 심리적 인격성이 생물적 인격성보다 더 포괄적인 개념이다.

그러나 우리가 심리적 인격성 관점을 받아들이더라도 여전히 몇 가지 중요한 질문에는 섣불리 답하지 못할 수 있다. 예컨대 이런 질문이다. 나와 여러분이 현재가 아닌 다른 시점에도 존재하려면 그 시점에도 반드시 사람이어야 할까? 무엇이 지금 존재하는 내가 과거에 존재했고 미래에 존재하리라는 것을 결정할까? 각각의 존재가 같은 '동일성(identity)'을 지녔다고 말할 수 있는 근거는 무엇일까? 이 질문에 답하기 위해서는 여러분과 나의 '지속 조건'을 제시할 수 있어야 한다.

이제 지속 조건과 관련한 세 가지 관점을 들여다볼 것이다. 첫째, 우리는 심리적 연속성으로 지속된다. 둘째, 우리는 같은 생물적(동물적) 인간 존재로 남아 있을 때 지속된다. 셋째, 우리는 동일한 정신을 유지할 때 지속된다. 아울러 논의에서는 배제하겠지만 언급할 가치가 있는, 우리에게는 애초부터 지속 조건이 없다는 견해도 있다. 세 가지 관점조차 강력한 반론에 직면하고 있기 때문에, 지속 조건 자체가 없다는 견해를 진지하게 고려해야 할지도 모르겠다.

지속 조건에 관한 심리적 설명

첫 번째 관점은 우리가 시간 속에서 어떻게 동일한 존재로 남아 있는지는 우리의 심리적 속성과 그 관계로 결정된다는 '심리주의(psychologism)', 즉 '심리적 설명'이다.[29] 여기서 말하는 심리적 속성에는 경험, 의도 형성, 성격 특성, 결정 같은 것들이 포함된다. 이 같은 속성 사이에 두 가지 핵심적인 관계가 성립할 수 있는데, 하나는 '심리적 연결성(psychological connectedness)'이고 다른 하나는 '심리적 연속성(psychological continuity)'이다.

'심리적 연결성'은 특정 심리적 속성 사이의 직접적인 관계를 가리킨다. 어떤 '경험'을 하고 나중에 그 경험을 '기억'하는 것은 서로 연결돼 있다. 일테면 모과나무를 심겠다는 의도를 세우고 이후 실제로 그 의도를 실행하는 행위는 서로 연결된다. 우리가 가진 어떤 성격 특성을 시간이 흘러도 계속 유지하는 것 역시 심리적 연결성에 해당한다.

반면 '심리적 연속성'은 강한 연결성이 겹겹이 이어진 사슬과 같다. 우리가 어린 시절 처음 강아지를 키웠고, 청년 시절에 처음 약혼자를 만났으며, 나이가 들어 처음 흰머리가 났다고 해보자. 청년의 우리는 어린 시절 강아지를 키웠던 일을 기억하고, 중년의 우리는 청년 시절 약혼자를 처음 만난 일은 기억하는데, 공교롭게도 어린 시절 강아지 키운 일은 기억하지 못할 수 있다. 간단히 기억만으로 심리적 연결성을 설명한다고 치면, 청년의 우리는 어린 시절 자신과 심리적으로 연결돼 있고 중년 시절도 청년 시절과 연결돼 있지만, 중년의 우리와 어린 시절의 우리는 심리적 연결성이 없다. 그렇지만 중년의 우리가 청년 시절과 연결되고, 청년의 우리는 어린 시절의 우리와 연결되기에 결과적으로 우리는 '심리적 연속성'을 확보하게 된다.

하지만 어떤 심리적 설명 이론에서는 연결성 측면에서만 지속을 바라본다. 이 연결성 관점은 우리가 시간 흐름 속에서 동일한 존재로 남아 있는 지속 조건을 '심리적 연결성'으로 판단한다. 그러나 이 설명은 우리의 '동일성'에 정도의 차이가 있다는 여지를 남긴다. 앞서 예로 든 것처럼 어린 시절의 우리는 청년 시절의 자신과 더 강한 심리적 연결성을 갖지만, 중년의 우리는 어린 시절과 연결성이 훨씬 약할 수 있다. 지속 조건이 오직 심리적 연결성에만 달렸고, 그 연결성에 정도의 차이가 있다면, 우리의 동일성도 점차 희미해질 수 있다는 말이 된다. 동일성이 있거나 없거나 둘 중 하나, 즉 시간이 흘러도 같은 사람이냐 아니냐는 전부냐 전무냐의 문제라고 여기는 이들에게는 받아들이기 어려운 설명이다.

연결성 관점은 동일성이 '이행성(transitivity)'을 갖는 문제도 해결하지 못한다. 청년 시절과 어린 시절의 우리는 서로 연결돼 있기에 같은 사람이고, 청년과 중년의 우리도 연결되므로 동일한 사람이다. 그런데 연결성 관점으로 보면 어린 시절을 기억하지 못하는 중년의 우리는 연결성이 없어 같은 사람이 아니게 된다. 동일성은 본질적으로 이행성을 내포한다. 관계 R이 이행성을 갖는다는 것은 A가 B와 관계 R을 맺고, B가 C와 관계 R을 맺으면, A도 C와 관계 R을 맺는다는 뜻이다. 따라서 어떤 개체(individual)의 동일성을 설명할 관계는 이행성만 충족하면 된다.

이 문제는 연결성이 아닌 연속성으로 설명하면 쉽게 풀린다. 연속성 관점은 강한 연결성이 사슬처럼 이어져 있다면 우리가 동일한 존재로 남는 지속 조건을 충족한다고 본다. 이행성을 내포한 동일성을 설명하는 데에도 아무런 문제가 없다. X가 Y와 강하게 연결돼 있고, Y가 Z와 강하게 연결돼 있다면, X와 Z는 연속성을 지니며 X·Y·Z 모두 동일한 개체다.

나아가 연결성 관점이든 연속성 관점이든 심리적 설명으로 동일성을 다루면, 현실에서 충분히 헷갈리고 혼란스러운 몇몇 상황도 비교적 명쾌하게 설명할 수 있다. 우선 '이식' 상황을 생각해보자. A의 머리에서 대뇌를 꺼내 제거하고 그 자리에 참혹한 사고로 몸의 나머지 부분이 모두 사라진 B의 대뇌를 이식했다. 수술은 성공했고, 깨어난 생존자는 자신을 B라고 여긴다. 다음은 '뇌사' 상황이다. A는 심각한 교통사고 이후 대뇌가 너무 오랫동안 산소 공급을 받지 못해 뇌간을 제외한 모든 뇌 조직이 손상돼 식물인간 상태에 빠진다. 연결성·연속성 어떤 관점이든 심리적 설명은 '이식'을 통해 동일성이 대뇌와 함께 이동한다고 보며, '뇌사' 상태에서 동일성은 대뇌의 소멸과 더불어 사라진다고 설명한다. 그러나 심리적 설명은 '분할' 상황에서 자가당착적 문제에 직면한다.30 A의 대뇌를 좌우 반구로 나눈 뒤, 절반을 대뇌가 없는 B에게 이식했고 나머지 절반도 마찬가지로 대뇌가 없는 C에게 이식했다. 수술 후 깨어난 두 생존자는 모두 자신이 A라고 여긴다. 심리적 설명에 따르면 두 생존자는 각각 A와 연결됐고 지속 조건을 충족했으므로 동일성도 확보한 셈이다. 하지만 두 사람은 한 몸이 아니기 때문에 문제가 발생한다.

심리철학자 데이비드 루이스(David Lewis)는 이 난제를 해결하고자 독창적인 해법을 제시했다.31 루이스에 따르면 위 '분할' 사례에서 각각의 생존자는 대뇌를 기증한 A와 동일하나 서로 같은 사람이 되는 것은 아니다. 겉보기에는 한 사람이 대뇌를 제공한 것처럼 보이지만, 사실상 수술 전에 같은 동일성을 지닌 두 사람이 '겹쳐' 있었던 셈이다. 루이스의 논리는 이렇다. 둘로 갈라진 대뇌의 좌우 두 반구가 각각 독립적으로 심리적 인격성을 담아낼 수 있다면, 애초에 똑같은 기억과 성격을 공유하는 두 사람이 하나의 대뇌에 동시에 존재하고 있다가 물리적으로 분리됐다고 봐야 한다는 것이다. 수술을 통해 좌뇌와 우뇌로 나뉜 동일성이 완전히 같기에 각각의 생존자는 깨어난 순간 자신이 A라고 여기지만, 이때부터는 서로 독립적인 존재가 된다. 요컨대 원래부터 둘이었다가 수술을 통해 대뇌가 분할되면서 그동안 겹쳐 있던 동일성이 각각 다른 몸으로 나뉘어 드러난 것이다.

이 해법은 논리적으로 모순이 없고 상당히 기발하다. 그렇지만 대다수 사람은 직관적으로 받아들이기 어렵다. 왜냐하면 이 설명은 분할 전에는 전혀 구분할 수 없던 두 사람이 오래도록 실제로 존재했다는 결론에 이르기 때문이다. 루이스 자신도 인정했듯이 이 논리는 결국 '존재 과잉' 문제로 이어진다.

어떤 맥락에서 '존재 과잉' 문제가 초래되는지 가장 직관적으로 보여주는 사례가 바로 '아메바' 분열 실험이다. 영양분을 담은 용기에 아메바 하나를 넣고 하루 이틀 지켜보니 둘로 나뉘었다가 그 둘이 또 나뉘어 넷이 됐다. 이를 확인한 뒤 네 마리를 으깨 죽이고 실험을 마쳤다. 이제 질문을 던져보자. 아메바가 처음에는 정말로 하나였을까? 루이스의 관점에서는 그렇지 않다. 그의 논리대로라면 아메바 하나가 분열해 둘로 나뉜 게 아니라, 원래부터 동일한 아메바 둘이 겹쳐 있다가 물리적으로 갈라졌을 뿐이다. 한 번 더 분열해 네 마리가 된 것도 결국 애초부터 넷이 겹쳐 있었다는 얘기다. 그렇게 계속 무수한 분열이 이어진다면? 처음부터 수조 마리의 아메바가 겹쳐 있었다는 결론에 이르는 것이다.

루이스의 해법을 그대로 적용하면 새로운 동일성이 생겨나는 게 아닌 원래부터 겹쳐 있던 동일성이 드러날 뿐이므로, 실험 시작과 끝의 아메바 수는 늘 같다. 아메바가 실험실에서만 분열하는 것은 아니니, 실제 자연에 존재하는 아메바를 이런 논리로 설명하면 현재 지구상에 존재하는 아메바 수가 과거와 전혀 달라진 적이 없다는 뜻도 된다. 데이비드 루이스는 심리적 설명 차원에서 동일성 분할의 모순을 풀기 위해 겹쳐 있던 동일성 개념을 내세웠지만, 그와 동시에 '존재 과잉' 문제를 낳고 말았다.

　물론 다른 선택지도 있다. 심리적 설명을 지지하는 쪽이라면 데릭 파핏(Derek Parfit)이 제시한 두 단계 대응 방식을 받아들일 수 있다. 첫 번째는 '분할' 사례에서 둘로 나뉜 생존자들 가운데 누구도 A가 아니라고 보는 것이다. 얼핏 이상하게 들리겠지만 이런 설명이다. 현재 존재하는 한 사람이 다른 시점에 존재하는 누군가와 동일한 사람이 되려면, 해당 시점의 누군가가 지금과 존재와 심리적으로 연속된 유일한 존재라야 한다. 다시 말해 동일성은 갈라지지 않는 '심리적 연속성'에 달렸다. 두 번째는 이런 관점이 이상하게 보이는 이유를 설명하면 되는데, 파핏에 따르면 동일성이 시간 흐름 속에서 생존하는 데 가장 중요한 요소는 아니라는 사실을 우리가 깨닫지 못하고 있기 때문이다. 그렇다면 지속 조건에서 정말 중요한 것은 무엇일까? 우리가 미래에 존재할 누군가를 우리 자신이라고 믿으면서 자기 보전적 관심을 기울일 때 진짜 신경 쓰는 것은 무엇일까? 분할 사례는 우리가 동일성보다 심리적 연속성과 연결성을 중시한다는 사실을 보여준다. 우리는 현재로서는 어떤 상태일지 모를 미래의 존재가 자신의 성격 특성을 물려받고, 계획을 실행하고, 지금까지의 삶을 통합해 이어가리라고 기대한다. 우리가 신경 쓰는 핵심이 여기에 있다는 것이다.

분할 사례의 생존자들은 이 조건을 모두 충족한다. 둘로 나뉜 생존자 각자가 이와 같은 심리적 연속성과 연결성을 고스란히 이어받는다. 이제부터 A가 아니더라도 연속됐고 연결됐으니 아무 문제 없다. 동일성은 전혀 중요하지 않다. 데릭 파핏은 이처럼 '분리 논제(detachment thesis)'를 통해 동일성과 중요성을 지속 조건에서 분리했다. 분할로 인해 동일성은 끝장나지만, 우리가 자기 보전에서 가장 중요시하는 심리적 연속성과 연결성은 그대로 남는다. 그동안 분할이 당혹스러웠던 이유는 심리적 연속성의 보전과 동일성의 보전이 똑같은 것이라고 너무 당연하게 믿어왔기 때문이었다.

파핏의 '분리 논제'에 관해서는 제6장에서 더 자세히 다루겠다. 이 논제는 기발하긴 하지만 의문의 여지를 남긴다. 우리 대부분은 미래에 존재할 누군가와 심리적 유대를 공유하고 싶어 할뿐더러 그 누군가가 우리 자신이기를 원한다. 그래야 좋은 삶을 계속 살아갈 수 있기 때문이다. 우리가 더는 동일한 존재로 살아남지 못한다면 삶 자체가 사라지니까.

심리주의는 동일성 문제 말고도 또 다른 반론에 부딪힌다. 도덕철학자 제프 맥마핸(Jeff McMahan)은 심리적 연속성이나 연결성으로 심리적 인격성의 지속 조건을 정의하면 잘못된 결론이 도출된다고 지적했다. 설령 심리적 연속성과 연결성이 일반적으로 기억 등 그 원인에 의해 유지된다고 가정해도 마찬가지다. '고립' 상황을 예로 들어보자. 여기 알츠하이머병에 걸린 사람이 있다. 점점 심해져 하루하루 심리적 연결성과 연속성이 사라져간다. 그래도 여전히 '고립된 주체'로 남는다. 이 주체는 오직 현재 순간에 한정된 의식만 지닌다.[32]

심리적 설명을 따른다면 이 사람은 '고립된 주체'가 나타나기 전에 이미 존재를 상실한 셈이다. 고립된 주체는 알츠하이머병에 걸린 사람의 동일성이 사라진 이후의 새로운 존재다. 이런 결론이 대다수의 직관과 상충한다. 우리가 알츠하이머병 초기 단계라는 진단을 받고, 병이 심해진 뒤 나타나게 될 고립된 주체가 끔찍한 고문을 당할 것이라는 말을 들었다고 해보자. 맥마핸은 우리가 반드시 고문을 두려워하게 될 텐데, 그 이유를 우리 자신이 고립된 주체와 동일한 개체라고 생각하기 때문이라고 설명했다.[33] 물론 우리가 정말로 자신에 대해 두려운 것인지, 아니면 깊이 연결된 그 존재를 향한 공감 때문에 두려운 것인지는 더 따져볼 문제다. 어쨌든 우리가 그 고립된 주체와 동일하다면, 지속 조건에 관한 다른 설명이 필요할 것이다.

지속 조건에 관한 동물적 설명

여러분과 내가 '동물(구체적으로 말하면 인간인 호모 사피엔스 종)'이라는 관점을 흔히 '동물주의(animalism)'라고 부른다.[34] 모든 동물이 본질적으로 동물이라면, 달리 말해 동물인 존재가 동물이 아닌 방식으로 존재할 수 없다면, 확실히 우리는 본질적으로 동물이다. 이 관점이 '동물 본질주의'다. 생물적 인격성 관점은 사람을 인간에 한정하지만, 동물주의(동물 본질주의)는 우리 존재의 지속 조건을 인간이라는 동물적 존재로 설명할 뿐이다. 그래서 인간이 아닌 사람의 존재 가능성을 논리적으로 부정하진 않는다.

완벽한 자기 인식 능력을 지닌 안드로이드가 있다고 가정하고 '데이터(Data)'라는 이름을 붙여보자. 그런데 데이터는 사람의 인격을 가졌다고 한들 동물주의 관점에서 본질적으로 인간은 아니다. 어떤 의미에서도 동물이 아니기 때문이다. 여러분과 내가 사람이긴 하지만 인간이 아닐 수 있다는 결론이 나오는 것도 아니다. 우리는 분명히 동물인 인간이다. 인간이 아닌 존재가 사람일 수 있다는 가능성을 열어두려면 생물적 인격성 개념을 일단 거부해야 한다. 그렇더라도 인간이 아닌 인격적 존재 가능성은 지금껏 지구에 살았던 모든 사람이 본질적으로 인간이었다는 사실과 충돌하지 않는다.

동물주의가 옳다면 우리의 지속 조건을 이렇게 규정해야 할 것이다. 현재 존재하는 인간인 우리가 다른 시점에도 동일한 존재로 남으려면, 그때의 존재도 지금의 우리와 같은 동물인 인간이어야 한다. 이제 이 설명이 과연 타당한지 살펴보기로 하자.

당연하게도 '동물적 설명'은 동물주의로 우리의 지속 조건을 설명한다. 그리고 동물적 설명이 곧바로 부딪히는 가장 강력한 반론은 '이식' 사례에서 찾아볼 수 있다. 대뇌가 제거된 A의 머리에 B의 대뇌를 이식했으므로, B는 살아남았고 A는 죽었다. 그런데 동물적 설명의 지속 조건에 비춰보면 상황은 정반대가 된다. 왜냐하면 한때 B의 몸이었던 유기체는 사라지고 단 하나의 기관, 즉 뇌만 남았기 때문이다. 동물적 설명에서 뇌는 동물인 인간도 아니고 온전한 유기체도 아니다. 뇌는 신체 유지에 필요한 살아있는 기관이지만, 유기체의 다양한 생명 유지 기능을 직접 수행하진 못한다. 따라서 뇌만으로는 고도로 자율적인 유기체라고 할 수 없다.

아니면 뇌도 유기체로 봐야 할까? 현대 형이상학자 피터 반 인와겐(Peter van Inwagen)은 팔다리를 잃고도 유기체가 살아남을 수 있는 만큼, 같은 논리로 뇌만 있어도 유기체로 볼 수 있다고 주장했다.[35] 그렇지만 동물주의자들도 인정하듯이 누군가 뇌도 유기체라고 주장하려 든다면 이식 사례를 바꾸면 그만이다. 뇌 전체가 아니라 대뇌만, 또는 그 절반만 뇌간에 연결해 이식한다는 식으로 말이다. 이때의 대뇌도 유기체라고 할 수 있을까? 좌뇌나 우뇌 반구 하나는? 만약 반구 하나도 유기체라고 한다면, 둘로 나눠 살릴 때 어떤 반구를 원래 유기체라고 봐야 할까?

결국 이식 사례에서 동물적 설명은 오히려 A가 살아남고 B는 죽었다고 말하는 것처럼 보인다. 뇌가 제거된 A가 B의 뇌를 이식받아 생존한 셈이니까. B에게 남은 것은 그저 하나의 기관인 뇌뿐이다. 그런데 실제로 이 사례를 제시하면 사람들 대부분은 정반대로 이해한다. A의 몸을 얻어 B가 살아남았다고 여기는 것이다. 직관적으로 이 생각이 옳다면 동물적 설명은 지속 조건을 설명하는 틀로 부적절하다는 결론이 나온다.

또 다른 사례도 동물적 설명을 곤란하게 만든다. 다름 아닌 '뇌사'

상황이다. A는 치명적인 교통사고로 뇌에 산소 공급이 끊겨 대부분 조직이 파괴됐고 뇌간만 남았다. 그 결과 유기체인 몸은 식물인간 상태가 됐다. 의학적으로도 뇌사는 사망으로 규정하며, 사람들 대부분의 인식도 그렇다. 자기 인식 능력을 완전히 잃은 유기체일 뿐이다. 그러나 동물주의 관점에서는 살아남았다고 본다. 이런 식이기에 지속 조건에 관한 동물적 설명은 설득력이 떨어질 수밖에 없다.

지속 조건에 관한 정신적 설명

제프 맥마핸은 여러분과 나의 존재를 의식 가능한 실체인 '정신(마음)' 그 자체라고 주장했다. 이 관점을 '마음주의(mindism)'라고 한다. 정신을 지닌 모든 존재의 본질이 정신이라면, 여러분과 나 또한 본질적으로 정신이라는 결론에 다다른다. 그래서 마음주의는 곧 '정신 본질주의'다.36 마음주의의 '정신적 설명'은 우리 존재의 지속 조건을 이렇게 정리한다. 오직 정신이 온전할 때만 우리의 동일성은 지속된다. 맥마핸의 지속 조건에 관한 정신적 설명은 의식을 담당하는 뇌 영역이 분할되지 않은 상태에서 충분히 기능할 때 우리 존재가 유지된다는 것이다.37 그는 이 정신을 '체화된 마음(embodied mind)'이라고 불렀다.

맥마핸의 정신적 설명에 따르면 여러분과 나는 '고립된 주체' 상태에서도 지속한다. 다른 심리적 속성을 상실했어도 뇌에서 의식을 담당하는 영역이 여전히 분할되지 않고 기능하기 때문이다. 우리 뇌가 의식이 있는 한 극심한 치매나 '이식' 같은 상황에서도 동일성을 유지한다는 관점이다. 다스 베이더 같은 사이보그로 존재해도 여전히 지속될 수 있다. 그러나 '업로드'나 '복제'로는 안 된다. 의식을 떠받치는 실제 뇌 조직을 그대로 유지한 '체화된 마음'이 아니기 때문이다.

보완

동물주의자들이 데릭 파핏의 아이디어를 빌리면 동물적 설명을 좀 더 그럴듯하게 만들 수 있다. 동일성은 그 자체로는 그리 가치가 없다는 사실을 인정하면 된다. '뇌사' 이후에도 우리는 존재할 수 있지만, 그런 식의 지속은 우리 삶에 아무런 가치를 더해주지 못한다고 말이다. 우리 존재가 지속하는 데 가장 중요한 것은 심리적 연속성을 띠고 있을 때이며, 이 연속성은 오직 '자기 인식'이 가능한 사람으로서 살아 있을 때만 유지된다고 이해하는 것이다. 결국 인격, 즉 사람다움은 인간의 삶에서 에피소드로 나타난다. 유년기나 청년기처럼 일종의 '단계'다. '인간'과 '사람'의 관계는 '올챙이'와 '개구리'의 관계와 같다. 올챙이 시기를 거쳐 개구리가 되듯, 인간도 '자기 인식'이 가능한 단계일 때만 사람으로서 존재한다.

도덕철학자이자 현대 형이상학자 데이비드 위긴스(David Wiggins)의 용어로 표현하면 '인간'은 '단계 분류(phase sortal)'이고 '사람'은 '실체 분류(substance sortal)'다.[38] '실체 분류'는 존재를 본질적인 '속성'으로 분류한다. 어떤 속성 P가 어떤 존재에게 본질적이라는 것은 그 존재가 P 없이는 존재할 수 없다는 뜻이다. '실체 분류' 관점으로 개구리를 바라보면, 개구리에게 개구리라는 '속성'은 본질적이다. 개구리가 개구리가 아니면서 존재할 수는 없기 때문이다. 반면 '단계 분류'는 어떤 존재가 본질적 속성이 사라져도 계속 존재할 수 있다는 측면에 초점을 맞춘다. 개구리는 한동안 올챙이 단계로 존재했으나, 올챙이 속성이 사라져도 개구리는 여전히 개구리다.

파핏의 제안처럼 동일성에 대한 집착을 버리고 심리적 연속성의 가치를 함께 고려하면 동물주의자들도 "우리 존재는 '자기 인식'이 가능한 사람인 단계에서만 가장 중요하다"고 주장할 수 있을 것이다. 사람들 대부분이 왜 '이식' 사례에서 B가 살아남았고 A는 죽었다고 생각하는지도 이 논리로 설명할 수 있다. 이식 이후 A는 동일성만 유지하나 B는 심리적 연속성을 확보한다.

이렇게 이해하면 꽤 도움이 되겠지만 동물주의 관점에서 심리적 연속성을 동일성과 떼어내서 생각하기란 여전히 쉽지 않다. 동일성을 지속 조건으로 고집하는 순간 갖가지 반론에 부딪히게 된다. 인식론자들의 단골 사례도 동물주의자들을 골치 아프게 한다. 이른바 '통 속의 뇌(Brain in Vat)'다. A의 몸이 완전히 파괴되고 뇌만 살아남아서 정교한 생명 유지 장치가 연결된 통 속에 보존됐다고 가정해보자. 깨어난 뇌가 자신이 A라고 여기면서 예전과 똑같이 A의 생각을 이어간다고 해보자. 머지않아 상황을 깨닫고 "이럴 수가, 내가 통 속의 뇌라니!" 하고 충격을 받겠지만 말이다.

동물주의의 동일성 논리는 '분할' 사례의 경우 둘로 나눈 A의 대뇌로 생존한 두 사람이 A가 아니라고 할 것이다. '이식' 사례에서는 신체의 연속성이 어느 정도 작동하기에 A가 살아남았고 B는 죽었다고 주장할 여지가 있다. 그러나 '통 속의 뇌' 사례는 다르다. A의 몸이라는 유기체가 완전히 파괴된 상태다. 그런데 뇌는 살아남았다. 이 뇌는 A와 심리적으로 연결되고 연속된 유일한 존재다. 더욱이 그 심리적 연속성은 늘 그랬듯이 뇌라는 동일한 원인에 기인한다. 통 속의 뇌가 A가 아니라면 대체 누구란 말인가? 동물주의는 몸(유기체)이 없는 개체의 동일성을 설명하지 못한다.

통 속의 뇌가 그저 A처럼 보이는 것뿐이라는 주장도 소용없다. 핵심은 심리적 연속성이 그대로 유지됐다는 사실에 있기 때문이다. 동물주의는 결국 두 가지 극단적인 억지 결론을 받아들이는 수밖에 없다. 하나는 통 속의 개체가 살아있는 게 아니라는 결론이고, 하나는 통 속의 개체가 갑자기 나타난 다른 존재라는 결론이다. 이를 '벌거벗은 뇌 문제(Naked Brain Problem)'라고 부르기도 한다.

아울러 지속 조건에 관한 심리적 설명에서 우려되는 몇몇 사항은 동물주의 관점을 일부 끌어오면 어느 정도 제한을 가할 수 있다. 우려 사항은 앞서 잠깐 언급한 '업로드'와 '복제' 같은 것들이다. 여기서 '업로드'란 유기체로서의 몸이 죽기 전에 A의 인격과 성격을 기계로 옮긴다는 의미다. 그렇게 업로드로 만들어진 존재는 A의 심리적 연결성이나 연속성을 유지한다. 다음으로 '복제'는 우리가 흔히 생각하는 그 '복제 인간'이다. A와 똑같은 유기체를 만드는 것이다. 이 복제 인간의 삶은 A

가 소멸하는 그 순간 시작된다. A의 심리적 연속성은 이어받지만, 이후의 삶은 원본 A의 생각이 멈춘 그 시점부터 새로 쓰인다.

심리적 설명은 우리의 지속 조건을 판단할 때 심리적 연속성의 원인이 무엇이든 상관하지 않는다. 업로드이든 복제이든 심리적 연결성이나 연속성이 유지될 수만 있다면 해당 존재를 우리 자신이라고 본다. 하지만 여기서 내 관점을 밝히자면, 나는 업로드나 복제 상황에서는 우리가 살아남는다고, 즉 지속한다고 생각하지 않는다. 물론 나와 생각이 다른 이들도 있을 것이다. 특히 컴퓨터과학자이자 미래학자인 레이 커즈와일(Ray Kurzweil)이나 사이보그를 동경하는 사람들은 업로드를 통한 지속을 옹호하는 심리주의자로서 '인격 본질주의' 관점을 취할지도 모르겠다. 아마도 그렇게 생각하는 까닭은 업로드가 생존과 거의 비슷하다고 믿기 때문일 것이다. 그러나 나는 솔직히 미안하고 애처로운 느낌이 든다. 그 존재가 정말로 나와 성격이 똑같다면, 자신이 처한 상황을 깨닫는 순간 공포에 질릴 게 뻔하기 때문이다.

이런 우려를 해소하려면 심리적 설명을 조금 다듬을 필요가 있다. 존재의 동일성 유지를 위한 심리적 연속성의 원인이 무엇이든 상관없다는 위험한 주장 대신, 반드시 '원래의 원인'이 있어야 한다고 한걸음 물러서는 것이다. 데릭 파핏도 처음에는 원인에 상관없이 심리적 연속성만 유지되면 된다고 주장했다가, 어떤 원인이 적절한지 함부로 결론 내리지 말자는 쪽으로 공식 입장을 바꿨다.[39]

'원래의 원인'이란 평소 우리 뇌에서 일어나는 일련의 심리적 과정을 말한다. 안드로이드처럼 우리와 다른 인격체는 이 과정이 다를 것이다. 업로드와 복제는 우리 자신의 뇌에 기반을 둔 심리적 연속성을 유지하지 못한다. 따라서 다듬어진 심리적 설명은 업로드와 복제를 통해서는 지속할 수 없고 '이식'의 경우에만 가능하다고 주장할 수 있다.

그렇지만 심리적 설명은 이런 식으로 보완해도 '고립' 상황, 즉 '고립된 주체'의 동일성에 대해서는 논리적 명분을 확보하지 못한다. 이것 말고도 심리적 설명은 여전히 풀기 힘든 문제를 안고 있다. 심리적 설명은 심리적 연결성이나 연속성이 동일성을 유지하는 지속 조건이라고만 말할 뿐 여러분과 내가 무엇인지에 관해서는 설명하지 않는다. 심리적 설명을 지지하는 심리주의자들이 여러분과 나를 '사람'이라고 설명한다고 해보자. 이미 살폈듯이 '사람'은 '자기 인식'을 비롯해 사고 능력을 지닌 모든 개체로 정의된다. 이 관점이 '인격주의(personism)'인데, 사람의 본질이 인격에 있다고 보면 '인격 본질주의'가 된다. 심리적 설명에서 우리의 본질을 '인격'이라고 정의하더라도 그 인격을 떠받치는 실체가 무엇인지는 여전히 설명하지 못한다. 게다가 인격 본질주의는 앞서 언급한 '마음주의'나 '정신 본질주의'와 다르다. 태아처럼 일부 정신을 지닌 개체는 자기 인식 능력이 없어서 사람으로 규정하지 않기 때문이다. 그렇다고 정신 본질주의에 한계가 없는 것도 아니지만, 이렇듯 인격 본질주의는 우리에게 쉽지 않은 질문을 계속 던지게 만든다.

'생각하는 동물(Thinking Animal)' 문제도 이런 난제 중 하나다.[40] 만약 인격 본질주의나 정신 본질주의가 옳다면, 나와 늘 함께하는 유기체인 내 몸은 인간 존재가 아니다. 이 유기체는 초기 발달 단계에서 정신을 지니고 있지 않았고, 자기 인식 능력도 없었으며, 삶의 마지막에 이르면 다시 그렇게 되기 때문이다. 여러분도 마찬가지다. 우리는 모두 인간 존재와 동일한 존재일 수 없다. 이 유기체는 우리 인격과 정신이 존재하지 않을 때도 존재할 수 있기 때문이다.

하지만 우리가 인간이 아니라고 하더라도 동물로서의 인간 존재가 존재한다는 사실은 분명하다. 인간은 그 자체로 하나의 생명체다. 그리고 그 생명체는 삶의 매우 긴 한 단계 동안 우리 자신과 굉장히 비슷한 모습을 띤다. 자기 인식이나 사고 같은 인격과 정신의 특성인 심리적 능력을 발달시킨다. 지금 이 책을 들고 이 문장을 읽고 있는 존재도 인간처럼 보이며, 여러분이 생각하고 있는 바로 그 생각을 하고 있는 듯 보인다.

인격 및 정신 본질주의가 사실이라면 우리가 인간 존재가 아니라는 게 아무리 생각해도 이상하다. 우리가 그 사실을 어떻게 알 수 있을까? 지금 이 책을 읽고 있는 여러분은 자신이 인간 존재가 아니라는 것을 알고 있을까? "나는 인간이 아니다"라고 말하는 순간 여러분 의식을 공유하는 인간 존재도 똑같이 그렇게 말하는 것이다. 그렇다면 그 인간 존재는 거짓을 말한 셈이다. 그런데 어떤 근거로 여러분이 거짓말을 한 그 존재가 아님을 확신할 수 있을까?

나아가 이런 주장도 제기될 수 있다. 인간 존재가 실제로는 사고 능력을 발달시키지 못하고, 진정한 자기 인식에도 이르지 못한다고 말이다. 유기체로서의 인간은 마음이 없는 좀비에 불과하기에 이런 존재를 '호모 사피엔스'라고 부르는 건 심각한 잘못이다. 자기 인식이나 사고 등의 심리적 능력은 그것을 지닌 존재의 본질적 속성이다. 그런데 이 주장대로라면 인간 존재는 이 본질적 속성을 가질 수 없다. 인간은 그런 능력 없이도 존재할 수 있기 때문이다. 따라서 우리가 인간 존재가 아니라는 말은 우리 각자가 무감각하고 아무것도 모르는 어떤 유기체 중 하나와 존재를 공유하고 있다는 의미가 된다. 그러나 당연하게도 이런 결론은 받아들이기 어렵고, 자기 인식과 사고 능력이라는 심리적 속성이 그것을 지닌 존재의 본질이라는 가정도 명확하지 않다. 심리적 속성이 인간 존재에게 '우연적' 속성, 즉 살아가는 동안 우연히 발달시키게 되는 속성이라고 생각해서는 안 될 이유가 있을까? 이 같은 관점에서 보면 자기 인식과 사고 능력은 '사람'의 본질적인 속성이나, 동물로서의 인간 존재 또한 그 속성을 우연히 발달시킬 수 있다. 다시 말해 본질적 속성은 아니더라도 후천적으로 갖게 될 수 있는 것이다.

어떤 철학자들은 이렇게 설명하기도 한다. 우리는 자신의 몸과 동일한 존재는 아니지만, 동상이 청동이라는 물질로 이뤄져 있듯이 우리 또한 유기체인 몸으로 구성돼 있다고. 동상과 청동은 다른 존재다. 동상은 녹으면 사라지나 청동 자체는 여전히 남는다. 그래도 이 둘은 특정 공간과 시간을 공유한다. 어쩌면 우리와 우리 몸도 공간과 시간을 공유하는 다른 존재일 수 있다.

'사람'인 우리가 생각하는 것이지 우리를 구성하는 '몸'이 생각하는 것은 아니라고 주장하는 인격 본질주의자들도 있다.[41] 생각하는 사람을 구성함으로써 몸이 파생적 방식으로 생각하는 것이라고 설명하기도 한다.[42] 하지만 이런 설명으로도 '생각하는 동물' 문제는 말끔히 해결되지 않는다.[43] 우리를 구성하는 몸은 생각하고 있는 우리와 전혀 다르게 보이지 않는다. 무슨 근거로 우리 몸이 생각하고 있지 않다고 증명할 수 있을까? 더욱이 맞춰야 할 퍼즐은 더 있다. 대체 무엇이 사람을 구성하는 '몸'이 아닌 '사람'으로 우리를 결정짓는 걸까?

우리가 유기체의 '부분', 그러니까 '뇌'일 수는 없을까? 만약 그렇다면 '생각하는 동물' 문제를 해결할 실마리를 찾을 수 있다. 유기체인 우리 몸 자체가 생각하는 게 아니라, 우리 몸의 일부이자 우리 자신인 '뇌'가 사고 능력을 수행한다는 논리다. 흔히 우리 몸이 생각한다고 말할 수 있는 것은 어디까지나 파생적 의미에서 우리 자신, 즉 '뇌'를 포함하고 있어서다. 그런데 인격 본질주의자나 정신 본질주의자들은 "우리가 곧 우리 뇌다", "우리는 우리 뇌의 부분이다"라고 주장하지 못한다. 왜냐하면 우리 뇌나 대뇌는 태아의 뇌를 떠올리면 알 수 있듯 자기 인식이나 사고 능력 없이도 존재할 수 있기 때문이다.

그렇다면 현재 우리가 우리 몸을 공유하는 유기체의 시공간적 '단계'에 해당하는 존재라고 보는 것은 어떨까? 마치 올챙이가 개구리의 한 단계인 것처럼 말이다. 이렇게 보면 지금 우리는 '의식 능력이 있는 동안의 인간 존재' 단계이고, 일반적인 의미에서 '인간 존재' 그 자체와는 구분될 수 있다. 전자는 후자의 한 단계인 셈이다. 의식 능력이 있는 인간 존재도 있지만, 그 능력을 상실한 인간 존재도 있을 수 있다. 인간 존재는 의식이 생길 때 '의식 능력이 있는 동안의 인간 존재'로 존재하며, 능력을 상실하면 그 단계가 끝난다. 개구리가 올챙이 단계를 지나더라도 "개구리가 사라졌다"고 말하지 않는다. '올챙이'는 '단계 분류'이지만 개구리는 '실체 분류'이기 때문이다. 개구리의 올챙이 단계가 끝나도 그 개구리는 같은 개구리다.

그러나 인격 및 정신 본질주의자들은 우리를 독립된 존재, 고유한 본질을 가진 개체로 본다. 우리가 인간 존재의 단계를 이루는 구성 요소라면, 우리가 속한 인간 존재, 즉 우리가 우리의 '몸'이라고 부르는 존재가 의식 능력을 상실하는 순간 우리 존재는 정말로 사라지게 된다. 이러면 차라리 더 간단한 설명을 택하는 게 낫지 않을까? 의식 능력이 있든 없든 인간 존재는 하나의 동일한 존재이며, 우리 모두 그런 인간 존재라고 말이다. 동물적 설명을 배제하고 인간 존재를 정의하기란 이처럼 어렵다. 게다가 이와 같은 '단계' 접근법도 '생각하는 동물' 문제에서 더 나아가지 못한다. 사람이 특정 단계에서만 사고 능력이 있다는 이유로 유기체로서의 인간 존재는 생각하지 않는다고 주장하는 것은 설득력이 없다. 인간 존재의 특정 단계가 생각한다는 말은 결국 인간 존재가 어떤 단계에서는 생각한다는 말과 같은 뜻이기 때문이다.

제프 맥마핸은 정신 본질주의 관점에 서서 "우리는 무엇인가?"라는 질문에 답하기 위해 '단계'와 '부분' 접근법의 결합을 시도했다. 하지만 결론부터 말하자면 그의 결합도 '생각하는 동물' 문제나 "우리는 무엇인가?"라는 질문에 만족스러운 답변은 되지 못했다. 맥마핸은 여러분과 내가 "특정 기능 상태에 있는 뇌의 영역"이라고 설명했다.[44] 우리 존재를 "적절한 물리적 상태에 있는 뇌"로 규정한 심리철학자 마이클 타이(Michael Tye)의 관점과 유사하다.[45] 정신 본질주의에 따르면 우리는 의식 능력이 있는 동안의 뇌 또는 의식 능력이 있는 동안의 뇌 일부다. 단계와 부분 접근을 결합한 견해에서 현재 의식 능력을 지닌 뇌와 의식 능력을 지닌 뇌 자체는 서로 다른 개념이다. 전자는 시간이 흘러 의식 능력을 상실할 수 있지만, 후자는 의식 능력이 그 본질이라서 능력이 사라지는 순간 존재도 끝난다.

요컨대 이 결합 관점은 여러분과 나를 우리 뇌(또는 뇌 일부)의 시공간적 단계로 바라본다. 그렇지만 이런 해석 역시 우리가 다른 생명체인 인간 존재의 일부에 불과한 어떤 기관의 단계일 뿐이라는 매우 이상한 결론을 낳는다. 마치 미토콘드리아처럼 인간 존재에 얹혀 다니는 존재라는 식으로 말이다.

우리가 어떤 존재인지, 언제까지 존재를 지속하는지에 관한 '동물', '인격', '정신' 세 가지 본질주의 관점과 '동물적', '심리적', '정신적' 세 가지 지속 조건 설명은 저마다 상당히 골치 아픈 문제를 남기고 만다. 얼핏 해결된 듯 보이다가도 이내 쉽게 넘기기 어려운 반론이 따라붙는다. 지금까지 나온 어떤 관점도 이 문제에서 완전히 벗어나지 못한다. 우리가 생물적(동물적) 인간이 아니라면, 우리는 각자의 몸을 어떤 인간과 공유하면서도 서로 다른 삶을 사는 아주 괴상한 존재가 된다. '이식'이나 '통 속의 뇌' 같은 사례를 마주하면 우리 존재가 인격 또는 정신이라는 관점이 오히려 타당해 보인다. 개인적으로도 내 뇌가 이식되거나 통에 담긴다면 나 자신도 옮겨간다고밖에 생각되지 않는다. 이게 나만의 생각은 아닐 것이다. 그래서 우리 존재가 무엇인지, 지속 조건이 무엇인지에 대해서는 여전히 판단을 유보할 수밖에 없다.

한 가지만 더 말해두자. 지금까지 다룬 모든 관점은 앞서 언급한 가능성, 즉 무생물인 존재들도 인격체일 수 있다는 가능성과도 논리적으로 양립할 수 있다. 물론 현재로서는 〈스타트렉(Star Trek)〉에 등장하는 '데이터' 같은 자기 인식과 사고가 가능한 기계는 공상과학 속 이야기일 뿐이다. 하지만 언젠가 우리는 실제로 자기 인식과 사고 능력이 있는 안드로이드를 만들어낼지도 모른다. 그 기계들은 자기 유지 기능이 없거나 그 방식이 복제자 기반이 아니라는 점에서 생물적 생명체는 아니겠지만, 제대로 작동하는 인격체, 즉 자기 인식을 가진 기능적 사람일 것이다. 그와 같은 존재들이 생명체가 아니라고 해서 무가치한 존재라고 단정할 수는 없다. 오히려 높은 가치를 부여해야 한다. 두 가지 이유에서다.

첫째, 도덕적 관점에서 중요하다. 지금까지 알려진 자기 인식적 존재는 모두 살아있는 생명체, 즉 동물이다. 이런 이유로 '도덕적 입장(moral standing)'을 인정해야 할 존재는 당연히 생명체라고 쉽게 단정한다. 그러나 도덕적 입장이란 해당 존재가 도덕적으로 다뤄질 자격이고, 자기 인식은 도덕적 입장의 자격 요건 중 하나인데, 어떤 존재가 생명체가 아니더라도 자기 인식 능력이 있다면 응당 도덕적 입장을 인정해야 한다. 물론 그 자격의 정도인 '도덕적 지위(moral status)'에서는 차이가 날 수 있다.

둘째, 기계 인격체가 설령 생명은 없더라도 그에 버금가는 무엇은 가질 수 있다. 인격체는 자신이 하는 일과 자신에게 벌어지는 일을 인식한다. 우리는 당연히 그 인격체를 의식적으로 실존하는 존재라고 여겨야 한다. 기계 인격체가 자기 인식 능력을 갖췄다고 해서 꼭 자기 삶을 돌보거나 계획하진 못할 수도 있다. 그렇더라도 그 인격체가 다른 의식적 존재의 삶을 돌보고, 계획하고, 구성할 능력을 지녔다면, 해당 인격체를 살아있는 사람들과 도덕적으로 동등한 존재로서 바라봐야 할 것이다.

내가 생각하기에 어떤 존재가 살아있다고 말하려면, 자기 자신을 유지하는 상당한 능력을 지니고 있어야 한다. 그렇다고 아무 방식으로나 자기 유지가 되는 것은 아니다. 생명체의 자기 유지는 지속성 있는 복제자가 통제한다. 이 복제자는 스스로 증식하고, 돌연변이를 일으킬 수 있으며, 그 돌연변이를 다음 세대로 유전할 수 있다. 어떤 존재가 내부에 있는 지속적인 복제자의 통제 아래 자기 자신을 유지하는 과정을 반복할 능력을 지니고 있을 때, 비로소 우리는 그 존재를 생명체라고 말할 수 있다. 나는 유기체를 살아있는 개체라고 정의했다. 이 정의는 개체성의 의미는 포함하지 않는다. 그래서 우리 몸속의 미토콘드리아나 땅속의 개미 군집이 각각 그 자체로 유기체인지 그렇지 않은지는 이 관점만으로 판단할 수 없다. 나아가 나는 우리에게 익숙한 생명체와 매우 다른 유형의 살아있는 존재가 등장할 수 있다는 가능성을 열어뒀다. 예컨대 DNA와 유사한 특성의 메커니즘에 기반한 어떤 존재가 있다면, 그 존재 또한 복제자 기반의 자기 유지가 가능할 것이다.

우리는 살아있는 존재다. 그런데 우리가 무엇인지, 언제까지 존재를 지속하는지에 관한 어떤 해석에 따르면 우리는 죽은 뒤에도 계속 존재할 수 있다. 나는 이와 관련해 세 가지 관점을 소개했다. 첫 번째 관점인 '인격 본질주의'는 자기 인식 및 사고 능력이 우리 존재의 본질이라고 본다. 두 번째 '동물 본질주의'는 우리가 동물, 그중에서도 인간이라고 말한다. 세 번째 '정신 본질주의'는 우리가 본질적으로 '정신(마음)' 그 자체라고 여긴다. 이 세 가지 관점에 바탕을 둔 우리 존재의 '지속 조건'에 관한 설명도 각각 다르다. '심리적 설명'은 우리 존재의 지속이 충분한 심리적 연결성이나 연속성이 유지될 때 가능하다 하고, '동물적 설명'은 우리가 동물(인간)로 존재하는 한 가능하다고 보며, '정신적 설명'은 정신(마음)이 온전히 남아 있는 동안만 우리 존재가 지속할 수 있다고 말한다.

그러나 각각의 관점은 모두 저마다 강력한 반례에 부딪힌다. 우선 동물 본질주의의 경우 우리 몸의 구성 요소가 줄어도 어느 정도까지는 여전히 동물이라고 말할 수 있지만, 뇌만 남은 상황에서는 대다수의 직관에 반하기에 그렇게 주장할 수 없다. 동물주의 관점에서 더는 인간으로서 지속한다고 여길 수 없는 것이다. 하지만 우리는 대뇌가 통 속에서 보존되거나 성공적으로 이식되면 존재가 여전히 지속한다고 느낀다. 이 동물적 설명의 한계는 인격 본질주의나 정신 본질주의를 받아들이면 극복할 수 있는데, 이때는 또 다른 문제에 봉착하게 된다. 우리 자신의 삶을 다른 인간 존재와 공유하는 이상한 상황에 부닥치는 것이다. 이 같은 인간 존재가 스스로 생각할 수 없다고 보자니 너무 이상한 데다, 그 존재의 정신적 삶이 우리 자신과 구분되지 않는다면 결국 우리와 그 인간 존재는 동일하다고 볼 수밖에 없다.

우리 존재가 무엇이고, 지속 조건이 무엇인지에 대한 각각의 관점을 보완하려는 방법도 살폈지만, 하나같이 결국에는 수용하기 어려운 결론으로 이어졌다. 현재로서는 판단을 유보하는 게 최선일 듯하다.

제2장

죽는다는 것

DEATH

　죽음이란 살아있는 존재에만 해당하는 것이기에, 앞서 우리는 '생명'이 무엇인지부터 살폈다. 나는 생명을 '복제자 기반의 자기 지속체'라고 설명했고, 인간 존재를 호모 사피엔스 종에 속하거나 속하게 될 개체로 묘사했다. 그리고 우리가 무엇인지와 어떤 조건에서 지속하는지 세 가지 관점에서 들여다본 뒤 최종 판단은 유보했다. 그래도 어쨌든 '생명'에 관한 개요가 잡혔으니, 이제 우리는 다음 주제로 넘어갈 수 있다.

　이 장에서는 '죽음(death)'에 관해 논의한다. 죽음이 생명의 끝이라는 점은 분명해 보이지만, 사실 여러 측면에서 '죽음'이라는 용어는 모호하고 불명확하다. 그래서 우리는 첫 번째 과제로 죽음의 개념을 명료하게 다듬을 것이다. 이어지는 두 번째 과제에서는 어떤 기준을 통해 개체의 죽음을 인지할 수 있는지 살핀다. 이를 통해 우리는 그동안 미국과 영국에서 채택한 기준이 정확하지 않았다는 사실을 알게 될 테지만, 이를 대체할 기준을 찾는 일도 상당히 어렵다는 사실 또한 깨닫게 될 것이다.

생명의 노화, 종결, 중단 그리고 존재의 소멸

'죽음'이 무엇인지 명확히 하려면 '노화'와의 차이부터 짚고 넘어가야 한다. 노화는 죽음이 아니지만, 두 현상은 흥미로운 방식으로 겹친다. 그런 다음 삶이 끝난다는 게 무엇인지 논의할 것이다. 죽음은 생명체가 겪는 과정일까, 아니면 그 과정의 완성일까? 그 뒤에는 생명의 종결과 중단을 구분할 것이다. 우리의 생명 과정이 시계처럼 일시적으로 중단됐다가 재개된다면, 우리는 죽은 것일까? 마지막으로 존재의 소멸이 죽음과 어떤 관계인지 살필 것이다. 우리는 죽지 않은 채 존재하기를 그만둘 수 있을까? 반대로 존재를 지속하면서 죽을 수도 있을까? 간단한 질문 같지만, 답하기 어렵다는 걸 곧 느끼게 될 것이다.

생명의 노화

총에 맞거나, 칼에 찔리거나, 산에 녹거나, 독에 물들면, 우리 몸의 세포는 직접적인 혼돈에 빠지면서 죽음을 맞이한다. 이때 세포는 '괴사(壞死/necrosis)'라고 불리는 방식으로 죽는다. 세포막이 기능을 멈춰서 세포와 세포 내 소기관들이 부풀어 오르다가 터져버린다. 세포 유지에 필수적인 하나 이상의 면역 체계가 붕괴하고, 이어서 2차 체계도 도미노처럼 무너진다. 세포 내용물이 주변 조직으로 흘러나오며 염증과 추가 손상을 일으킨다.

괴사는 세포 스스로 죽음을 택하는 상황이 아니다. 죽임을 당하는 경우다. 세포 죽음이 매번 이런 식도 아니다. 다세포 유기체의 세포 가운데 일부는 '세포자멸사(apoptosis)'라는 계획된 세포 사망, 즉 조직화한 과정을 통해 스스로 죽음에 이른다.[1] 이때 효소에 의한 자가소화(자가분해)가 일어난다. 세포가 수축하면서 그 속에 있는 세포 내 소기관과 세포핵이 미세하게 조각나면 이 파편들이 식세포(phagocyte)를 끌어당기고 식세포가 이를 말끔히 분해하면서 주변 조직의 염증 반응을 억제하는 화학 신호를 보낸다.

세포자멸사를 유발하는 다양한 요인이 있다. 세포 자체가 감염됐거나 손상됐을 때 스스로 자멸 활동을 개시하기도 하고, 바이러스 같은 외부 자극으로 감염된 세포를 제거하려는 면역 체계의 신호로 시작되기도 한다. 세포자멸사는 한창 발생 중인 유기체의 형태를 만드는 주요 기제이기도 하다. 예를 들어 인간 배아에서 손이 발달할 때 세포들이 죽으면서 손가락이 갈라진다. 이처럼 죽음은 유기체의 형성 과정에 본질적인 역할도 수행한다. 어떤 유기체에서는 죽음의 역할이 더욱 두드러진다. 나무는 자라면서 내부에 '목질부(xylem)'라는 조직을 형성하는데, 이 또한 세포가 죽어서 생긴다. 죽은 목질부가 나무의 단단한 내부 골격을 이루고, 그 바깥을 살아있는 조직이 둘러싸는 것이다.

이 두 가지 유형의 죽음인 괴사와 세포자멸사는 노화와 다르다. 노화란 유기체가 스스로 유지하고 복구하는 능력을 점차 잃어가는 과정이다. 유기체의 노화는 복제 세포 노화와 관련이 있다. 이 현상은 '체세포', 즉 신체를 이루는 세포 대부분에서 나타나며, 이 세포들이 더는 스스로 증식할 수 없을 때 발생한다. 체세포는 일정 횟수 이상 분열할 수 없다. 세포생물학자 레너드 헤이플릭(Leonard Hayflick)이 발견한 체세포의 특성으로, '헤이플릭 한계(Hayflick's limit)'라고 한다.[2]

세포 분열(증식)이 거듭되면 염색체 말단의 '텔로미어(telomere)'라는 반복적인 DNA 서열이 점차 짧아진다. 염색체의 다른 부분과 달리 텔로미어는 복제가 완전히 이뤄지지 않기 때문이다. 그래서 세포가 분열할수록 텔로미어 길이가 줄어들어 염색체가 불안정해지면 세포는 분열을 멈춘다.[3] 그런데 텔로미어의 축소 현상은 놀랍게도 '텔로머레이스(telomerase)'라는 효소로 되돌릴 수 있다. 텔로머레이스에는 헤이플릭 한계에 다다른 세포 계열도 되살릴 능력이 있다.[4] 하지만 만능은 아니라서 생식세포, 줄기세포, 암세포, 그리고 짚신벌레 같은 일부 단세포 진핵생물처럼 이른바 '불멸' 세포에서만 활성화한다. 체세포에서는 작용하지 않는다. 따라서 체세포는 '필멸'한다.[5]

텔로미어 침식이 노화를 촉진하는 주요 원인 가운데 하나인 것은 맞지만, 그것만이 전부는 아니다. 암(종양) 유전자 활성화, DNA 손상, 산화 스트레스 등의 요인도 조기 노화를 유발할 수 있으며, 동시에 세포 자멸사를 일으키는 원인이 되기도 한다.[6] 더욱이 텔로미어 침식이 노화에 결정적 역할을 한다는 사실은 밝혀졌지만, 그 구체적인 작동 기제는 아직 불확실하다. 염색체의 텔로미어가 사라져서 세포 분열이 멈추는 것도 아니다. 우리 염색체는 결코 텔로미어를 완전히 잃진 않는다. 실제로 100세 노인의 텔로미어도 스무 번 이상 더 분열할 수 있을 만큼 남아 있었다.[7] 노화는 DNA와 같은 거대분자, 세포, 조직에 손상이 누적되는 과정을 뜻하기도 한다. 이 때문에 우리 몸은 점점 자기 유지 능력을 잃고 질병에 취약해진다.

노화는 죽음을 준비시키지만, 그 자체로 죽음은 아니다. 복제 한계에 도달한 세포도 한동안은 스스로 유지하고 복구할 수 있다. 반면 괴사와 세포자멸사는 모두 명확히 죽음의 한 형태다. 괴사는 유기체나 조직의 죽음이며, 세포자멸사는 세포 자체의 죽음이다.

생명의 종결

죽음은 삶의 종말이며, 개별 죽음은 개별 존재의 생명 과정이 끝나는 것이라는 설명은 자연스럽고 크게 문제가 없어 보인다. 그러나 문제는 '끝'에 있다. '종말'이라는 개념과 관련해서 여러 복잡한 문제가 제기될 수 있다. 아울러 곧 살펴보겠지만, 살아있지 않게 되는 것과 존재하지 않게 되는 것 사이의 관계 역시 또 다른 문제를 낳는다.

삶이 끝난다는 것과, 삶이 끝난 상태에 있다는 것은 서로 다른 이야기다. 소크라테스의 삶은 기원전 399년에 끝났으나 그 이후로도 그의 삶은 계속 끝난 상태로 남아 있기에 소크라테스는 죽은 자로서 존재한다. '구성'이라는 단어처럼 '죽음'이라는 용어도 모호하다. '과정'과 '결과'를 모두 담고 있기 때문이다. 죽음은 하나의 과정일 수도 있고, 그 과정의 결과일 수도 있다. 달리 말해 죽음은 삶이 끝나는 일련의 사건을 가리킬 수도 있고, 삶이 끝난 상태 또는 그런 사실을 가리킬 수도 있다. 후자의 의미는 헷갈릴 것이 없으므로 여기서는 전자, 즉 '삶이 끝나는 사건'의 의미를 더 명확히 하고자 한다.

대다수 이론가는 삶의 종말, 어떤 존재의 '생명 과정 종결'을 다소 순간적인 사건으로 해석한다. 반면 어떤 이들은 이를 하나의 과정이자 사건으로 보는 대안적 관점을 제시한다. 삶의 끝을 과정으로 생각하면 죽음은 '경주'나 '추락'에 비유할 수 있다. 경주는 뭔가가 출발점을 떠날 때 시작되고, 결승점에 도달하면서 끝난다. 추락은 뭔가가 중력의 영향을 받아 아래로 떨어질 때 시작되고, 표면에 충돌하면서 갑자기 끝난다. 죽음도 마찬가지다. 어떤 존재가 죽어갈 때 시작되고, 그 과정이 완료되면 끝난다. 예를 들어 세포의 일반적인 죽음은 자멸 과정이 일어날 때 시작되고, 세포자멸사가 완료되면 끝난다. 죽음을 과정으로 이해하는 관점은 다음의 두 가지 주장을 뒷받침한다.

첫째, 죽음은 순식간에 일어나는 사건이 아니라는 주장이다. 존재가 죽어가는 동안에 그 존재의 생명 과정은 점진적으로 꺼져간다. 모든 생명 과정이 최종적으로 사라지기까지, 비록 아주 짧더라도 일정 시간이 흐른다. 소크라테스가 마신 독은 비교적 빠른 죽음을 초래했지만, 그 역시 순간적으로 죽진 않았다. 아마도 독이 호흡 마비를 일으켰을 테고, 그때 죽음이 시작됐을 것이다. 호흡이 끊겨 혈액 순환이 멈춘 뒤에도 소크라테스의 몸속 세포는 약 4분에서 10분 동안 대사를 계속했을 것이다. 그 뒤 세포막이 파열되면서 효소를 방출해 세포를 내부에서부터 소화하며 죽음의 과정을 완료했을 것이다. 이 자가소화 과정은 대뇌와 같은 장기에서 더 빨리 일어났고, 이후 몸 전체로 퍼져나갔을 것이다. 요컨대 소크라테스의 생명 과정은 한순간에 끝난 게 아니라 점진적으로 사라졌다. 그의 죽음은 시간이 걸렸다.

둘째, 죽음은 명확한 경계가 없다는 주장이다. 이 부분에서 죽음은 출생과 닮았다. 출생은 언제 시작될까? 옥시토신(oxytocin) 호르몬이 자궁 수축을 유도할 때일까, 아니면 자궁 수축이 태아를 밀어낼 때일까? 수축이 잠시 멈췄다가 몇 시간 후 재개된다면? 또는 아기가 산도를 통과하기 시작할 때일까? 진행이 오랫동안 멈춰 있는 경우라면? 이런 질문으로도 알 수 있듯 출생도 정확히 언제 시작되는지 분명치 않다. 죽음도 그렇다. 소크라테스가 호흡을 멈췄을 때도 그의 혈액은 한동안 여전히 산소를 운반하고 이산화탄소를 배출하는 기존의 역할을 이어갔을 것이다. 혈액 순환이 끝나고서야 신체 조직들이 서서히 죽기 시작했고, 완전히 죽기까지 또 시간이 필요했을 것이다. 이와 같은 일련의 과정에서 소크라테스의 죽음이 정확히 언제 시작됐고 언제 끝났는지 명확히 특정하기란 쉽지 않다. 이처럼 죽음의 경계는 흐릿하다.

일부 철학자들도 삶의 종말을 이야기할 때 이를 (어느 정도는) 한순간에 발생하는 사건으로 이해한다. 어떤 유형의 사건일까? 세 가지 가능한 해석이 있다.

첫 번째로 죽음은 죽어가는 과정의 완료, 즉 마지막 삶의 상실을 가리킬 수 있다. 이를 '종결 죽음(denouement death)'이라고 부르자. 이 죽음은 불이 꺼지는 것과 비슷하다. 마지막 불씨가 사그라지기 전까지는 불이 꺼졌다고 할 수 없듯, 생명이 완전히 사라지기 전까지는 죽음이 일어났다고 할 수 없다. 이 관점에서 보면 죽음은 '경주'나 '추락' 같은 사건과 다르다. 경주나 추락이 그 과정의 마지막 순간만을 지칭한다고 말하는 것은 어불성설이다.

두 번째로 죽음은 죽어가는 과정이 본격화하는 시점 또는 삶의 지속 가능성이 한계에 다다른 시점을 가리킬 수 있다. 소방관들이 불을 거의 다 끈 상태에서 아직 불씨가 몇 개 남아 있더라도, 불이 다시 번질 가능성이 없다고 판단하면 '진화 완료'를 선언할 수 있다. 불이 완전히 꺼졌을 때가 아니라, 되살릴 수 없는 지점에 도달했을 때 끝났다고 보는 것이다. 이와 마찬가지로 유기체의 생명 과정이 완전히 멈추기 전이라도 되돌릴 수 없는 지점에 이르렀다면 죽었다고 말할 수 있다. 이를 '임계 죽음(threshold death)'이라고 부르자. 다만 이 임계점에 도달한 상황과 죽음이 확정된 상황은 구분해야 한다. 왜냐하면 죽어가기 훨씬 이전에도 죽음을 불가피하게 만드는 상태에 처할 수 있기 때문이다. 예컨대 치명적인 독이 몸에 들어간 순간, 그 독이 아직 건강을 해치기 시작하지 않았더라도 죽음은 이미 확정됐을 수 있다. 그러나 이때 해당 존재가 죽었다고 보진 않는다. 실제로 임계 죽음이 발생한 이후에도 죽어가는 과정은 상당 부분 남아 있을 가능성이 크다.

세 번째 해석도 있다. 몇몇 도덕철학자들은 죽음을 신체의 다양한 생리적 체계가 통합된 전체로 기능하는 능력을 돌이킬 수 없이 상실한 상태라고 정의한다.[8] 이를 '통합 죽음(integration death)'이라고 부르자. 하지만 통합 기능의 상실이 왜 죽음 과정에서 중요한 지점인지 그 이유는 분명치 않다. 굳이 이유를 부여하자면 아마도 이 통합 죽음이 임계 죽음을 수반한다는 점에서 그럴 것이다. 통합 죽음이 임계 죽음을 포함한다는 해석이 그럴듯해 보일 수도 있다. 그렇지만 임계점이 통합 상실보다 먼저 올 수도 있다. 면역 체계에 돌이킬 수 없이 손상되면, 통합된 생리 작용이 무너지기 전에 이미 되돌릴 수 없는 임계점에 다다르기도 한다. 그렇다면 이런 질문도 던질 수 있을 것이다. 누군가가 이미 통합 죽음이나 임계 죽음 상태에 있다면, (삶의 고통이나 무의미함을 없애 준다는 명분으로) 순식간에 소각하거나 압살하는 방식으로 종결 죽음을 앞당기는 행위는 정당할까?

죽음의 초기 단계라면, 돌이킬 수 없는 임계점에 이르기 전 단계라면, 죽어가는 과정을 되돌릴 수도 있다. 세포는 일단 세포자멸사가 시작되더라도 그 과정을 역전시킬 수 있다. 개별 유기체도 마찬가지다. 호흡과 심장 박동이 한동안 멈췄다가도 '소생'하는 경우가 있다. 이때는 세포가 분명히 '죽어가고(dying)' 있었으나 그 과정이 중단됐거나 거꾸로 되돌려졌다고 말할 수 있다.

이처럼 생명 과정이 완전히 종료되기 전에 일정 수준까지 약화할 수 있다는 점에서 죽음은 일종의 '정도 차이'가 있는 과정이라고 볼 수 있다. 만약 죽음이라는 상태가 죽어가는 과정의 '최종 결과'뿐 아니라 '중간 단계의 결과'까지 포함한다면, 우리는 죽음의 과정에서 부분적으로 살아있는 상태에 놓일 수도 있다. 다시 말해 죽음이 막 시작된 상태에서는 여전히 대체로 살아있는 셈이고, 진행이 한창일 때는 일부만 살아있으며, 이후로는 생명력이 점점 더 희미해진다.

결국 죽음은 죽어 있는 '상태'이자 죽어가는 '과정'인 동시에 죽어가는 과정 중에 일어나는 두 가지 중요한 사건으로 규정 가능하다. 하나는 되돌릴 수 없는 임계점에 이른 순간인 '임계 죽음'이고, 하나는 죽음의 과정이 완전히 끝나는 순간인 '종결 죽음'이다.

생명의 중단

죽음이라는 개념은 이 밖에도 여러 측면에서 불분명하다. 일테면 생명의 일시적 중단도 죽음으로 간주할 수 있는지, 아니면 죽음이 반드시 영구적인 생명의 상실을 포함해야 하는지 명확하지 않다. 일반적으로 생명이 멈추면 그 상태는 영구적이지만, 꼭 그렇지 않은 예외적인 상황도 있다. 한편으로는 생명이 잠시 중단됐다가 소생할 수도 있고, 다른 한편으로는 복원될 수도 있다.

시계가 멈췄다가 다시 작동하면 우리는 시계의 작동이 한동안 중단됐다고 말한다. 씨앗, 포자, 냉동 배아 같은 경우도 비슷하다. 이들 생명도 특정한 촉매나 조건이 갖춰지면 다시 시작될 수 있기에, 그냥 생명이 중단된 상태라고 표현하고 싶어진다. 그렇더라도 이는 느슨한 표현이다. 씨앗, 포자, 냉동 배아의 경우 유기체의 생명이 잠시 중단됐다거나 잠시 종료됐기보다는 생명 과정이 일시적으로 중단됐고, 중단되는 동안에도 여전히 살아있다고 표현하는 편이 타당하다. 왜냐하면 생명 과정이 멈춰 있어도 자기 유지 능력을 지니고 있기 때문이다. 마치 우리가 잠들었을 때 의식을 잃더라도 여전히 의식 능력이 있는 것과 같다.

이제 이런 상황을 한 걸음 더 나아가서 생각해보자. 미래에 이런 장치가 있다고 상상해보자. 신체 '분해-재조립' 장치인 이 기계는 우리 신체 구조 정보를 수집·분석한 뒤 작은 정육면체나 개별 세포 또는 원자 단위로 완전히 분해해 보존한다. 그리고 나중에 본연의 우리와 정확히 같은 상태로 재조립한다.

많은 사람이 이렇게 말할 것이다. 내가 다시 조립된다면 나는 살아남은 것이고, 내 삶도 계속된다고 말이다. 삶이 복원되는 셈이다. 그런데 분명한 사실은 우리 몸의 조각들이나 원자가 보존되는 동안 우리는 살아있는 게 아니라는 점이다. 그 시간 동안 우리는 존재하지 않으므로 당연히 생명도 없다. 이런 측면에서 보면 우리 몸이 조각난 상태일 때 그 기계를 파괴한다고 해도 우리를 죽이는 행위는 아니다. 우리는 이미 죽은 상태이기 때문이다.

'소생'과 '복원' 사이에는 중요한 차이점이 있다. 어떤 유기체나 그 일부는 생명 과정이 중단된 상태에서도 소생할 수 있다. 씨앗 상태의 식물은 생명 과정이 중단됐어도 죽은 게 아니다. 만약 배아나 개구리처럼 성인 인간도 냉동시켜 나중에 다시 소생시킬 수 있다면, 냉동 상태인 동안은 생명이 '종결'된 게 아니라 '중단'됐다고 해야 한다. 냉동 보존 중에도 존재를 지속하는 것이다.

 그러나 '복원'은 다르다. 이번에는 '시신 재조립' 장치가 있다고 상상해보자. 어느 날 내가 혼자 있다가 갑자기 심장마비로 죽는다. 부패하기 시작한 시신을 내 조카가 발견해 냉동실로 옮긴다. 몇 세기가 지나 과학자들이 시신을 해동한 뒤 시신 재조립 장치를 사용해 내 몸의 모든 원자를 심장마비 이전의 상태로 돌려놓는다. 그렇게 내 생명은 '복원'된다.

 터무니없어 보이겠지만 상상 불가능한 일은 아닐 것이다. 핵심은 과학자들이 내 생명을 복원하는 방식은 '소생'이 아니라는 데 있다. 나는 죽음의 모든 과정을 겪었고, 실제로 죽었으며, 존재하지 않게 됐다. 내 시신은 생명이 '중단'된 상태에 있던 게 아니었다. 냉동으로 부패 속도를 늦췄을 뿐이다. 어떤 생명체가 존재하지 않게 된 이후에는 소생시킬 수도 없고 그 죽음을 되돌릴 수도 없다. 하지만 생명을 '복원'하는 것은 가능할 수도 있다. 복원이란 죽음 이후의 존재를 다시 불러오는 방식이다. 그렇다면 적어도 이론적으로, 죽었을 당시의 물질을 재조립해서 모든 사람의 생명을 복원할 수도 있을까? 어쩌면 가능할지도 모른다. 원자는 사라지지 않으니까. 다만 한 가지 걸림돌이 있는데, 어떤 사람이 죽고 나서 살아생전 몸을 이루던 원자들이 자연에 퍼졌다가 훗날 다른 사람의 일부가 됐다면, 두 사람을 동시에 복원하는 건 불가능하다. 그래도 시점을 달리해 복원한다면 가능성은 여전히 남아 있다.

비록 상상이긴 하나, 이 같은 논의에서 우리가 얻을 수 있는 통찰은 이렇다. 생명체의 죽음은 생명 과정이 중단될 때가 아니라, 생명 과정으로 자기 자신을 유지할 능력 자체가 사라질 때 일어난다는 것이다. 그렇기에 '분해-재조립' 장치는 나를 원자 단위로 분해할 때 나를 죽이는 셈이다. 물론 나중에 원자들을 재조립해 복원할 수는 있겠지만.

받아들이기 괴상한 결론이라고 느낄 수도 있다. 우리 대부분은 '죽음'이라는 용어가 삶이 '영구적으로' 끝날 때만 쓰인다고 생각하기 때문이다. 그런데 정말로 죽음이 영구적인 종결을 의미한다면 재조립으로 삶이 이어진 나는 죽지 않은 게 된다. 이 논리에 따르면 분해 과정이 내 삶을 영구적으로 끝낸 게 아니므로 나를 죽인 것도 아니라는 결론이 나온다.

그럼에도 불구하고 우리는 죽음을 영구적인 상태로 여기기에, 분해 상태를 죽음이 아니라 마치 생명 중단 상태와 비슷한 뭔가로 보고 싶은 유혹을 떨쳐내기 어렵다. 그러나 이 해석은 받아들일 여지가 없다. 분해 상태인 동안 분명히 나는 존재하지 않기 때문이다. 분해 상태에서는 나를 생명체라고 말할 수 있는 존재 자체가 아예 없다. 생명이 중단됐다고 규정할 그 어떤 실체도 없는 것이다. 그런데 또 한편으로는 나중에 재조립해서 생명을 복원할 수 있다면 어떤 방식으로 존재가 사라졌든 간에 죽음이 아니라고 말할 수도 없다. 따라서 가장 납득할 만한 결론은 이것뿐이다. 죽음은 생명의 영구적 종결을 뜻하지 않는다.

존재의 소멸

존재의 죽음은 그 존재를 지탱하던 생명 과정이 파괴되는 것이다. 이렇게 보면 죽음을 존재의 '소멸'이라고도 할 수 있을까? 달리 말해 존재의 죽음과 존재의 종말은 같은 것일까?

먼저 이 질문의 한쪽 측면부터 살펴보자. 죽었지만 계속 존재하는 게 가능할까? 죽음은 곧 존재의 소멸을 뜻한다는 관점을 '종결 논제(termination thesis)'라고 부른다.[9] 하지만 몇몇 동물주의자들은 이 관점을 부정하면서 유기체가 죽은 뒤에도 존재할 수 있다고 주장한다. '죽은 고양이'나 '죽은 소'라는 표현에서 알 수 있듯, 동물이 살아있지 않더라도 사체나 잔해로 계속 존재할 수 있다는 것이다. 이들의 주장대로라면 동물은 원래의 구성 요소를 충분히 유지하고 있는 한 동일한 존재로 간주할 수 있으며, 이 조건은 죽음 이후에도 일정 기간 충족된다.[10] 시간이 흘러 부패가 막바지에 이르기 전까지는 동물 존재가 계속 유지된다고 보는 것이다.

이를 우리 자신에게도 적용해보자. 동물 본질주의 논리대로 우리가 본질적으로 동물이라면, 다른 동물들처럼 우리 역시 죽은 뒤에도 계속 존재할 수 있다. 동물이 죽고서 일정 기간 사체로 남아 있는 것처럼, 우리도 시신의 형태로 존재를 이어간다. 한 걸음 더 나아가 우리 시신을 냉동 보존하거나 화학 처리로 절여두면 존재를 거의 무한정 연장할 수도 있다. 이를 '죽은 존재자 관점'이라고 부르자. 이를 뒷받침하기 위해 어떤 동물주의자들은 '죽은 사람'이라는 표현을 근거로 든다. 이 표현이 오직 죽은 상태에 있는 사람을 가리킨다는 것이다.

'죽은 존재자 관점'은 금세 반박당한다. 사람이나 동물이 죽은 뒤 사체로서 존재를 이어간다는 주장을 뒷받침할 언어적 근거는 말장난에 지나지 않는다. 동물주의자들이 제시한 사례를 보면 '죽은 유기체', '죽은 동물', '죽은 사람' 같은 표현이 사체를 지칭할 수 있긴 하다. 내가 영안실에서 일하는 사람인데 누군가 "여기 죽은 사람 몇 명 있어요?"라고 묻는다면, 나는 분명히 시신의 수를 셀 것이다. 그렇더라도 통상적으로 이런 표현이 사체를 지칭하진 않는다. 누가 내게 "죽은 사람 이름을 몇 명 댈 수 있어요?"라고 묻는다면, 나는 당연히 시신의 수를 세지 않을 것이다. 내가 이름을 댈 만한 죽은 사람 중 한 명은 소크라테스인데, 이때 내가 가리키는 대상은 오래전에 사라진 그의 유해가 아니라 생전에 존재했던 인물이다. 소크라테스를 '죽은 사람'이라고 부를 수는 있으나, 그 표현은 그가 시신이 된 시점을 포함해 시신이 이미 사라진 지금도 여전히 '죽은 사람'이라고 부를 수 있는 것이다.

한편으로 다음과 같은 상황도 생각해보자. 소크라테스의 제자 플라톤(Platon)이 스승의 시신을 남들 모르게 커다란 항아리 속에 넣어 어떤 동굴 깊숙이 숨겨뒀다고 치자. 플라톤 연구자가 우연히 오래된 문헌에서 이 사실을 알게 됐고, 동굴을 찾아내 마침내 항아리 속 시신을 꺼냈는데, 가슴에 그리스어로 'Σωκράτης(소크라테스)'라고 새겨진 금속 명판이 붙어 있다. 아무리 그렇더라도 "소크라테스가 더는 존재하지 않는다고 생각했지만 그게 아니었구나" 하고 말할 사람은 없을 것이다.

슬픔에 잠긴 어머니가 오래전 먼저 세상을 떠난 자신의 아이를 떠올리며 "지금도 티미(Timmy)를 품에 안고 싶어요"라고 말할 때, 무덤 속에서 썩어가는 시신을 안고 싶다는 뜻이 아니다. 나 또한 수십 년 전 죽은 나의 첫 번째 반려견 '조조(Jojo)'를 이야기할 때, 그 '죽은 개'는 그 시절 함께 지낸 조조를 말하는 것이지 땅속 조조의 사체를 일컫는 것은 아니다.

일반적으로 '유기체', '동물', '사람'이라는 용어는 살아있는 존재나 한때 살아있던 존재를 가리킨다. 혼동을 피하려면 이런 식으로 정해두는 게 좋겠다. '죽은 유기체', '죽은 동물', '죽은 사람'이라는 표현은 그 존재들이 남긴 잔해가 아니라, 살아생전의 존재 자체를 말한다. 굳이 콕 집어 말하고 싶으면 그냥 '시체'나 '사체'라고 하면 된다.

'죽은 존재자 관점'이 틀렸음을 인정하는 동물 본질주의자들은 생명체가 죽으면 존재도 끝난다는 '종결 논제'를 받아들여야 한다. 제프 맥마핸의 정신 본질주의 관점을 따르는 이들도 '체화된 마음'이 육체의 죽음과 더불어 소멸한다고 보기 때문에 이 논지를 수용할 것이다. 인격 본질주의자들도 존재 동일성의 연속성이 원래의 원인으로 유지된다고 여긴다면 종결 논제를 받아들일 수 있겠지만, 그저 어떤 방식으로든 유지되기만 하면 문제없다고 생각한다면 거부할 것이다. 육체가 죽더라도 '업로드' 등으로 계속 존재할 수 있다고 보면 말이다.

이번에는 다른 측면으로 죽음과 존재의 소멸이 같은지 살펴보자. 존재하지 않게 되는 것이 꼭 죽음을 뜻할까? 그렇진 않다. 일단 살아있지 않은 존재 가운데서는 죽음 없이 사라지는 것들이 많다. 터지는 비눗방울이나 부서지는 크리스마스트리 장식처럼 조건적으로 존재하는 것들이 그렇다. 유기체도 죽음 없이 존재를 끝낼 수 있을까? 존재의 끝이 생명 과정의 끝과 함께 일어나지 않는다면 가능하다.[11]

아메바가 분열할 때마다 실제로 이런 일이 일어난다. 생명 과정이 중단되지 않은 상태에서 원래의 아메바는 두 개의 존재로 나뉘고, 그중 어느 것도 원래 개체와 동일하지 않다. 제1장에서 언급한 데이비드 루이스의 처음부터 둘이었다는 논리를 무시한다면 말이다. 점균류 덩어리가 하나의 유기체라면, 그것을 구성하던 아메바형 세포들이 각자의 길로 흩어질 때 점균류 덩어리 자체는 죽지 않고 사라지는 셈이다. 마찬가지로 제1장의 '분할' 사례에서처럼 대뇌의 생명 과정이 유지되더라도 분할된 순간 원래의 개체는 존재를 끝내게 된다. 아울러 사람이 동일성을 잃는 순간 존재가 소멸한다고 본다면, 이 경우에도 죽음 없이 존재가 끝난다.

그렇지만 나는 분열이나 분할, 동일성 상실을 죽음으로 바라보도록 개념을 좀 더 확장하고 싶다. 어떤 개체가 존재를 멈추면 죽음으로 간주하자. 살아있는 존재가 존재를 끝내는 모든 경우가 죽음이라고 규정하는 것이다. 동시에 생명 개념도 더 넓힐 수 있다. 의식적인 존재, 즉 인격체 개념도 확장해 일종의 명예 생명체까지 인정한다. 언젠가 등장할 것 같은 안드로이드를 포함해 모든 인격체는 생명을 가진다고 말이다. 생명 개념을 이처럼 넓게 정의하면, 그 존재가 끝나는 순간 반드시 죽음이 따르게 된다.

이렇게 해놓지 않으면 살아본 적 없이 존재했다가 죽음의 과정 없이 사라지는 존재들이 현실화할 때 윤리적으로 아무런 설명도 하지 못한다. 그리고 그때 한 개인의 기존 존재가 끝나는 시점을 특정 방식의 죽음으로 규정해 따로 이름 붙일 필요가 생길 것이다. 나는 이를 '사적 죽음(personal death)'으로 부르자고 제안한다. 이런 사적 죽음은 개인의 생명 과정 중단을 수반할 수도 있고 그렇지 않을 수도 있다.

우리의 죽음

여러분과 내게 죽음이란 과연 무엇일까? 내가 제시하고 싶은 답은 우리의 죽음도 살아있는 모든 것들의 죽음과 마찬가지로 하나의 과정이나 그 과정의 결과(상태)로 이해할 수 있다는 것이다. 죽음의 과정은 개체가 생명 과정으로 자기 자신을 유지하는 능력을 완전히 상실할 때 끝난다(종결 죽음). 이때 그 과정은 반드시 돌이킬 수 없는 지점을 지나쳐야 한다(임계 죽음).

우리 자신의 존재가 정확히 무엇인지 알 수 있다면 죽음에 대한 설명도 명확해질 수 있을 것이다. 그렇지만 안타깝게도 우리는 자신이 어떤 존재인지 아직 명확한 답을 찾지 못했다. 그래도 우리는 우리 존재를 바라보는 세 가지 대표적인 관점 각각을 살펴 죽음이 무엇인지 어느 정도 말할 수 있다. '인격 본질주의'에 따르면 우리의 죽음은 자기 인식과 사고 능력을 지닌 존재의 종말이다. '동물 본질주의'는 동물(인간)로서의 우리 존재를 유지하는 생명 과정의 돌이킬 수 없는 중단을 죽음이라고 말한다. '정신 본질주의'는 우리의 정신(마음)이 우리 존재 그 자체이므로, 더 이상 정신이 활성화하지 못한 상태를 죽음이라고 본다.

곧 살필 테지만, 이 세 가지 관점은 서로 상당히 다른 결론에 다다른다. 심각한 치매로 '고립된 주체'가 되면, 우리는 '인격'으로서는 존재하지 않지만 '정신'으로서는 존재할 수 있다. 자기 인식을 상실한 상태에서도 여전히 동물(인간)로서 살아있다면, 우리는 '정신'으로서 존재하지 않더라도 '동물'로서는 존재할 수 있다. 심지어 뇌만 남아 '동물(인간)'로서는 존재하지 못한다고 해도 '정신'이나 '인격'으로서는 계속 존재할 수 있다. 이와 같은 모든 개념이 가능한 이유는 우리의 인격적·동물적·정신적 존재 각각을 유지하는 생명 과정이 서로 다를 수 있기 때문이다.

죽었다는 기준

죽음이 무엇인지 개념을 규정하는 일과 죽음의 판단 기준을 제시하는 일은 별개의 문제다. 앞서 우리는 죽는다는 게 어떤 것인지 들여다봤다. 이번에는 인간 존재가 죽었다는 사실을 확인할 기준이 있는지 살필 것이다. 물론 여러분과 나는 인간이 아닐 수도 있고, 인격이나 정신일 수도 있다. 그렇기에 '인격의 죽음'이나 '정신의 죽음'을 쉽게 확인할 수 있는 기준이 있는지도 알아보면서, 상황에 따라 그때그때 어떤 존재의 죽음을 이야기하는지 설명할 것이다.

내가 찾으려는 판단 기준은 동물인 인간 존재의 죽음에 대한 정의만을 수용하진 않는다. 좋은 정의는 모든 가능한 죽음을 빠짐없이 포괄하고 실질적이어야 한다. 내가 말하는 기준은 실제로 우리의 죽음을 판단할 수 있는 명확한 조건들이다. 모든 죽음을 빠짐없이 가리켜야 하며, 죽음이 아닌 경우는 포함하지 않아야 한다. 이 기준은 의사들이 사망 선고를 내리는 데 부합한다. 이 기준이 충족되면 의료적 처치를 중지하거나, 사망자의 재산을 이전하거나, 사전 동의가 있는 경우 장기를 기증하거나, 시신을 장례 처리하는 등의 행위가 정당해진다.

임상사

지난 20세기 중반까지만 해도 사람과 그 신체는 심장과 폐의 기능이 멈추면 죽음으로 간주했다. 이를 '임상사(臨床死/clinical death)'라고 한다. '임상'이라는 용어는 병원 등에서 의료진이 환자를 관찰하는 것을 말한다. 이 전통적인 사망 판단 기준은 한동안 별다른 문제 없이 받아들여졌다. 심장이 박동을 멈추고 폐가 호흡을 멈추면 살아날 수 없다고 여겼기 때문이다. 임상사 판정을 받은 사람은 실제로 사망한 것이었다. 그러나 오늘날 수술 중에 심장을 멈췄다가 다시 뛰게 하는 일은 매우 흔하고, 새로운 기술 덕분에 인위적으로 호흡과 혈액 순환을 유지하거나, 심지어 일정 시간이 흐른 뒤에도 심장과 폐 기능을 자연스럽게 회복시키는 치료도 가능해졌다.

이런 변화로 인해 임상사는 죽음의 기준으로 진지하게 논의되기 어려워졌다. 기껏해야 '임계 죽음'과 비교할 수 있을 뿐이다. 그런데 이 또한 적어도 두 가지 이유로 적절한 기준에 미치지 못한다.

첫째, 심장과 폐 기능이 되돌릴 수 없을 정도로 멈추더라도 반드시 죽음이 뒤따르는 것은 아니기 때문이다. 얼마든지 인공적으로 대체할 수 있다. 병원에서는 심폐 보조 장치를 통해 이런 일이 일상적으로 이뤄진다. 인공 심장으로 혈액을 순환시키고, 인공 폐로 호흡을 유지한다. 다른 장기들도 마찬가지다.

둘째, 심장과 폐만이 생명 유지에 필수적 장기는 아니기 때문이다. 간, 뇌, 피부, 신장 등 다른 기관도 기능이 멈추면, 비록 심장이나 폐보다는 느리나 다른 방식으로 대체되지 않는 한 죽음이 뒤따르게 된다. 따라서 죽음을 심장과 폐 기능의 임계점으로 판단하는 것은 그 기준을 간, 뇌, 피부, 신장 같은 다른 장기의 기능 상실로 정하는 것과 다를 바 없다.

그렇다면 임상사는 실제 죽음과 어떤 관계에 있을까? 심장 등 신체 장기들이 기능을 멈추면 죽음 과정이 시작된다. 하지만 심장 수술에서처럼 심장이 일시적으로 멈춘 상태에서 손상되지 않고 유지되면 죽음 과정은 중단된 상태에 놓인다. 이때 심장을 다시 뛰게 하면 죽음 과정은 역전된다. 만약 죽음 과정이 계속되면 신체의 다른 장기들과 면역 체계도 연쇄적으로 망가지기 시작한다. 어떤 기관은 더 빨리, 어떤 기관은 더 늦게 멈춘다. 보통은 뇌가 가장 먼저 기능을 잃는다.

뇌사

죽음을 임상적 관점에서 벗어난 기준으로 바라보기 시작한 것은 1950년대 후반 프랑스 신경학자들이 인공호흡기를 착용한 일부 환자들의 뇌가 이미 죽은 상태임을 지적하면서부터다. 그들은 이 상태를 '혼수 상태를 넘어선(coma dépassé)' 상태라 불렀고, 이는 곧 '뇌사'를 뜻하는 용어가 됐다.[12] 그로부터 10년 뒤, 미국 하버드 의학전문대학원 위원회가 뇌사를 판단하는 영향력 있는 기준을 마련했고, 해당 기준을 충족하는 환자는 사망으로 간주할 것을 권고했다.[13] 그리고 몇 년 뒤 미네소타의 두 신경외과 의사가 뇌간의 회복 불가능한 손상을 죽음의 임계점으로 본 '뇌간사' 판단 기준을 개발했다.

1981년에는 미국 '대통령 직속 의학·생의학·행동과학 연구 윤리 문제 위원회'에서 사망을 법률적으로 어떻게 정의할지 다룬 보고서를 발표했다. "법을 통해 인간의 사망을 입증하는 새로운 방식을 인정할지 여부"를 검토해달라는 요청에 위원회는 "법적으로 새 기준을 인정해야 한다"고 결론 내렸다.[14] 그렇게 다음 내용을 담은 '일률적 사망 판정법(Uniform Determination of Death Act)'이 제정됐다.

"순환 및 호흡 기능의 비가역적 중단 또는 뇌간을 포함한 뇌 전체 기능의 비가역적 중단이 발생하면 사망으로 판정한다. 이때 사망 여부는 공인된 의료 기준에 따라 결정해야 한다."

현재 미국 50개 주 모두 뇌 기능 상실, 즉 '뇌사'를 '사망'으로 간주한다.[15]

영국도 이와 유사한 흐름을 거치면서 죽음에 대한 공식적인 이해 규정을 마련했다. 영국에서도 '뇌사'는 '사망'과 동일시되며, "뇌간의 영구적 기능 상실"을 뇌사로 정의한다.[16] 기준이 '뇌간'이다. 뇌간이 죽으면 전체도 죽은 것으로 본다. 몇몇 유럽 국가들도 영국의 관점을 따르고 있다.

한편으로 당시 미국 대통령 직속 위원회가 죽음의 기준을 마련할 때 참고한 개념은 '통합 죽음'이었다. "신체의 다양한 생리적 체계가 통합된 전체로 기능하는 능력을 돌이킬 수 없이 상실한 상태"를 죽음이라고 정의했다.[17] 생리적 체계 가운데 특히 중요한 부분은 순환계, 호흡계, 신경계이며, 이 세 가지 체계는 서로 밀접하게 연결돼 있다. 셋 중 하나라도 완전히 기능을 멈추면 나머지도 곧 멈춰서 생명(생리적 체계의 통합 기능)은 종료된다. 위원회는 이 통합 죽음 개념을 중심에 두고 임상사와 뇌사 판정을 정당화했다. 자발적 호흡과 순환 능력이 통합 기능의 필수 조건이므로, 회복 불가능한 임상사는 곧 생명의 종결이다. 뇌 기능 또한 통합에 필수적이기 때문에, 뇌사도 생명의 종결이다. 호흡 및 순환 기능의 회복 불가능한 중단 또는 뇌 전체 기능의 회복 불가능한 중단 중 하나라도 발생한다면, 해당 개체는 죽은 것이다.

이렇듯 미국과 영국이 채택한 죽음의 기준은 약간 다르지만, 그 정당화 방식은 같다. 영국의 경우 뇌간이 기능을 상실하면 뇌사, 즉 죽음으로 판단한다. '뇌간사 = 뇌사'다. 이 등식은 두 가지 근거에 기인한다. 첫째, 뇌간사는 신체 전체의 죽음에 해당한다. 둘째, 뇌간사는 뇌 전체의 죽음에 해당한다.[18] 첫 번째 근거는 뇌간이 죽으면 자발적 호흡과 순환도 곧 멈춘다는 점에서 타당하다.[19] 두 번째 근거는 뇌간이 죽으면 다른 뇌 부위가 잠시 살아있더라도 뇌 전체가 기능할 수 없다는 점에서 타당하다.[20]

두 근거 모두 통합 죽음 개념에 따른 것이다. 인위적으로 생명을 유지하는 환자라도 뇌간이 죽으면 신체 체계의 정상적인 통합 기능이 더는 작동하지 않기에 죽음으로 간주할 수 있다. 아울러 뇌간 없이는 뇌 전체도 기능할 수 없기에 뇌간사를 뇌사로 간주할 수 있다. 뇌간사는 뇌사이고, 뇌사는 죽음이다.

보완

현재 미국과 영국에서 공식적으로 채택한 사망 판정 기준은 '통합 죽음'을 나타내는 지표로 널리 수용되고 있다. 그렇지만 이 접근 방식에는 몇 가지 문제가 있다.

첫 번째 문제는 '통합 죽음'이라는 개념 자체가 모호하다는 데 있다. 뇌사(뇌간사)를 옹호하고자 이 개념에 의지하는 이들이 그 모호함을 교묘하게 악용하고 있는지도 모른다. 모호한 부분을 드러내려면 이런 구분이 필요하다. 신체의 생리적 체계가 기계의 도움 없이 자연스럽게 통합된 상태와 기계의 도움으로 통합된 상태는 엄연히 다르다. 인간 존재가 통합 죽음에 이르렀다고 간주할 수 있는 때는 언제일까? 자연적 통합이 불가능할 때일까, 아니면 기계를 동원해도 통합이 이뤄지지 않을 때일까? 전자를 '자연 통합 죽음', 후자를 '인공 통합 죽음'이라고 해보자. 심장이 멈추면 자연 통합 상태는 사라진다. 그런데 심장이 다시 뛸 수 있다면 회복 불가능한 상실은 아니다. 다시 뛰게 하려면 기계를 써야겠지만, 일단 심장이 뛰기 시작하면 기계 없이도 기능할 수 있다. 반면 폐가 완전히 파괴돼 기계에 의존해야만 호흡을 유지할 수 있는 경우라면, 이미 자연 통합 죽음인 상태지만 인공 통합 죽음에는 이르지 않은 상태라고 볼 수 있다.

자, 이제 다시 생각해보자. 뇌사(뇌간사)를 통합 죽음 개념에 근거해 정당화하는 사람들은 자연 통합 죽음을 말하는 걸까, 인공 통합 죽음을 말하는 걸까? 내가 보기에 두 가지 이유에서 인공 통합 죽음을 염두에 둔 것은 확실히 아니다.

첫째, 생명 유지 장치를 꺼야만 이들이 제시하는 기준이 성립하기 때문이다. 다시 말해 환자가 이미 죽었다면, 기계를 꺼도 될 것이다. 하지만 이런 환자들은 기계 덕분에 생명 과정을 유지하고 있으므로 인공 통합 죽음에는 이르지 않은 상태다.

둘째, 뇌가 완전히 죽은 신체도 기계를 통해 얼마든지 오랫동안 유지될 수 있기 때문이다. 그래서 인공 통합 죽음은 이들의 기준이 아니다.

아마도 뇌사(뇌간사) 기준을 옹호하는 사람들은 자연 통합 죽음 개념을 염두에 둔 것일 테다. 그러나 뇌사는 자연 통합 죽음의 지표로 보기에도 부적절하다. 뇌가 죽은 신체가 분명히 자연 통합 죽음에 이른 상태인 것은 맞지만, 뇌가 온전하면서 자연 통합 죽음에 이른 사람들도 얼마든지 있기 때문이다. 이들 대부분도 심폐 보조 장치로 생명을 유지한다. 더욱이 인공 심장을 이식받은 사람들 역시 자연 통합 죽음에 이르렀다고 볼 수 있다.

요점은 이렇다. 현재의 기술 조건에서 뇌사는 늘 인공 통합 죽음을 수반하지만, 인공 통합 죽음이 언제나 뇌사를 동반하는 것은 아니다. 즉, 뇌사는 인공 통합 죽음의 충분조건이어도 필요조건은 아니다. 자연 통합 죽음도 마찬가지다. 뇌사가 자연 통합 죽음의 충분조건일 수는 있지만, 필요조건은 아니다. 두 개념을 하나로 뒤섞지 않는 이상 뇌사가 '통합 죽음'을 단적으로 드러낸다고 단정할 이유는 없는 것이다.

물론 인공적인 유지 지원에도 정도의 차이가 있다. 그렇기에 생명 유지 장치 같은 비교적 고도화된 인공 지원 없이는 통합 기능을 유지할 수 없는 상태를 자연 통합 죽음에 가깝다는 의미로 '근사(近似/

approximate) 자연 통합 죽음'이라고 부를 수 있을 것이다. 하지만 뇌사(뇌간사) 기준은 이런 죽음에 대응하기도 어렵다. 생명 유지 장치 없이 생존 불가능한 이들 중에서도 뇌는 온전히 기능하고 있는 경우가 많다.

그러므로 뇌사, 즉 뇌가 죽으면 죽음이라는 생각도 죽음의 기준에 제대로 부합하지 않는다. 그럼에도 불구하고 뇌사가 죽음을 판단하는 확실한 기준이라는 다른 근거가 있을까? 뇌사가 인간 존재의 모든 생명 과정이 중단됐다는 의미는 될 수 없어도 혹시 '임계 죽음', 아무리 인위적으로 개입해도 생명 과정이 멈출 수밖에 없는 지점의 지표로는 쓸 수 있지 않을까? 그러나 뇌가 죽은 이후에도 생존할 수 있다면, 이 가능성도 사라진다. 우리가 이미 알고 있듯이, 뇌사 상태에서도 생명 과정은 인공적으로 얼마든지 유지될 수 있기 때문이다.[21]

결론적으로 뇌사는 인간 존재의 죽음을 판단하는 데 적절한 기준이 될 수 없다. 같은 이유로 뇌간사도 아니다. 인간이 뇌 전체가 파괴되고도 생존할 수 있다면, 뇌간이 망가져도 분명히 살아남을 수 있다. '죽음'을 '임계 죽음'으로 이해할 때, 인위적으로 생명을 유지한 어떤 인간도 죽었다고 말할 수 없다. 하지만 인간의 임계 죽음을 정확히 판별할 수 있는 기준도 현재로서는 없다.

뇌사는 '동물'인 인간의 죽음을 판단하는 기준으로 부정확할 뿐만 아니라, '인격'이나 '정신'의 죽음을 판단하는 기준으로도 적합하지 않다. 그 이유를 이해하려면 생리학과 병리학 내용을 간략히나마 들여다봐야 한다. 뇌 또는 뇌간의 죽음이 자기 인식과 의식 능력 상실로 이어지긴 하지만, 꼭 이 둘 때문만은 아니라는 사실이 밝혀졌다.

우리의 의식 능력은 뇌의 여러 부위가 함께 작동하면서 나타나는 기능이다. 의식은 시상(視床/thalamus), 대뇌, 뇌간의 상호 작용을 통해 매개된다.[22] 특히 뇌간에는 뇌의 각성 상태를 조절하는 '망상체 활성계(reticular activating system/RAS)'가 자리 잡고 있어서, 우리가 깨거나 자거나 주의를 집중할 수 있게 해준다.[23] 신경학자 크리스토퍼 팔리스(Christopher Pallis)는 "의식의 내용(사람이 알고, 생각하고, 느끼는 것)은 활성화한 대뇌 반구의 기능이지만, 대뇌 반구를 '켜는' 뇌간의 기능이 작동하지 않으면 그 내용을 알 수 없다"고 설명했다.[24]

그런데 어떤 손상은 뇌 전체의 기능이나 생리적 통합 능력을 무너뜨리지 않으면서 의식 능력을 완전히 없애버리기도 한다. 상위 뇌 기능이 마비되면 자기 인식이나 사고 능력은 사라져도 하위 뇌 기능은 여전히 작동할 수 있다. 뇌간이 호흡과 심장 박동을 계속 조절할 수 있는 것이다. 다시 말해 대뇌가 심하게 손상되면 의식 능력은 상실하나 뇌가 신체를 유지하는 능력은 남는다. 이런 손상을 입은 사람을 일컬어 식물인간 상태라고 한다. 의식은 없지만 간혹 몸을 움직이기도 하고, 얼굴을 찡그리기도 하며, 울거나 웃는 표정을 짓기도 한다. 빛에 반응해 눈을 뜨기도 하고, 정상적인 수면 주기를 유지하기도 한다. 그러나 깨어 있는 듯 보일 뿐, 의식은 전혀 없는 상태다.

식물인간 상태는 혼수 상태와 구별돼야 한다. 혼수 상태는 지속적인 무의식 상태를 말한다.[25] 뇌간이나 시상 또는 대뇌 반구의 손상 때문에 나타날 수 있으며, 약물 과다복용이나 머리에 강한 충격 또는 뇌 산소 결핍을 유발하는 질환으로도 발생할 수 있다. 산소가 공급되지 않으면 뇌는 몇 분 만에 세포가 죽기 시작하는데, 대뇌가 뇌간보다 훨씬 더 취약하기에 먼저 손상된다. 산소 결핍이 5분 이상 지속되면 혼수 상태에 빠질 수 있다. 혼수 상태에도 정도가 있다. 깊은 혼수 상태일수록 고통 자극, 예컨대 손톱 밑 부분을 강하게 누르는 고통에도 반응하지 않는다.

혼수 상태가 오래 지속될수록 회복 가능성이 낮아져서 식물인간 상태로 이어질 수 있다. 혼수 상태 환자 500명을 대상으로 시행한 연구에 따르면 회복이 양호한 환자는 10퍼센트에 불과했으며, 무의식 상태에서 의식을 회복하지 못한 채 사망한 경우는 63퍼센트에 달했다.[26] 약물 과다복용으로 혼수 상태에 빠진 환자가 회복 가능성이 가장 높은 것으로 나타났다. 일반적으로 뇌에 혈액이 공급되지 않으면 뇌 조직에서 자가소화(자가분해)를 통한 세포자멸사가 일어난다. 그런데 특정 약물이나 극심한 저체온도 뇌 조직을 일시적 중단 상태로 만들 수 있다. 따라서 환자가 식물인간 상태인지 판단할 때는 약물과 저체온 영향도 함께 고려해야 한다.

혼수 상태의 원인이 뇌에 혈류가 갑자기 끊기는 '뇌졸중'이나 뇌 외부 혈관이 파열되는 '지주막하 출혈'일 경우 회복 가능성은 특히 낮다. 위 연구에 따르면 이때 500명 중 5퍼센트가 채 안 되는 환자들만 의식을 회복했다. 혼수 상태가 1주일 이상 지속된 환자의 거의 절반은 식물인간 상태로 전환됐다. 의식 회복 가능성은 머리 타격 같은 외상보다 산소 결핍이나 뇌 혈류 차단으로 손상이 발생한 환자들에게서 훨씬 낮았다. 이런 손상을 입고 1개월 동안 식물인간 상태이던 159명을 대상으로 진행한 연구 결과, 1년이 지난 뒤 의식을 회복한 환자 비율은 15퍼센트에 불과했다(이 가운데 11퍼센트는 3개월 이내에 의식을 되찾음). 32퍼센트는 여전히 식물인간 상태로 남아 있었고, 나머지 환자들은 모두 사망했다. 의식을 회복한 15퍼센트 중에서도 완전히 회복한 경우는 단 1명이었다.[27] 식물인간 상태가 1개월 이상 지속되면 '지속적 식물인간 상태'라고 부른다.

언젠가는 인공 뇌간이 발명될 수 있을 것이다.[28] 그렇더라도 현재로서는 뇌간이 죽고 인공 생명 유지 장치가 지원되지 않으면, 심장과 폐는 반드시 기능을 멈춘다(일정 시간뿐이나 심장은 뇌간의 자극 없이 스스로 뛸 수 있다). 그렇기에 혼수 상태에 빠진 환자가 회복하지 못하리라고 판단할 가장 믿을 만한 근거는 뇌간 반사 반응이며, 이 반응이 없으면 뇌간은 죽은 것이다. 환자의 눈에 빛을 비춰 동공이 움직이는지 보거나, 각막을 건드려 눈꺼풀이 깜박이는지 확인한다. 귓구멍에 차가운 물을 흘려 넣어 순간적으로 머리를 돌리는지 살피기도 한다. 기관지에 관을 삽입해 기침 반응을 유도하는가 하면, 머리를 돌려 눈동자가 정상적으로 움직이는지도 관찰한다. 정상적이라면 눈은 머리를 돌려도 정지된 대상을 따라가듯 움직이는데, 뇌간이 죽으면 마치 인형 눈처럼 머리와 함께 고정된다.

앞서 나는 상위 뇌 기능은 손상됐지만 뇌 전체는 아니어서, 신체 기능을 통합하는 하위 뇌 기능은 여전히 작동하는 식물인간 상태를 살폈는데, 이보다 더 충격적인 조합도 가능하다. 어떤 손상은 뇌의 통합 기능을 파괴하면서 의식 능력만 남기기도 한다. 신체 조절 능력을 상실하면 외부 개입 없이는 곧 죽음에 이를 수밖에 없으므로 매우 드문 사례다. 하지만 일부 환자들은 인공호흡기의 도움으로 간신히 생명을 건진 뒤 '잠금 증후군(locked-in syndrome)'이라는 상태에 빠지기도 한다. 대체로 뇌간 손상 때문에 발생하며, 때로는 혼수 상태로 오인되기도 한다. '잠긴' 사람은 의식은 유지하되 온몸이 거의 마비된 상태가 된다. 움직일 수 있는 부위가 눈꺼풀뿐인 경우도 있다. 저널리스트 장 도미니크 보비(Jean-Dominique Bauby)가 잠금 증후군 환자로서 자신의 경험을 담아낸 책이 《잠수종과 나비(Scaphandre Et Le Papillon)》다. 비록 몸은 잠수종에 갇힌 듯 옴짝달싹 못 했지만, 생생히 살아있는 그의 의식과 기억은 병상에서 한 권의 책을 완성하기에 충분했다. 그가 알파벳 하나하나를 눈 깜박임으로 조합해 단어를 하나씩 만들면, 이를 대필 작가가 노트에 문장으로 옮겨 적었다. 무려 15개월 동안 20만 번 넘게 눈을 깜박여 완성했다.

일반적인 잠금 증후군 환자는 뇌가 신체의 생리적 시스템을 어느 정도는 조절할 수 있다. 그러나 통제력이 극히 미미한 수준에 그칠 수도 있다. '길랭-바레 증후군(Guillain-Barré syndrome)'이라고 불리는 상태에서는 갖가지 자가면역 질환이 중추신경계를 파괴해 뇌가 신체의 나머지 부분과 완전히 단절되게 만든다.[29] 보통은 이전으로 돌아가지 못한다. 이런 환자들은 겉보기에 혼수 상태처럼 보이나 실제로 뇌는 멀쩡하다. 장 도미니크 보비처럼 의식은 온전하지만, 뇌는 신체의 생리적 체계를 전혀 통합하지 못한다.

이제 확실해졌을 것이다. 뇌사나 뇌간사가 의식 능력 상실을 초래하는 충분조건은 될 수 있어도 필요조건은 아니다. 여러분이나 나도 뇌사(뇌간사) 없이 의식 능력을 영구적으로 잃을 수 있다. 대뇌가 기능하지 못하는 식물인간 상태에 놓일 때 그렇고, 시상이 기능을 멈출 때도 그럴 수 있다. 따라서 뇌사(뇌간사)는 죽음을 판단하는 정확한 기준이 될 수 없다.

의식 능력의 상실, 나아가 정신의 완전한 죽음을 판단할 더 정확한 기준이 있을까? 한 가지 가능성으로 제시된 것이 이른바 '상위 뇌 기준(higher brain criterion)'이다.[30] 자기 인식과 의식 등 상위 뇌 기능에 돌이킬 수 없는 손상이 왔을 때 죽음을 인정하는 기준이다. 일반적으로 '대뇌 사망(대뇌사)'을 말한다. 말 그대로 대뇌 기능이 회복 불가능하면 죽었다고 판단한다. 여기서 '시상'과 같은 뇌의 다른 부위가 의식 능력에 필수적이라는 사실이 밝혀진다면 기준을 '대뇌-시상 사망'으로 수정해야 할 것이다. 즉, 대뇌와 시상 기능이 회복 불가능하면 죽었다고 판단한다. 그런데 뇌간 없이는 의식 자체가 불가능하기에 최종적으로는 '대뇌-시상-뇌간 사망'이 죽음의 기준이 돼야 한다. 대뇌와 시상 그리고 뇌간 기능이 회복 불가능하면 죽었다고 판단한다.

그러나 죽음 기준이 실제로 유용하려면 그저 죽음을 가리키기만 해서는 안 되고, 그 기준 자체를 검증할 수 있어야 한다. 설령 '대뇌-시상-뇌간 사망' 기준이 정신의 죽음을 나타내는 지표가 되더라도, 심리적 연속성을 중시하는 인격 본질주의 관점에서는 수용하지 않을 것이다. 심리적 연속성이 완전히 파괴된 지점을 따지려 들 테고, 자기 인식 능력의 상실 여부만을 판단 기준으로 삼고자 할 것이다. 이를 다 아우르는 기준을 제시하기란 여전히 어렵다. 대뇌, 시상, 뇌간이 파괴되면 심리적 연속성과 자기 인식 능력도 함께 사라지는 것 같다. 하지만 이들 부위가 꼭 손상돼야만 그런 능력이 사라지는 게 아니다. 심각한 치매나 유사한 정신 질환은 뇌의 각 부위가 온전히 살아있는 상태에서도 심리적 연속성이나 자기 인식 능력 또는 두 가지 모두를 사라지게 만들 수 있기 때문이다.[31]

흔히 우리는 "늘 죽어가고 있다"고 표현하곤 하지만, 죽음은 노화와 구별되는 개념이다. 노화는 우리 몸이 스스로 재생하고 유지하는 능력을 점차 잃어가는 과정이며, 부분적으로는 세포 노화의 결과다. 체세포에는 유전적으로 미리 설계된 '헤이플릭 한계'라는 게 있어서, 이 한계에 도달하면 신체는 재생 및 유지 능력을 상실하게 된다. 이렇게 노화한 세포는 더 쉽게 죽고, 보통은 세포가 터지면서 주변 조직에 손상을 입히는 '지저분한' 방식인 '괴사'나 세포 스스로 생을 정리하는 '깔끔한' 방식인 '세포자멸사'로 죽는다. 세포자멸사는 신체의 성장과 유지에 본래 포함된 정상적인 과정이다.

  죽음은 반드시 영구적일까? 생명 과정이 잠시 멈췄다가 다시 시작된다면, 삶이 끝났다고 할 수 없을 것이다. 생명 과정의 일시 중단과 회복은 오직 신체가 온전할 때만 가능하다. 하지만 몸이 분해된 경우라도 이론적으로는 미래에 어떤 기계가 원자를 이전 상태 그대로 재조립하면 우리 생명은 복원될 수 있다. 그런데 신체가 분해돼 원자들이 흩어져 있던 동안에는 우리가 존재하지 않는 것이기에 '복원'은 '소생'과 다르다. 그리고 복원이 개념적으로 가능한 것처럼 보이므로, 죽음도 반드시 영구적이라고 할 수 없다. 죽음은 생명 과정이 파괴되는 것이며, 훗날 우리 몸이 원자 단위로 재구성돼서 생명이 복원되더라도 그 파괴(죽음)는 일어났던 일이 된다.

  우리가 시신으로 변해서 계속 존재한다는 관점도 있으나, 논의할 가치를 못 느껴 다루지 않았다. 이 책에서 나는 죽음을 존재의 소멸, 존재의 종말로 간주하고 있다. 그렇지만 존재의 끝이 곧장 죽음을 의미하는 것은 아니다. 만약 우리가 아메바처럼 분열해 존재를 잃는다고 가정한다면, 그리고 데이비드 루이스의 견해와 달리 분할이 분열하는 존재를 끝낸다면, 이는 생명 과정이 중단되지 않은 채 존재가 소멸하는, 즉 '죽지 않고 존재가 끝나는' 사례가 될 수 있다.

생각보다 '죽음'이라는 개념은 매우 애매모호해서, 이해하는 방식도 여러 가지다. 생명이 끝나가는 과정을 뜻하는 '죽어감'이라는 말로 더 잘 이해될 수도 있고, 생명이 끝난 상태 자체를 의미할 수도 있으며, 죽어가는 과정 중 특정 시점을 가리킬 수도 있다. 예컨대 죽음의 과정이 되돌릴 수 없는 시점에 이르면 '임계 죽음'이 발생하고, 생리적 통합 기능이 사라지면 '통합 죽음'이 일어나며(이 또한 임계 죽음의 한 형태로 보인다), 생명 과정이 완전히 끝나면 '종결 죽음'이다.

인간 존재의 죽음을 판단할 명확한 기준이 있을까? 미국은 '뇌사' 기준을 적용하고 있는데, 뇌 전체의 기능이 회복 불가능할 때 죽었다고 판단한다. 영국의 기준은 '뇌간사'이며, 뇌간 기능의 완전한 상실을 죽음으로 간주한다. 그러나 뇌가 완전히 손상된 이후에도 인위적으로 생명을 유지할 수 있다면, 두 가지 기준 모두 정확하지 않게 된다. 결국 죽음의 정확한 판정 기준은 아직 나오지 않은 것이다.

아울러 뇌사나 뇌간사는 '인격'이나 '정신'의 죽음을 판단할 기준도 되지 못한다. 뇌사(뇌간사)는 인격과 정신의 죽음을 판단하는 데 충분조건이긴 하나 필요조건은 아니다. 대뇌 또는 뇌간이 아닌 부위가 파괴돼 회복 불가능한 상태에 이르면, 신체는 살아남더라도 정신은 소멸할 수 있다. 그나마 정신의 죽음 기준으로 대뇌 및 시상 기능이 완전히 멈추는 시점을 드는 게 더 적절할 수 있지만, 그렇더라도 사람의 죽음을 판단할 기준은 여전히 찾기 어렵다.

제3장
죽음에 관한 논쟁들

DEATH

 삶이 좋은 것이라면, 우리가 비록 매년 더 살 때마다 이전 해보다 삶의 가치가 떨어지더라도 오래 사는 게 나은 일인 듯하다. 이처럼 삶을 더 오래 살수록 좋다는 논리는, 죽음은 더 나쁠 수밖에 없다는 결론으로 이어진다. 이른바 '해악 논제(harm thesis)'다. 죽음은 죽는 당사자에게 나쁜 영향을 미치며, 그런 의미에서 '해악'을 가한다는 것이다.

 나아가 우리는 삶이 끝난 뒤에도 세상에서 벌어지는 일들에 우리가 여전히 어떤 이해관계를 갖는 듯 느끼기도 한다. 우리가 살아생전 추진했던 일이 죽은 뒤에도 계속 진척되거나 방해받을 수 있고, 사후에 우리 재산을 어떻게 처분할지 유언을 남긴 것들이 존중되거나 무시당할 수도 있다. 이렇듯 우리는 죽음 이후마저 생각하므로 '사후 해악 논제(posthumous harm thesis)'도 죽음에 관한 주요 논제가 된다. 죽은 뒤에 일어나는 사건 또한 죽는 당사자에게 해가 될 수 있다는 논리다.

이 장에서는 이 두 가지 해악 논제에 제기된 반론을 살필 것이다. 그중에서 가장 인상 깊은 논증은 고대 그리스 철학자 에피쿠로스와 그 추종자 루크레티우스로까지 거슬러 올라간다. 우선 이들의 주장 가운데 일부를 먼저 들여다본 뒤 제4장과 제5장에서는 이에 대한 반론을 연이어 다루겠다.

대칭 논증

해악 논제에 대항해 에피쿠로스와 루크레티우스는 이후 수많은 철학자가 논의하게 될 도전 과제를 제시했다.[1] 이 절에서는 루크레티우스의 유명한 '대칭 논증'과 그 현대적 변형을 먼저 살핀다. 루크레티우스는 죽음이 존재가 사라지는 비존재 상태를 초래하더라도 전혀 걱정할 필요가 없다고 주장한 것으로 잘 알려져 있다. 우리는 태어나기 전에 이미 비존재 상태를 견뎠고, 우리 가운데 그 누구도 그 시기를 견뎠다는 사실을 나쁘다고 여기지 않기 때문이다. 그런데 해악 논제에 대한 에피쿠로스 자신의 반론은 이와는 사뭇 다르다. 이 부분은 다음 절에서 다룰 것이다.

루크레티우스의 대칭 논증은 그의 저작(철학시)《사물의 본성에 관하여(De Rerum Natura)》에 나오는 다음 구절에서 암시된다.

오래전 그때 우리는 불안하지 않았도다. 그러므로 우리 존재를 만들어 낸 육체와 정신의 결합이 깨질 때, 아무것도 아닌 우리에게 더 이상 아무런 일도 일어나지 않으리.[2]

우리가 태어나기 전 영겁을 돌아보라. 그 시간이 얼마나 철저히 무의미한지 보라. 이것이야말로 자연이 우리에게 내미는 거울이니, 우리는 이 거울로 죽은 이후의 시간을 들여다볼 수 있도다.[3]

이 논증은 죽음이 우리를 놓이게 하는 상태, 즉 '비존재' 상태에 관한 것이다. 루크레티우스는 우리가 태어나기 전에 존재하지 않았던 영겁의 세월을 떠올리라고 말한다. 이 시기에 관해 그가 정확히 무엇을 말하고자 했는지는 완전히 명확하진 않지만, 이렇게 해석할 수 있을 것이다. 우리는 지금도 그렇고, 앞으로도 여전히 우리가 그 시기에 존재하지 않았다는 사실을 두고 아무런 염려도 하지 않을 것이다.

이제 우리가 존재하기 이전의 상태와 죽은 이후 존재하지 않게 될 상태를 비교해보자. 이 두 가지 상태는 관련된 모든 측면에서 비슷하다. 달리 말하면 '대칭'이다. 우리가 태어나기 전의 비존재와 죽은 이후의 비존재는 모두 영원한 비존재 상태다. 전자가 아무 문제 없다면 후자도 마찬가지일 것이다. 따라서 태어나기 전의 비존재가 우리에게 아무런 해가 되지 않는다면, 죽은 이후의 비존재도 해악이 아니다. 이를 요약하면 다음과 같다.

1. 우리는 한때 존재하지 않았던 사실을 나쁘게 받아들이지 않는다.
2. 죽은 후의 비존재는 태어나기 전의 비존재와 관련성 측면에서 동일하다.
3. 두 비존재가 모든 면에서 같고, 그중 하나가 나쁘지 않다면, 다른 하나도 나쁘지 않다.
4. 그러므로 우리가 다시 존재하지 않게 되는 일 또한 우리에게 나쁘지 않다.

철학자이자 고전학자 제임스 워런(James Warren)은 루크레티우스의 말이 이런 의미라고 해석했다.

"우리는 예전에도 존재하지 않았지만, 그 시기는 우리에게 전혀 나쁘지 않았다. 따라서 죽은 이후의 비존재가 태어나기 전의 비존재와 모든 양상이 같다면, 또다시 존재하지 않게 되는 때도 우리에게 나쁘지 않을 것이다."[4]

워런의 해석이 맞을 수도 있겠지만, 나는 이런 식의 해석이 논의할 가치가 없다고 생각한다. 동어반복에 지나지 않아서다. 아울러 스티븐 로젠바움(Stephen Rosenbaum) 같은 철학자는 루크레티우스의 논증이 "그 누구도 태어나기 전의 비존재를 두려워하지 않는다"는 관찰에서 비롯했다고 봤는데, 그래서 죽은 후의 비존재 또한 두려워할 필요가 없다는 결론에 이르렀다는 해석이다.[5] 그러나 이는 어찌 보면 루크레티우스를 우스꽝스럽게 만드는 해석이다. 마치 우리가 예전에 치과에서 이를 뺐던 일을 지금은 두려워하지 않으니, 앞으로 또 이 뽑을 일이 생기더라도 두려워할 필요 없다고 주장하는 것과 같으니까.

지나간 위험이 두렵지 않으니 다가올 위험도 두렵지 않다는 것이 헛소리라는 뜻은 아니다. 삶의 현명한 통찰이 될 수 있다. 하지만 우리는 지금 처세술을 익히는 게 아니라 철학을 하고 있기에 이런 접근은 곤란하다. 두려움은 어떤 일이 우리에게 해로운지 판단하는 지표가 될 수 없다. 이미 지나간 나쁜 일을 떠올렸는데 두렵지 않다고 해서 그 일을 나쁘지 않다고 여기는 것은 아니다. 그렇게 결론 내려선 안 된다.

다시 돌아가서, 이제부터는 루크레티우스(그리고 그 전에 에피쿠로스)가 죽음은 우리에게 해롭지 않으므로 두려워할 필요도 없다고 설득하려 했다는 전제로 논의를 이어가보자.

우리가 살폈듯이 '죽음'이라는 용어에는 크게 두 가지 의미가 있고, '죽음의 상태'가 해롭지 않다는 말과 '죽음에 이르는 과정' 또는 '되돌릴 수 없는 임계점이나 종결점에 도달하는 것'이 해롭지 않다는 말은 완전히 다르다. 그런데 루크레티우스의 대칭 논증은 죽음의 '상태'가 해롭지 않음을 주장한 건지, 죽음의 '과정'이 해롭지 않음을 주장한 건지, 아니면 두 가지 모두를 포함한 건지 명확하지 않다. 에피쿠로스의 논증을 이해하려고 할 때도 이와 비슷한 해석의 문제를 마주하게 될 것이다.

위에서 1번부터 4번까지 요약한 명제를 보면 루크레티우스는 '죽음의 상태'가 나쁘지 않다고 말한 것으로 보인다. 첫 번째 해석이다. 하지만 루크레티우스가 죽음의 '상태'뿐 아니라 죽음에 이르는 '과정'에 대해서도 우리의 걱정을 덜어주려 했다고 생각할 만한 근거 또한 충분하다. 알다시피 에피쿠로스 철학의 명시적 목표는 삶 전체에 걸친 '아타락시아(ataraxia)', 곧 '마음의 평온'이다. 깨달음을 얻은 사람에게는 삶에서 특별히 해로울 것이 없기에, 성취할 수 있는 목표로 여겨진다. 그러므로 이 관점에서 볼 때 죽음의 '상태'는 걱정할 필요 없다고 해놓고 죽음의 '과정'은 여전히 두려운 것으로 남겨둔다면, 에피쿠로스와 루크레티우스의 논증은 설득력을 잃게 된다. 설마 이들이 자신들의 철학을 반쪽짜리로 남겨두고 싶어 했을까?

그래서 '죽음에 이르는 과정'까지 대칭 논증에 포함하는 두 번째 해석을 정식화하려면, 루크레티우스가 죽음의 '상태'와 마찬가지로 죽음의 '과정' 또한 해롭지 않다고 여겼으리라 유추해야 한다. 그러면 루크레티우스의 논증은 다음 명제로 확장됐을 것이다.

5. 어떤 과정의 중요한 효과가 우리를 나쁜 상태로 만드는 것이 아니라면, 그 과정도 우리에게 나쁘지 않다.
6. 따라서 죽음에 이르는 과정은 우리에게 나쁘지 않다.

이렇게 놓고 다시 생각해보자. 1번부터 4번까지의 명제에 5번과 6번을 추가하든 않든, 대칭 논증은 설득력이 있는 걸까? 1~4로 요약한 명제부터 살펴보자. 태어나기 전 우리가 존재하지 않았다는 사실에 무관심하다는 게 죽음의 '상태'가 나쁘지 않음을 보여줄까? 사람들 대부분은 자신이 한때 존재하지 않았다는 사실을 두고 슬퍼하지 않는다. 과거의 비존재 상태를 나쁘다고 여기지 않는 것이다. 여기서 루크레티우스의 주장은 다소 복잡한데, 그 이유 중 하나는 우리의 감정들 가운데 많은 부분이 미래를 향하고 있기 때문이다. 물론 우리는 과거에 나빴던 사건들에 대해서도, 설령 판단에 불과할지라도, 일종의 혐오감이나 불쾌함을 느낄 수 있다. 그런데 태어나기 전 비존재 상태에 대해서는 그런 부정적인 감정조차도 없다. 어쩌면 존재하지 않았던 때의 느낌이 어땠는지 알고 있기 때문인지도 모른다. 끔찍하지도, 아무렇지도 않았다. 사실상 어떤 느낌도 아니었다. 왜냐하면 비존재는 느낄 수 없기 때문이다. 에피쿠로스와 그의 추종자 루크레티우스가 지적했듯이, 죽어서 존재하지 않게 되는 데 두려움을 느끼는 것은 태어나기 전 존재하지 않았던 시절이 어땠을지 떠올리며 불쾌감을 느끼는 것만큼이나 어리석은 일이다.

그러나 우리가 태어나기 전 비존재 상태를 문제 삼지 않는 데는 다른 이유가 있을 수도 있다. 그 상태에서 결국 지금의 존재로 이어졌으니까. 이와 마찬가지로 죽은 뒤의 비존재 상태도 다시 존재로 이어질 수 있다면, 우리는 죽음에 대해 그렇게까지 걱정하지 않을 것이다. 예컨대 제2장에서 상상했던 '분해-재조립' 장치의 도움으로 존재와 비존재를 오갈 수 있다면, 우리가 원자 단위로 흩어져 존재하지 않을 때 생기는 공백 또한 그리 큰 문제로 여기진 않을 것이다. 오히려 겨울잠을 자는 곰처럼 세상이 더 흥미로워지거나 끔찍한 재난이 지나갈 때까지 잠시 삶을 멈추고 싶어 할지도 모른다.

그렇지만 '일시적인' 비존재는 '영구적인' 비존재와는 다르다. 이후에 어떤 일이 벌어지느냐 그렇지 않으냐에 따라 비존재는 일시적일 수도 있고 영구적일 수도 있다. 존재하지 않는다는 사실 그 자체는 우리를 괴롭히지 않는다. 우리가 정말로 두려워하는 것은 '영원히' 존재하지 않게 될 상태다. 이미 지난 과거의 일시적인 비존재와 달리, 앞으로 맞이할 죽음은 아무래도 영구적인 비존재 상태로 이어질 것 같아서 두려운 것이다.

이제 5~6의 명제로 넘어가서 죽음의 '과정'에 관해 다시 생각해보자. 이 과정은 우리를 존재하지 않는 상태로 만드는 것이며, 비존재 자체는 우리에게 아무것도 아니고 아무런 해악도 끼치지 않으므로 두려워할 필요가 없다는 관점이다. 루크레티우스의 견해가 이렇다면, 우리에게 죽음이 남길 상태를 바라보라고 권하는 셈이다. 나아가 그 상태가 끔찍한 게 아닌 이상 죽음을 두려워할 이유가 전혀 없다고 말하는 것이다. 그러나 존재하지 않는다는 것에 대한 섬뜩함이 죽음을 꺼리는 이유가 아닐 수도 있다. 죽음이 전혀 불쾌감을 못 느끼는 비존재 상태로 이어지더라도, 죽음에 이르는 과정 자체에서 섬뜩한 불쾌감을 느낄 수도 있는 것이다.

바로 이 부분, 죽음의 '과정'이 고통스러울 수 있다는 문제는 대칭 논증에서 빠져 있으니, 잠시 논외로 하고 이 장의 후반부에서 다루겠다.

그리고 또 다른 중요한 문제는 다음 장인 제4장에서 논의할 것이다. 죽음이 해롭지 않다는 루크레티우스의 견해에 정면으로 맞서, 죽음은 좋은 삶을 끝내기에 나쁘다는 주장이다. 다른 모든 조건이 동일할 때, 좋은 것을 끝장내는 상황은 나쁜 일이라는 논리다. 여기서는 죽음의 거울상, 즉 반대가 '탄생'이라는 데 집중한다. 더 정확히 표현하면 '살아 있게 되는 일'이다. 죽음과 탄생은 우리에게 매우 다르게 작용하는 사건이다. 탄생은 삶을 착수하게 한다. 달리 말해 좋은 일의 시작이다. 반면 죽음은 삶에 마침표를 찍는다. 좋은 일의 끝이다.

생명 연장

 루크레티우스는 해악 논제를 물리치기 위해 태어나기 이전의 비존재와 죽은 뒤의 비존재를 바라보는 우리의 태도를 일치시키려고 했다. 하지만 그의 이 '대칭 논증'은 설득력이 부족했다. 다만 우리가 과거와 미래에 대해 갖는 태도가 비존재 자체와는 무관한 방식으로 크게 다를 수 있다. 이 차이를 적용해 해악 논제를 반박할 수도 있을 것이다. 예를 들면 우리는 삶을 과거로 연장하는 것과 미래로 연장하는 것에 똑같은 태도를 취하지 않는데, 이런 불일치를 들어 죽음이 해롭지 않다는 논증을 펼칠 수 있을까? '비대칭 논증' 말이다.

 이런 식의 논증이 가능할 것이다. 우리는 대부분 죽음을 미루고 싶어 하거나 아예 피하고 싶어 한다. 죽음을 늦추면 그만큼 삶이 더 길어지기 때문이다. 그런데 더 일찍 태어났기를 바라거나 늘 존재했기를 바라는 사람은 거의 없다. 이렇게 거꾸로 거슬러 올라가 과거의 삶을 연장하고 싶다는 태도는 분명히 비합리적이다. 그래도 삶을 연장하는 한 방법이다. 설령 우리가 여전히 유한한 존재로 남더라도 삶을 무한히 늘리는 셈이 된다. 이런 게 싫다면, 그러니까 과거를 늘려 삶을 연장하길 바라지 않는다면, 미래로 연장하길 바라는 것도 비합리적인 건 매한가지다. 물론 정말이지 조건만 좋다면 무한히 과거로 이어지는 삶을 사는 것도 반길 사람이 나올 수는 있겠다. 그렇더라도 대부분은 미래로 무한히 연장되는 삶을 더 선호할 것이다. 당연히 이런 선호도 비합리적이다. 삶은 연장하는 게 그토록 바람직하다면, 과거로의 연장도 바람직해야 하지 않을까? 똑같은 연장인데 과거로는 싫고 미래로만 좋다는 게 무슨 논리인가? 과거로의 무한한 삶을 바라지 않듯이, 미래로의 무한한 삶도 바라지 않는 게 합리적이다. 시간의 앞과 뒤를 다르게, 즉 '비대칭적으로' 대하는 태도가 정당화되지 않은 한 죽음이 해롭다는 생각은 합리적 근거가 없는 착각에 지나지 않는다.

이 논증이 부각하려는 지점은 이것이다. 사실 우리는 삶을 '연장'하는 것보다 '지속'하는 것에 더 민감하다. 그러니 마법의 램프를 문지를 때 조심해서 소원을 빌어야 한다. "삶을 연장해줘!"라고 하면 지니가 거꾸로 나이만 더 먹게 만들지도 모른다. 삶은 미래를 덧붙이는 방식으로도, 과거를 덧대는 방식으로도 연장될 수 있다. 그럼에도 불구하고 왜 우리는 미래로 향하는 삶만을 바라고 과거로의 삶은 원하지 않을까? 확실히 비합리적인 태도일까?

'비대칭 논증'에서는 비합리적이라고 못을 박지만, 나는 꼭 그렇진 않다고 생각한다. 단순히 삶을 과거로 연장하는 게 불가능하다는 이유일 수도 있어서다. 우리 개인은 지구에서 우주로 도약할 수 없다. 불가능하기에 그런 욕망조차 생기지 않는다. 마찬가지 이유에서 우리는 삶의 출발점으로 시간을 덧댈 수 없고 그런 꿈도 꾸지 않는다. 그러므로 삶을 과거로는 말고 미래로만 연장하고 싶다는 태도를 두고 비합리적이라고 탓할 것도 없다. 현실 세계의 구조상 삶은 오직 미래로만 연장을 허용한다. 그 정도면 충분히 합리적이다.

한편으로 다시 생각해보니 우주로의 도약이 현실적으로는 불가능하나 개념적으로는 가능할 것 같다. 공기 공급 장치를 갖춘 로켓 슈트를 입고서 날아올랐다가 돌아올 수만 있다면 말이다. 그러나 타임머신 과거 여행도 아니고 존재하기를 더 일찍 시작하는 건 문자 그대로 불가능할 것이다. '비대칭 논증'을 펼친 대표적인 철학자 토머스 네이글(Thomas Nagel)의 유명한 연구 사례가 있다.[6] 분석철학자 솔 크립키(Saul Kripke)의 "사람은 부모의 특정 난자와 정자의 결합으로만 탄생한다"는 명제를 토대로 루크레티우스의 대칭 논증을 보완하고자 했다.[7] 네이글은 태어나기 전의 비존재를 해롭다고 말하려면 더 일찍 태어나는 상황이 가능해야 한다고 지적했다. 하지만 우리는 우리 자신을 존재하게 한 바로 그 난자와 정자의 결합으로 태어났다. 이렇게 탄생한 우리는 미래에 더 오래 살 수는 있어도 출생 시점보다 더 일찍 태어날 수는 없다. 혹여 부모가 더 일찍 임신할 수 있었겠지만, 그랬다면 다른 난자와 정자가 결합해 우리가 아닌 '다른 사람'이 태어났을 것이다. 따라서 우리는 미래로의 삶은 연장 가능하지만, 과거로는 불가능하다.

흥미롭긴 한데 설득력 없긴 마찬가지다. 우리가 특정 정자와 난자의 결합으로 존재한다는 건 사실이지만, 그 결합은 얼마든지 더 이른 시점에 일어날 수 있다.[8] 우리 부모님이 더 일찍 만났고, 그 결과로 지금의 나를 탄생시킨 난자와 정자가 결합했다는 논리가 왜 성립되지 않을까? 하물며 우리가 인공수정으로 태어났다고 치면, 특정 난자와 정자가 그 시점이 아닌 그 이전 시점에서 결합할 수 있었다는 가정도 이상할 게 없다.

물론 우리가 지금보다 더 일찍 태어나는 게 개념적으로 불가능하다는 네이글의 논리가 틀렸다고 해도, 실제로 우리 삶의 시작점을 바꾸기란 불가능한 일이다. 그러나 진짜로 우리 삶을 과거나 미래 어느 방향으로든 연장할 수 있다면 어떨까? 우리는 더 길어진 과거에 대해 무관심할까? 그리고 미래의 삶에 대한 태도는 과거의 삶에 대한 태도와 일치해야 할까?

우리의 관심이 오직 생명 연장으로만 제한돼 있다면, 미래의 삶에 대한 태도와 과거의 삶에 대한 태도는 일치해야 같아야 한다. 삶의 '양'만이 중요하다면서 미래의 삶을 과거의 삶보다 선호하는 것은 비합리적인 태도다. 쾌락 측면에서도 그렇다. 삶 전반에 걸쳐 쾌락을 가능한 한 '많이' 누리는 게 유일한 이익이라면, 시간적 분포와 상관이 없으므로 미래의 삶을 더 중시하는 태도는 비합리적이다. 그렇지만 실제 우리의 태도는 단순히 삶의 양이나 쾌락의 총량만 극대화하려고 하지 않는다.

데릭 파핏에 따르면 우리는 모든 좋은 일이 쾌락에 국한되지 않더라도 되도록 미래에 일어나길 바라고, 나쁜 일은 과거에 속하길 바라는 광범위한 '시간적 편향(temporal bias)'을 갖고 있다. 그는 다음과 같은 예시를 통해 이를 설명했다.

나는 어떤 수술을 받기 위해 한 병원에 입원해 있다. 완벽하게 안전하고 늘 성공하는 수술이라 그 결과에 대해서는 아무런 두려움이 없다. 수술은 짧게 끝날 수도 있고 오랜 시간이 걸릴 수도 있다. 의사와 계속 소통해야 하는 수술이기에 마취제를 쓰지 않는다. 나는 이 수술을 예전에 한 번 받아본 적이 있다. 그때의 고통스러운 기억이 지금도 생생하다. 다행히 새로운 정책이 도입됐다. 수술이 너무 고통스러운 관계로 이제는 수술을 마친 환자에게 이전 기억을 지우는 약을 투여할 것이다. 나는 지금 막 잠에서 깼는데, 잠들었던 기억이 나지 않는다. 간호사에게 수술 시간이 정해졌는지, 얼마나 걸릴지 물어본다. 간호사는 나와 또 다른 환자들에 대한 정보를 모두 알고 있지만, 누구에게 해당하는지 헷갈린다고 말한다. 다만 둘 중 하나는 확실하단다. 나는 어제 10시간이 걸린 수술을 받은 환자일 수도 있고, 오늘 늦게 1시간짜리 짧은 수술을 받게 될 환자일 수도 있다. 즉, 나는 이미 10시간 동안 극심한 고통을 겪었거나, 앞으로 1시간 동안 고통을 겪게 될 것이다.

나는 간호사에게 어느 쪽인지 확실히 알아봐달라고 부탁한다. 간호사가 자리를 비운 사이, 나는 내가 어느 쪽이 사실이기를 바라는지 분명히 깨닫는다. 나는 이미 10시간의 고통을 겪은 환자이기를 간절히 바란다. 그것이 사실이라면 나는 크게 안도할 것이다.[9]

파핏은 우리의 시간적 편향이 비록 삶에서 겪는 고통의 총량을 줄일 기회가 있더라도 그 고통이 미래에 일어날 일이라면 마다하려는 경향에서 드러난다고 설명했다.[10] 그는 이 시간적 편향을 인정하면 루크레티우스의 논증을 반박할 수 있다고 주장했다. 그의 위 예시처럼 우리는 미래를 향한 편향 탓에, 과거의 어떤 일이 나빴다고 해서 그때를 되돌아보며 고통스럽게 여기진 않는다. 과거의 비존재에 대해서도 마찬가지다. 우리가 태어나기 이전의 비존재를 아무렇지 않게 여긴다고 해서 그 비존재가 나쁘지 않았다고 결론 내릴 수는 없다.

비슷한 논리를 통해 우리는 왜 과거의 비존재보다 미래의 비존재인 죽음을 더 안타깝게 여기는지, 그리고 그런 생각이 왜 합리적일 수 있는지도 설명할 수 있다. 죽음은 미래에 우리에게 일어날 수 있는 좋은 것들을 '박탈'하지만, 과거의 비존재는 다만 과거에 일어났을 수 있는 좋은 것들을 '제공하지 않았을' 뿐이기 때문이다.[11] 그런데 파핏에 따르면 우리의 이런 미래 편향이 바람직한 태도는 아니다. 오히려 우리가 삶의 순간들을 기꺼이 누리는 데 집중하면서 미래에 대한 시간 감각을 누그러뜨릴수록 죽음에 대한 민감도도 줄어들 수 있다. 인생의 끝에 다다를수록 앞날에 기대할 일은 줄어들면서 그동안 쌓아온 좋은 기억들로 위안을 삼을 수 있기 때문이다.

한편으로 파핏의 관점에 비판적인 몇몇 철학자들은 시간적 편향이 모든 종류의 좋고 나쁜 일에 적용되는 게 아니라, 우리가 직접 경험하는 일에만 적용된다고 주장했다.[12] 예를 들면 누군가가 우리를 몰래 배신하거나 모욕한 것은 확실히 나쁜 일이지만, 그런 일이 과거에 일어났다고 해서 덜 나쁜 것으로 여기진 않는다. 반면 누군가가 몰래 우리를 칭찬하거나 존경하는 일은 그것이 미래든 과거든 똑같이 반갑다. 이런 예외들을 고려하면 경험하지 못하는 좋은 것들을 얻기 위해 과거로 삶을 연장하려고 하지 않는다는 점에서 파핏이 루크레티우스를 반박한 논리가 힘을 잃는 것처럼 보일 수도 있다. 하지만 이 비판도 썩 와닿진 않는다. 좋은 일을 직접 경험할 수 없다면 우리 대부분은, 아니 아무도, 그런 이유로 삶을 미래로 연장하길 바라지는 않기 때문이다.

파핏이 말한 시간적 편향이 우리에게 실제로 있는지는 차치하더라도, 우리가 그저 삶에서 쾌락을 축적하거나 그 기억들을 되돌아보며 음미하는 데만 관심이 있는 것은 아니다. 우리는 능동적이고 미래 지향적인 목표와 관심사도 갖고 있다. 이와 같은 추구는 그 자체로 가치를 지니며, 우리 가운데 많은 이들에게는 이런 활동들이 수동적인 관심사보다 자기 정체성의 핵심이 된다. 그러나 우리는 과거를 위한 계획을 세우거나 실현하진 못한다. 우리의 계획은 언제나 미래를 향해야 하고, 자아실현 역시 미래를 향해 나아가야 한다. 이런 점이 우리가 미래에 더 편향적인 이유다. 물론 우리는 과거에도 어떤 계획을 세우고 추구했을 수 있다. 하지만 그런 계획들이 지금 우리가 갖고 있는 관심사의 연장선은 아닐 것이다.

그렇기에 삶을 과거로 연장하는 것보다 미래로 연장하길 더 선호하는 게 비합리적인 태도는 아니다. 미래로의 생명 연장은 우리가 지금 갖고 있는 미래 지향적 이익과 목표를 실현할 가능성을 높여주기 때문이다. 우리는 삶이 이미 끝나버려서 더는 삶을 빚어나갈 수 없고, 그저 지난날을 되돌아보는 일만 가능한 상태가 되기를 원하지 않는다. 도덕철학자 프랜시스 캄(Frances Kamm)이 강조했듯이 우리는 자신의 삶이 모두 끝나버린 상태가 되기를 바라지 않는다.[13]

그렇더라도 과거가 얼마나 길었는지 무관심해야 한다는 결론으로 곧장 이어지는 것은 아니다. 미래를 향한 열망에 몰두하는 게 중요하지만, 우리는 수동적인 관심사도 갖고 있으며, 이런 점이 과거가 더 길수록 좋다고 여기는 이유가 되기도 한다. 더욱이 과거에 어떤 계획을 세우고 그것을 추구했던 경험 역시 충분히 가치 있다. 내일 죽기로 예정돼 있다면, 우리는 지난 50년보다 지난 1,000년의 영광을 쌓아온 삶을 더 낫다고 여길 것이다.

시점의 문제

이제 에피쿠로스가 '해악 논제'에 제기한 반론을 살펴보자. 에피쿠로스는 《메노이케우스에게 보내는 편지(Epistolē Pros Menoikea)》에서 죽음이 우리에게 입힐 해악을 경험할 '시점'에 우리는 존재하지 않으므로 죽음은 해롭지 않다고 주장했다. 그는 이렇게 썼다.

> 죽음은 사실 우리에게 아무것도 아닐세. 우리 자신이 존재하는 한 죽음은 우리와 아무런 상관이 없다네. 죽음이 우리를 찾아왔을 때 우리는 이미 사라지고 없지. 따라서 우리가 살아있든 죽었든 간에 죽음은 우리와 무관하네. 살아있을 때는 죽음이 없고 죽었을 때는 우리가 없기 때문일세.[14]

에피쿠로스의 이 논증은 다음과 같이 정리할 수 있다. 만약 죽음이 죽은 개체에 해악이 되려면 죽음 때문에 해를 입는 '주체'가 있어야 하고, 그 해가 무엇인지 '내용'이 분명해야 하며, 그 해가 발생하는 '시점'이 존재해야 한다. 여기서 핵심은 '시점'이다. 다시 말해 죽음이 언제 나쁘냐는 것이다. 우리가 죽고 없는 마당에 해로울 게 어디 있느냐는 얘기다. 이 해악의 '시점' 문제를 따져보면 삶이 끝나자마자 죽음이 따른다는 점에서 가능한 경우의 수는 두 가지뿐이다. 하나는 죽음이 살아있는 동안 해를 입힌다는 것이고, 다른 하나는 죽은 이후에 해를 입힌다는 것이다.

후자를 생각하면 그 즉시 해를 입는 '주체' 문제에 부딪히게 된다. 죽고 나면 우리는 더 이상 존재하지 않기에 해를 입는 주체도 없다. 존재하지 않는 사람에게 해악이 발생했다는 것도 설득력이 없다. 반면 전자의 경우, 즉 죽음이 살아있을 때 해를 입힌다고 보면 해를 입는 '주체' 문제는 간단히 해결되지만, 죽음이 우리에게 입히는 해악의 '내용'은 설명할 수 없게 된다. 죽음은 아직 일어나지 않았으므로 살아있는 동안 아무런 해도 입힐 수 없기 때문이다.

이처럼 세 가지 요건을 모두 충족하는 설명이 불가능하기에 에피쿠로스는 '해악 논제'를 거부했다. 에피쿠로스는 주로 죽음 자체에 초점을 맞췄지만, 그의 논증이 타당하다면 죽음 이후의 모든 사건에도 이 논리를 적용할 수 있다. 죽음이 우리에게 아무런 해가 되지 않음을 보여준다면, 즉 이 논증을 통해 해악 논제를 부정한다면, 죽음 이후에 일어나는 사건들도 해롭지 않게 된다. '사후 해악 논제'도 동시에 부정되는 것이다. 이제 이를 좀 더 자세히 살필 텐데, '사후 해악 논제'와 관련한 반론은 덩달아 성립하니 따로 언급하진 않을 것이다.

에피쿠로스의 논증은 여러 가지 방식으로 해석할 수 있다. 첫째, 뒤에서 다시 살펴보겠지만, 그가 지칭하는 '죽음'이 정확히 무엇을 의미하는지 분명치 않다. 일단 여기서는 삶이 완전히 사라지는 과정으로서의 죽음을 의미한다고 전제하고 논의를 이어가겠다. 둘째, 그의 의도는 죽음이나 죽음 이후의 사건이 우리에게 그 어떤 '영향'도 미칠 수 없다는 것일 수 있다. 그러면 죽음은 해롭지 않다는 결론이 따라 나온다. 나는 '과정의 발생' 역시 일종의 길게 이어지는 사건으로 간주할 수 있다고 보는데, 어떤 사건(과정의 발생)이 우리에게 해악을 끼치려면 그 사건이 어떤 '방식'으로 어떤 '시점'에서 영향을 미쳐야 하기 때문이다. 그리고 그 시점은 과정의 발생 이후일 수도 있다.

죽음이 우리에게 아무런 영향을 주지 않는다는 사실을 입증할 수 있을까? 좀 더 '약한' 주장도 있다. 죽음이 우리에게 '중요한 방식'으로는 영향을 미칠 수 없다는 주장이다. 이 약한 주장 쪽이 더 설득력 있고 방어하기도 쉽다. 아마 에피쿠로스가 염두에 둔 주장도 이쪽일 것이다. 그렇더라도 '강한' 주장 또한 검토할 가치가 있다.

죽음은 우리에게 영향을 미칠 수 없다

논의 전개를 위해 어떤 사건이 우리에게 영향을 미치려면 무슨 조건이 필요한지 생각해보자. 첫 번째 조건은 미래가 과거에 인과적 영향을 미칠 수 없다는 점이다. 지극히 상식적인 전제다. 어떤 사건이 일어나기도 전에 그 사건이 영향을 줄 수는 없다. 예컨대 내일 일어날 일이 오늘 내게 영향을 끼칠 수는 없다. 두 번째 조건은 오직 존재하는 동안에만 어떤 사건의 인과적 영향을 받을 수 있다는 점이다. 내가 태어나기 전에 어떤 일이 벌어졌더라도, 그 사건은 오직 내가 존재할 때만 영향을 미칠 수 있다. 내가 태어나기 전 고모가 조카인 내게 거액의 유산을 남겼다고 해보자. 그 돈으로 내 삶이 풍요로워질 수는 있겠지만, 그 효과는 내가 살아있는 동안에만 적용된다.

여기서 한 가지 조건이 더 필요하다. 뭔가가 사람들에게 영향을 미칠 수 있는 유일한 방식은 '인과적' 영향뿐이라는 점이다. 내가 내일 먹게 될 음식을 미리 상상하면서 군침을 삼킨다고 치자. 이때 나를 군침 돌게 한 건 내일 먹을 음식 자체가 아니라, 그 음식을 먹을 수 있겠다는 내 예상이다. 즉, 나는 그런 생각을 하거나 한 후에 영향을 받는 것이다. 음식을 상상하는 것과 실제 음식을 먹는 것은 전혀 다른 일이다. 이 둘이 같다면 요리책을 읽기만 해도 살이 찔 것이다.

이 세 가지 조건을 결합하면 '책임에 대한 인과적 설명'이 된다.

- A. 어떤 사건(상태)은 오직 어떤 대상 S(사람 또는 사물)에 인과적 결과를 초래할 때만 S에 영향을 미칠 수 있다.
- B. 대상 S가 존재하지 않으면 어떤 사건(상태)도 S에 인과적 영향을 줄 수 없다.
- C. 대상 S는 사건(상태)이 일어나기 전에 그 사건(상태)의 인과적 영향을 받을 수 없다.

이제 인과적 설명과 몇 가지 그럴듯한 가정을 결합해보자. 그러면 우리가 죽은 뒤 시신이 불태워지는 일 같은 사건은 우리에게 아무런 영향을 줄 수 없다는 결론이 나온다. 왜냐하면 A에 따라서는 인과적 영향을 받지만, B의 경우처럼 우리는 존재하지 않기에 그 어떤 인과적 영향도 받을 수 없기 때문이다. 같은 논리로 죽은 상태 역시 우리가 죽은 동안에는 아무런 영향을 미칠 수 없다. 이때의 전제는 제2장에서 언급한 '종결 논제' 즉, 생명체가 죽으면 존재하기를 완전히 멈춘다는 것이다. 이를 정리하면 다음과 같은 논증이 성립한다.

1. 어떤 사건(상태)은 오직 인과적 영향을 통해서만 우리에게 영향을 미칠 수 있다.
2. 우리는 존재하지 않는 동안 어떤 사건(상태)에서 인과적 영향을 받지 않는다.
3. 우리는 죽으면 존재하지 않는다(종결 논제).
4. 따라서 죽음이나 죽음 이후의 사건(상태) 모두 우리에게 아무런 영향을 미치지 않는다.

아울러 미래 사건(상태)은 현재 사건(상태)에 역으로 영향을 미칠 수 없다는 인과적 설명 C에 따라 죽음이나 죽음 이후의 사건(상태)은 살아있는 우리에게 영향을 줄 수 없다. 죽음 이후의 사건(상태)은 현재의 우리에게 전혀 영향을 미치지 못한다. 이에 따라 다음과 같은 추가 논증이 성립한다.

5. 어떤 사건(상태)이 발생하기 전에 해당 사건(상태)으로 인과적 영향을 받는 것은 불가능하다.
6. 1과 5에 따라 우리가 살아있는 동안에는 죽음이나 죽음 이후의 사건(상태)에 영향을 받지 않는다.
7. 그러므로 4와 6에 따라 우리는 죽음이나 죽음 이후의 사건(상태)에

영향을 받지 않는다.

지금까지는 아주 좋다. 에피쿠로스와 그 추종자들은 '사후 해악 논제'까지 반박할 근거를 마련했을뿐더러, 죽음이라는 사건(상태)이 해롭다는 주장 또한 거부할 근거도 제시했다. 그러나 아직 남은 과제가 있다. 바로 죽음에 이르는 '과정'도 해로운 영향을 미칠 수 없음을 설득력 있게 입증해야 한다.

물론 우리가 존재할 때만 영향을 받는다는 명제 2와 종결 논제 3을 결합하면, 죽음이 이미 일어난 이후 즉, 존재하지 않을 때는 우리에게 전혀 해를 입힐 수 없다는 결론을 도출할 수 있다. 이에 더해 인과적으로 시간 역행이 불가능하다는 명제 5에 따라 미래의 죽음이 현재의 우리에게 영향을 미치지도 못한다. 그래서 다시 추가 논증이 성립한다.

8. 1~3에 따라 죽음은 발생 이후에 우리에게 영향을 미칠 수 없다.
9. 1과 5에 따라 죽음은 발생 이전에도 우리에게 영향을 미칠 수 없다.
10. 그러므로 8과 9에 따라 죽음이 우리에게 영향을 미칠 수 있는 유일한 시점은 죽음이 발생하는 그 순간뿐이다.

1에서 10까지의 논증만으로는 결국 죽음이라는 사건(상태)이 발생하는 그 순간조차 우리에게 해로운 영향을 미칠 수 없다는 주장은 뒷받침하지 못한다. 해를 입는 '주체' 문제도 여전히 해결할 수 없다. 죽음이 발생하는 순간에도 우리는 아직 살아있고, 존재하는 주체로서 영향을 받을 수 있는 상태에 있기 때문이다. 그렇다면 정말이지 죽음이 발생하는 그 순간에도 우리에게 아무런 영향을 주지 못한다고 입증할 방법은 없는 걸까?

다행히 두 가지 방식을 생각해볼 수 있다. 첫째는 죽음이란 오직 우리가 존재하지 않게 된 이후에 일어나는 사건이라고 주장하는 것이다. 그런데 이 주장은 죽음이 우리가 죽은 뒤에만 우리에게 영향을 미친다는 다소 이상한 논증으로 흐르게 만든다. 죽음이 우리 존재가 소멸한 뒤에 벌어지는 사건이라면 우리는 죽음이나 죽음 이후의 사건(상태)에 영향을 받지 않는다는 명제 7에 따라 죽음은 우리에게 아무런 영향을 줄 수 없다는 결론이 나온다. 그리고 둘째는 여러 철학자가 제시했듯이 죽음은 너무나도 순식간에 일어나기 때문에 우리에게 영향을 미치지 못한다고 주장하는 방식이다.[15]

첫 번째 접근 방식은 얼핏 터무니없어 보일 수 있는데, 어떻게 죽음이 우리가 존재하지 않게 된 다음에야 일어난다고 말할 수 있을까? 하지만 앞서 제2장에서 살핀 것처럼 죽음이란 '상태'일 수도 있고, '과정'일 수도 있으며, 과정 중에 도달하는 '지점'일 수도 있다. 실제로 몇몇 철학자들은 죽음, 즉 '삶의 종말'을 우리가 더 이상 존재하지 않게 되는 바로 그 순간이라고 주장했다. 일테면 도덕철학자 조엘 파인버그(Joel Feinberg)와 바버라 레븐북(Barbara Levenbook)은 죽음을 "어떤 주체가 비존재로 바뀌는 최초의 순간"이라고 정의했다.[16] 아마도 죽음이라는 개념을 생명이 아직 희미하게 남아 있는 시점에 적용하는 게 아무리 생각해도 어색하다는 이유에서 이런 정의가 나왔을 것이다. 그렇지만 반대로 죽음 개념을 생명 과정 종결 이후 시점에 두는 것도, 그러니까 우리가 이미 죽고 난 상태에 죽음이 일어난다는 정의도 어색하긴 매한가지다.

두 번째 접근 방식인 죽음이란 너무나도 순식간에 벌어지는 일이라서 우리에게 영향을 줄 수 없다는 주장은 어떨까? 이 주장의 요지는 이렇다. 죽음은 그야말로 찰나의 순간에 일어나는 사건이므로, 우리가 완전히 살아있는 상태와 완전히 죽은 상태 사이에 어떤 시간 간격도 없다는 것이다. 그래서 우리에게 뭔가가 영향을 미치려면 살아있는 동안 또는 죽은 이후여야만 하는데, 죽음의 순간 자체는 시간이 개입할 여지가 없기에 죽음은 우리에게 영향을 미칠 기회조차 갖지 못한다는 결론을 도출할 수 있다.

순간적인 죽음이라는 개념에 대해서는 나도 뭐라고 말해야 할지 확신이 없다. 한편으로는 우리의 생명 과정이 완전히 끝나는 그 순간의 과정이 우리에게 영향을 미친다는 사실은 분명해 보인다. 그러나 다른 한편으로는 어떤 과정이 실제로 전혀 시간이 걸리지 않고 발생한다고 할 때, 그 과정이 우리에게 영향을 미칠지 미치지 않을지 판단하는 일도 어려워 보인다. 따라서 나는 죽음이 완전히 순간적으로 일어나는 과정 아닌 과정이라는 가정은 불가능하다고 결론 내리고 싶다.

게다가 현실에서 대부분의 죽음은, 우리가 '즉사'라고 부르는 죽음조차 결코 순간적으로 일어나지 않는다. 괴사나 세포자멸사 모두 시간이 걸린다. 생명 과정의 종결은 일정 시간에 걸쳐 일어나며, 그 시간 동안 분명히 우리에게 영향을 미칠 수 있다고 충분히 생각할 수 있다. 어떤 죽음이든 삶을 구성했던 과정이 서서히 끊어지는 현상을 동반한다. 죽음이 빠르게 진행된다고 해서 생명 과정 역시 빠르게 종결되는 것은 아니다. 단지 상대적으로 더 빠르고 덜 고통스럽게 이뤄진다는 차이만 있을 뿐이다.

죽음을 생명의 마지막 흔적이 사라지는 지점으로 이해하면 어떨까? 생명의 마지막 한 조각이 사라지는 게 아무런 영향을 미치지 않는다고 주장하는 것이 타당할까? 도무지 그렇다고 단정 짓기가 어렵다. 생명 과정의 종결이 진행되는 동안 우리에게 영향을 미친다면, 그 과정의 마지막 흔적이 사라지는 것도, 그 정도는 약할지언정 영향을 준다고 할 수 있을 것이다.

정리해보자. 에피쿠로스의 주장에 일정 부분 여지를 허용한다면, 그는 다음과 같은 결론에 이를 수 있다.

11. 우리는 죽음이나 죽음 이후에 일어나는 사건(상태)에서 어떤 영향도 받을 수 없으며, 만약 죽음의 과정이 우리에게 영향을 미칠 수 있다면 7과 8에 따라 오직 그 과정이 진행되는 시점에만 가능하다.

이어서 에피쿠로스는 죽음이나 죽음 이후의 사건(상태)과 죽음에 이르는 과정의 해악 여부에 관해 아래의 결론을 얻을 수 있다.

12. 어떤 사건이 우리에게 해가 되려면, 어떤 식으로든 일정 시점에서 영향을 미쳐야 한다.
13. 그러므로 11과 12에 따라 죽음이나 죽음 이후의 사건(상태)은 우리에게 해악을 끼칠 수 없으며, 죽음의 과정은 설령 해를 끼치더라도 그 과정이 진행되는 시점에서만 그렇다.

요컨대 에피쿠로스는 죽음의 과정과 그 영향 사이에 시간적 겹침이 있을 가능성을 완전히 부정할 만큼 설득력 있는 논증을 완성하지 못한다. 그래서 그는 해악 논제를 완벽하게 물리칠 수 없던 것이다. 죽음을 겪는 주체는 살아있는 존재이며, 그 존재가 죽는 바로 그 순간 죽음의 영향을 받는 게 가능하다는 점에서 해악 논제는 여전히 유효하다.

죽음은 우리에게 해악을 끼칠 수 없다

에피쿠로스는 죽음이 우리에게 어떤 영향도 미치지 않는다고 주장하는 대신, 죽음이 우리에게 '해로운 방식으로' 영향을 미칠 수 없다고 주장할 수 있다. 그러기 위해서는 어떤 일이 우리에게 해롭다고 간주할 수 있는 필요조건을 제시하고, 죽음은 그 조건을 충족하지 못한다고 설득해야 한다.

에피쿠로스가 제시할 수 있는 조건은 이렇다. 어떤 사건(상태)이 우리에게 나쁘게 작용하려면 그것이 불쾌한 어떤 상황을 초래해야 한다. 간단히 말해 그런 상황은 모두 '고통'이나 '고난'이라고 부를 수 있을 것이다. 그 고통이 해당 사건 발생 시점과 반드시 일치할 필요는 없다. 해당 사건이 우리에게 직접적인 영향을 미치기 훨씬 전에, 심지어 우리가 존재하기도 전에 발생할 수도 있다. 예를 들어 누군가가 150년 후에 폭발하는 장치를 설치해 우리를 죽게 한다면, 그 사건은 오래전에 발생했더라도 고통을 초래한다.

에피쿠로스는 안녕과 행복에 관한 완성된 이론을 명시적으로 정립하진 않았다. 달리 말해 그는 무엇이 사람에게 '전반적으로' 이롭거나 해로운지 명확히 밝히지 않았다. 반면 '해악'의 핵심은 '고통'임을 분명히 했다. 어떤 사건(상태)이 우리에게 고통을 유발하지 않는 한 그것은 해롭지 않다. 여기서는 고통을 초래하는 것만이 해롭다는 에피쿠로스의 관점을 옳다고 전제할 때 그가 어디까지 논증을 전개할 수 있을지 살피겠다. 그러고 난 뒤 다음 절에서 이 전제에 의문을 제기할 것이다.

에피쿠로스의 해악 기준에 따르면 죽음의 상태나 죽음의 과정 '그 자체'는 해롭지 않다. 죽음이 반드시 고통을 유발하진 않는다. 의식을 잃고 평온하게 죽는다면 고통 없이 죽는 것이고, 따라서 에피쿠로스의 기준대로 해롭지 않다. 그렇지만 에피쿠로스가 메노이케우스에게 "죽음은 사실 우리에게 아무것도 아닐세"라고 썼을 때, 죽음이 해롭지 않을 수도 있다는 뜻으로 그렇게 말한 게 아니었다. 에피쿠로스는 죽음이 '결코' 해롭지 않다고 주장했고, 그의 기준에 따르면 죽음은 절대로 그 당사자에게 고통을 유발하지 않는다는 뜻이었다.

에피쿠로스는 죽음이 눈에 띨 만한 영향을 미치지 못함을 보여주고자 죽음이 우리에게 그 어떤 상태(불쾌하든 아니든)도 초래할 수 없다고 주장할 수 있다. 죽음은 오직 어떤 상태에서 벗어나게만 할 수 있다는 얘기다. 그런데 이 주장은 '과정'으로서의 죽음 개념에 비춰 명백한 거짓이다. 완전히 살아있는 상태에서 생명 활동이 사라진 상태로 옮겨가는 일은 실제로 고통을 수반할 수 있기 때문이다.

이 문제를 피하기 위한 선택지 중 하나는 '종결 죽음' 개념으로 후퇴하는 것이다. 삶의 마지막 흔적이 사라지는 순간은 매우 짧게, 어쩌면 눈에 띨 만한 영향을 전혀 주지 못할 정도로 순식간에 일어날 수 있으니까. 에피쿠로스는 바로 이 점을 들어 어느 정도 설득력 있게 '종결 죽음'은 우리에게 해롭지 않다고 주장할 수 있다. 그러면 다음과 같이 논증을 이어갈 수 있다.

14. 종결 죽음은 순식간에 일어나므로, 우리에게 그 어떤 불쾌한 상태도 초래할 수 없다.
15. 우리에게 불쾌한 상태를 일으키는 것만이 우리를 해칠 수 있다.
16. 그러므로 14와 15에 따라 종결 죽음은 우리에게 해악을 끼칠 수 없다.

여기에 명제 13과 16을 결합하면 에피쿠로스와 그 추종자들은 아래의 결론을 도출할 수 있다.

> 17. 죽음이나 죽음 이후의 사건(상태)은 그것이 종결 죽음인 한 우리에게 해악을 끼칠 수 없으며, 죽음의 과정은 설령 해를 끼치더라도 그 과정이 진행되는 시점에서만 그렇다.

그렇더라도 이 결론은 우리가 '죽어가는 과정'에 대해 느끼는 불안은 해결하지 못한다. 죽음의 마지막 순간은 우리가 인지하지도 못할 만큼 눈 깜짝할 사이에 지나간다는 논리로는 우리의 근본적인 불안을 누그러뜨리기 어렵다. 우리가 걱정하는 부분은 삶을 잃는 게 나쁘냐에 있지, 생명이 거의 다 소진된 상태에서 마지막 한 조각을 잃는 게 나쁘냐가 아니다.[17] 게다가 이런 결론은 에피쿠로스 자신에게도 적절하지 않다. '죽어가는 과정'이 해로울 가능성을 여전히 배제할 수 없기 때문이다.

에피쿠로스는 왜 죽음이 아무것도 아니라고 말했을까? 그도 분명히 '죽어가는 과정'으로서의 죽음은 해로울 수 있다는 사실을 알았을 텐데 말이다. 혹시 애초에 그가 지칭한 죽음은 '과정'으로서의 죽음이 아니지 않았을까? 이제 이 죽음을 줄여서 '과정 죽음(process death)'이라고 부르자. 어쩌면 이후 여러 철학자의 지적처럼 에피쿠로스의 본래 의도는 '죽어가는 과정'이 아니라 '죽은 상태'가 우리에게 아무것도 아니라는 사실을 보여주려고 한 것일 수도 있다. '죽어감'은 나쁘고 해로운 일이지만 '죽어 있음'은 아니라는 것이다. 또는 에피쿠로스가 훗날 몇몇 현대 철학자들이 지지하는 관점을 이미 수용하고 있었을지도 모른다. 다시 말해 우리가 '과정 죽음'이라 부르는 죽음은 죽은 상태가 아니라 죽음에 이르기까지의 연속적인 사건일 뿐이고, 진짜 죽음은 '종결 죽음'을 말한 것이라는 관점이다. 이런 식으로 생각하면 에피쿠로스는 '과정 죽음'이 우리에게 해로울 수 있다는 점은 받아들이되, 그것은 진짜 죽음(종결 죽음) 이전의 선행 과정이며 죽음 그 자체는 아니라고 주장할 길이 열리게 된다.

하지만 죽음에 이르는 일련의 사건들과 죽음 과정의 시점이 어디서 정확히 갈리는지 뚜렷한 경계는 없더라도 이 둘 사이에는 분명한 차이가 있다. 소크라테스가 독약을 마셨을 때 그 독은 그의 심장과 폐를 마비시키면서 결국 죽도록 만들었다. 물론 독약을 마신 행위는 분명히 그의 죽음을 유발한 사건이었으나, 독을 마시는 순간이나 독이 퍼지는 동안 소크라테스는 아직 죽지 않았다.

에피쿠로스와 그 추종자들을 변론하고자 그가 지칭한 '죽음'을 지나치게 좁은 의미로 해석하려는 태도에 대해서 훨씬 더 중요한 점을 짚고 넘어가야 할 것 같다. 만약 에피쿠로스가 진정으로 말하고자 했던 바가 그저 '종결 죽음'이나 '죽은 상태'가 해롭지 않다는 것이었다면, 철학자로서 그의 시도는 에피쿠로스 철학의 더 넓은 관심사에 비춰볼 때 무척이나 실망스러운 성과밖에 내지 못한 셈이 된다. 에피쿠로스 철학의 궁극적 목표는 우리가 '아타락시아'의 경지에 이르도록 돕는 것이었기 때문이다. 그가 '종결 죽음'과 '죽은 상태'에 대한 우려만 없애주고 '과정 죽음'이나 '죽음에 이르기까지의 사건들'에 대한 불안은 남겨둔 것이라면, 우리는 살아생전 결코 '마음의 평온'을 누릴 수 없을 것이다.

에피쿠로스의 철학적 목표와 해악의 기준을 고려할 때, 그가 취할 수 있는 최선의 전략은 '과정 죽음'과 그 원인이 초래하는 고통(해악)을 최소화하는 데 있었을 것이다. 실제로 에피쿠로스는 《주요 가르침(Kyriai Doxai)》에서 심각한 질병이라도 실제로는 그렇게 고통스럽지 않다는 다소 의심스러운 주장에 기대어 이런 전략을 펼쳤다.

> 지속적인 고통은 육체 안에서 오래가지 않는다. 극심한 고통은 매우 짧은 시간 동안만 나타난다. 오래 지속되는 질병은 오히려 육체의 고통보다 더 많은 쾌락을 허용한다.[18]

이 주장은 솔직히 실망스럽다. 왜냐하면 실제로 죽어가는 과정과 그 원인은 극심한 고통을 수반할 수 있기 때문이다. 그래도 에피쿠로스로서는 달리 방법이 없었을 것이다.

죽음 그 자체 말고도 죽음과 관련한 어떤 요소는 우리에게 나쁜 것처럼 보이기도 하고 우리를 괴롭힐 수도 있다. 따라서 에피쿠로스가 진정으로 아타락시아를 추구하고자 했다면 이 문제도 다뤄야 했다. 몇 가지 예시를 들어 에피쿠로스가 이에 대해 어떤 말을 할 수 있었을지 살펴보자.

우리가 죽음을 예상하며 괴로워하는 상황을 상상해보자. 분명히 에피쿠로스도 죽음을 예상하며 느끼는 괴로움이 지금 우리를 뒤흔든다면 그것은 나쁜 일이라고 인정할 것이다. 그러나 '현재의' 불안을 '미래의' 죽음 탓으로 돌릴 수는 없다고 지적할 것이다. 미래의 사건은 과거에 아무런 영향을 줄 수 없기 때문이다. 그렇기에 고통을 해악의 기준으로 삼으면 죽음을 향한 두려움은 죽음이 해롭다는 근거가 될 수 없다. 아울러 어떤 대상에 대한 두려움이 합리적 반응이 되기 위해서는 그 대상이 실제로 해로운 것이어야 하는데, 죽음은 그렇지 않다고 주장할 것이다. 에피쿠로스는 《메노이케우스에게 보내는 편지》에 이렇게 썼다.

> 죽음에 다가왔을 때 고통스러워서가 아니라 죽음을 미리 떠올리면 괴롭기에 두렵다고 말하는 자는 한가한 소리를 하고 있는 걸세. 어떤 일이 실제로 닥쳤을 때 아무런 고통을 주지 않는다면, 그것을 예상하며 괴로워하는 것은 무의미하다네.[19]

죽음과 관련해서 우리가 해롭다고 느끼는 또 다른 예는 우리의 죽음이 다른 사람들을 슬프게 할 수 있다는 점이다. 하지만 에피쿠로스라면 우리 자신에게 나쁜 것과 타인에게 나쁜 것을 구분해야 한다고 할 것이다. 가족이 우리의 죽음에 슬퍼한다는 사실은 기껏해야 우리 죽음이 '그들에게' 해롭다는 사실을 보여줄 뿐 우리에게 해롭다는 증거가 되진 않는다. 가족이 슬퍼할 것을 미리 걱정하면서 느끼는 고통 역시 우리의 죽음을 나쁜 일로 여길 근거는 되지 않는다. 가족이 겪을 고통은 우리 자신에게 영향을 미칠 수 없고, 그로 인한 우리의 선행적 고통은 비합리적이다. 나아가 가족의 슬픔 또한 우리의 죽음이 우리 자신에게 나쁜 일이 아니라는 사실을 인식함으로써 완화돼야 한다. 가족의 슬픔은 전적으로 그들 중심적이다. 마치 우표 수집가가 애지중지 하던 우표가 훼손됐을 때 느끼는 자기 연민과도 같다. 우표 자체는 자기 파괴로 상처받는 일이 없기 때문이다.

이런 예시에서 알 수 있듯이 에피쿠로스는 죽음과 관련한 우려 가운데 일부를 잘못된 걱정으로 돌려놓을 수 있다. 고통을 유발하지 않는 한 어떤 것도 우리에게 해악을 끼칠 수 없다는 그의 전제를 받아들인다면 말이다. 그러나 이 전략에도 분명한 한계가 있다. "모든 사람은 죽는다" 또는 "우리는 언젠가 반드시 죽을 것이다"라는 명제를 떠올려보자. 우리가 이런 명제를 사실로 믿는 까닭은 실제로 모든 사람이 죽기 때문일 것이다. 그런데 이 믿음이 우리에게 고통을 초래한다면, 도덕철학자 커티스 브라운(Curtis Brown)의 지적처럼 "모든 사람은 죽는다(우리는 언젠가 반드시 죽을 것이다)"라는 사실이 우리에게 해악을 끼친 게 된다. "어떤 일이 실제로 닥쳤을 때 아무런 고통을 주지 않는다면, 그것을 예상하며 괴로워하는 것은 무의미하다"는 에피쿠로스의 주장은 우리의 '죽음에 대한 인식'이 현재 고통스럽다는 사실을 반박하지 못한다. 미래의 죽음이 '지금' 우리에게 고통을 줄 수 있는 것이다.

그러면 에피쿠로스는 "죽음이 나쁘지 않으면, 언젠가 죽는다는 사실 또한 나쁘지 않다"고 주장할지도 모르겠다. 그렇지만 방향을 바꿔 이를 대우 명제로 뒤집으면 "언젠가 죽는다는 사실이 나쁘면, 죽음 또한 나쁘다"가 된다. 에피쿠로스가 이런 논리의 함정에서 빠져나갈 방법은 아마도 우리가 결국 죽는 존재라는 사실이 꼭 나쁘지만은 않다고 말하는 것 말고는 없어 보인다. 메노이케우스에게 이런 식으로 조언하는 것이다.

"우리가 죽는다는 사실이 꼭 나쁠 필요는 없다네. 그 사실을 자꾸 떠올려 스스로 괴롭히지 않는다면 말일세. 실제로 꽤 많은 경우에 사람들은 자신이 필멸의 존재라는 사실에 그다지 괴로워하지 않네. 설령 그 사실이 고통스럽게 느껴지더라도 우리 스스로 죽음이 나쁘지 않다고 설득함으로써 괴로움에서 벗어날 수 있다네. 그렇게 한다면 죽음은 우리에게 고통을 주지 않고, 따라서 해로운 것도 아니게 되지."

에피쿠로스가 제시한 좁은 의미의 해악 기준을 인정하더라도 그는 결국 '죽어가는 과정'이 우리에게 해롭지 않다고는 끝내 입증하지 못했다. 만약 제대로 그가 '죽은 상태'는 우리에게 나쁠 수 없고, '죽어가는 과정'도 오직 고통스러울 때만 해로울 수 있음을 보여줬다면, 그 철학적 성취는 어마어마한 업적으로 남았을 것이다. 우리가 아직 경험하지도 못한 죽음에 대해 막연한 공포심을 가질 이유도 사라졌을 것이다. 고통 없는 죽음을 기대할 수 있는 사람이라면 자기 죽음을 두려워할 까닭이 전혀 없으니까. 죽지 않았다면 얼마나 풍요롭고 특별한 삶을 살았을지 따지는 것도 무의미해진다. 죽음이 언제 닥치든, 어떤 삶을 막아버리든, 고통 없는 죽음이라면 그야말로 아무것도 아닐 것이다.

하지만 에피쿠로스가 이 정도 성과라도 거둘 수 있었을지는 의문이다. 그가 설정한 해악 기준 자체에도 문제가 많기 때문이다.

평온에 이르는 길

이 절을 따로 할애해 에피쿠로스 철학의 더 큰 지향점인 '아타락시아', 즉 평온에 이르기 위한 길을 좀 더 자세히 살펴보려고 한다. 애초에 에피쿠로스가 죽음이 우리에게 해롭지 않다는 주장을 편 이유도 여기에 있었다. 지금까지 살폈듯이 에피쿠로스는 죽음 그리고 죽음과 연결된 몇몇 사안이 해롭지 않다는 사실을 설득함으로써 우리가 마음의 평온을 찾는 데 도움이 되고자 했다. 죽음에 대한 두려움이 아타락시아의 가장 큰 걸림돌이니 이를 제거하고 싶었을 것이다. 물론 그가 제시한 방식이 이뿐만은 아니었다. 에피쿠로스는 우리가 고통에 노출되는 것을 줄이기 위해 바람직하지 않은 욕망을 바꿔나가야 한다고도 조언했다.

그리고 비록 에피쿠로스 자신이 직접 언급하진 않았지만, 우리가 고려할 만한 또 다른 전략이 있다. 바로 하루하루 현재의 순간에 최선을 다해 살겠다는, 지금의 삶과 행복만을 중시하겠다는 태도를 받아들이는 것이다. 그러면 아직 살아보지도 않은 미래를 향한 불안과 두려움에서 벗어날 수 있다.

욕망의 조절

고타마(Siddhārtha Gautama/붓다)를 비롯한 고대 세계의 여러 사상가와 마찬가지로 에피쿠로스도 고통에 대한 취약성을 최소화하려면 우리의 욕망을 대폭 줄여야 한다고 여겼다.[20] 우리는 이렇게 욕망을 조절함으로써 마음의 완전한 평온, 적어도 그에 매우 가까운 상태가 될 수 있다.

앞서 살폈듯이 에피쿠로스는 오직 고통만이 우리에게 해악을 끼칠 수 있다고 생각했다. 그렇기에 어떤 욕망이 좌절됐다는 사실 그 자체는 결코 나쁜 일이 아니며, 그로 인해 고통을 겪고 그 고통이 심한 경우에만 비로소 해롭다고 할 수 있는 것이다. 그러나 보통 우리는 자기 욕망이 좌절될 때 괴로움을 느낀다. 따라서 이와 같은 괴로움을 겪지 않으려면 그 원인인 성가신 욕망을 과감히 버려야 한다. 예를 들어 우리가 달에서 살고 싶다는 욕망이 없다면, 달에서 살지 못하더라도 괴로워할 이유가 없다. 우리는 어차피 지구에서 살아야 하므로, 달에 살고 싶다는 욕망을 품는 것 자체가 우리에게 해롭다. 그런 욕망은 없는 편이 낫다. 충족될 가능성이 거의 없는 욕망을 버리면 좌절할 필요도 없어지고 괴로울 까닭도 사라지게 된다. 그런데 값비싸고 희귀한 음식을 먹고 싶다는 욕망은 버려야 하지만, 배가 너무 고파서 뭔가를 먹어야 한다는 욕망까지 포기해서는 안 된다. 그런 기본적인 욕망마저 버리면 굶주림에 고통받고 급기야 생명을 잃게 되기 때문이다.

우리의 욕망이 좌절되는 주요 이유 중 하나는 우리가 인간이라는 데 있다. 인간은 필멸의 존재이기에 언제든 죽을 수 있다. 따라서 욕망을 조절할 때는 죽음으로 욕망이 좌절될 가능성에 특히 주목해야 한다. 달리 말해 우리는 욕망 체계를 '죽음 친화적'으로 조정해야 한다. 어떤 욕망은 포기하고 어떤 욕망은 수정해서, 우리가 지금 당장 죽더라도 욕망이 좌절되는 일이 없도록 해야 한다는 뜻이다.

'죽지 않으려는 욕망'을 생각해보자. 이 욕망은 실현 가능성이 아예 없다. 우리는 이 욕망을 품고 있는 것만으로도 그 실현 불가능성 때문에 슬픔에 빠질 수 있다. 그렇더라도 해로울 건 없다. 에피쿠로스의 주장대로라면 죽음은 고통을 초래하지 않기 때문이다. 같은 맥락에서 우리가 죽은 뒤에 어떤 일이 일어나기를 바라는 욕망 또한 그것이 실현되지 못했을 때 우리에게 해를 입히지 않는다. 우리는 이미 죽고 없으니까. 그런데도 이런 욕망은 때때로 우리를 불안하게 만든다. 실현되지 않으리라는 걱정 때문이다.

다만 이런 욕망 가운데 예외가 하나 있다. 이 세계가 계속 존재하길 바라는 것처럼, 어차피 실현될 수밖에 없는 일에 대한 욕망이다. 이런 욕망은 걱정할 이유 자체가 성립하지 않으므로 아무런 문제가 되지 않는다. 죽음도 그렇게 바라봐야 한다. 우리는 반드시 죽는다. 그래서 우리는 죽음과 죽음 이후의 사건들에 아예 무관심한 태도를 길러야 한다. 죽음에 대한 철학적 전략이다. 에피쿠로스 자신이 이 전략을 철저히 지켰는지는 모르겠다. 키케로(Cicero)의 《최선과 최악에 관하여(De Finibus Bonorum et Malorum)》에 따르면 에피쿠로스는 유언장까지 남기면서 죽은 뒤의 일을 신경 썼던 것처럼 보인다(죽음 이후의 사건과 관련한 욕구는 제5장에서 자세히 논의할 것이다).[21]

죽음이 좌절시키지 못하는 욕망도 있다. 다름 아닌 '죽고 싶은 욕망'이다. '특정 조건이 충족되면 죽고 싶은 욕망'도 그렇다. 또 다른 예는 '아무것도 내 마음대로 하지 않으려는 욕망'이다. 이런 욕망은 우리 삶이 어떻게 흘러가느냐, 우리가 무엇을 하느냐와는 무관하게 실현 여부가 결정된다. 이런 종류의 욕망을 '독립적 욕구(independent desire)'라고 부르자. 만약 우리의 욕망을 이런 독립적 욕구로만 구성한다면 완벽하게 '죽음 친화적'인 욕망 체계를 갖게 되는 셈이다.

그렇지만 욕망을 죽음 친화적으로 조정하는 전략이 반드시 독립적 욕구만을 허용하는 것은 아니다. 어떤 욕망은 철저히 독립적이진 않아서, 실현되려면 삶이 계속돼야 하는 데 반해 그 욕망을 완전히 포기하면 오히려 더 괴로워지기도 한다. 일테면 우리는 시간을 어떻게 보낼지를 두고 이런저런 방법을 찾곤 하는데, 만약 욕망이 아예 없다면 삶이 그저 지루하고 무의미하게만 느껴질 수도 있다. 그런 점에서 보면 철학 공부를 하고 싶다는 욕망이 우리 삶을 더 낫게 만드는 데 도움이 될 수 있다. 시간을 잘 보낼 가치 있고 의미 있는 방식이다.

이런 욕망도 죽음이 좌절시키지 못하는 욕망으로서 좋은 대안이 될 수 있다. 욕망이라는 점에서는 같지만, 실현 조건이 '살아있는 동안'으로 제한된다. 예를 들면 '철학 공부를 하고 싶은 욕망'은 '살아있는 동안 철학 공부를 하고 싶은 욕망'으로, '먹고 싶은 욕망'은 '배가 고프면 먹고 싶은 욕망'으로 바뀐다. 배가 고프다는 것도 살아있을 때만 가능한 상태다. 이런 욕망을 '조건적 욕구(conditional desire)'라고 부르자. 반대로 살아있는지와 무관하게 유지되는 욕망은 '무조건적 욕구(unconditional desire)'라고 할 수 있을 것이다.

우리는 이런 방식으로 욕망 체계를 구성해 자기 나름대로 삶의 관심사를 정할 수 있다. 이와 같은 자유를 적극적으로 활용하는 게 가장 합리적이다. 우리는 고작 100년 남짓을 사는 존재다. 언젠가 이런 한계도 넘어설지 모르겠지만, 지금으로선 평균적인 수명 내에서 실현할 수 있는 중심 과제를 세움으로써 우리 삶을 좀 더 나아지게 할 수 있다. 이렇게 보면 욕망 조절이 마음의 평온을 찾는 데 확실히 쓸모 있는 것 같다.

그러나 이런 삶은 아무리 생각해도 좀 각박해 보인다. 욕망을 '죽음 친화적'으로 조정하는 게 괴로움을 피하는 데 도움이 된다고 해도, 여러분이나 내가 취하고 싶은 삶의 전략은 아닐 것이다. 이런 식으로 욕망 체계를 구성하다 보면 우리 삶의 관심사가 지나치게 빈곤해질 수 있기 때문이다. 우리의 본래 욕망대로라면 무조건 '나와 더불어 내 친구들과 사랑하는 사람들이 모두 잘 살기'를 바라야 마땅한데, 이런 욕망을 완전히 포기하거나 조건부로 제한해야 한다. 그러면 우리 삶의 태도가 이렇게 바뀔 것이다.

"살아있는 동안 나도 성공하고 내가 아끼는 사람들도 잘 살았으면 좋겠어. 그런데 내가 죽고 나면 어떻게 되든 상관없어."

이런 태도는 우리의 고귀한 감정인 '사랑'과도 양립하기 어렵다. 내가 죽은 뒤 아내에게 무슨 일이 벌어질지 무관심하거나, 자동차 사고가 나더라도 나와 함께 겪을 일이 아닌 이상 아무런 상관이 없다면, 내가 과연 아내를 사랑한다고 할 수 있을까? 일관된 에피쿠로스주의자라면 타인을 오직 도구적 이유로만 소중히 여길 수 있을 것이다. 재미있다든 가, 돈을 잘 쓴다든가, 안전에 도움이 된다든가 하는 이유에서만 말이다. 이는 사랑과 우정의 본질인 타인의 행복을 그 자체로 중요하게 여기는 태도와는 전혀 다르다. 내가 진정으로 아내를 사랑한다면, 내 죽음 이후의 사건이라는 이유만으로 아내가 당할지 모를 자동차 사고가 중요하지 않다고 도저히 생각할 수 없다.

우리의 욕망을 철저히 죽음 친화적으로 조정하려는 태도는 사랑의 관계를 불가능하게 만들뿐더러 삶을 이어가려는 동기 자체도 무너뜨릴 수 있다. '독립적 욕구'는 동기를 불러일으키지 않는다. '조건적 욕구'의 경우 우리가 시간을 보내는 방식은 제시할 수 있으나, 특정 방식으로 행동할 명분은 제공하지 못한다. 단순히 살아있는 동안 음식을 먹고 싶다거나, 병에 걸리지 않고 싶다거나, 즐거움을 느끼고 싶다는 조건적 욕구는 식량을 비축하고 비타민을 챙겨 먹도록 우리를 자극할 수는 있겠지만, 우리가 삶을 능동적으로 계속 살아가도록 이끌진 못

한다. '무조건적 욕구'만이 우리 삶에 동기를 부여한다.[22]

물론 '무조건적 욕구'가 전혀 없어도 좋은 삶을 사는 게 가능할 수도 있다.[23] 내가 신중하게 '조건적 욕구'를 택했다고 해보자. 나는 살아있는 동안 시간을 즐겁게 보내고 싶다. 그리고 실제로 나는 앞으로 수년간 즐거운 삶을 산다. 그렇다면 적어도 그 기간만큼 삶은 내게 좋은 것이다. 그런데 내가 그 좋았을 삶을 앞두고 죽는다고 치자. 나는 살아있는 동안 시간을 즐겁게 보내고 싶다는 '조건적 욕망'만을 갖고 있었다. 이 욕망은 말 그대로 내가 살아있는 한에서만 충족할 수 있으니, 죽음이 내 '조건적 욕구'를 깬 것은 아니다. 하지만 아무리 그렇더라도 내게 나쁜 일이다. 너무 안타깝다. 그 좋았을 삶의 기회를 죽음이 '박탈'했으니 말이다. 따라서 다른 모든 조건이 동일할 때, 살아있는 동안 좋았을 시간을 앞두고 죽는 것은 내게 해로운 일이다. 결국 죽음이 내게 나쁜 일이 되는 상황을 완전히 피하려면 애당초 내게 좋은 삶이란 없어야 한다.

에피쿠로스는 아마도 이런 추론을 받아들이지 않을 것이다. 그에게는 죽음이 우리의 좋은 삶을 박탈하거나 더 나은 삶을 살아갈 가능성을 없애버린다고 해서 꼭 우리에게 나쁜 것은 아니니까. 그러나 에피쿠로스는 이런 관점을 고수하고자 해로움과 이로움을 이해하는 전혀 그럴듯하지 않은 방식에 의존했다. 이 부분은 다음 장에서 '비교주의'를 다룰 때 논의할 예정이다.

요컨대 에피쿠로스주의자들은 욕망의 목표치를 아주 낮게 설정해 삶이 좋은 것이 되지 않도록, 그래서 삶의 상실이 나쁜 일이 되지 않도록 애써야 한다는 결론에 다다를 수밖에 없다. 삶을 계속 이어가고 싶게 만드는 '무조건적 욕구'도 품지 말아야 한다. 우리는 하릴없이 관성에 따라서만 살아야 한다. 삶이 좋은 것이어서가 아니라 아직 거부할 정도로까지 나쁘진 않기에, 그저 살아가야 할 뿐이다.

현재 중심적 이기주의

에피쿠로스주의자들이 유용하게 여길 수 있는 또 하나의 전략이 있다. 두 가지 방식을 대조해 어떤 쪽이 우리의 이로움에 부합하는지 평가할 수 있다. 첫 번째는 '시간 상대적' 방식이다. 어떤 행동이나 사건을 평가하는 시점, 즉 그 행동이나 사건이 발생하는 시점 또는 다른 특정 시점을 기준으로 우리 이익이 그 시점에 고정돼 있다고 가정한다. 예를 들어 데릭 파핏이 '현재 중심적 이기주의(present egoism)'라고 부른 관점이 있다.[24] 어떤 사건이 우리에게 이로운지 아닌지는 '지금' 우리의 복지(행복)에 어떤 영향을 미치느냐에 달렸다. 현재 시점에서 우리의 복지를 증진할 모든 일을 해야 할 이유가 여기에 있다고 보는 관점이다. 우리의 행동이 다른 시점의 복지에 어떤 영향을 미치는지는 고려하지 않는다.

두 번째 방식은 '시간 중립적' 방식이다. 이 방식은 어떤 일이 언제 발생하든 우리의 복지를 증진한다면 이롭다고 본다. 우리의 복지는 모든 시점에서 똑같이 중요하기에, 언제나 인생 전체를 가장 풍요롭게 만들어줄 일을 해야 한다는 관점이다. 물론 가까운 일을 우리가 더 잘 통제할 수 있으므로, 가까운 미래의 복지를 증진하는 데 집중할 전략적 이유는 허용한다. 그래도 모든 조건이 동일할 때, 먼 미래에 우리의 복지를 1만큼 늘리는 일은 지금의 복지를 1만큼 늘리는 일과 똑같이 이롭다. 달리 말해 지금 우리에게 1의 쾌락을 주는 일은 한 달 뒤에 1의 쾌락을 주는 일보다 더 이롭지도 않고 해롭지도 않다. 똑같다.

책임에 대한 인과적 설명을 고려하면 에피쿠로스주의자들은 어떤 일이 '미래'에는 이로울 수 있어도 '지금'의 자신에게는 도움이 되지 않는다고 말해야 한다. 그렇지만 에피쿠로스주의자들도 '시간 상대적'이든 '시간 중립적'이든 자신의 이익을 판단할 수 있다. 예컨대 지금의 나와 나중의 내가 같은 사람임을 강조하면서, 이후의 복지를 지금부터 신경 쓰는 게 중요한 까닭은 '나중의' 내게 이익이 되기 때문이라고 주장할 수 있다. '지금의 나'는 나중의 이로움에 직접 영향을 받진 않지만, '나'는 영향을 받는다는 것이다. '나'는 나중에 이익을 얻는데, '나중의 나'도 '지금의 나'와 같은 사람이다.

에피쿠로스주의자들은 '시간 상대적' 방식의 한 형태를 채택할 수 있다. '현재 중심적 이기주의'를 받아들이면 된다. 이는 "고통만이 우리에게 해악을 끼칠 수 있다"는 입장과 결합할 수 있는데, 그렇게 되면 '지금의 나'는 오직 '지금' 고통스러운 일로 해를 입을 뿐이며, '어제의 나'나 '내일의 나'가 고통을 겪더라도 그건 '그 시점의 나'에게 해로운 것이지 '지금의 나'에게는 해롭지 않다. 다시 말해 과거나 미래의 고통에서

거리를 두는 것이다. 다른 시점에서의 고통은 '지금의 나'에게는 전혀 나쁜 일이 아니게 된다. 반면 '시간 중립적' 방식으로 판단하면 '나'의 태도는 완전히 달라진다. 과거나 미래의 고통을 생각할 때마다 괴로움을 느낄 테니, 부디 삶 전체가 잘 흘러가길 바랄 따름이다.

이런 측면에서 볼 때 에피쿠로스주의자들은 '현재 중심적 이기주의'를 받아들이는 게 자연스러워 보인다. 현재 중심적 이기주의 관점에서 삶을 바라보면 미래가 아무리 끔찍하더라도 마음의 평온을 유지할 수 있고, 과거가 아무리 참혹했더라도 흔들리지 않을 수 있다. 특히 죽음을 앞둔 상황처럼 에피쿠로스주의자들이 가장 난감해지는 순간에 이 방식은 매우 유용하다. 그들의 궁극적인 죽음은 고통스러울지 몰라도, 그 사실이 '지금의 그들'에게는 아무런 문제가 되지 않기 때문이다.

하지만 같은 이유로 에피쿠로스주의자들은 생의 끝자락에 다다랐을 때 스스로 잘 살았다고 위안을 받을 수 없다. '과거의 나'는 이미 지나간 존재라 '지금의 나'와 상관없기 때문이다. 더욱이 그때의 고통스러운 죽음은 '지금의 그들'에게 중요한 문제가 된다. 더 근본적인 문제는 쾌락주의와 현재 중심적 이기주의를 결합하면 미래의 복지를 위해 준비할 어떤 동기도 생기지 않는다는 데 있다. 데릭 파핏이 예로 든 다음과 같은 상황에서 결국 버튼을 누를 수밖에 없는 것이다. '지금'이 중요하니까.

지금 엄청난 고통을 겪고 있다고 상상해보자. 이 고통을 1분만 더 견디면 영원히 멈춘다. 버튼을 누르면 그 즉시 고통이 멈추지만, 몇 분 뒤 다시 시작돼 50년 동안 이어진다.[25]

그러나 파핏도 지적하고 있듯이, 버튼을 누르는 게 최선이 되고 마는 관점은 터무니없다. 쾌락주의와 현재 중심적 이기주의 조합을 따르면 미래의 특정 시점에서 내 복지는 전적으로 과거에 형성된 것이다. 과거의 나는 지금이 된 미래의 복지에 철저히 무관심했으니, 내가 이제라도 복지에 신경 쓰려고 해도 이미 손쓸 수 없게 된다. 그뿐일까? 현재의 복지만을 염려하는 나는 과거의 내가 그런 태도를 가졌던 것을 매번 후회하게 된다. 삶의 어느 순간이었든 '지금부터 앞으로' 내 인생이 어떻게 펼쳐질지 늘 관심을 가졌다면 좋았을 것이다. 물론 계속해서 좋은 순간만 있다면 현재의 복지에만 신경 쓰는 게 최선이겠으나, 우리 삶에서 그런 일은 일어나지 않는다.

결국 에피쿠로스주의자들도 미래에 무관심하기보다는, 조심스럽게나마 관심을 두는 편이 더 낫다. 차라리 앞서 언급한 것처럼 '살아있는 동안' 고통은 적고 즐거움은 많았으면 좋겠다고 여기는 게 훨씬 바람직하다. 이런 태도는 삶에 대한 미련은 버릴지언정 고통을 피하기 위한 계획은 세우도록 이끈다. 고통스러운 죽음은 여전히 두려워도, 언젠가 삶이 끝난다는 사실 자체는 받아들이게 된다.

우리는 살아생전에 존재하지 않았던 출생 이전의 비존재 상태와 우리가 죽은 이후의 비존재 상태를 같은 관점에서 바라보지 않는다. 루크레티우스는 우리가 태어나기 이전의 비존재를 불안해하지 않는 것처럼 죽음 이후의 비존재에 대해서도 두려워할 필요가 없다고 주장했지만, 그것은 잘못된 생각이다. 크게 두 가지 이유 때문인데, 우선 과거의 비존재 상태가 곧 현재 우리의 존재로 이어졌다는 점에서 그렇다. 만약 우리가 죽음 이후에도 다시 존재할 수 있다면, 존재가 끝나는 일에 그리 큰 염려는 하지 않을 것이다. 또 하나는 우리가 단순히 삶의 전체 양을 늘리는 데만 관심이 있는 존재가 아니기 때문이다. 우리는 '과거'가 아닌 '미래'의 시간을 더 갖고 싶어 한다. 미래 편향적인 다양한 삶의 과제를 갖고 있어서다.

에피쿠로스는 죽음과 죽음 이후의 사건이 우리에게 해로울 수 있다는 '해악 논제'와 '사후 해악 논제'에 반대하면서, 죽음이 해악을 끼치려면 해를 입는 '주체'와 해악의 '내용' 그리고 해가 발생하는 '시점'이 분명해야 한다고 주장했다. 죽음이나 죽음 이후의 해악을 두려워하는 이들에게 이 세 가지를 대보라고 한 것이다. 에피쿠로스에 따르면 일단 우리가 죽으면 더는 존재하지 않아서 주체가 사라지므로 죽음은 해롭지 않고, 같은 맥락에서 주체가 없는데 해악의 내용이 무엇인지 설명할 도리가 없으며, 마찬가지로 우리가 존재하지 않는 시점에 죽음이 발생하는 데다 미래 사건은 인과적으로 과거에 영향을 주지 못하기 때문에, 결국 죽음은 우리에게 아무런 해악을 끼치지 못한다. 이 논리는 사후 해악 논제를 반박하는 데도 그대로 쓰인다. 사실상 에피쿠로스주의가 말하는 죽음은 '종결 죽음'이며, 죽음과 죽음 이후를 같은 선상에서 바라본다.

그렇다면 죽음은 '일어나는 동안'에도 우리에게 아무런 영향을 주지 않을까? 에피쿠로스를 옹호하는 일부 이론가들은 죽음을 일종의 사후 사건으로 규정하며, 또 다른 일부는 사후 사건은 아니더라도 죽음이 찰나의 순간 벌어지기에 우리에게 해로울 겨를도 없다고 설명한다. 그러나 양쪽 모두 죽음을 오해한 데서 비롯된 잘못된 관점이다. 죽음은 사후 사건이 아니다. 순식간에 발생하는 일도 아니다. 앞서 내가 설명했듯이 일정 시간에 걸쳐 진행되는 '과정'이다. 이 과정을 아무리 빠르게 압축하더라도 해롭지 않다고 말하긴 어렵다. 게다가 오래 지속되는 고통스러운 죽음보다 빠르게 진행되는 죽음이 덜 해로운 것도 아니다. 차이가 있다면 고통이 덜하다는 점뿐이다.

에피쿠로스 철학의 궁극적 목표는 우리가 절대로 빼앗기지 않는 행복을 얻도록 돕는 것이었다. 그 행복이 바로 '아타락시아', 즉 '마음의 평온' 상태였다. 죽음에 무관심한 태도는 그의 전략 가운데 하나였을 뿐이다. 에피쿠로스는 우리가 욕망을 조절해 줄여야 한다고 조언했다. 욕망이 아타락시아를 방해하기 때문이다. 욕망이 좌절된다고 해서 그 자체로 나쁜 일은 아니지만, 우리는 그 좌절을 예상하며 불안해하고,

좌절됐던 사실을 떠올리며 괴로워한다. 그런데 문제는 이 전략을 따르면 우리 삶이 지나치게 궁색해진다는 데 있다. 살아갈 이유와 동기가 무색해지는 것이다.

한편으로 어떤 사건이 우리에게 이로운지 해로운지는 오직 '지금'의 복지 상태로만 판단하는 '현재 중심적 이기주의'가 있다. 이 관점을 충실히 따르면 다가올 죽음에 대한 두려움에서 벗어나 아타락시아에 이르는 에피쿠로스 철학의 목표를 달성할 수 있을 것 같다. 하지만 장기적으로 보면 오히려 우리의 행복을 저해한다. 현재만 생각하면서 미래의 복지를 위한 동기를 앗아가기 때문이다.

제4장

필멸의 해로움

DEATH

에피쿠로스는 죽음과 죽음 이후의 사건들이 죽은 사람에게 해악을 끼칠 수 없다고 봤다. 그리고 부분적으로는 죽음이 우리를 진정한 해악으로부터 자유롭게 해준다고도 주장했다. 나는 이번 장에서 그 생각이 틀렸음을 보이려고 한다. 죽음이 실제로 치명적인 해악을 끼치는 아주 명확한 방식이 있기 때문이다. 다름 아닌 필멸이 초래하는 불행이다. 심지어 죽음 이후의 사건들조차 죽은 사람에게 해로울 수 있다.

우선 어떤 일이 우리의 '개인적 이익'에 부합하거나 반하는지를 어떻게 판단할 수 있는지 설명할 것이다. 이 기준을 확립한 뒤에는 죽음이 실제로 죽은 사람에게 해가 될 수 있음을 보여줄 것이다. 물론 이에 관한 회의적 견해도 있으니, 그 가운데 몇 가지를 살핀 다음 반론을 제시할 것이다. 에피쿠로스가 제기했던 '시점'의 문제, 즉 죽음이 죽은 사람에게 해악을 끼치는 시점은 과연 언제인가 하는 문제는 다음 장에서 본격적으로 다루겠다.

삶의 타산적 가치

어제 나는 퇴근길에 교통 체증 속에 갇혀 있었다. 이 사건은 내게 해가 됐을까, 이익이 됐을까, 아니면 아무 영향도 없었을까? 이런 질문에 답하려면 '타산적 가치' 이론을 살필 필요가 있다. 다시 말해 우리 삶에서 '복지'와 '개인적 이익'이란 무엇이고, 이 두 가지가 서로 어떻게 연결되는지 분석해야 한다.

'복지'와 관련한 설명은 이른바 '웰빙(well-being)'을 분석한다. 행복이란 무엇인지, 특정 시기나 상황에서 우리가 얼마나 잘 살고 있는지 설명해준다. '개인적 이익'에 대한 설명은 어떤 일이 우리의 이익에 부합하거나 반하는지 판단할 기준을 제시한다. 이제 '비교주의'부터 살펴보기로 하자.

비교주의

어떤 사건이 가치를 가질 수 있는 다양한 방식을 구분하는 것부터 시작해보자. 한 사건이 우리에게 가치를 가지려면 그 일이 '내재적'으로, 즉 우연한 효과가 아닌 그 자체로 우리에게 좋거나 나쁜 것이어야 한다. 임마누엘 칸트(Immanuel Kant)를 비롯한 몇몇 철학자들은 인정하지 않지만, '쾌락'을 경험하는 게 내재적으로 좋은 것, 즉 '내재적 선(善)' 중 하나라고 해보자. 그러면 내재적으로 나쁜 일도 있을 텐데, '고통'을 경험하는 게 그렇다. '내재적 악(惡)'이다.

'내재적'과 반대되는 개념은 당연히 '외재적'이다. 일테면 진통제를 복용해 고통을 줄이는 것처럼 우리에게 도구적으로 좋은 일은 '외재적 선'이라고 할 수 있다. 이런 사건들은 결과에 따라 우연히 이익이 되므로 좋은 일이다. 반면 감기에 걸리는 것 같은 도구적으로 나쁜 일들은 '외재적 악'이다. 이 또한 그 결과 때문에 나쁜 일이 된다.

또 다른 방식도 있다. 어떤 일은 우리에게 '전반적'으로 좋거나 나쁠 수 있다. 모든 전후 사정을 고려해 우리에게 좋거나 나쁠 수 있다는 뜻이다. 어떤 일이 벌어지지 않았더라면 우리 삶이 더 나빠졌을 텐데 그 일이 일어나 좋아졌다면, 그 사건은 전반적으로 우리에게 좋은 것이다. 어떤 일이 벌어지지 않았더라면 우리 삶이 더 나아졌을 텐데 그 일이 일어나 나빠졌다면, 그 사건은 전반적으로 우리에게 나쁜 것이다. 한편 '전반적'으로 좋거나 나쁜 일이 있다고 할 때, '부분적'으로 좋거나 나쁜 일도 있을 것이다. 예를 들어 배가 난파당한 상황에서 갈증을 달래려고 염분이 많은 바닷물을 마신다고 해보자. 잠시나마 갈증을 달랠 수 있으니 '부분적'으로는 이익일 수 있지만, '전반적'으로는 건강을 해치게 될 것이다. 우리 삶에서 내재적으로 좋은 것들을 늘리거나 나쁜 것들을 줄이면 '부분적'으로 우리에게 유익하다고 볼 수 있겠지만,

정말로 중요한 것은 '전반적' 이익이다. 왜냐하면 '부분적' 이익이 오히려 '전반적'으로 우리에게 해가 되는 경우가 많기 때문이다.

내가 어제 교통 체증 때문에 집에 늦게 도착한 일을 생각해보자. 그 사건은 내게 전반적으로 좋은 일이었을까 나쁜 일이었을까? 이를 평가하려면 교통 체증이 없었을 때 내 삶이 어떻게 흘러갔을지를 지금의 삶과 비교하면 된다. 교통 체증 그 자체는 내게 '내재적'으로 나쁜 일은 아니었지만, 퇴근 후 강가 산책을 하던 일과를 깨버렸다. 교통 체증이 없었더라면 어제도 산책을 즐겼을 것이다. 그렇다면 그 일은 내 삶을 약간 더 나쁘게 만든 셈이니 '부분적'으로 해로운 사건이다. 하지만 그 차이가 그리 크진 않았기에 '전반적'으로는 나쁘지 않았다.

어떤 사건이 우리에게 주는 전반적 가치의 특성을 더 명확히 다듬어보자. 어제 내가 교통 체증에 걸린 사건을 평가하려면 두 가지 '가능한 상황', 즉 '가능 세계(possible world)'를 비교해 각각의 세계에서 내가 어떤 삶을 사는지 따져볼 필요가 있다. 대표적인 가능 세계는 지금 실제로 우리가 살고 있는 '현실 세계'다. 이 세계는 수많은 짧은 문장이 접속사 '그리고'와 연결된 매우 긴 평서문으로 이뤄져 있는데, 여기에는 나의 과거, 현재, 미래의 모든 사실이 담겨 있다.

그러나 현실 세계 말고도 각각의 짧은 문장에 대응하는 무수한 가능 세계가 있다. 현실 세계에서는 내가 교통 체증에 걸렸지만, 그 사건이 일어나지 않은 다양한 가능 세계에서는 실제로 일어나지 않은 다른 일들이 벌어지기도 한다. 어떤 실제 사건 E가 발생했을 때, E가 일어나지 않은 세상을 어떤 모습일지 보여주는 가능 세계를 하나 고를 수 있다고 가정하자. 어떤 관점에서 그 가능 세계는 E가 발생하지 않았다는 사실이 연쇄적으로 다른 변화를 불러오게 된다는 점만 제외하면 현실 세계와 거의 같은, 다시 말해 현실과 '가장 가까운' 세계다.[1]

가능 세계 개념을 활용하면 어떤 사건 E가 우리에게 전반적으로 좋은지 평가할 때 무엇이 따라 나오는지 명료하게 설명할 수 있다. 먼저 사건 E가 실제로 발생한 현실 세계의 내 삶을 살핀다. 이 세계를 WE라고 부르자. 그런 다음 내가 살아가는 동안 경험하는 '내재적 선'과 '내재적 악'의 가치를 각각 평가한다. 이 가치는 과거, 현재, 미래를 모두 포함한다. 일부는 E가 일어나기 전의 가치겠지만, 문제 될 게 없으니 다 포함한다. 그러고서 선은 양(+)으로, 악은 음(-)으로 합산한다. 선은 총합을 올릴 테고 악은 깎아내릴 것이다. 총합한 값이 현실 세계에서 내 삶의 내재적 가치, 즉 내 실제 인생에서의 복지 수준이다. 물론 어떤 '내재적 선'이나 '내재적 악'은 저마다 가치 판단 기준이 달라서 서로 비교하기가 쉽지 않을 것이다.[2] 다만 내가 이 설명을 하는 이유는 죽음이 해로울 수 있음을 보여주기 위함이니, 이런 세부 사항까지 들여다볼 필요는 없을 것이다. 쉽게 설명하기 위해 모든 사람의 내재적 선과 악을 일종의 공통 단위로 환산할 수 있다고 하자. 앞서 사건 E가 일어난 '현실 세계'를 WE라고 했으니, '가능 세계'를 W로 하고 주체인 '나'를 S로 한 뒤, '가능 세계에서 내게 내재적으로 좋은 것들의 총합'은 $G(S, W)$, '내재적으로 나쁜 것들의 총합'은 $B(S, W)$, '내재적 가치'는

IV(S, W)라고 기호 논리로 표현하면 다음과 같은 간단한 방정식을 도출할 수 있다.[3]

$$IV(S, W) = G(S, W) + B(S, W)$$

자, 이제 내가 교통 체증에 걸린 어제의 현실 세계 WE에서 내가 경험한 내재적 선의 가치가 20이고, 내재적 악의 가치가 −10이라고 하자. 그러면 'IV(S, WE) = 10'이 된다(물론 이 숫자들은 그저 예시를 위한 임의값이다). 다음으로는 E가 발생하지 않았더라면 상황이 어땠을지 묻는다. 즉, E가 일어나지 않는 '가장 가까운' 가능 세계를 살펴서, 그 세계에서의 내재적 가치를 계산한다. 이 가능 세계를 W~E라고 부르자. 여기서 물결표(~)는 '부정'의 의미를 나타내는 기호다. 마지막으로 두 값을 서로 뺀다. 현실 세계에서의 내재적 가치에서, E가 일어나지 않은 세계에서의 내재적 가치를 빼는 것이다. 이 차이가 바로 사건 E가 내게 준 가치다. 사건 E가 주체인 나 S에게 준 가치를 V(S, E)라고 하면 이런 방정식이 나온다.

$$V(S, E) = IV(S, WE) − IV(S, W{\sim}E)$$

정리해보자. 어떤 사건 E가 주체 S에게 주는 가치는, E가 실제로 일어난 현실 세계 WE의 S가 경험하는 복지 수준에서 E가 일어나지 않은 '가장 가까운' 가능 세계 W~E의 S가 경험하는 복지 수준을 뺀 값이다. 방금 든 예로 돌아가자. WE에서 내 복지 수준은 10이라고 했는데, W~E에서는 내가 산책을 즐겼을 테니 복지 수준이 아마도 10보다는 높을 것이다. 11이라고 해보자. 그렇다면 교통 체증에 걸린 사건은 내게 −1의 가치를 준 셈이다.

이렇게 해서 우리는 어떤 사건이 우리에게 전반적으로 좋거나 나쁘다는 게 무엇을 뜻하는지 명확히 정의할 수 있게 됐다. 요컨대 사건 E가 S에게 전반적으로 좋을 때는 E가 S에게 주는 가치가 양(+)인 경우다. 'V(S, E) > 0'이라는 부등식이 성립한다. 반대로 사건 E가 S에게 전반적으로 나쁠 때는 가치가 음(−)인 경우다. 'V(S, E) < 0'이다. E의 가치가 더 클수록(양일수록) S에게 더 좋은 일이며, 더 작을수록(음일수록) 더 나쁜 일이다.

따라서 어제 교통 체증에 갇힌 일은 내게 전반적으로 해로운 사건이었다. 가치가 음이었기 때문이다. 그 사건이 더 큰 음의 가치를 가졌다면 내게 더 나빴을 것이다. 같은 맥락에서 어떤 사건이 양의 가치를 가진다면 내게 전반적으로 좋은 일이라고 확실히 말할 수 있다. 여기서는 간단히 설명하고자 사건을 예로 들었지만, 사건 대신 상태나 상황을 대입해도 똑같다.

비교주의 관점에서 이익을 살필 때 반드시 개념을 명확히 하고 넘어가야 할 게 있다. 우선 '사건'을 이야기하면서 생길 수 있는 모호성이 있다. '타입(type)'과 '토큰(token)'을 구별해야 하는 문제다. 사건의 '타입',

즉 '유형'은 추상적이다. 교통 체증이라는 사건 유형은 구체적인 개별 사건인 '토큰'으로 이뤄진다. 도로에 자동차가 빽빽이 들어차 있고, 가다 서다 반복하고, 여기저기서 경적을 울리고, 짜증이 나는 등의 여러 사건 토큰이 있어야 한다. 나는 지금 하고 있는 저술 활동도 사건 유형이지만, 키보드를 치는 행위 특히 각각의 키를 누르는 개별적이고 구체적인 사건 토큰이 있어야 유형이 된다.

타입과 토큰은 사건 말고 다른 대상에도 적용된다. 일테면 여러분은 지금 글자를 읽고 있는데, 그 글자가 종이책에 인쇄된 잉크가 마른 흔적일 수도 있고, 전자책 화면에 출력되지 않은 빛, 즉 검은색 픽셀의 집합일 수도 있다. 그리고 모든 글자 토큰이 잉크나 픽셀로 이뤄지는 것도 아니다. 점자로도 글자를 만들 수 있고, 오디오북처럼 소리로도 글자 토큰을 표현할 수 있다.

이 구별이 중요한 이유는 지금까지 언급한 사건을 내가 사건 토큰으로 설명했기 때문이다. 방금도 나는 그 사건들을 지칭할 때 문자 E로 치환해 우리에게 이로운지 해로운지 기호 논리로 설명했다. 하지만 어떤 사건 타입이 발생하거나 발생했을 때 우리에게 얼마나 좋거나 나쁜지를 묻는 경우, 대개는 개별적이고 구체적인 사건 토큰 하나를 염두에 둔 것이 아니다.

그렇더라도 개념적으로 구분해야 한다는 의미, 그러니까 철학은 늘 이렇게 개념을 확실히 해둬야 한다는 뜻이지, 이해하는 방식은 크게 차이가 없다. 사건 유형의 가치를 일컫더라도 개별 사건 토큰의 가치와 거의 같은 방식으로 이해하면 된다. E-타입 사건이 발생하는 게 S에게 좋거나 나쁜 경우도 똑같다. 그 유형의 사건이 일어나서 S의 삶이 좋아졌으면(좋아지면) 좋은 일이고, 나빠졌으면(나빠지면) 나쁜 일이다. 마찬가지로 E-타입 사건 발생이 S에게 좋은지 나쁜지 평가하려면, E-타입 사건이 일어나지 않은 현실 세계의 S가 경험하는 복지 수준을 계산하고, E-타입 사건이 일어나는 가장 가까운 가능 세계의 S가 겪는 복지 수준을 계산한 뒤, 두 값을 서로 빼서 차이를 구하면 그만이다. 값이 양이면 E-타입 사건은 S에게 좋은 것이고, 음이면 나쁜 것이다.

다음으로 짚고 넘어가야 할 부분은 이것이다. 어떤 사건 타입이 실제로 발생하지 않아도 그 일이 좋은 것이라고 충분히 말할 수는 있지만, 우리에게 실질적으로 이익이 되려면 반드시 실제로 일어나야 할 것이다. 예를 들어 여러분이 내게 500달러를 준다고 해보자. 그런 유형의 사건은 정말로 내게 좋은 일이고, 그래서 정말로 내가 500달러를 받았으면 실제로도 좋겠지만, 그 일이 일어나지 않는 한 내가 실질적으로 이익을 봤다고 할 수는 없다.

아주 미묘한 차이라서 말장난 같을 수도 있지만, 중요해서 하는 얘기다. 그렇다면 반대로 생각해보자. 어떤 일이 아직 우리를 이롭게 하지 않았어도 양(긍정적)의 가치를 띠고 있다면, 우리의 이익에 부합한다고 당연히 말할 수 있다. 그런 경험을 하지 않았다고 해서 입을 다물고 있을 까닭은 없다. 우리가 이런 방식으로 말하는 게 비합리적이지 않은 이유는, 우리에게 긍정적 가치가 있는 일은 삶에서 중요하고, 따라서 가능하다면 실현하고자 애쓰는 것이 지극히 합리적이기 때문이다.

'이익'이나 '이로움'이란 표현은 '좋음(선)'이 내포한 모호성을 없애는 데 도움이 된다. 어떤 것이 우리에게 좋다고 할 때 우리는 그것이 우리 이익에 부합한다는 의미로 해석할 수도 있고, 실제로 우리에게 이익을 준다는 뜻으로도 이해할 수 있다. 두 가지 모두 틀린 게 아니지만, 내가 이 책에서 어떤 의미로 말하는 건지 확실히 해둬야 할 때가 된 것 같다. 이제 나는 어떤 일이 우리에게 좋다는 말과 우리에게 실제로 이익이 된다는 말을 동일시할 것이다. E-타입 사건의 실제 발생만 우리에게 좋다고 말할 것이다. 그래도 여러분은 우리에게 실제로 이익이 되는 것들뿐 아니라, 실제로 발생하면 이익이 될 것들 모두 이익에 부합한다고 이해하면 된다. 전혀 문제없다.

이제 우리는 비교주의를 토대로 개인적 이익이 무엇인지 설명할 수 있다.

1. 사건 E가 주체 S의 이익에 부합한다는 것은, E가 전반적으로 S에게 이로우며 E가 일어나지 않았을 때보다 S의 삶을 더 좋게 만든다는 뜻이다. 이때 S에 대한 E의 가치는 양(+)이다.
2. 사건 E가 주체 S의 이익에 반한다는 것은, E가 전반적으로 S에게 해로우며 E가 일어나지 않았을 때보다 S의 삶을 더 나쁘게 만든다는 뜻이다. 이때 S에 대한 E의 가치는 음(-)이다.
3. E-타입(유형) 사건의 발생이 주체 S의 이익에 부합한다는 것은, E-

타입 사건이 전반적으로 S에게 이롭다는 뜻이다. 이때 E-타입 사건의 발생은 S에게 양의 가치를 갖는다.

4. E-타입 사건이 주체 S의 이익에 반한다는 것은, E-타입 사건이 전반적으로 S에게 해롭다는 뜻이다. 이때 E-타입 사건의 발생은 S에게 음의 가치를 갖는다.

5. 사건 E가 주체 S에게 미치는 이익과 해악의 정도는, E가 실제로 발생한 현실 세계 S의 삶이 E가 발생하지 않은 가능 세계에서의 삶보다 얼마나 이롭거나 해로운지에 달렸다. 마찬가지로 E-타입 사건의 발생이 주체 S에게 미치는 이익과 해악의 정도도, 현실 세계의 삶과 E-타입 사건이 발생한 가능 세계의 삶을 비교해 얼마만큼의 차이가 나는지에 달렸다. S의 삶이 더 좋거나 나쁠수록 E-타입 사건의 발생은 S에게 더 이롭거나 해롭다.

우리의 일상 언어에서 드러나는 또 다른 모호함도 정리하고 다음으로 넘어가자. 일상적으로 우리는 "최저가로 기름 넣을 수 있어서 이익이었지", "예전에는 예술품 수집하는 게 이익이었는데 지금은 그렇지 않아", "스트레스가 좀 풀려서 담배 피우는 건 단기적으로는 내게 이익이었어" 식으로 말하곤 한다. 이런 표현들은 어떤 특정 시점에서는 우리에게 이익이지만, 다른 시점에서는 그렇지 않을 수 있다는 암시를 담고 있다. 충분히 말이 되는 생각이다.

대략 설명하자면 어떤 사건 E가 특정 시점 T에서 주체 S에게 이롭다는 것은, '시점 T에서 S의 이익'에 부합한다는 뜻이다. 다시 말해 그 시점에서만 이익이라는 얘기다. 이를 더 풀어 표현하면 특정 세계 W에서 주체 S의 평생 복지가 아닌, '특정 세계 W의 특정 시점 T에서 S의 복지'를 고려할 수 있다. 그러면 어떤 사건 E가 미치는 복지 수준도 이렇게 설명할 수 있다.

1. 사건 E가 시점 T에서 주체 S의 복지를 높인다는 것은, WE(현실 세계)의 복지 수준이 W~E(사건 E가 발생하지 않은 가장 가까운 가능 세계)보다 높다는 뜻이다. 이때 사건 E는 특정 시점 T의 주체 S에게 이롭다.
2. 사건 E가 시점 T에서 주체 S의 복지를 낮춘다는 것은, WE의 복지 수준이 W~E보다 낮다는 뜻이다. 이때 사건 E는 특정 시점 T의 주체 S에게 해롭다.
3. 사건 E가 시점 T에서 주체 S의 이익에 부합한다는 것은, E가 특정 시점 T의 S에게 이롭다는 뜻이다. 이때 E는 특정 시점 T의 S에게 양의 가치를 갖는다.
4. 사건 E가 시점 T에서 주체 S의 이익에 반한다는 것은, E가 특정 시점 T의 S에게 해롭다는 뜻이다. 이때 E는 특정 시점 T의 S에게 음의 가치를 갖는다.

이처럼 우리는 '특정 시점 T에서의 이익'과 '시간을 초월한 이익'을 구분할 필요가 있다. 다음 절부터는 복지 이론을 살필 텐데, 특정 시점 T

에서의 이익은 시간이 흐르면서 얼마든지 달라질 수 있다. 시점 1에서는 이익에 부합했던 게 시점 2에서는 이익에 반할 수도 있는 것이다. 하지만 이런 이익은 시간을 초월한 이익, 즉 계속된 이익이 아니다. 그런데 일반적으로 우리는 살면서 이익을 이런 식으로 생각하지 않는다. 우리는 특정 시점의 이익만 좇지 않는다. 우리의 관심사는 언제나 유효하고 시간과 무관하다. 예컨대 오늘 우리가 어떤 일을 할 때 내일의 우리에게 이익이 된다면, 다른 모든 조건이 동일하다는 가정하에 그 일은 오늘의 우리 이익에도 부합하는 것이다. 비록 그 일이 특정 시점인 오늘 우리에게 당장 이롭지 않더라도 말이다.

지금까지 살핀 '비교주의'는 특정 시점의 이익이 아닌 시간을 초월한 전반적인 이익에 관한 이론이다. 그리고 비교주의는 이익을 우리의 '복지' 관점에서 설명한다. 그렇다면 복지란 정확히 무엇을 말하는 걸까? 복지 이론은 대표적으로 세 가지가 있다. '쾌락주의(적극적 쾌락주의)', '선호주의', '다원주의'가 그것이다. 이제 비교주의가 복지에 관한 이 세 가지 견해 모두와 어떻게 양립할 수 있는지 살펴보기로 하자.

쾌락주의

쾌락주의(적극적 쾌락주의)는 복지를 쾌락과 고통의 관점에서 다음과 같이 분석한다.

모든 주체 S에게 시점 T에서의 쾌락 경험은 S에게 내재적으로 유일하게 좋은 것이며, 시점 T에서의 고통 경험은 S에게 내재적으로 유일하게 나쁜 것이다. 주체 S가 시점 T에서 더 많은 쾌락을 경험할수록(그 정도는 쾌락의 강도와 지속 시간에 따라 달라진다), 시점 T에서 S에게 내재적으로 더 좋은 것이 된다. 반대로 주체 S가 시점 T에서 더 많은 고통을 경험할수록, 시점 T에서 S에게 내재적으로 더 나쁜 것이 된다.

쾌락주의는 복지에 대한 설명에서 몇 가지 중요한 장점을 갖고 있다. 그중에서도 가장 큰 장점은 '단순성'이다. 비교주의와 결합한 적극적 쾌락주의는 단순하기에 강력하다. 어떤 사건의 가치를 오직 그것이 우리의 경험에서 쾌락의 질에 미치는 차이로만 결정한다. 예를 들어 우리가 평생 10의 쾌락과 5의 고통을 경험하면, 우리 평생의 복지 수준은 5가 된다. 만약 내가 교통 체증에 걸리지 않았을 때의 복지 수준이 6이었다면, 교통 체증 사건이 내게 준 가치는 -1이다.

쾌락주의의 또 다른 장점은 '비교 가치' 문제를 해결하기가 상대적으로 수월하다는 데 있다.[4] 쾌락주의를 따르면 우리 각자는 자신의 복지 수준과 자기 삶에서 벌어지는 일들의 가치를 평가할 때 타인과 어떤 식으로 비교해서 맞춰야 하는지 고민할 필요가 없다. 우리에게 내재적으로 유일하게 좋은 것은 쾌락뿐이므로, 겉으로 보기에 좋은 나머지 모든 것들은 도구적 가치로 규정해 얼마만큼의 쾌락을 주는지만 따져서 점수를 매길 수 있다. 물론 모든 쾌락이 정량적으로 측정할 수 있는 공통된 특성이 있어서 서로 비교 가능하다는 전제에서만 그렇다. 개인간 복지 비교를 하려면 상황은 훨씬 복잡해진다. 나의 쾌락 단위 1이 여러분의 1과 어떻게 대응하는지 분명치 않기 때문이다.

이론이 너무 단순하면 으레 시야가 협소하기 마련이다. 안타깝지만 쾌락주의도 바로 이런 문제점을 안고 있다. 복지를 바라보는 데 쾌락주의가 지나치게 좁은 이론이라는 것은 쾌락과 고통을 명확히 구분할 수 없는 때가 꽤 많다는 사실로 확인할 수 있다. 게다가 진짜 쾌락이나 고통과는 무관한 이유로 우리에게 쾌락을 주거나 고통을 주는 때도 있다. 다음 인용문을 살펴보자. 첫 번째는 토머스 네이글이 제시한 것이고, 두 번째와 세 번째는 로버트 노직(Robert Nozick)의 사례다.

당신이 깊게 잠든 사이 누군가가 귓속에 묘약을 붓는다. 이 묘약은 아무런 고통 없이 당신을 어린아이로 만드는 대신, 남은 평생 계속해서 만족감을 느끼게 해준다. 그런데 당신은 이 묘약이 아니었다면 쾌락은 덜 누릴지 몰라도, 우정을 맺고 몇 권의 좋은 책을 집필하는 삶을 살았을 것이다.[5]

어떤 남자의 전기를 읽고 있다고 해보자. 그는 끊임없이 행복감을 느꼈으며, 자기 일과 가정생활에 큰 자부심을 품고 있다. 하지만 책 후반부에 이르니, 사실 그의 자녀들은 뒤에서 아버지를 경멸하고, 아내는 남편을 업신여기며 수많은 불륜을 저지르며 산다. 그리고 그가 하는 일은 주변 사람들에게 조롱거리에 불과하다. 이 모든 사실을 그 자신만 모르고 있다. 아무도 진실을 말하지 않는 것뿐이다. 이 남자가 인생에서 느낀 모든 만족감은 착각과 거짓 위에 세워져 있다. 그의 삶을 읽고 당신은 이렇게 생각할 수 있는가? '정말 멋진 인생이군. 나나 내 아이들도 저런 삶을 살 수 있으면 좋겠네.' 그런데 혹시라도 이런 생각은 하지 않는 게 나을 것 같다. '나는 저런 삶을 바라지 않아. 언젠가 진실이 드러나면 하염없이 불행해질 거야.' 진실이 드러날까? 그들처럼, 당신 주변 사람들도 끝까지 침묵을 지킬 수 있다.[6]

당신이 원하는 어떤 경험이든 하게 해주는 경험 기계가 있다고 해보자. 초일류 최고의 신경심리학자들이 당신의 뇌를 자극해 위대한 소설을 쓰고 있다거나, 대단한 친구를 사귀고 있다거나, 엄청나게 흥미로운 책을 읽고 있다고 느끼게 만들어줄 수 있다. 당신이 수조에 누운 채 둥둥 떠 있고 뇌에 전극이 붙어 있는 동안만.[7]

내가 여러분을 평생 '만족스러운 유아 상태'에 빠뜨렸다면 명백히 여러분에게 해를 끼친 것이다. 그런데 여러분은 예전보다 훨씬 더 많은 쾌락과 훨씬 더 적은 고통을 겪는다. 쾌락주의 관점에서 보면 나는 여러분에게 아무런 해악도 끼치지 않는 셈이다. 오히려 이롭게 했다. 나로 인해 여러분은 더 이상 좋아질 수 없을 만큼 복지를 누리게 됐다.

가족과 주변 사람들에게 '기만당하고 있는 남자'도 마찬가지다. 자기가 착각과 속임 속에서 살고 있다는 사실을 모를지언정 해를 입고 있는 것이다. 어떤 이유에서인지 그는 죽을 때까지 진실을 알지 못한 채 살아간다. 어쩌면 그를 평생 원수로 여기는 누군가가 꾸민 음모일지도 모른다. 그 사람은 이 남자가 과거에 자신에게 무슨 짓을 했는지 밝히지 않은 채, 복수를 위해 그의 아내와 자녀들에게 그를 악인이라고 세뇌해서 겉으로만 그를 사랑하는 척하며 평생 감시하도록 만들었다. 이 남자는 자신이 가장 소중히 여기던 가족에게서 사랑을 잃었으나, 사랑의 외양은 그대로인 상황에서 계속 산다. 그는 사실상 해악을 입었지만, 불쾌한 경험을 하지도 않았고, 평생 누릴 쾌락의 총량에도 아무런 손해를 보지 않았다.

'경험 기계' 사례도 같은 맥락이다. 이 기계는 우리가 누릴 수 있는 쾌락을 극대화한다. 만약 쾌락만이 정말로 유일한 가치라면, 우리가 어떤 선택에서 오직 쾌락만으로 이로운지 해로운지를 판단한다면, 우리는 이 경험 기계와 기꺼이 연결되고 싶을 것이다. 그러나 실제 현실에서는 그 누구도 자기 인생을 수조 속에서 보내고 싶어 하지 않는다. 쾌락 말고도 삶에서 좋은 것이 있다고 믿기 때문이다.

여기서 쾌락주의는 토머스 네이글의 사례에 이런 반론을 제기할 수도 있겠다. 그 묘약을 마신 순간 본래의 나는 더 이상 존재하지 않는 거라고. 그 대신 유아 상태의 새로운 존재가 그 자리를 차지하는 거라고. 따라서 쾌락은 어린아이가 된 존재가 누릴 뿐, 본래의 나는 기회를 박탈당했기에 결과적으로 해를 입었다고 말이다.

그렇지만 이들의 반박은 이 사례를 조금만 변형하면 통하지 않는다.

그 묘약이 여러분의 지능을 유아 수준으로 떨어뜨릴 뿐 여러분 존재 자체는 여전히 동일한 인격체로서 살아간다고 가정해보자. 이 경우 그 누구도 여러분이 사라졌다고 말할 수 없다. 더욱이 이들의 반박은 나머지 두 사례에서도 전혀 효과가 없다.

그래도 도덕철학자 프레드 펠드먼(Fred Feldman)이 쾌락주의 편에 서서 토머스 네이글과 로버트 노직이 제시한 사례에 대응할 만한 논리를 펼치려고 시도한 바 있다. 그는 단순한 감각으로서의 쾌락인 '감각적 쾌락(sensory pleasure)'과 별개로 자신이 '태도적 쾌락(attitudinal pleasure)'이라 부른 쾌락을 구분했다.

> 태도적 쾌락은 감각적 쾌락과 다르다. 어떤 상태나 사실에서 즐거움을 느끼고, 기쁘고, 그런 일이 일어난 사실을 반기고, 즐긴다면, 우리는 태도적 쾌락을 취한다고 말할 수 있다. 태도적 쾌락은 늘 대상을 '향해' 있다. 믿음이나 희망이나 두려움이 대상을 향해 있는 것과 마찬가지다. 또 다른 차이는 태도적 쾌락이 반드시 어떤 '느낌'을 동반할 필요는 없다는 점이다. 우리는 이 쾌락을 감각으로 아는 게 아니라, 마치 어떤 대상을 믿거나, 희망하거나, 두려워한다는 사실을 우리 스스로 알게 되는 것과 같은 방식으로 알 수 있다.[8]

펠드먼은 태도적 쾌락이 어떤 '느낌'을 동반하지 않는 사례로 대형 사고 피해자가 자신이 '죽지 않은' 사실에서 취하는 '쾌락'을 들었다. 만약 그 사람이 마취 때문에 몸 전체의 감각이 마비된 상태라서 감각적 쾌락은 느끼지 못하더라도, 태도적 쾌락은 취할 수 있다. 한 걸음 더 나아가 펠드먼은 우리가 존재하지 않는 상태나 과거 또는 미래 상태를 향해서도 태도적 쾌락을 느낄 수 있다고 주장했다. 다만 그런 상태가 실제로 존재한다고, 과거에 존재했거나 미래에 존재하리라고 믿는 경우에만 그렇다고 덧붙였다.[9] 이어서 그는 논의 중 결국 철회하긴 했지만, 앞서 토머스 네이글의 '만족스러운 유아 상태' 사례도 쾌락주의가 대응할 수 있다면서 다음과 같이 설명했다.

> 모든 잠재적으로 내재적인 태도적 쾌락의 대상은 그 대상이 쾌락의 대상으로 삼기에 얼마나 적합한지에 따라 순위를 매길 수 있다. 이 척도에서 각각의 쾌락 대상이 차지하는 위치는 그 대상의 '수준(altitude/고도)'이 된다. 정신적·도덕적·미학적 대상은 높은 수준에 있고, 물리적·육체적 대상은 낮은 수준에 있다. 모든 내재적인 태도적 쾌락은 물론 그 자체로 좋지만, 어떤 쾌락의 내재적 가치는 단순히 쾌락의 양만으로 결정되지 않는다. 쾌락의 양에 쾌락 대상의 수준을 곱한 값으로 결정된다.[10]

펠드먼에 따르면 어떤 태도적 쾌락이 또 다른 쾌락과 양적으로 다르지 않더라도, 그 쾌락이 향하는 대상이 더 높은 '수준'에 있다면 태도적 쾌락이 내재적으로 더 가치 있다. 우리가 이 '수준' 개념을 거부감

없이 받아들이면 '만족스러운 유아 상태'가 더 나쁜 이유를 수준이 급격히 낮아졌기 때문이라고 이해할 수 있다. 누군가가 우리에게 묘약을 주입하지 않았더라면 우리는 철학이나 예술에서 기쁨과 희열을 느낄 수도 있었다. 하지만 그 약 때문에 이제는 포근한 침대, 우유, 간지럼 같은 것들에서만 즐거움을 느낀다.[11] 그러나 펠드먼 자신도 곧 인정했듯이 이런 설명은 설득력이 없다. 태도적 쾌락 대상의 '수준'이라는 개념 자체가 모호하고 주관적인 데다, 양적 판단이 거의 불가능하고, 쾌락주의의 단순성이라는 장점도 사라지게 만들기 때문이다.

'수준' 개념은 쾌락주의가 로버트 노직의 '기만당하고 있는 남자'와 '경험 기계' 사례에 대응하는 데도 도움이 되지 않는다. 이런 경우에서 느끼는 쾌락의 수준이 낮다고 볼 수 있을까? 그럼에도 프레드 펠드먼은 쾌락주의가 이 같은 사례와 조화를 이룰 수 있다고 보고 나름대로 애를 많이 썼다. 그는 태도적 쾌락은 '참'인 명제를 향한 쾌락이기에, '거짓'인 명제를 대상으로 한 쾌락은 그 가치를 평가절하해야 한다고 제안했다. 예컨대 '기만당하고 있는 남자'가 느끼는 쾌락은 "나는 아내와 아이들의 사랑을 받고 있다"는 명제를 향하고 있는데, 이 명제가 거짓이므로 그 쾌락의 가치를 매우 낮게 봐야 한다는 논리다. 실제로 사랑받고 그 사실에 기뻐하는 게 그렇지 않을 때보다 더 가치 있는 쾌락이니까. 같은 맥락에서 경험 기계에 연결된 사람이 느끼는 쾌락도 실제로는 실현되지 않은 거짓 명제를 향하고 있으므로, 그 또한 가치를 확 낮춰야 한다. 그런데 이렇게 설명하면 토머스 네이글의 사례에는 적용할 수가 없다. '만족스러운 유아 상태'에서 느끼는 쾌락은 거짓 명제를 향하는 태도적 쾌락이 아니기 때문이다.

복지 이론에서 쾌락주의에 힘을 실어주고 싶어 했던 펠드먼의 노력은 여기까지만 살피기로 하겠다. 레너드 카츠(Leonard Katz) 같은 심리철학자가 이를 깊숙이 파고들었으니 참조하자.[12] 펠드먼의 제안은 계속해서 반론의 여지를 남기며, 사실 그 가운데 상당수는 펠드먼 스스로 지적하고 있다. 내가 생각하기에 그가 제시한 이론적 자원만으로는 쾌락주의자가 '유아 상태'가 되거나, '기만된 삶'을 살거나, '경험 기계'에 접속해 살아가는 데서 비롯되는 문제를 충분히 설명하지 못한다. 문제의 본질은 우리가 더 나은 종류의 쾌락을 박탈당하는 게 아니라, 사랑이나 우정 그리고 성취처럼 그 자체로 좋은 것들을 빼앗긴다는 것이다.

선호주의

이제 네이글과 노직의 사례에서 나타난 해악을 '선호주의'라는 다른 복지 이론으로 설명할 수 있는지 살펴보자. 선호주의는 '욕구 충족 이론(desire fulfillment theory)'이라고도 불리는데, 이 관점에 따르면 우리는 복지를 욕구 충족의 정도로 평가한다. 쉽게 말해 우리의 욕구를 충족시키면 그 욕구의 강도에 비례해 이익이 되고, 반대로 우리의 욕구를 좌절시키면 마찬가지로 그 욕구의 강도에 비례해 해를 끼친다. 예를 들어 내가 여러분의 연인에게 여러분이 나쁜 사람이라고 거짓말을 한다면, 연인의 사랑을 원하는 여러분의 욕구를 좌절시켜 여러분에게 해를 끼치는 것이다. 내가 약물을 주입해 여러분을 '만족스러운 유아 상태'로 만든다면, 여러분이 품고 있었을 앞날의 삶에 대한 욕구를 좌절케 함으로써 해를 끼치는 셈이다. 선호주의 관점에서는 추가로 이렇게도 설명할 수 있다. 내가 여러분을 유아 상태로 만드는 순간 원래의 여러분이 미래에 충족했을지 모를 수많은 욕구를 아예 형성하지도 못하게 막아버렸으니, 그에 비례해 엄청난 해악을 끼친 것이다.

이처럼 선호주의를 통하면 뭔가 설명이 그럴듯해지는 것 같다. 하지만 선호주의가 정말로 복지를 설명하는 데 적절한 이론인지 판단하기 전에 우선 그 개념을 명확히 정리하고 넘어갈 필요가 있다. '선호'는 '욕구'와 밀접한 관련이 있다. 우리가 P를 욕구한다는 것은 명제 P가 성립하기를 바란다는 뜻이다. 이때 명제 P는 우리 욕구의 목적 대상이라고 할 수 있다. 따라서 P에 대한 욕구는 P를 목적 대상으로 삼는다. 우리가 P를 욕구하고 있는데 어느 순간 실제로 P가 실현된다면, 그 시점에서 P에 대한 우리 욕구는 충족된 것이다. 그런데 P가 실현돼 욕구를 충족하더라도 우리가 꼭 쾌락을 얻는다고 할 수는 없다. 욕구 충족은 쾌락을 수반할 수도 있고 그렇지 않을 수도 있다.

선호주의 관점에서 욕구를 충족하면 좋다고 말할 때, 그것이 쾌락을 선사해줘서 좋다는 뜻은 아니다. 사실 선호주의는 쾌락에 관해서는 아무런 말도 하지 않는다. 그저 욕구 충족은 내재적으로 우리에게 좋다고만 말한다. 우리가 특정 시점 T에서 P를 욕구하고 P가 실현된다면, 시점 T에서 우리에게 그냥 그 자체로 좋은 것이다. 세 가지 예를 들어보자.

첫 번째로 "나는 음식을 먹고 싶다"는 욕구를 살펴보자. 여기서 내 욕구의 목적 대상인 명제 P는 "나는 음식을 먹고 있는 시점에 있다"다. 명제 P는 내가 음식을 먹고 있는 '시점'에 있으면 참이 된다. 정오에 식사를 시작한다고 해보자. 정오가 돼서 내가 음식을 먹고 싶어 하고, 실제로 먹고 있다면, 내게 내재적으로 좋은 것이다. 나는 이 좋은 것을 정오가 돼야 얻게 된다.

두 번째로 "나는 언젠가 결혼하고 싶다"를 생각해보자. 이 욕구의 명제 P는 "나는 결혼한 상태에 있다"가 아니라 "나는 언젠가 결혼하게 된다"다. P는 이미 '시점'을 포함하고 있다. 내가 미래의 어느 시점에서라도 '언젠가' 결혼하면 참이 된다. 그런데 P가 '언젠가' 참이라면 시점과 상관없이 늘 참이며, 따라서 내 욕구는 이미 충족된 상태다. 나는 지금 내재적으로 좋은 것을 얻은 상황이다. 선호주의는 욕구 충족 여부를 목적 대상인 명제가 참인지 거짓인지로만 따진다. 달리 말해 '논리'로만 판단한다. 내가 모른다고 해서 욕구가 충족되지 못한 게 아니다. 물론 이 욕구에서 나는 지금 이미 내 욕구가 충족됐는지 알지 못할 테고, 계속해서 그 사실을 알게 되길 바랄 것이다. 그래서 안타깝게도 계속 기다리겠지.

세 번째는 "나는 죽은 뒤에 기억되고 싶다"다. 이 욕구의 명제 P는 "내가 죽은 후에 누군가가 나를 기억한다"다. 이 욕구 또한 '시점'을 포함하고 있다. 내가 '죽은 뒤' 누군가가 나를 기억하는 때가 생기면 참이 된다. 앞서 '결혼' 사례와 마찬가지로 P가 내가 '죽은 뒤' 참이라면 시점과 상관없이 늘 참이고 지금도 참이다. 지금 참이므로 내 욕구는 이미 충족된 상황이며, 내가 알든 모르든 간에 지금 내게 내재적으로 좋은 것이다. 선호주의는 욕구의 목적 대상이 되는 명제의 참 또는 거짓에만 초점을 맞추기 때문에, 현실적으로는 내가 모르는 상태더라도 형식 논리적 정의에 따라 이미 욕구가 충족된 상태라고 평가하는 것이다.

이 세 가지 예는 우리의 욕구를 매우 단순화한 것이다. 여러분과 나를 포함해 사람들의 욕구는 훨씬 복합적인 데다, 이런 복합성이 자신의 선호를 표현하는 방식에 드러나는 경우도 드물다. 그리고 복합성 중 하나는 여러 욕구가 다양한 조건과 연결돼 있다는 점이다. 일테면 내가 배고플 때 "나는 음식을 먹고 싶다"라고 욕구하더라도 음식에 대한 욕구는 배고픔을 조건으로 작용하기 때문에, 실제로 내 욕구는 "배가 고픈 상태가 계속된다면 음식을 먹고 싶다"이거나 "음식을 먹어서 배고프지 않은 상태가 되고 싶다"에 가깝다. 또 어떤 욕구는 그 자체로 지속성이라는 조건을 수반한다. "나는 TV를 보고 싶다"보다는 "TV를 보는 상태가 되고 싶다" 또는 "TV를 아예 보고 싶어 하지 않은 상태가 되고 싶다"가 더 정확하다.

그런데 결혼과 같은 욕구는 상태 지속 여부가 조건이 아닌 다른 방식으로 복합적이다. "나는 언젠가 결혼하고 싶다"라는 욕구와 "결혼한 뒤에도 결혼 생활을 원하고 있기를 바란다"라는 욕구가 두 겹으로 얽혀 있는 것이다. 그렇기에 막상 결혼했는데도 그 결혼 생활을 원하지 않는 상황에서는 욕구가 충족되지 않아 이익을 얻지 못한다. 한편으로 "나는 죽은 뒤에 기억되고 싶다"라는 욕구는 어디에도 해당하지 않으면서 복합적이다. 그때가 되면 이미 죽고 없기에 기억되고 싶다는 욕구가 없는데도, 지금의 나는 죽은 뒤에 기억되기를 원한다.

선호주의는 욕구가 충족되면 내재적으로 좋지만, 욕구의 목적 대상이 실현되지 않으면 내재적으로 나쁘다고 말한다. 우리가 특정 시점 T에 P를 욕구하는데 P의 부정(~P), 즉 P가 성립하지 않는다면, 시점 T에서 우리에게 나쁜 것이다. P를 거짓으로 만드는 조건 때문에 우리 욕구가 좌절되고, 그 좌절은 P의 부정이 성립하는 시점에 일어난다. 그러므로 어떤 욕구는 좌절되기 전에 이미 충족되지 않을 수도 있다. 다시 앞의 예시를 살펴보자. "나는 음식을 먹고 싶다." 지금 내가 음식을 먹고 있는 시점에 있기를 원하는데 그렇지 않다면, 내게 나쁜 것이다. 10분 뒤에도 여전히 음식을 먹지 않고 있는데 여전히 먹고 싶다면, 내게 나쁜 것이다. "나는 언젠가 결혼하고 싶다." 이 욕구는 아직 좌절되지 않았고, 내가 언젠가 결혼하는 시점이 온다면 절대로 좌절되지 않을 것이다. 그런데 만약 내일 세상의 모든 여성이 죽어서 내가 결혼하지 못하게 되면, 이 욕구는 내일 좌절된다. 그러나 지금 나는 언젠가 결혼하고 싶어 하는데 그럴 수 없게 될 것이므로, 지금 이미 내게 나쁘다. "나는 죽은 뒤에 기억되고 싶다." 이 욕구는 내가 죽어야 좌절될 것이다. 만약 내일 세상 사람 모두가 죽는다면 나를 기억할 사람이 없게 되므로, 이 욕구는 내일 좌절된다. 하지만 지금 나는 내가 죽은 뒤에 기억되길 원하는데 그러지 못하게 될 것이므로, 지금 이미 내게 나쁘다.

정리하면 선호주의는 복지를 욕구 충족의 관점에서 다음과 같이 분석한다.

어떤 주체 S와 시점 T 그리고 욕구의 목적 대상 P가 있을 때, 시점 T에서 P가 성립하고 S가 P를 욕구하고 있다면, 내재적으로 S에게 좋은 것이다. 시점 T에 P가 불성립(~P)하고 S가 P를 욕구하고 있다면, 내재적으로 S에게 나쁜 것이다. S의 P에 대한 욕구에 비례해 P의 성립은 S에게 더 좋고, P의 불성립은 S에게 더 나쁘다.

그러나 이런 식으로 다듬어지지 않은 형태의 선호주의를 그대로 받아들이는 철학자들은 거의 없다. 우리가 욕구하는 것들 가운데 상당수는 복지에 이바지하지 않기 때문이다.[13] 이를 지적한 대표적인 철학자 존 롤스(John Rawls)는 풀잎 수를 세는 게 삶의 주된 욕구인 한 남자의 사례를 들었다. 그런 욕구가 충족되더라도 그의 인생에 별다른 이익이 되진 않을 것이다. 그래서 롤스를 비롯한 몇몇 철학자들은 합리적 목표가 충족될 때만 복지가 증진된다는 '비판적 선호주의' 관점을 취한다. 롤스에 따르면 우리가 처한 상황을 제대로 인식했을 때 사라지게 될 욕구는 비합리적이다.[14] 예를 들어 우리가 어떤 상황에서 몸에 구멍을 뚫거나 문신을 했는지 깨닫게 되면 그 욕구는 금세 사라질 수 있다. 미래를 완전히 알게 되면 달 여행을 하려던 계획을 바꿀 수도 있다. 풀잎 수를 세고 싶다는 욕구 또한 그게 무의미한 일이라는 사실을 깨달으면 그만둘 것이다.

그렇지만 합리적인 욕구조차도 우리의 복지와는 무관할 수 있다. 데릭 파핏은 우리가 전혀 모르는 사람의 병이 낫기를 바라는 욕구를 예로 들었다.[15] 이 욕구는 충분히 합리적이지만, 충족된다 한들 우리의 복지를 증진하진 못한다. 이런 예를 반영해 마크 오버볼드(Mark Overvold) 같은 철학자는 자기 자신을 본질적으로 참조한 욕구만이 중요하다고 주장했다.[16] "나는 카리브해의 섬에서 살고 싶다"가 욕구이지, "누군가 카리브해의 섬에서 살면 좋겠다"는 욕구가 아니라는 것이다. 이를 일컬어 '자기중심적 선호주의'라고 부른다.

또 어떤 철학자들은 선호주의에서 설득력 있는 부분은 욕구 자체보다 우리가 '목표'나 '목적'을 달성하는 데 도움이 되는 행위에 있다고 봤다. 사이먼 켈러(Simon Keller) 등 이른바 '성취 선호주의'를 지지하는 철학자들에 따르면 '목표'와 '목적'은 그것을 이루기 위해 노력하겠다는 의지를 가질 때만 실행 계획을 세운다는 점에서 단순한 욕구와 다르다고 지적했다.[17] 목표 달성은 자신의 복지를 높이는 데 크게 이바지하며, 반대로 실패는 그에 상응하는 해를 끼친다는 것이다. 토머스 스캔런(Thomas Scanlon)도 이와 비슷한 입장이다.[18] 더글러스 포트모어(Douglas Portmore)도 이와 관련해 자기 목적을 향한 의미 있는 노력은 이익이 되고, 그 노력을 무의미하게 만드는 사건은 해를 입힌다고 설명했다.[19] 성취 선호주의 관점의 철학자들은 모두 노력이 전혀 없거나 거의 없는 목표 달성은 복지에 아무런 기여도 하지 않는다고 여겼다. 죽음 이후의 사건들도 마찬가지로 살아생전 애썼던 우리의 목표 달성을 방해하거나 그 노력을 무의미하게 만들면 해를 끼치는 것이라고 규정했다.

다원주의

쾌락주의뿐 아니라 선호주의도 여러 논리적 근거에서 비판받을 수 있다. 좋은 것들에 대한 개념도 그것들이 우리 욕망의 대상이 된다거나 즐거움을 준다는 이유로만 그 가치를 설명하는 것은 설득력이 떨어져 보인다. 오히려 우리가 특정한 것들을 욕망하고 즐거워하는 이유는 그것들이 좋은 것이기 때문이라고 설명하는 게 더 자연스럽다. 지혜, 우정, 사랑이 그렇다. 지혜를 욕망하고 지혜에서 즐거움을 느끼는 까닭은 지혜가 그 자체로 우리에게 좋아서다. 사랑, 정확히 말하면 사랑하는 관계도 마찬가지다. 무지와 적대는 그 반대일 것이다. 이런 의문은 어떤 것들이 우리에게 내재적으로 좋은지 여부가 욕망의 대상이 되거나 즐거움을 제공하는 데 달려 있지 않고, '객관적'으로 우리에게 좋은지에 달려 있다는 생각으로 연결된다.

'객관주의(objectivism)'는 쾌락 같은 한 가지 종류뿐 아니라 여러 가지 것들이 내재적으로 좋다고 여기는 '다원주의'에 닿아 있다. 그렇지만 다원주의는 어려운 과제를 남긴다. 객관적으로 좋은 것들이 무엇인지 그 목록을 밝혀야 한다. 그래서 '객관적 목록(objective list)' 이론이라고도 불린다. 간단히 설명하자면 객관적으로 가치 있는 목록에 해당하는 것들은 좋고, 객관적으로 가치가 없는 목록에 해당하는 것들은 나쁘다는 이론이다. 그런데 그러고 나면 서로 다른 좋은 것들의 상대적 가치를 어떻게 매기냐는 질문에 직면하게 된다. 선뜻 답하기에 매우 곤란한 문제다. 어떤 좋은 것들은 다른 좋은 것들보다 가치가 높을 수도 있고, 또 어떤 좋은 것들은 서로 가치가 비슷할 수도 있지만, 쾌락주의에서 바라듯 모든 좋은 것을 하나의 좋은 것을 기준으로 평가할 수 없는 데다, 어떤 좋은 게 다른 좋은 것보다 얼마나 더 가치 있는지 정확히 따질 수 없기 때문이다.

프레드 펠드먼은 다원주의를 향해 "너무 다양한 좋은 것들로 가득 찬 삶은 쾌락이 부족할 수 있다"고 우려했다.[20] 하지만 이 우려는 기우에 불과하다. 쾌락이 내재적으로 좋은 것들 가운데 하나라고 가정할 때, 다원주의 관점에서도 다른 내재적 좋은 것들로 풍부하나 쾌락이 없는 삶은 쾌락이 더해진 삶만큼 좋진 않다고 말할 것이다. 물론 우리 삶이 아무리 다른 내재적 좋은 것들로 가득하더라도 쾌락이 아예 없으면 '전혀' 좋은 삶일 수 없다는 주장 앞에서는 다원주의도 주춤거릴 수밖에 없다. 대부분 그렇게 생각하니까. 그렇더라도 펠드먼 자신이 주장했듯이, 우리 삶에 '감각적 쾌락'이 없더라도 '태도적 쾌락'만 풍부하다면 그 삶은 여전히 우리에게 좋은 삶일 수 있지 않을까?

선호주의 관점에서는 모든 사람이 쾌락을 원하므로 쾌락주의에 일정 부분 진실이 있다고 볼 가능성이 높다. 다원주의 입장에서는 우리에게 내재적으로 해로운 것들에서 얻는 쾌락을 제외하고 적어도 어떤 쾌락과 특정 욕구의 충족을 행복의 요소로 포함한다면, 다원주의가 쾌락주의와 선호주의 양쪽을 모두 포용한다고 여길 것이다.

나도 이런 유형의 다원주의자다. 우리의 욕구(선호)가 우리의 이익과 관심사를 결정하는 데 중요한 역할을 한다는 사실을 부정한다면, 상식적으로 생각해도 지나친 태도다. 우리 대부분은 최종적인 목표를 내재한 삶의 계획을 세우고 실행한다. 우리가 자신의 삶을 하나의 일관되고 통합된 이야기로 만들고자 한다는 알래스데어 맥킨타이어(Alasdair MacIntyre)와 데이비드 벨러먼(David Velleman) 같은 도덕철학자들의 주장도 같은 맥락이다. 우리는 각자의 경험, 좌절, 기대를 반영하고 합리적 원칙을 적용하면서 그때그때 계획을 수정한다.[21] 미래에 대한 지식이 늘어남에 따라 계획을 강화하기도 한다. 그렇게 결국 우리의 인생 계획은 성숙해져서 대대적으로 바꾸기는 어려워진다. 이미 삶의 상당 부분이 지나간 데다, 지금까지 해온 일들을 고려할 때 새로운 계획은 큰 의미가 없기 때문이다.

합리적인 인생 계획을 세우고 성숙 단계까지 다듬음으로써 우리는 자신의 관심사를 스스로 형성한다. 계획이 내재한 최종 목표를 달성하는 게 객관적·내재적으로 우리에게 좋은 것이 되게 하고, 목표 달성에 실패하는 게 나쁜 것임을 '목록화'한다. 우리가 인생 계획을 세우지 않는다면 이런 종류의 선을 잃게 될 것이다. 우리는 주변에서 이런 식으로 삶이 빈곤해진 사람들을 본다. 코앞의 이익만 좇고 자기 삶 전체를 이룰 형태에는 관심이 없는 사람들 말이다. 그들은 삶이 제공하는 것들을 여과 없이 수동적으로 받아들이며, 그 무관심으로 인해 대체로 쾌락주의자가 된다.

실용적 관념주의 철학자 조사이어 로이스(Josiah Royce)에 따르면 우리는 자기 자신, 즉 목표를 실현하려고 애쓰는 자아를 인생 계획을 통해 이해한다.[22] 이 말이 옳다면 시간이 아무리 흘러도 자기 삶을 형성하고자 노력하지 않는 인간은 '실존적' 존재가 아니다. 쇠렌 키르케고르(Søren Kierkegaard)의 책 《이것이냐 저것이냐(Enten-Eller)》에서 빌헬름 판사가 옹호한 입장과도 비교할 수 있다.[23] 해리 프랭크퍼트(Harry Frankfurt)도 우리가 가장 중요하게 여기는 최종 목표의 성취가 곧 우리의 '의지'를 구성하며, 이 의지가 다시 우리의 '욕구에 대한 욕구'를 낳는다고 설명했다.[24] 우리는 자신의 목적과 일치하지 않는 욕구를 갖지 않기를 욕구하는 것이다. 프랭크퍼트에 따르면 인생 계획이 전혀 없는 사람들은 그가 의지 없이 욕구만 있다는 의미로 부른 '방탕한 자들(wantons)'에 속한다.

인생 계획을 세우고, 수정하고, 실행하는 것과 도덕적 가치를 스스로 규정해 준수하는 것은 모두 '자기 결정(self-determination)'의 방식이다. 인생 계획을 '충족'하는 것도 중요하지만, 자기 결정에 참여하는 일 자체가 우리에게 내재적으로 좋은 것이다. 예시를 하나 들어보겠다. 내가 '욕구 노예제(Desire Slavery)'라고 이름 붙인 사고 실험이다.

어떤 정부가 모든 시민이 오래도록 평화롭고 행복한 삶을 살기를 바라는 취지에서 '서브듀(Subdue)'라는 신약을 개발한다. 서브듀는 사람들이 정부 뜻대로 행동하게 만들고 이를 즐기도록 해주는 약이다. 서브듀 복용을 법으로 의무화한 정부는 시민들에게 유용한 과업을 수행하도록 지시함으로써 조화롭고 평화로운 질서를 만든다. 하지만 어느 순간 사람들은 자신이 늘 약에 취해 있다는 사실, 어릴 적 처음 서브듀를 받을 때는 원치 않았다는 사실, 그리고 서브듀를 복용할수록 계속해서 서브듀를 원하게 만든다는 사실을 깨닫는다.

욕구의 노예들은 즐겁게 지내고 있을 뿐 아니라, 정확히 자신이 하고 싶어 하는 일을 하고 있다. 심지어 자신들이 하는 일을 계속해서 하고 싶다고 욕구하며, 서브듀의 약효로 형성된 욕구들을 충족시키는 게 서브듀를 복용하지 않았다면 형성했을 욕구를 충족시키는 것보다 훨씬 성공적이라고 여길 수 있다. 그러나 그들은 욕구의 노예로서 더 나쁜 처지에 있다. 그들이 입은 해악은 스스로 자신의 가치와 목적을 선택할 수 없게 됐다는 것이다. 그들은 자기 결정을 내릴 수 없다. 자기 결정에 참여하는 일은 그들이 이 '멋진 신세계(Brave New World)' 식 시나리오에서 박탈당한 가치 있는 내재적 선이다.

스티븐 로젠바움은 이와 비슷한 예시를 통해 욕구의 노예들이 잘못된 대우를 받았을 뿐 실제로 해를 입진 않았다고 주장했다.[25] 서브듀를 복용케 한 것이 도덕적으로는 부적절하지만, 사람들의 이익에 반하는 행위는 아니라는 것이다. 도덕철학자 존 데이비스도 죽음 이후의 사건과 관련해 죽은 사람의 살아생전 선호(욕구)를 무시하는 게 해악을 끼치는 행위는 아니지만, 잘못 대우하는 일일 수는 있다면서 비슷하게 구분했다.[26] 물론 해를 입지 않으면서도 잘못된 대우를 받는 경우가 있긴 하다. 일테면 여러분이 내 잔디 깎는 기계를 훔쳐 사용했다가 내가 알아채기 전에 멀쩡한 상태로 제자리에 돌려놓을 수도 있다. 욕구의 노예들이 잘못된 대우를 받았다는 점도 사실이다.

그럼에도 불구하고 그들은 명백히 해를 입은 것이다. 만약 정부가 서브듀 복용을 법으로 강제하지 않고, 약효가 무엇인지 알 수 있도록 공개한 뒤 시민들이 자발적으로 복용 여부를 결정하게 한다면 어떻게 될까? 여러분과 내가 서브듀를 받기 위해 줄을 설까? 단언컨대 그러지 않을 것이다. 서브듀를 복용하면 삶이 나빠진다고 생각하기 때문이다. 죽음이 그렇듯, 자기 결정의 기회를 박탈하기 때문이다.

해악 논제

죽음이 죽는 당사자에게 나쁘다는 '해악 논제'나 죽음 이후의 사건도 죽은 사람에게 해를 끼칠 수 있다는 '사후 해악 논제'를 옹호하는 철학자 대부분은 앞서 살핀 '비교주의'에 의존한다.[27] 그러면 이제 비교주의 입장에서 주요 방어 논리를 세운 뒤, 에피쿠로스가 어떻게 대응할 수 있을지 살펴보기로 하자. 에피쿠로스주의는 해악 논제에 반대하니까.

프레드의 죽음

동명이인들에게 미안하긴 하지만, 가상의 인물 '프레드(Fred)'의 죽음을 예시로 들어 다양한 각도에서 비교해보자. 일단 프레드는 '추락사'로 죽었다.

> 프레드는 인생의 첫 20년을 행복하게 살다가, 2005년 4월 1일 해발 3,948미터 정상의 풀스 피크(Fool's Peak)에 오르던 중 '추락사'했다. 만약 그렇게 죽지 않았다면 지난 20년처럼 남은 30년을 살았을 텐데, 25년은 똑같이 행복하게 살다가 마지막 5년은 대부분 고통 속에서 보냈을 것이다.

프레드의 복지를 쾌락주의 관점에 따라 설명한다고 해보자. 참고로 이 경우에도 그렇고 지금까지 언급한 쾌락주의는 모두 쾌락은 많을수록 더 좋다는 '적극적 쾌락주의'다. 에피쿠로스 철학의 '소극적 쾌락주의'는 잠시 후 살필 것이다. 2005년 4월 1일에 일어난 프레드의 죽음이 끼친 해악을 평가하려면 우선 프레드가 평생 경험한 쾌락과 고통을 합산해야 한다. 이 값이 그가 현실 세계에서 평생 얻은 쾌락주의적 복지 수준이다. 이 값을 20이라고 하자. 그런 다음 2005년 4월 1일에 그가 죽지 않은 가장 가까운 가능 세계에서의 쾌락과 고통을 합산한다. 프레드가 25년을 더 행복하게 살다가 이어서 5년을 고통 속에서 보낸다면, 이 가능 세계에서의 평생 복지 수준은 '20 + 25 - 5 = 40'이 된다. 마지막으로 현실 세계의 평생 복지 수준 20에서 가능 세계의 40을 빼면, 2005년 4월 1일의 죽음은 프레드에게 -20이라는 복지 수준 값을 남긴다. 따라서 프레드의 죽음(추락사)은 심각한 해악을 끼친 셈이다.

그의 죽음은 그에게 상당한 내재적 가치를 지닌 많은 것들을 '박탈'함으로써 해를 끼쳤다. 적극적 쾌락주의를 받아들이고 프레드의 경험에서 쾌락의 질만 고려할 때 그렇지만, 우리가 쾌락주의를 거부해 쾌락만이 유일한 내재적 선이 아니고 고통만이 유일한 내재적 악이 아니라고 가정할 때도 마찬가지다. 그리고 프레드가 내재적 가치를 박탈당했다고 말할 때 오해의 소지가 생길 수도 있는데, 마치 그가 살아있는 동안 누리고 있던 쾌락만 빼앗긴 것처럼 말이다.[28] 그게 아니라 여기서 '박탈'은 단순히 어떤 것을 갖지 못하게 됐다는 의미로 받아들이면 된다. 결국 2005년 4월 1일 프레드의 죽음은 그에게 심각한 해악을 끼쳤다. 그렇다면 쾌락주의 관점을 다른 죽음에 적용하면 어떻게 될까? 어차피 '뇌출혈'로 죽을 운명이었다면?

프레드는 2005년 4월 1일에 등반 사고로 '추락사'했는데, 만약 그렇게 죽지 않았다면 그다음 날 뇌동맥류 파열로 인한 '뇌출혈'로 사망했을 것이다.

이 경우 쾌락주의 편에 서서 보면 2005년 4월 1일의 죽음은 고작 하루치의 복지만 박탈했으므로 그다지 나쁘지 않은 게 된다. 그런데 과연 이게 맞을까? 추락사로 사망한 것이 그다음 날 뇌출혈로 죽을 예정이었던 사람에게 그다지 나쁘지 않았다고 말하는 게 그럴듯할까? 맥마핸은 이를 '과잉결정(overdetermination)'의 문제라고 부르며 부인했다.[29] 반면 펠드먼은 그럴듯하다고 봤다.[30] 나는 구체적인 개별 사건인 '토큰' 측면에서 프레드의 죽음을 바라봐야 한다는 쪽이다. 프레드가 겪을 수도 있는 다른 상황, 일테면 '혼수 상태', '동면', '암'과도 비교해 보자.

> 프레드는 2005년 4월 1일에 등반 사고로 '추락사'했는데, 만약 그렇게 죽지 않았다면 남은 30년 동안 '혼수 상태'로 있다가 사망했을 것이다.

> 프레드는 2005년 4월 1일에 등반 사고로 '추락사'했는데, 만약 그렇게 죽지 않았다면 남은 30년 동안 극저온 냉동관 속에서 '동면'하다가 사망했을 것이다.

> 프레드는 2005년 4월 1일에 등반 사고로 '추락사'했는데, 만약 그렇게 죽지 않았다면 남은 30년 동안 '암'으로 처절한 고통을 받다가 사망했을 것이다.

이들 예시에서 모두 프레드는 2005년 4월 1일에 죽지 않았다면 30년을 더 산다. 쾌락주의 관점에서 '혼수 상태' 및 '동면' 사례와 비교할 때 프레드의 '추락사'는 더 좋지도 나쁘지도 않으며, '암'과 비교하면 좋았다고 할 수 있다. 특히 '암' 때문에 최악으로 나빠질 30년의 삶을 생각하면 오히려 그의 '추락사'가 훨씬 이로웠다고까지 말해도 무리가 없을 것이다. 나는 프레드의 '뇌출혈'을 '혼수 상태'나 '동면' 사례와 비교해 취급할 이유를 찾지 못하겠다.

한편으로 프레드 혼자만의 상황이 아니라 '다른 사람들'이 끼어들면 논제가 더 복잡해지는 것처럼 보인다. 프레드가 '고문'당하는 상황을 예로 들어보자.

프레드는 2005년 4월 1일에 분노에 이성을 잃은 연인 버사(Bertha)에게 10시간 동안 고문을 당했다. 그런데 만약 프레드가 버사에게 고문을 당하지 않았다면, 그다음 날 그녀의 또 다른 연인에게 똑같은 시간과 강도로 고문을 당했을 것이다.

과잉결정은 여러 원인이나 조건이 동시에 작용해 하나의 결과가 나타날 때, 그 결과의 원인을 하나로만 설명할 수 없는 현상을 말한다. 쉽게 말해 원인이 여럿이라 어느 하나가 없더라도 같은 결과가 나타나기 때문에, 결과의 원인을 하나로 특정하기 어렵다는 뜻이다. 버사가 아니더라도 그녀의 연인이 나설 것이므로 프레드가 고문을 당한다는 결과는 똑같이 발생한다. 현실 세계의 복지 수준과 가능 세계의 복지 수준의 차이가 없으므로 해악도 없게 되는 것이다.

그렇지만 우리는 버사가 프레드에게 심각한 해악을 끼쳤다고 말하고 싶은 강한 유혹에 직면한다. 왜냐하면 우리의 직관은 즉각적인 원인과 직접적 결과만 보고 해악을 판단하기 때문이다. 우리는 버사나 그녀의 연인 누구도 프레드를 고문하지 않았다면 그의 삶이 더 나았으리라고 생각한다. 이때의 해악 판단 방식은 다음처럼 설명할 수 있을 것이다. 어떤 행위자 P의 행위 A가 주체 S에게 끼치는 해악을 평가할 때, 현실 세계에서 S의 복지 수준을 P나 다른 누구도 A라는 행위를 하지 않은 가장 가까운 가능 세계의 S의 복지 수준과 비교한다. 그래서 만약 P의 행위가 다른 누구도 비슷한 행위를 하지 않은 경우보다 S의 삶을 나쁘게 만들었다면, P의 행위가 S에게 해악을 끼쳤다고 보는 것이다. 앞서 우리가 살핀 비교주의 방식이다.

그러면 이번에는 사람의 개입이 없는 다음과 같은 과잉결정 문제를 이 관점에서 생각해보자. 프레드에게 '지속적인 뇌출혈'이 일어나는 상황이다.

프레드는 2005년 4월 1일에 뇌동맥류 파열로 인한 뇌출혈로 죽었는데, 만약 그렇게 죽지 않았다면 그다음 날 다른 혈관이 터져서 사망했을 것이다(그 혈관이 아니어도 또 다른 혈관이 터져서 죽었을 것이다).

프레드의 '추락사'가 '뇌출혈'과 비교해 별로 나쁘지 않았다는 설명을 떠올려보자. 과잉결정 상황은 문제의 본질을 희석하곤 한다. '추락사'와 '뇌출혈'의 복지 수준 차이가 고작 하루치라서 그다지 나쁘지 않다는 말은 우리의 직관에 반한다. 사람이 개입한 과잉결정 상황에서의 해악 판단 기준과 마찬가지로 우리는 쾌락주의 복지 이론에 구애받지 말고 이렇게 설명해야 한다.

사건 E가 주체 S에게 해로운 경우는 E나 E와 비슷한 그 어떤 사건도 일어나지 않았을 때보다 S의 삶을 나빠지게 했을 때다.

비교주의 관점에서 보면 '뇌출혈'은 프레드에게 심각한 해악을 끼쳤다. 그다음 날 다른 혈관이 터져서 죽더라도 마찬가지다. 버사의 고문 사례도 똑같다. 그다음 날 버사의 연인이 프레드를 고문한다 해도 해악이다. 과잉결정 사건이 아무리 많아도 문제없다.

지금까지 우리는 특정 상황에서 일어난 특정 죽음, 다시 말해 사건 토큰으로서의 죽음이 당사자에게 나쁜 일인지 물었는데, 덜 구체적인 상황에 대해서도 질문할 수 있다.[31] 예를 들어 젊은 나이에 죽는 것과 같은 사건 '타입(유형)'이 나쁜지도 물을 수 있다. 한참 더 나아가 우리가 반드시 죽는다는 사실 자체, 즉 우리의 필멸이 나쁜 것인지도 살필 수 있다.

비교주의는 이런 질문에도 적절한 답을 제시한다. 젊어서 죽는 것이 우리에게 나쁠 수도 있고 아닐 수도 있다고 대답할 수 있다. 요절은 대부분의 사람에게는 나쁘다. 청년기를 넘어 계속 살아가는 삶이 좋기 때문이다. 하지만 치명적인 질병 등의 고통 속에서 의미와 가치를 도저히 찾을 수 없는 삶을 견뎌내야 할 사람들에게는 젊은 나이에 죽는 게 오히려 축복일 수 있다. 필멸은 어떨까? 접근 방식은 똑같다. 필멸이 없는, 즉 불멸이 우리에게 좋은 삶인지 아닌지에 달렸다. 이런 방식으로 답을 구하는 것은 확실히 타당해 보인다.

필멸의 해악까지 설명할 수 있다면 사후 해악의 가능성도 입증할 수 있을까? 적극적 쾌락주의와 결합한 비교주의로는 불가능하다. 죽음은 우리를 아무것도 경험할 수 없는 상태로 만들고, 죽음 이후에 일어나는 사건은 살아있는 우리의 쾌락이나 고통의 양을 줄일 수 없기 때문이다.

그러나 목표 달성 같은 선을 인정하는 선호주의와 다원주의 관점을 따른다면 사후 사건은 실제로 우리에게 해악을 끼칠 수 있다. 죽음 이후 일어날 일에 관해 특정 욕구를 가진 사람들에게는 해로울 수 있다는 의미다. 그래도 죽음 그 자체는 이런 욕구 일부를 좌절시키고, 그 결과 사후 사건이 더 이상 해를 끼칠 여지를 없앤다. 죽음은 쾌락의 박탈이나 욕구 좌절로부터 추가적인 해를 입지 않도록 우리를 면역 상태로 만든다. 죽음 자체가 바로 그런 해악의 원인이어서다. 예컨대 내가 훌륭한 조각가로 기억되기를 바랐으나 수습 과정을 거치던 중 죽음이 나를 데려가 위대함을 이루지 못했다면, 그 욕구를 좌절시킨 것은 다름 아닌 죽음이다. 그렇더라도 죽음이 우리의 모든 욕구를 좌절시키진 않는다. 어떤 욕구는 사후 사건으로 충족될 수도 있다. 내가 죽은 뒤에 기억되기를 바라는 욕구는 내 주변 사람들이 내가 죽었다는 사실을 기억하는 한 충족된다. 반대로 나를 알고 있던 모든 사람이 내 죽음을 잊는다면, 내가 두려워하던 바로 그 일이 벌어지는 것이다. 아울러 사후 사건은 우리의 목표가 달성됐는지를 결정할 수도 있다.

물론 에피쿠로스주의자들은 설령 선호주의가 옳더라도 죽음이나 죽음 이후의 사건이 우리의 욕구나 목표를 좌절시켜 해를 끼치게 할 필요는 없다고 지적할 수 있다. 그런 취약한 욕구를 버리면 되니까. 아마도 그들은 우리에게 그런 욕구를 버려서 취약성을 줄이는 편이 훨씬 낫다고 설득할 것이다. 하지만 인생 조언은 될 수 있어도 철학적으로 해악 논제를 완전히 반박하진 못한다. 그 조언을 나쁘다고 판단하고 거부할 수도 있다.

비교주의 관점에서 프레드의 죽음은 그에게 '외재적으로' 나쁘다. 에피쿠로스가 그랬던 것처럼 이를 간과하면 프레드의 죽음이 결코 그에게 해롭지 않다는 잘못된 결론을 내리기 십상이다.[32] 해를 입는 데 내재적으로 나쁜 게 필요하다면, 삶을 박탈당한 이후에는 그 어떤 내재적으로 나쁜 일도 겪지 않기에 죽음이 우리에게 해롭지 않다고 여겨질 수 있다. 죽음이 책임져야 할 유일한 내재적 해악은 죽음 과정에서 일으키는 고통뿐인 것 같다. 반면에 그 외재적 해악은 엄청날 수 있다.

에피쿠로스는 외재적 해악의 가능성을 간과했기 때문에 해악 논제를 거부했을 수도 있다. 그렇지만 다르게 설명할 수도 있다. 에피쿠로스와 그 추종자들은 죽음이 우리에게 좋은 것들을 박탈함으로써 해악을 끼칠 수 있다는 논리에 두 가지 방식으로 대응할 수 있다. 하나는 비교주의를 비판하는 것이고, 하나는 우리가 아직 다루지 않은 특이한 복지 관점을 지지하는 것이다. 두 번째 전략부터 살펴서 에피쿠로스가 어떤 식으로 논리를 전개할 수 있는지 확인해보자.

소극적 쾌락주의

에피쿠로스의 《메노이케우스에게 보내는 편지》에는 이런 대목이 나온다.

> 우리 모든 행위의 목적은 고통과 두려움에서 벗어나는 걸세. 우리가 이를 달성하고 나면 영혼의 폭풍은 잠잠해지지. 살아있는 존재는 결핍된 무언가를 찾아 헤맬 필요가 없으며, 영혼과 육체의 선을 완성할 다른 것을 찾을 필요도 없네. 쾌락이 없어서 괴로울 때만, 그리고 바로 그때라야 비로소 우리는 쾌락이 필요하다고 느낀다네.[33]

이 구절에서 에피쿠로스는 좋은 삶이란 고통으로부터 가능한 한 멀리 벗어난 삶이며, 쾌락은 쾌락이 결핍된 상태가 괴롭다고 느낄 때만 중요하다고 설명한다. 이어서 그는 쾌락이란 고통의 부재일 뿐이라는 더 강력한 견해를 피력한다.

> 쾌락이란 육체의 고통이 없고 영혼의 혼란이 없는 상태를 뜻한다네.[34]

이를 통해 우리는 에피쿠로스의 쾌락주의가 일반적으로 생각하는 적극적 쾌락주의라기보다 '소극적 쾌락주의'라고 부를 만한 철학적 견해임을 알 수 있다. 소극적 쾌락주의의 기본 입장은 이렇다.

> 모든 주체 S에게 내재적으로 유일하게 나쁜 것은 고통 경험이며, S에게 내재적으로 좋은 것은 아무것도 없다.

소극적 쾌락주의가 비교주의와 결합하면 어떤 사건은 우리의 고통을 증가시키는 만큼 해악을 끼치고, 우리의 고통을 감소시키는 만큼 이익이 된다고 주장할 수 있다. 이 관점을 통하면 멸절을 앞두고도 태연함을 유지하는 에피쿠로스주의의 태도를 쉽게 설명할 수 있다. 죽음이 아무리 더 오래 즐거울 수 있는 삶을 박탈한다고 해도 고통 없이 살다가 죽는 사람에게는 아무런 해악도 끼칠 수 없다. 왜냐하면 이들의 삶에는 내재적으로 좋은 게 아무것도 없기 때문이다. 죽음은 고통을 겪지 않게 함으로써 오히려 이익이 될 수도 있는 것이다.

하지만 공교롭게도 소극적 쾌락주의를 견지하면 터무니없는 귀결에 이른다. 앞서 언급한 데릭 파핏의 '버튼' 사례를 변형한 다음 예시를 보자.

지금 고통을 겪고 있다고 상상해보자. 버튼을 누르면 지금보다 약간 더 큰 고통을 겪게 되지만, 훨씬 더 많은 쾌락을 얻는다.

소극적 쾌락주의를 따르면 이 버튼은 누르지 말아야 한다. 고통의 양이 아무리 적고 쾌락의 양이 아무리 많아도 쾌락(또는 다른 내재적 선)을 위해 고통을 감내할 이유가 전혀 없기 때문이다. 다만 여기서 쾌락을 위해 고통을 감내하는 것과 더 적은 고통을 위해 고통을 감내하는 것은 구분해야 한다. 현명한 소극적 쾌락주의자라면 후자는 선택할 수 있다. 일테면 지속적인 치통을 없애기 위해 고통스러운 발치를 감내하는 경우가 그렇다.

이뿐 아니라 소극적 쾌락주의는 더 터무니없는 결론을 목격하게 된다. 우리에게 내재적으로 좋은 것은 애당초 없으니, 삶이란 결코 우리에게 이익이 될 수 없는 데다 필연적으로 어느 정도는 해를 끼치게 되므로, 우리 각자가 차라리 아예 존재하지 않았더라면 더 나았을 것이고, 따라서 가능한 한 서둘러 삶을 멈추는 편이 최선이다. 우리는 모두 가능한 한 빨리, 가능한 한 고통 없이 자살해야 한다. 더 나아가 우리가 미래의 자녀를 위해 할 수 있는 가장 좋은 일은 아예 아이를 낳지 않는 게 된다. 이런 결론이 그럴듯하게 다가오지 않는다면 소극적 쾌락주의도 거부할 수밖에 없다.

요컨대 우리가 해로움과 이로움을 쾌락주의적 개념인 고통이나 쾌락의 관점에서 평가하더라도, 우리는 고통을 초래하는 것만이 해롭다는 에피쿠로스의 소극적 쾌락주의 견해는 따를 수가 없다. 비교주의를 적극적 쾌락주의와 결합하는 게 소극적 쾌락주의와 결합하는 것보다 더 합리적이다. 전자는 해악 논제를 거부하지 않으니까.

이제 다음으로 에피쿠로스가 비교주의를 거부함으로써 해악 논제에 반박할 몇 가지 방법을 들여다보기로 하자.

이분법적 비교주의

어떤 분석에 따르면 에피쿠로스는 표준적인 비교주의를 거부하면서, 사건 E의 해악은 E가 초래하는 내재적 악의 크기를 E가 발생하지 않았을 때 경험했을 내재적 악의 크기와 비교해 판단해야 하며, 사건 E의 이익은 E가 초래하는 내재적 선의 크기를 E가 발생하지 않았을 때 경험했을 내재적 선의 크기와 비교해 판단해야 한다는 일종의 '이분법적 비교주의(bifurcated comparativism)' 관점을 지지했다. 좋은 것과 나쁜 것이 서로 상쇄해 나온 복지 수준이 아니라, 해악과 이익을 따로 분리해 비교하는 방식이다. 가능 세계 W에서 주체 S에게 내재적으로 나쁜 것들의 총합이 $B(S, W)$, 내재적으로 좋은 것들의 가치 총합이 $G(S, W)$일 때 에피쿠로스의 이분법적 비교주의는 다음처럼 정리할 수 있다.

사건 E는 '$B(S, WE) < B(S, W\sim E)$'인 경우에만 주체 S에게 해로우며, '$G(S, WE) > G(S, W\sim E)$'인 경우에만 이롭다.

이분법적 비교주의 관점에서 보면 선은 악을 상쇄하지 못하지만 제거할 수는 있다. 사건 E가 가져오는 좋은 것은 고통이나 다른 해악을 줄이는 경우가 아니라면 E의 해악을 감소시키지 않는다. 마찬가지로 악도 선을 상쇄하지 않는다. 이분법적 비교주의의 가장 주목할 만한 함의는 해악과 이익이 '양(+)의 조건'으로만 작용한다는 점이다. 사건 E는 나쁜 것을 일부 제거하더라도 쾌락이나 다른 내재적 선을 가져오지 않는 한 이익을 주지 않는다. 같은 맥락에서 사건 E는 좋은 것을 일부 제거하더라도 고통이나 다른 내재적 악을 초래하지 않는 한 해를 끼치지 않는다.

쾌락주의와 결합한 이분법적 비교주의는 오직 우리의 고통을 '증가'시키는 것만이 해를 끼치고, 우리의 쾌락을 '증가'시키는 것만이 이익을 준다. 그 밖의 모든 것은 해롭지도 이롭지도 않은 것으로 본다. 에피쿠로스는 이 조합에 끌렸을 수 있는데, 죽음이라는 사건이 발생하는 순간 초래할 수 있는 고통을 무시하면 죽음이 우리에게 해악도 이익도 끼칠 수 없다고 봤기 때문이다. 죽음은 평생의 쾌락을 박탈할 수도 있고 평생의 고통을 끝낼 수도 있지만, 전자는 고통을 증가시키지 않으므로 해롭지 않고 후자는 쾌락을 증가시키지 않으므로 이롭지 않다.

이런 점이 에피쿠로스에게는 잘 맞았을지 모르나, 이분법적 비교주의는 너무 쉽게 치명적인 반론에 부딪힌다. 그중에는 선과 악이 서로 상쇄하지 않는다는, 우리의 직관에 반하는 생각이라는 지적이 있는데, 일단 이런 우려는 제쳐두고 해악과 이익이 '양의 조건'이라는 생각에

이의를 제기하는 반론에 집중해보자. 논의를 간소화하고자 쾌락주의와 결합한 이분법적 비교주의만 다루겠지만, 이 비판은 선호주의나 다원주의와 결합한 이분법적 비교주의에도 그대로 적용된다.

우선은 이 부분이다. 확실히 어떤 사건이나 상황은 우리에게 고통(또는 다른 내재적 악)을 주지 않으면서도 해를 끼칠 수 있고, 쾌락(또는 다른 내재적 선)을 주지 않으면서도 이로울 수 있다는 점이다. '쾌락을 주지 않는 이익'부터 살펴보자. 다음은 고통받던 남자가 혼수 상태에 빠지는 사례다.

크게 다쳐서 고통받던 한 남자가 혼수 상태에 빠졌다가 1주일 뒤 깨어난다. 그리고 그는 특이한 부작용이 있는 약물을 투여받는데, 이 약은 투여 전 1주일 동안 형성된 모든 기억을 지운다. 그런데 그는 혼수 상태에 있는 동안 아무런 기억도 형성하지 않았으므로, 이 약은 그의 기억에 전혀 영향을 미치지 않는다. 만약 그가 혼수 상태에 빠지지 않았다면, 그 1주일 동안 고통을 다 겪은 뒤 아무것도 기억하지 못할 것이다. 이후에도 여전히 같은 약을 투여받는다면 이전 1주일 동안의 고통을 기억하지 못할 것이고, 깨어난 후의 경험은 혼수 상태에서 깨어난 뒤의 경험과 거의 유사할 것이다.

남자는 혼수 상태로 1주일 동안 의식을 잃었던 덕분에 고통을 느끼지 않았으므로 이익을 얻었지만, 쾌락도 얻지 못했다. 그는 고통받았을 그 1주일 동안 의식이 없이 고통을 피했다. 하지만 해악과 이익이 '양의 조건'이라면, 그가 혼수 상태에 빠지거나 혼수 상태로 있어도 해롭거나 이롭지 않다. 혼수 상태에 있는 사람은 고통이나 쾌락을 전혀 경험할 수 없기 때문이다. 마찬가지로 기억을 없애는 약물을 투여받는 것도 아무런 이익이 될 수 없다. 그는 1주일 동안 고통을 느꼈을 테지만 그 고통을 기억하지 못하기에, 약물은 이익이 아니고 고통은 해악이 아니다.

이제 건강하고 쾌활했던 여자가 혼수 상태에 빠지는 사례를 통해 '고통을 주지 않는 해악'을 생각해보자.

평소 매우 건강하고 쾌활하게 생활하던 한 여자가 어느 날 잠을 자던 중 혼수 상태에 빠졌다가 1주일 뒤 깨어난다. 그리고 그녀는 이전 1주일 동안 형성된 모든 기억을 지우는 약을 투여받는다. 그런데 그녀는 혼수 상태에 있는 동안 아무런 기억도 형성하지 않았으므로, 이 약은 그녀의 기억에 전혀 영향을 미치지 않는다. 만약 그녀가 혼수 상태에 빠지지 않았다면, 그 1주일 동안 여느 때처럼 활기차고 즐겁게 지낸 뒤 아무것도 기억하지 못할 것이다. 이후에도 여전히 같은 약을 투여받는다면 이전 1주일 동안의 쾌락을 기억하지 못할 것이고, 깨어난 후의 경험은 혼수 상태에서 깨어난 뒤의 경험과 거의 유사할 것이다.

여자는 혼수 상태로 1주일 동안 의식을 잃었던 탓에 쾌락을 느끼지 못했으므로 해악을 입었지만, 고통도 받지 않았다. 해악과 이익이 '양의 조건'이라면, 그녀가 혼수 상태에 빠지거나 혼수 상태로 있어도 해롭거나 이롭지 않다. 기억을 없애는 약물을 투여받는 것도 아무런 해악이 될 수 없다. 그녀는 1주일 동안 쾌락을 느꼈을 테지만 그 쾌락을 기억하지 못하기에, 약물은 해악이 아니고 쾌락은 이익이 아니다.

그러나 정말 그럴까? 혼수 상태는 그녀에게 고통을 주지 않았지만, 쾌락 없이 1주일을 보내게 함으로써 해악을 끼쳤다. 그녀에게서 쾌락을 박탈한 것이다. 약물도 똑같다. 약물 투여가 없었더라면 그녀가 쾌락을 박탈당할 일도 생기지 않기 약물이 해악을 끼친 것이다. 고통받던 남자의 사례는 어떨까? 약물 투여가 이익이 아니라지만, 약물을 투여하지 않으면 그는 고통을 받기에 약물이 이익을 준 것이다. 어떤 사건이 우리에게 해롭다면, 그 사건이 일어나지 않는 게 이로울 수 있다고 생각하는 것은 합리적이다. 반대로 어떤 사건이 이롭다면, 그 사건이 일어나지 않는 게 해로울 수 있다고 생각하는 것도 합리적이다. 이런 상식적인 기대에 반하는 해악 판단에 관한 이론은 애초부터 엄청난 약점을 지니고 출발하는 셈이다.

해악과 이익이 '양의 조건'으로만 작용한다는 가정을 버리면, 달리 말해 이분법적 비교주의를 거부하고 표준적 비교주의를 채택하면, 우리는 언제나 이 상식적인 기대를 유지할 수 있다. 일테면 우리는 수술 전에 마취를 받는 것이 고통을 방지함으로써 이익이 되고, 마취를 받지 않는 것이 고통을 허용함으로써 해악이 된다고 얼마든지 말할 수 있다.

이제 논의를 다시 죽음으로 돌려보자. 죽음은 혼수 상태나 마취와 같은 방식으로 우리에게 이롭거나 해로울 수 있다. 고통받던 한 남자의 죽음을 예로 들어보자.

> 끔찍한 고통 속에서 하루하루 힘겹게 살아온 한 남자가 잠든 사이 심장 마비로 사망한다. 만약 그렇게 죽지 않았다면 그는 쾌락이 완화하지 못하는 끊임없는 고통으로 가득 찬 삶을 오래도록 견뎌야 했을 것이다.

이분법적 비교주의에 따르면 고통 없이 죽거나 비존재가 되는 것은 혼수 상태에 빠지는 것과 마찬가지로 결코 그에게 이익이 될 수 없다. 왜냐하면 이익이란 쾌락 경험을 수반해야 하고, 고통 없이 죽은 상태이거나 혼수 상태에 있는 사람은 아무런 경험도 하지 않기 때문이다. 하지만 고통받던 이 남자는 분명히 이익을 얻었다. 죽음은 그를 끊임없는 고통이라는 해악에서 벗어나게 해줬다. 심지어 쾌락주의자조차 이 판단에 동의할 가능성이 높다. 이 남자의 삶을 그가 죽지 않았다면 겪었을 고통스러운 삶과 비교해보자. 그가 죽음으로써 얻은 이익은 그의 죽음이 두 가지 가능한 삶 가운데 더 나은 쪽을 가져왔다는 사실에 있다.

한편으로 죽음은 혼수 상태에 빠지는 것과 같은 방식으로 해악을 끼칠 수 있다. 건강하고 쾌활했던 여자가 죽는 사례를 살펴보자.

평소 매우 건강하고 쾌활하게 생활하던 한 여자가 잠든 사이 심장마비로 사망한다. 만약 그렇게 죽지 않았다면 그녀는 쾌락으로 가득한 삶을 오래도록 즐기며 살았을 것이다.

여자는 혼수 상태에 빠지는 것과 같은 방식으로 죽음에 해악을 입었다. 이 해악은 그녀가 고통을 겪는 것과는 관련이 없다. 죽음이 그녀에게 해악이 된 이유는, 죽지 않았다면 오래도록 누렸을 쾌락을 박탈했기 때문이다. 그녀가 죽음으로써 얻은 해악은 그녀의 죽음이 두 가지 가능한 삶 가운데 더 나쁜 쪽을 가져왔다는 사실에 있다. 이와 같은 판단이 쾌락주의와 표준적 비교주의를 결합했을 때의 결론이다. 비교주의는 모든 사례에서 올바른 판단을 내리지만, 이분법적 비교주의는 잘못된 결론을 도출한다.

에피쿠로스는 죽음이 우리에게 해를 끼칠 수 있다는 사실을 부정하는 데 주로 관심이 있었지만, 스티븐 로젠바움이 지적했듯 죽음이 우리에게 이익이 되는 경우까지 부정하려고 했던 것은 아닐 수도 있다.[35] 그렇더라도 우리는 앞서 든 사례를 통해, 죽음이 이로울 수 있어도 해악은 끼칠 수 없다는 관점의 일관성에 의문을 제기할 수 있다. 에피쿠로스가 고통을 겪지 않으면서 이익을 얻을 수 있다는 사실과, 쾌락 경험이나 고통 경험이 전혀 없었다는 사실조차 알아차리지 못해도 이익을 얻는 게 가능하다는 사실을 인정한다고 가정해보자. 이런 이유로 에피쿠로스가 죽음이 우리에게 이익이 될 수 있다고 인정한다고 치자.

그렇게 우리가 전혀 눈치채지 못한 채 이익을 얻을 수 있다면, 쾌락을 눈치채지 못한 채 얼마든지 해를 입을 수 있다고 보는 것도 타당한 판단이다. 설령 그 해악을 알아차리지 못해서 딱히 괴로워하지 않더라도 말이다.

고통받던 남자의 혼수 상태와 죽음은 '누리지 못하는 이익'의 성립 가능성을 보여주고, 건강하고 쾌활했던 여자의 혼수 상태와 죽음은 '겪지 않는 해악'의 가능성을 제시한다. 이 두 가지 가능성 중 하나를 부정하려면 다른 하나도 함께 부정할 수밖에 없다. 건강하고 쾌활했던 여자가 혼수 상태나 죽음으로 해를 입었다는 사실을 부정하려면, 고통받던 남자가 혼수 상태나 죽음으로 이익을 얻었다는 사실도 부정해야 하는 것이다. 후자를 과연 부정할 수 있을까? 고통이야말로 삶의 이유라고 여긴 소설가이자 철학자 미겔 데 우나무노(Miguel de Unamuno) 같은 극소수를 제외하고 거의 모든 사람은, 끊임없이 고통을 겪을 바에야 차라리 의식 없는 상태를 선택할 것이기 때문이다.[36] 그렇다면 당연히 전자도 부정해서는 안 될 것이다.

경험 요건

얼핏 비교주의를 거부하는 듯 보이지만 실제로 그런지는 불확실한 해악 논제 반론을 살펴보기로 하자. 해리 실버스타인(Harry Silverstein)과 스티븐 로젠바움은 고통을 초래해야 해악이라는 에피쿠로스의 주장에서 '고통'을 '경험'이라는 완곡한 요건으로 대체해 해악 논제에 반대하는 에피쿠로스의 입장을 강화하려고 시도했다.[37] 그렇게 하면 토머스 네이글의 다음 예시에 대응해 에피쿠로스를 변호할 수 있다고 봤으며, 여러 철학자가 이에 호응한 바 있다.[38] 네이글이 제시한 예시는 이른바 '은폐된 배신' 사례다.

> 당신은 친구라고 믿었던 사람들에게 배신당하고, 조롱당하고, 미움받지만, 그들은 당신이 이 사실을 절대로 눈치채지 못하도록 철저히 숨기기 때문에 당신이 그로 인해 고통받는 일은 전혀 없다.

네이글에 따르면 에피쿠로스의 해악은 다음과 같은 요건이 필요하다.

> H: 어떤 것이 우리에게 해를 끼치려면, 그것이 우리에게 '고통'을 초래해야 한다.

H는 이분법적 비교주의와 소극적 쾌락주의를 받아들이면 자연스럽게 따라오지만, 표준적 비교주의와 적극적 쾌락주의를 결합한 관점에서는 그렇지 않다. 그래서 네이글의 예시는 '은폐된 배신'이 당사자에게 고통을 전혀 초래하지 않는 해악이므로 H가 잘못됐음을 시사한다. 스티븐 로젠바움도 네이글의 의견에 부분적으로는 동의한다. '은폐된 배신'은 H와 달리 우리가 무의식적으로 해를 입을 수 있다는 사실을 보

여준다. 다만 로젠바움은 실버스타인이 그랬듯 배신이나 조롱이나 미움은 경험할 수 있는 종류라고 지적하면서 위 명제의 '고통'을 '경험'으로 대체 가능하다고 제안했다.[39]

> E: 어떤 것이 우리에게 해를 끼치려면, 우리는 그것을 '경험'할 수 있어야 한다.

우리는 배신을 경험할 수 있으므로 배신은 우리에게 해를 끼칠 수 있다. 반면 우리는 죽은 상태를 경험할 수 없으므로 죽음은 우리에게 해를 끼칠 수 없다.

E가 내재적 해악과 외재적 해악을 구분하지 않는다는 점에 유의할 필요가 있다. 우리가 경험할 수 있을 때만 내재적으로 나쁜 것이 있다는 주장을 생각해보자. 거의 모든 쾌락주의 지지자는 이 주장에 동의할 것이다(프레드 펠드먼은 예외인 것 같다). 적극적이든 소극적이든 쾌락주의는 유일한 내재적 악이 고통이며, 고통은 경험될 수 있다고 보기 때문이다.

그러나 E를 내재적 해악의 요건으로 받아들인다고 해서, 자연스럽게 외재적 해악의 요건으로 받아들여야 할 명분이 생기는 것은 아니다. 에피쿠로스의 관점을 반박하기 위해 네이글은 죽음이 우리에게 외재적으로 나쁠 수 있음을 보여야 했다. 반대로 에피쿠로스를 변호하려면 로젠바움과 실버스타인은 죽음이 우리에게 외재적으로 나쁠 수 없음을 보여야 했지만, 이를 위해 죽음이 내재적으로 나쁘지 않다는 점만 보이는 것은 논리적으로 도움이 되지 않았다. 적극적 쾌락주의는 죽음이 내재적으로 나쁘지 않다는 주장과 양립할 수 있으나, 적극적 쾌락주의와 비교주의를 결합하면 죽음은 우리에게 외재적으로 나쁘다는 결론이 도출된다.

따라서 나는 로젠바움과 실버스타인이 외재적 해악의 요건으로 E를 제시했다고 가정하겠다. 그렇다면 그들의 주장은 타당할까? 이를 판단하기 위해 죽음이 외재적으로 나쁠 수 있다는 네이글의 논증에 대한 이들의 대응을 살펴보자. 에피쿠로스가 H 대신 다음과 같이 주장했다고 해보자.

어떤 것이 우리에게 외재적으로 나쁘려면, 그것을 맛보았을 때 우리에게 나빠야 한다.

그런 뒤 우리는 죽은 상태를 맛볼 수 없으므로 죽음은 우리에게 외재적으로 나쁘지 않다고 주장했다고 치자. 그랬더니 네이글 아바타(avatar)가 등장해 서서히 자라나는 악성 종양처럼 전혀 맛보지 않았는데도 해를 입는 경우가 있음을 지적하면서 반박한다고 해보자. 이에 다시 로젠바움 아바타가 나타나 네이글 아바타의 반증은 다음과 같은 좀 더 완화한 명제와 양립 가능하다고 지적한다.

어떤 것이 우리에게 외재적으로 나쁘려면, 우리는 그것을 맛볼 수 있어야 한다.

그러면 이 완화한 주장도 여전히 죽음이 해롭지 않다는 에피쿠로스의 결론을 뒷받침하게 된다. 네이글 아바타는 악성 종양이 이 완화한 명제의 반례가 아니라는 점을 인정할 수밖에 없다. 실제로 우리는 종양 덩어리를 입에 넣어 맛볼 수도 있으니까 말이다. 하지만 분명히 네이글 아바타는 로젠바움 아바타가 논점을 이탈했다고 느낄 것이다. 해를 입는다는 판단이 정말로 미각을 수반할 필요는 없는 데다, 해악을 미각으로 감지할 수 있는지 없는지 따지려는 그 어떤 판정 기준도 거부할 충분한 이유가 된다. 그렇더라도 "우리가 맛볼 수 있는 것만이 우리에게 해를 끼칠 수 있다"는 주장을 단칼에 부정할 결정적 이유는 되지 못한다. "맛볼 수 있다"는 표현을 비유적으로 사용해 아주 억지로라도 의미를 넓게 잡으면, 우리에게 해를 끼치는 것들은 무엇이든 맛볼 수 있다고 말할 수 있는 여지가 있기 때문이다.

다시 에피쿠로스 관점을 반박한 오리지널 네이글의 논증으로 돌아가보자. '은폐된 배신' 사례는 외재적 해악이 꼭 고통이나 다른 어떤 경험을 수반할 필요가 없다는 결론을 내릴 충분한 근거를 제공한다. 그리고 이 결론은 E를 외재적 해악의 요건으로 삼는 관점을 거부할 타당한 근거이기도 하다. 그렇다고 '결정적' 근거는 아닌데, 왜냐하면 간과된 해악을 포함해 모든 외재적 해악은 적어도 이론적으로는 경험될 수 있기 때문이다. 어쨌든 네이글에 설득력 있게 대응하려면 실버스타인과 로젠바움은 여러 외재적 해악이 우리가 경험하지 못하는 것임을 인정한 상태에서, 오직 우리가 경험할 수 있는 것만 외재적 해악이라고 주장하는 게 왜 그럴듯한지 설명해야 한다.

이 밖에도 경험 요건을 옹호하면 앞서 살핀 반례 때문에 또 다른 난관에 부딪히게 된다. '고통받던 남자의 혼수 상태' 사례가 경험하지 않거나 경험할 수 없는 것이 우리에게 이익이 될 수 있다는 사실을 보여줬듯이, '건강하고 쾌활했던 여자의 혼수 상태'는 경험하지 않거나 경험할 수 없는 것이 우리에게 외재적으로 해로울 수 있음을 보여준다. 혼수 상태에 빠지면 우리는 아무것도 경험할 수 없게 되므로, 혼수 상태에 있다는 사실을 경험하지도 경험할 수도 없다. 그런데도 건강하고 쾌활했던 여자의 혼수 상태 때문에 해를 입을 수 있고 실제로 해를 입는다. 이는 존재하지 않는 상태에도 똑같이 적용되는데, 그 상태가 우리가 누렸을 좋은 삶을 박탈할 때 그렇다.

경험 요건은 건강하고 쾌활했던 여자의 혼수 상태 사례를 수용하도록 수정될 수 있다. 그녀의 경험은 혼수 상태에 영향을 받는다. 혼수 상태가 그녀에게 쾌나 불쾌를 경험하게 하는 대신 그녀가 아무것도 경험하지 못하게 함으로써 영향을 미친다. 다시 말해 혼수 상태는 그녀의 경험 여부에 영향을 준다. 색맹이나 무감각증 같은 많은 조건도 우리에게 이런 영향을 미칠 수 있다. 그렇기에 우리는 다음과 같이 명제를 수정해서 혼수 상태 사례를 수용할 수 있다.

어떤 것이 우리에게 해를 끼치려면, 그것이 우리를 경험하게 하거나 경험하지 못하게 하거나 경험에 영향을 미치는 것이어야 한다.

그러나 이런 방식도 에피쿠로스가 해악 논제를 완전히 무너뜨리는 데 도움이 되지 못한다. 왜냐하면 모든 사람의 죽음은 그들의 경험에 영향을 미치기 때문이다. 죽음은 경험을 끝내버린다.[40]

시간 상대주의

비교주의에 따르면 타산적 가치는 '시간 중립적'이다. 우리 삶 '각각의' 시점에서 복지가 평생에 걸쳐 가능한 한 높게 유지되는 것이 우리에게 이익이라는 뜻이다. 우리가 살아가는 모든 시점에서 복지는 똑같이 중요하다. 그래서 우리가 '나중에' 복지를 높일 수 있는 일을 지금 할 수 있다면, 다른 모든 조건이 동일할 때 지금 그 일을 하는 건 우리에게 이익이 된다. 제3장에서 살폈듯이 데릭 파핏은 우리의 이익을 시간 중립적 방식이 아닌 '시간 상대적' 방식으로 평가할 근거를 마련한 바 있다. 우리의 이익을 시간 중립적으로 평가하는 방식은 에피쿠로스주의자들에게 해악 논제를 반박할 길을 열어줄 수 있다. 이게 어떤 식으로 작동하는지 설명할 필요가 있을 것이다.

살면서 우리가 어떤 욕구를 충족시킬 이유가 전혀 없는 경우도 있다. 파핏은 두 가지 사례를 들었다. 첫째, 어떤 욕구는 그 욕구가 지속된다는 조건에 암묵적으로 의존할 수 있다. 해당 욕구를 여전히 갖고 있는 조건에서만 충족하길 원하는 경우다. 카드놀이 같은 게 그렇다. 욕구가 사라지면 그것을 충족시킬 이유를 모두 잃는다. 우리 존재의 지속 여부가 조건인 욕구와 비교해보자. 이런 욕구는 일찌감치 그 욕구를 상실하더라도 삶의 마지막 순간까지 그것을 충족시킬 이유가 존재할 수 있다. 둘째, 우리는 가치관이나 이상을 바꿔 이전에 가졌던 욕구를 부정할 수 있다. 이때 우리는 그 욕구를 충족시킬 기회를 기꺼이 포기하는 게 합리적이다. 욕구의 목적 대상 P를 충족시키는 게 더 이상 내재적으로 좋지 않은(그렇다고 ~P가 내재적으로 나쁘지도 않은) 이유는 그 욕구를 약화하는 조건부 속성 때문일 수도 있다. 이런 속성을 '약화 요인'이라고 부르자.

우리가 뭔가를 더는 원하지 않게 됐을 때 우리는 그것을 '지나간' 욕구라고 부를 수 있을 것이다. 어쩌면 파핏의 주장처럼 어떤 욕구는 '과거의 것'이 됐다는 사실로 인해 약화한다.[41] 그러면 에피쿠로스가 사후 해악 논제를 반박할 논리를 되살릴 수 있다. 죽음은 죽음 이후의 사건으로부터 우리가 해를 입지 않도록 보장한다. 왜냐하면 우리는 사후 사건이 발생하기 이전에 욕구를 상실하기 때문이다. 다만 이 논리가 죽음 자체를 정당화하진 않는다. 죽음은 죽음이 파괴하는 바로 그 욕구 중 일부가 충족됐을지도 모를 기회를 차단하니까. 그래도 완강한 에피쿠로스주의자들은 이렇게 제안할 수도 있겠다. 어떤 욕구는 파괴되는 바로 그 순간 부수적으로 약화하며, 이후 그 욕구가 좌절되더라도 아무런 해악이 일어나지 않는다고 말이다.

"어떤 욕구는 '과거의 것'이 됐다는 사실로 인해 약화한다"는 파핏의 주장을 평가하려면, 그가 제시한 다른 논제들과 연결해보는 게 도움이 될 수 있다. 이 주장은 파핏의 잘 알려진 '현재 지향 이론(present-aim theory)'과 연결된다. 현재 지향 이론에 따르면 우리는 '지금' 우리가 가진 욕구(비합리적이지 않은 현재 욕구)에 가장 잘 부합하는 것을 충족할 '일단의 이유(prima facie reason)'를 유지하고 있지만, '과거'에 가졌거나 '미래'에 가질 욕구의 충족에는 아무런 일단의 이유도 갖지 않는다.

그렇지만 비록 어떤 욕구가 '과거의 것'이었더라도 우리는 여전히 그 욕구가 충족되길 바랄 수 있다. 우리에게 다른 선호가 있을 때 그렇다. 예를 들면 우리는 인생의 상당 기간을 헛되게 보내지 않기를 바랄 수 있고, 이와 같은 더 '전반적인' 욕구는 우리가 1년 동안 매달려온 수학 퍼즐을, 흥미는 잃었더라도, 마무리 짓게 할 수 있다. 파핏의 지적처럼 우리의 전반적인 욕구나 삶 전체를 관통하는 선호는 과거 또는 미래의 욕구 중 일부를 충족하려는 명분을 제공할 수 있다.[42]

하지만 다른 대부분의 '지나간' 욕구에 대해서는 충족되길 바라는 선호 자체가 없다고 보는 게 합리적이다. 그런 것들에 우리는 관심이 없다. 파핏에 따르면 '지금' 우리가 무관심한 '과거'의 욕구를 충족하고자 하는 타산적 근거는 전혀 없다. 이런 욕구가 충족되지 않는다고 해서 우리가 해를 입지는 않으며, 충족된다 한들 '지금' 우리에게 이익이 되지도 않는다. 이를 일반적으로 '무관심 논제(indifference thesis)'라고 부른다.

현재 지향 이론이 우리가 무조건 '지금' 일어나는 일에만 관심을 가져야 한다는 것을 의미하진 않는다. 각각의 시점에서 우리는 시간상으로 먼 사건들에도 충분히 관심을 가질 수 있고, 그런 먼 사건들이 일어나기를 바랄 수도 있다. 예컨대 어제의 우리는 오늘의 우리가 어제 가졌던 욕구, 일테면 어제 시작한 일을 오늘 완수하길 바라는 욕구를 충족함으로써 이익을 얻는다. 나아가 이런 전망은 어제의 우리가 오늘의 우리로 하여금 '지금' 행동하기를 바랄 명분도 제공한다.

그렇더라도 현재 지향 이론은 욕구의 시간적 위치가 해당 욕구를 충족할 이유 여부에 아무 영향도 미치지 않는다는 중립적 관점과 양립하지 않는다. 시간 중립주의에 따르면 다른 모든 조건이 동일할 때 우리는 과거·현재·미래의 어떤 욕구든 '지금' 그것을 충족할 이유가 있다. 반면 현재 지향 이론 관점에서 보면 우리는 현재의 욕구만 충족할 이유가 있다.

파핏은 무관심 논제를 뒷받침하면서 이른바 '시인'과 '구원자'라는 두 가지 사례를 들었다.

젊을 적 나(파핏)는 시인이 되기를 간절히 원했다. 계속 지속된다는 조건에 의존한 욕구가 아니었다. 나는 훗날에도 여전히 시인이 되고 싶다는 욕구를 가졌던 게 아니었다. 나이가 들고서 나는 이 욕구를 잃었다. 그저 더 좁은 의미에서 마음을 바꾼 것, 즉 의도를 바꾼 것뿐이다. 시가 어떤 면에서 덜 중요하거나 가치가 없다고 결론 내린 것은 아니다.[43]

내가 50년 동안 베네치아를 구하기 위해 애썼고, 베네치아 보존 기금에도 정기적으로 기부를 했다고 가정해보자. 50년 동안 내가 가졌던 두 가지 강렬한 욕구는 베네치아를 구하는 것과 내가 그 구원자 가운데 한 사람이 되는 것이었다. 그런데 내가 이제 이런 욕구를 더 이상 갖지 않게 됐다고 해보자. 내가 베네치아 보존 기금에 계속 기부해야 할 이유가 있을까?[44]

파핏이 '지금'도 시를 쓰고 베네치아 보존 기금에 기부한다면 그의 더 이상 갖고 있지 않은 욕구는 충족된다. 그렇다고 그가 시를 쓰거나 기부할 이유가 여전히 있다고 믿기는 어렵다. 왜일까? 이미 무관심해진 욕구를 충족할 욕구, 심지어 '일단의 이유'조차 없기 때문이다. 이게 가장 합당한 설명이다. 그러므로 무관심 논제가 시사하듯이 우리가 어떤 욕구에 무관심해진 이후 그 욕구를 충족할 이유가 없다면, 이 사실이 현재 지향 이론을 뒷받침한다.

파핏이 지적했듯이 시간 중립주의 지지자들을 포함한 대부분은 욕구가 조건부 속성이나 수정된 가치에 의존하면 그 욕구가 약화한다는 데 동의한다. 만약 그런 속성이 '시인'과 '구원자' 사례와 관련한 욕구에 포함됐다면, 파핏은 이 사례를 무관심 논제의 근거로 들 수 없었을 것이다. 두 사례의 욕구에는 이런 속성이 없다. 그렇기에 욕구를 약화하는 다른 요인이 있어야 한다. 파핏의 제안은 이렇다. 자신의 욕구에 스스로 무관심해졌다는 사실, 즉 그 욕구들이 '과거의 것'이 됐다는 사실 자체가 약화 요인이라는 것이다. 그가 시를 쓰려는 욕구에 무관심해져서 무시해도 된다고 말할 수 없다면, 욕구가 없더라도 시를 쓰고자 하는 강력한 이유가 있다고 설명해야 한다. 설령 현재로서는 그 욕구가 없더라도 말이다. 하지만 파핏의 말처럼 "우리 대부분은 이런 주장이 받아들이기 어려울 것"이다.[45]

나도 우리가 대부분 파핏의 이 설명에 동의하리라고 생각한다. 그가 모든 시적 욕구를 버린 지금 상황에서 그에게 시를 쓸 이유는 어디에도 없다. 그런데 여기서 우리가 염두에 둬야 할 부분이 있다. '시인' 사례에서 파핏이 자기 인생 전반에서 성공적인 삶을 살길 바라는 2차적 욕구나 그 비슷한 욕망을 여전히 갖고 있다고 가정하더라도(실제로 파핏은 이런 전반적 욕구를 인정하고 있지만), 현재 그가 시에는 전혀 흥미가 없다는 점을 분명히 해야 한다.[46] 다시 말해 우리는 그가 자기 삶 전반에 대한 계획을 세우는 과정에서 과거의 시적 욕구를 완전히 배제한다고 봐야 한다. 그는 이제 다른 욕구들을 바탕으로 인생 계획을 수립한다. 젊은 시절 시인이 되고 싶었던 욕구를 버린다 한들 그의 삶은 얼마든지 성공적일 수 있다. 그래서 걸작 《이성과 개인(Reasons and Persons)》을 완성할 수도 있었을 테고(우리가 살피고 있는 파핏의 사례는 모두 이 책을 참조한 것이다).

한편으로 파핏이 '구원자' 사례에서 말하는 바는 그리 단순하지 않다.[47] 그의 삶은 한 달, 어쩌면 길게는 1년 정도 베네치아를 구하기 위해 열심히 노력하다가 그 목표를 포기하더라도 성공적일 수 있다. 그러나 이 사례에서는 무려 50년 동안 필사적으로 베네치아를 위해 헌신했다. 50년은 정말이지 긴 세월이다. 그가 베네치아 구원 계획을 완전히 포기하고도 자기 삶을 전반적인 성공으로 이끌 수 있는지는 말하기 어렵다. 파핏에게 2차적 욕구가 있다고 할 때, 구원자 계획을 완수할 '일단의 이유'도 있다고 인정해야 한다. 자기 삶의 전반적 형태를 50년 세월이 갖추도록 한 이상, 더는 삶의 전반적인 성공에 전혀 관심이 없어야 구원자 계획에서 완전히 벗어날 수 있는 것이다. 그렇지만 50년 삶을 단번에 부정할 정도로 냉담한 사람은 현실에서 거의 찾을 수 없으며, 그렇기에 대부분은 구원자 사례에서 그가 베네치아를 구할 아무런 이유가 없다고 여기지 않는다. 파핏 스스로 2차적 욕구가 없다고, 즉 삶의 전반적인 성공에 전혀 관심이 없다고 한다면 이 사례를 살릴 수 있다. 하지만 그러면 또 어떤 이들은 파핏이 상정하고 있는 사람(파핏 자신)이 너무 기괴한 존재라고밖에 할 수 없어서, 직관적으로 수긍할 만한 반응을 끌어내기 어렵다고 지적할 것이다. 그렇더라도 어쨌든 파핏은 '시인' 사례에 의존할 수 있다.

그렇다면 시인 사례는 정말로 견고할까? 파핏의 시적 열망이 약화했고, 그 약화 요인 또한 조건부 속성이나 수정된 가치에 의존하는 것들이 아니라는 점은 타당해 보인다. 그러나 그렇다고 해서 약화 요인을 파핏이 자신의 지나간 욕구에 대한 무관심이라고 곧장 결론 내릴 수는 없다. 시간 중립주의는 이 사례에서 작동하는 또 다른 약화 요인을 지적함으로써 파핏의 무관심 논제에 대항할 수 있다. 그 요인이란 무엇일까?

우리의 목표 대부분은 잠정적이다. 나중에 얼마든지 수정할 수 있다고 전제한다. P에 대한 욕구를 수정하는 극단적인 방식은 아예 P를 원하지 않는 것이다. 일테면 다른 더 긴급한 관심사와 충돌한다는 이유로 욕구의 목적 대상 P 자체를 없애면 된다. 우리는 삶의 계획이 성숙할 때까지 언제든 욕구의 우선순위를 재평가할 수 있음을 인식하면서 미래의 자율적 판단에 자리를 내준다. 특히 우리는 자신의 동일성을 식별하는 과정에서 욕구를 수정할 준비가 항상 돼 있으며, 이미 자기 동일성의 일부가 된 계획과 노력은 쉽게 포기하지 못한다. 우리는 우리 욕구가 변해가는 여러 방식 중 일부만 선호하며, 우리가 바라는 방향으로 욕구를 유도하기 위해 할 수 있는 조치를 한다. 우리의 욕구가 실제로든 가상적으로든 우리가 반대하지 않을 방식으로 변할 때, 그 변화는 자발적이라고 간주할 수 있다.[48] 다른 목적을 위해 욕구를 의도적으로 제거하는 것까지 자발적이라고 불러도 된다. 예컨대 흡연 욕구를 없애고자 약을 먹는 경우가 그렇다. 우리가 자발적으로 P를 원하지 않으면, ~P는 더 이상 우리에게 해를 끼칠 수 없다. 우리가 P를 원했던 동안에도, 나중에 그 욕구를 스스로 좌절시킬 때도 해가 되지 않는다. 따라서 우리가 어떤 욕구를 '자발적'으로 포기하면 그 욕구를 '약화'하는 셈이다.[49]

욕구를 자발적으로 포기하면 약화한다는 사실은 '시인' 사례에서 파핏의 무관심을 설명해준다(이 사실로 2차적 욕구가 없다는 수정된 '구원자 사례의 무관심도 설명할 수 있다). 파핏은 시인이 되고 싶다는 젊은 시절의 욕구를 자발적으로 버렸다. 그러므로 시간 중립주의 관점에서도 그가 시를 쓸 이유는 전혀 없다고 말할 수밖에 없다.

우리가 자발적으로 포기한 욕구를 충족시킬 까닭이 없다는 주장은 과거의 욕구를 충족시킬 이유가 없다는 파핏의 주장과 유사하다. 어느 관점에서든 일반적으로 우리는 과거의 욕구를 충족시킬 이유가 없다. 그래도 양자 사이에는 두 가지 중요한 차이가 있다. 첫째, 자발적으로 욕구를 버리는 것은 그 욕구를 약화하지만, 우리의 의지에 반해 욕구가 제거되면 사정이 사뭇 달라진다. 이 경우에는 그 욕구가 완전히 좌절되지 않는 한 충족시키는 게 여전히 우리에게 이로울 수 있다. 다음 장에서 설명하겠지만, 그 이로움은 소급해서 발생할 수도 있다. 그러나 욕구가 우리의 의지에 반해 제거되면 그것들은 과거의 욕구로 바뀌게 된다. 둘째, 과거 또는 미래 욕구의 시간적 거리를 약화 요인으로 보는 것은 파핏의 관점을 따를 때만 그렇고 대안적 관점에서는 그렇지 않다. 시간 중립주의 관점에서 보면 우리는 미래에야 가질 어떤 목표라도 그것을 위해 준비할 '일단의 이유'를 갖는다. 다만 지금 당장은 충족시키지 않을 다른 근거가 있을 수는 있다. 예를 들면 그 목표를 머지않아 자발적으로 포기하게 되리라고 생각할 수도 있다. 전략적 이유로 대부분의 미래 목표는 미래에 충족시키는 게 현명하다고 여길 수도 있다. 어떤 목표는 나이가 더 들면 달성하기 쉬울 수도 있고, 그때 가서 더 적절한 자원을 확보할 수도 있기 때문이다.

데릭 파핏이 《이성과 개인》을 탈고하기 전에 내가 그 원고를 파기했다고 해보자. 그 전에 먼저 약물을 먹여 책을 완성하겠다는 욕구와 더불어 2차적 욕구까지 모두 없앴다고 하자. 욕구의 자발적 포기가 그 욕구를 약화한다고 여기는 시간 중립주의자라면, 파핏의 무관심 논제와 양립할 수 없는 몇 가지 그럴듯한 주장을 펼칠 수 있다. 첫째, 파핏은 내가 박탈한 자신의 욕구를 회복시켜줄 묘약이 있다면 그걸 마실 충분한 이유가 있는데, 그렇지 않으면 자기 삶의 계획에 무관심해지는 불행을 겪게 되기 때문이다. 그의 삶 대부분을 견인한 계획에 무관심한 채 삶을 마친다면, 인생 전반에서 볼 때 더 나쁠 것이다. 둘째, 그런 영약이 없다고 할 때, 만약 파핏에게 다행히 원고 복사본(아마도 지인들에게 검토를 부탁한 원고)이 있어서 별다른 고생 없이 집필 작업을 이어갈 수 있다면, 그에게는 여전히 책을 완성할 이유가 있다. 셋째, 파핏이 자발적으로 책을 완성하려는 욕구를 버리고 인생 전반에서 앞부분의 삶과 잘 어울리는 다른 일, 일테면 가족과 더 많은 시간을 보내는 선택을 한다면 상황은 크게 달라질 것이다. 그렇게 되면 책을 완성한다고 해서 그에게 이익이 되지 않으며, 완성하지 않아도 해가 되지 않는다. 도중에 목표를 포기한 것일 뿐, 그게 불행일 필요는 없다.

나는 욕구가 '과거의 것'이 됐다는 이유만으로 약화하는 것은 아니라고 생각한다. 그 욕구를 자발적으로 포기했기 때문에 약화하는 것이다.[50] 이 논리가 옳다면, 에피쿠로스주의자들은 죽음 또는 죽음 이후의 사건들에 의해 욕구가 좌절되더라도, 그 욕구가 과거 또는 과거가 돼가는 시점에 있었다는 이유로 해롭지 않게 좌절된다고 주장할 수 없다.

무해한 좌절

비교주의에 따르면 어떤 것이 우리 삶을 이전보다 더 나쁘게 만들 때 그것은 우리에게 해악을 끼친다. 그런데 한편으로는 우리에게 '음(-)'의 가치를 갖더라도 실제로는 해롭지 않은 사건이나 상태가 있는 듯하다. 천재가 되지 못했다거나, 부자나 미인이 되지 못했다는 사실로 우리가 해를 입는 것 같진 않다. 하지만 그다지 뛰어나지 않은 지능과 그리 많지 않은 재산과 썩 빼어나지 않은 외모를 가진 우리의 현재 삶과, 천재이자 부자이자 미인인 우리 아바타의 삶을 비교해서 생각해보자. 전자는 후자보다 상당히 더 나쁘다. 그러나 우리가 뛰어나거나 부유하거나 아름답지 않아서 상대적으로 그 좋은 것을 갖지 못했어도, 그것은 우리에게 아무런 의미도 없고 해롭지도 않다. '무해한 좌절'이다. 에피쿠로스주의자들이 이런 사례를 활용하면 해악 논제를 향한 공격을 재개할 수 있을 것이다. 이와 같은 사례는 우리에게 엄청난 음의 가치를 갖게 하면서도 해를 끼치지 않는 것들이 있음을 보여준다. 비슷한 맥락에서 에피쿠로스주의자들은 죽음이 좋은 것들을 막는 것도 무해하다고 주장할 수 있다. 삶이 줄어들면 죽지 않았을 때의 삶과 비교해 확실히 음이 되긴 하지만, 이 비교 차이가 해를 입었다는 사실을 증명하는 것은 아니라고 말이다.

하지만 천재이거나 부자이거나 미인이 아니라는 사실이 우리에게 해롭지 않다고 해도, 더 많은 좋은 삶을 살지 못한 게 무해하다는 것과 곧장 연결할 수는 없다. 나아가 죽음이 우리가 누릴 수도 있었던 좋은 삶을 박탈하는 것을 두고 해롭지 않다고 단정할 수도 없다. 비교주의 기준은 팔다리를 잃는 것과 같은 '손실'을 평가할 때도 잘 작동한다. 앞을 보지 못하거나 쾌락을 느끼지 못하는 등의 '결핍'을 평가할 때도 제대로 작동한다. 그런데 다른 결핍, 그러니까 우리가 천재가 아니라는 그런 결핍을 평가하고자 할 때는 다소 불분명하다. 사람이 앞을 보지 못해서 해를 입었다는 것은 비교적 명확하나, 천재성 결핍이 해가 되는지는 덜 명확하다. 왜 그럴까?

그 이유 중 일부를 찾는 것은 어렵지 않다. 비교주의는 어떤 것이 우리 삶을 더 나쁘게 '만들어서' 해를 끼친다고 주장한다. 하지만 '음의 사건', 즉 어떤 일이 일어나지 않은 것 또는 '음의 상태', 즉 어떤 사실이 성립하지 않은 것이 우리 삶에 인과적 영향을 미친다고 말하기엔 꽤 조심스럽다. 예를 들어 약물 중독 상태에서 출산한 어머니 때문에 두뇌 발달 미진으로 아이가 천재로 성장하지 못했을 수는 있다. 반면 외계인이 발명한 '스마트 광선'을 맞지 않아 천재가 되지 못한 탓에 평범한 지능을 갖게 됐다고 말할 사람은 거의 없다. 무지개 끝에서 금항아리를 찾지 못했다는 사실 때문에 삶이 더 나빠졌다고 주장하는 것도 이상하다. 우리가 부유하지 못하다는 사실이 무지개 끝에서 금항아리를 찾지 못했기 때문은 당연히 아니니까.

: 필멸의 해로움 :

그러나 여기에는 복잡한 문제가 숨어 있다. 우리가 무지개 끝에서 금항아리를 찾지 못했다고 할 때, 특정 사건 토큰이 일어나지 않으면 우리에게 어떤 영향을 미치는지를 묻는 게 아니다. 방금 내가 이 문장을 타이핑한 것은 일종의 '사건 토큰'이며, "우리가 무지개 끝에서 금항아리를 찾지 못했다"라는 문장 입력이라는 속성을 띠고 있다. 이 사건 토큰이 발생하지 않는다고 해서, 다시 말해 내가 이 문장을 타이핑하지 않는다고 해서 금항아리를 찾을 수 있는 게 아니다. 우리 논지에서 가상의 사건은 '사건 타입(유형)'인데, 이 경우 우리가 유념해야 할 점은 비교주의 관점에서 어떤 사건 유형이 단순히 '가상적으로 발생'할 때 그것이 우리에게 음의 가치를 줄 수는 있지만 결코 우리를 해치지는 못한다는 사실이다. 오직 실제로 그 사건 타입이 일어나야만 우리에게 해를 끼칠 수 있다. 이 관점으로 무지개 끝에서 금항아리를 찾는 사건을 생각해보자. 이 사건 타입의 발생은 우리에게 양의 가치를 갖는다. 하지만 그 사건이 실제로 일어나지 않았기에 우리는 절대로 이익을 얻지 못한다.

'무해한 좌절' 문제에 진전을 보일 수 있는 몇 가지 방법이 있다. 하나는 '음'의 속성, 즉 음의 사건이나 음의 상태를 말하는 것 자체가 의미 없다고 부정하는 것이다. 그렇게 해도 죽음의 상태나 죽어가는 과정을 평가하는 게 불가능해지진 않는다. 음의 속성이 아니기 때문이다. 비교주의에서 일관되게 주장하듯 어떤 것이 우리의 삶을 원래보다 더 나쁘게 '만들어서' 우리에게 해를 끼친다고 말하는 것은 늘 옳다.

음의 속성은 존재하지 않기에 반례로 제시할 수 없다. 그런데 이렇게 접근하려면 사람들이 현실에서 생각하는 음의 사건과 양의 사건 구분을 명확히 해줘야 한다. 음의 사건이 없다면 양의 사건도 없을 텐데, 그러면 예를 들어 우리가 지원서 마감일을 지키지 못한 경우는 어떻게 분류해야 할까? 더욱이 어떤 음의 사건은 인과적으로 우리에게 영향을 미치는 것처럼 보인다. 마감일을 지키지 못해서 지원서가 반려된 게 맞는 것 같지 않나? 현실에선 이런 경우가 흔하다. 따라서 음의 속성 같은 개념을 부정하려면 이런 사례들이 그런 게 아님을 일일이 설명해야 한다.

문제가 될 만한 사례들이 또 다른 설명을 요구하기도 한다. 만약 실현됐다면 우리에게 좋은 것이 됐을 사건이나 상태가 실제로는 지극히 비현실적인 경우다.[51] 나는 뛰어난 두뇌를 타고나지 않았고 외계인들이 내게 스마트 광선을 쏘아줄 생각도 없으니, 내가 천재가 되는 일은 애초에 불가능하다. 하지만 현실에서 제대로 교육을 받지 못해 해를 입는 사람들이 있지 않나? 더구나 내 '천재성 결핍'에 대한 평가도 다르게 내릴 수 있다. 일테면 대니얼 키스(Daniel Keyes)의 소설 《앨저넌에게 꽃을(Flowers for Algernon)》에서 뇌수술로 천재가 된 주인공 찰리 고든(Charlie Gordon)을 떠올려보자. 천재가 된 그가 겪게 된 삶은 특별함이 아니라 열등감에 사로잡힌 주변 사람들의 배척과 실험실 표본 취급이었다. 지능 향상이 실제로 가능해지는 때가 오지 않으리라는 법도 없겠지만, 어떤 혜택이 비현실적일수록 그것에서 멀어졌다고 해서 마냥 해로운 박탈이라고만 말할 수 있을까? 차라리 천재가 아닌 편이 오히려 좋은 것이라는 평가를 받을 수도 있는 것이다.

또 하나의 방법은 어떤 좋은 것이 다른 좋은 것보다 상대적으로 더 중요하다고 주장하는 것이다. 어떤 기분에서 우리가 그 좋은 것을 확보하는 게 중요할 때 우리는 그것을 박탈당하는 게 해롭다고 여길 수 있다. 이 논리로 보면 지금껏 살핀 결핍은 별로 중요하지 않은 좋은 것의 결핍일 수 있다. 그런 결핍은 우리가 그것 없이 지내는 것보다 그것을 가졌을 때 더 좋더라도 해가 되지 않는다. 그렇다면 언제 어떤 좋은 것을 갖는 게 중요할까? 다양한 답변이 가능할 것이다. 개중에는 우리 삶이 단순히 좋아지는 것과 가장 나은 삶이 되는 것은 전혀 다른 차원이라는 설명도 포함될 것이다. 어떤 속성들은 단순히 좋은 삶, 즉 이 정도면 괜찮은 행복 조건을 충족하는 삶에 필요할 테고, 어떤 속성들은 매우 이상적인 삶, 즉 더는 높아질 수 없는 수준의 행복을 제공하는 삶에 본질적으로 필요하다고 할 수 있겠다. 좋은 삶(최소한의 행복)에 필수적인 뭔가를 갖지 못하면 불행이나, 최선의 삶(최대의 행복)을 이루는 뭔가를 갖지 못하는 것까지 불행은 아니다. 이러면 반드시 가져야 할 중요한 좋은 것, 그 결핍이 곧 불행인 좋은 것들을 '필수적 선'이라고 말해도 무리가 없을 것이다. 단순히 좋은 삶 또는 최소한의 행복을 누리는 데 필수인 좋은 것들 말이다. 물론 '불행' 같은 용어가 내포하고 있는 유연성을 고려하면 약간의 양보는 필요할 것이다. 불행이 성립하기 위해 꼭 필수적 선이 박탈당해야 할 필요는 없을 수도 있다. 필수적 선에 도달할 가능성을 현저히 떨어뜨리는 것만으로도 충분할 수 있다. 어쨌든 천재성이나 부유함이나 아름다움은 분명히 더 큰 좋은 것들을 가져다줄 수 있겠지만, 모두 '비필수적 선'이다.

사실 우리의 일상 언어에서 나쁜 것과 해로운 것을 구분하는 기준은 명확하지 않다. '해악'이라는 용어가 내재적 선의 결핍이나 상실을 가리키기도 하지만 언제나 그런 것은 아니다. 일반적으로 우리는 "우리에게 해롭다"를 "우리에게 나쁘다"와 동일시하며, 특히 "우리에게 나쁘다"는 훨씬 더 넓은 범위를 포괄한다. "우리에게 나쁘다"를 "우리의 이익에 반한다"와 동일시하는 것도 자연스럽다. 이런 일상적인 관용 표현을 보더라도 비교주의는 '해악'과 '나쁨'을 잘 포착한다.

우리가 어떤 좋은 것을 결핍했을 때 그것을 해악이라고 단정하기 어려운 까닭을 그 좋은 것의 상대적 중요성 때문이거나 그 좋은 것을 얻지 못할 개연성 때문이라고 가정해보자. 그런데 이 두 가지 가정 모두 에피쿠로스주의자들이 그 좋은 것의 결핍에 무관심할 만한 설득력 있는 근거는 제공하지 못한다. 좋은 삶에 필요한 선을 박탈당하는 것은 최선의 삶에 필요한 선을 박탈당하는 것보다 훨씬 나쁘지만, 후자를 놓치는 것 또한 분명히 나쁘다. 아무리 우리가 자신의 한계를 벗어나 그런 선에 닿을 가능성이 희박하더라도 말이다.

이익 실재주의

비교주의에 따르면 특정 시점 T에서의 우리 죽음의 가치는 우리가 죽지 않았다면 T 이후에 얻게 될 내재적 선이나 악의 정도에 달렸다. 죽은 뒤에 우리는 내재적 선이나 악을 전혀 얻을 수 없기에, 이런 의미에서 T 이후에는 '반응 불능' 상태에 있다고 말할 수 있다. '이익 실재주의(interest actualism)'는 우리가 T에서 죽음으로써 얻는 가치가 이런 선들에 따라 달라진다는 주장을 부정한다. 우리의 죽음이 T 이후에 좋은 것들을 얻는 일을 더는 우리 이익에 부합하지 않게 만들기 때문이다. 어떤 좋은 것을 얻는 게 T 이후에 우리 이익이 아니라면, T 이전에도 결코 우리의 이익이 될 수 없다. 따라서 우리 죽음의 가치에 아무런 영향을 미치지 않는다. 내가 '치명적 충돌'이라고 이름 붙인 사례를 살펴보자.

> 나는 차를 몰다가 나무에 충돌해 죽는다. 만약 그렇게 죽지 않았다면 나는 해왕성으로 여행하고 싶은 욕구와 철학자가 되고 싶은 욕구를 형성하고 충족했을 것이며, 두 가지 추구 모두에서 행복을 느꼈을 것이다.

내 죽음은 이런 욕구들을 형성하고 충족하는 일을 불가능하게 만들지만, 이익 실재주의 관점에서는 내게 아무런 해를 끼치지 않는다. 왜냐하면 내 죽음으로 인해 해왕성 여행이나 철학자가 되는 게 내게 이익을 주는 일이 애초에 발생하지 않았기 때문이다. 죽은 뒤의 나는 그 어떤 이익도 갖지 않는다.

이익 실재주의는 사건 E가 주체 S에게 주는 가치가 S의 '반응 불능' 상태 이후 E가 일어나지 않았을 경우 S가 얻게 될 내재적 선이나 악에 의해 영향을 받는다는 주장을 부정한다. 그렇기에 이익 실재주의를 받아들이려면 이익에 관한 비교주의적 설명을 수정해야 한다. 그러면 '이익 실재주의적 비교주의' 관점을 이렇게 정리할 수 있다.

사건 E가 주체 S에게 주는 가치는, E가 실제로 발생하는 현실 세계 WE에서 S의 삶이 갖는 내재적 가치에서 E가 일어나지 않는 가장 가까운 가능 세계 W~E에서 S의 삶이 갖는 내재적 가치를 뺀 값이다. 이때 W~E에서 S가 얻을 수 있는 내재적 가치 중 WE에서 S가 반응 불능 상태에 들어간 이후에 얻을 수 있는 가치는 제외한다.

이 설명을 기호 논리로 풀 수도 있다(간단한 수식이긴 한데 재미가 없고 이미 이해했다면 이 부분은 건너뛰어도 된다). W에서 S가 반응 불능 상태에 빠지기 전의 마지막 시점, 즉 내재적 선이나 악을 얻을 수 있는 마지막 시점을 $T(S, W)$라고 하자. 그리고 $T(S, W)$ 이후에 S가 W에서 얻게 되는 내재적 가치를 제외한 W의 S에 대한 내재적 가치를 $IV[S, W, T(S, W)]$라고 하자. 그러면 $IV[S, W, T(S, W)] = IV(S, W)$이 된다. 그런데 $IV[S, W, T(S, WE)]$는 S가 현실 세계 WE에서 반응 불능 상태에 들어간 이후 W에서 얻게 되는 내재적 가치를 제외한 W의 S에 대한 내재적 가치다. 이 값을 사용한 이익 실재주의적 비교주의 분석을 통해 우리는 사건 E가 주체 S에게 주는 가치를 다음과 같은 방정식으로 도출할 수 있다.

$$V(S, E) = IV(S, WE) - IV[S, W\sim E, T(S, WE)]$$

방정식이 뭔가 더 복잡해 보여서 그런지 이익 실재주의적 비교주의가 표준적 비교주의보다 더 그럴듯한 것 같기도 하다. 우리가 T에 죽는다면 T 이후에 좋은 것을 얻는 일은 T 이후의 우리 이익에는 부합하지 않는다. 하지만 그렇다고 해서 우리 삶 전반의 이익에 속하지 않는 것은 아니다.

만약 우리의 특정 욕구들을 발전시키고 충족하는 것이 우리 삶을 전반적으로 최대한 좋게 만드는 데 포함될 수 있다면, 그런 욕구를 발전시키고 충족하는 것도 우리 이익에 부합한다. 우리가 실제로는 그 욕구들을 발전시키고 충족하기 전에 죽더라도, 살아있는 동안 그것들을 발전시키고 충족하는 게 우리의 이익이며, 그렇게 하지 못하는 것이 우리에게 나쁜 일이다.

표준적 비교주의는 죽지 않았더라면 얻었을지 모를 이익까지 헤아리므로, 죽은 사람도 여전히 이익과 선을 얻을 수 있다고 주장하는 듯 보인다. 이런 부분 때문에 이익 실재주의적 비교주의가 일정 부분 힘을 얻을 수 있다. 그러나 표준적 비교주의의 요지는 그런 게 아니다. 우리가 살아있을 때 삶의 다양한 시점에서 선을 얻는 것은 우리에게 이익이다. 그런 시점 중에는 우리가 죽어서 반응 불능 상태인 시점도 포함될 수 있다. 그렇다고 죽은 상태에서 우리가 이익을 얻는다는 뜻은 아니다. 우리가 시점 T에서 선을 얻으려면 그때도 살아있고 반응 가능한 상태여야 한다. 요컨대 표준적 비교주의는 죽은 시점에도 우리가 이익을 얻을 수 있다고 말하는 게 아니라, 우리가 살아있는 동안 죽지 않았을 경우 얻을 수 있는 선도 우리 이익의 일부라고 보는 것이다.

이익 실재주의적 비교주의가 결국에는 심각하게 타당하지 않은 결과를 낳는다는 점도 덧붙여야겠다. 이 관점에 따르면 '고통받던 남자'는 고통스러운 삶을 피해도 이익을 얻지 못하고, '건강하고 쾌활했던 여자'는 수년 또는 수십 년 동안의 행복을 잃어도 해를 입지 않으며, 나는 '치명적 충돌에서 입은 상실로도 해를 입지 않는다. 죽음은 우리를 악에서 구하더라도 절대로 우리에게 이익을 주지 않으며, 선을 빼앗더라도 결코 우리에게 해를 끼치지 않는다. 그런데 역설적이게도 죽음을 피하는 일은 거의 늘 우리에게 이익을 가져다준다. 왜냐하면 죽지 않음으로써 우리의 삶이 죽었을 때보다 더 나아지기 때문이다. 이익 실재주의적 비교주의는 다음의 '강도' 사례에서 실재주의가 낳는 결과를 볼 때 심히 우려스럽다.

나는 강도 사건에 휘말려 대학에 가지 못한다. 만약 강도를 당하지 않았다면 나는 대학에 갔을 것이고, 해왕성으로 여행하고 싶은 욕구와 철학자가 되고 싶은 욕구를 형성하고 충족했을 것이며, 두 가지 추구 모두에서 행복을 느꼈을 것이다. 그러나 나는 그 대신 피자를 배달하면서 길고 지루한 삶을 살고 있다.

이익 실재주의적 비교주의에서는 내가 실제로 그런 욕구들을 갖지 않았더라도 강도 사건이 그것을 방해했다는 사실 때문에 해로운 이유가 된다. '반응 불능' 상태와 '반응 가능' 상태에서의 평가가 엇갈리게 되는 것이다. 앞서 '치명적 충돌' 사례에서는 내가 죽었기 때문에 해왕성 여행이나 철학자가 되는 것 같은 욕구 자체가 아예 형성되지 않는다. 형성조차 안 된 욕구가 좌절될 수는 없으니 내게 해가 될 일도 없다. 반면 '강도' 사건에서는 내가 여전히 살아있기 때문에 그런 욕구들이 잠재적으로 형성될 수 있는 상황이므로 강도를 당한 일은 내게 해가 된다. 왜 한쪽에서는 욕구의 좌절이 해가 되지 않고 한쪽에서는 해가 되는지 이해하기 어렵다.

이익 실재주의에 '욕구 실재주의(desire actualism)'를 더하면 이 문제가 해결될까? 욕구 실재주의란 우리가 실제로 갖지 않은 욕구의 성취나 좌절은 우리의 이익과 무관하다는 관점이다. 욕구 실재주의를 따르면 내가 실제로 그런 욕구들을 갖지 않았기에 그것이 좌절됐다는 사실은 '치명적 충돌'의 해로움에든 '강도' 사건의 해로움에든 아무런 영향을 미치지 않는다. 그렇지만 직관적으로 생각할 때 '강도' 사건은 확실히 내게 해로운 게 맞다. 결국 그냥 표준적 비교주의 관점을 받아들여 두 사례 모두 욕구가 좌절돼 내게 해를 끼쳤다고 하는 것이 훨씬 더 자연스럽고 설득력 있는 설명이다.

'타산적 가치' 이론은 '복지'에 관한 분석과 '개인적 이익'에 관한 분석으로 구성된다. 비교주의가 우리의 이익을 설명하는 데 가장 설득력 있어 보인다. 비교주의 관점에서 어떤 사건이 우리에게 이익이 되려면, 그것이 실제로 이익이 되거나 그 일이 발생했을 때 이익을 줘야 한다. 그리고 우리 삶을 이전보다 더 낫게 만들 때 이익이 되며, 삶을 개선하는 정도가 클수록 그만큼 더 큰 이익이 된다. 반대로 어떤 사건이 우리의 이익에 반하려면, 그것이 실제로 해악이 되거나 그 일이 발생했을 때 해를 끼쳐야 한다. 그리고 우리 삶을 이전보다 더 나쁘게 만들 때 해악이 되며, 삶을 악화시키는 정도가 클수록 그만큼 더 해로운 일이 된다.

이와 같은 비교주의적 설명은 복지에 대한 일관된 입장을 전제로 한다. 다름 아닌 행복이 무엇으로 이뤄지는가에 대한 관점이다. 이와 관련해 크게 네 가지 이론이 있다. 첫째는 '적극적 쾌락주의'다. 쾌락만이 유일한 내재적 선이고, 고통만이 유일한 내재적 악이라고 여긴다. 둘째는 '소극적 쾌락주의'다. 고통만이 유일한 내재적 악이며, 내재적 선은 존재하지 않는다고 본다. 셋째는 '선호주의'다. 우리가 특정 시점에 P가 실현되길 바라고 실제로 그 시점에서 P가 실현되면 우리에게 내재적으로 좋은 것이며, 반대로 그 시점에서 P가 실현되지 않았는데 P가 실현되기를 바라고 있다면 내재적으로 나쁜 것이라고 정의한다. 넷째는 '객관적 목록' 이론이라고도 불리는 '다원주의'다. 쾌락이나 욕구 충족뿐 아니라 다양한 것들이 우리에게 내재적으로 좋거나 나쁠 수 있다고 여긴다. 나는 다원주의 견해가 가장 타당하다고 생각한다. 다만 좀 더 정돈해야 할 필요는 있다.

내재적으로 좋은 것은 아무것도 없다는 소극적 쾌락주의 같은 복지 이론과 결합하지 않는 이상 비교주의는 어떤 사건이 내재적 악을 초래해 우리 삶을 악화시키는 것뿐 아니라, 내재적 선을 박탈함으로써도 우리 삶을 더 나쁘게 만들 수 있다고 본다. 다시 말해 죽음이나 죽음 이후의 사건이 우리에게 해를 끼치는 경우, 보통은 우리가 누릴 수도 있었던 좋은 것을 빼앗는 방식으로 작동한다.

에피쿠로스주의자들은 비교주의를 수정하는 방식으로 해악 논제에 대응할 수 있다. 첫째, '이분법적 비교주의'를 채택할 수 있는데, 이에 따르면 우리는 오직 쾌락(또는 다른 내재적 선)을 주는 것들로만 이익을 얻고, 고통(또는 다른 내재적 악)을 초래하는 것들로만 해를 입는다. 아울러 우리는 어떤 사건이 우리 삶을 더 나아지게 하더라도 그것을 경험할 수 없다면 이익을 얻는 게 아니며, 반대로 더 나빠지게 하더라도 경험할 수 없다면 해를 입는 게 아니라고 주장할 수 있다. 하지만 이렇게 수정하면 우리의 직관에 반하는 결론이 도출된다. 예컨대 혼수 상태(또는 다른 무의식 상태)가 우리의 고통을 줄여주더라도 우리는 그로부터 이익을 얻은 게 아니며, 반대로 혼수 상태가 쾌락을 줄이더라도 해를 입은 것이 아니게 된다. 혼수 상태에서는 쾌락이나 고통을 전혀 경험할 수 없기 때문이라는 것이다.

둘째, 죽음이 욕구 충족의 중요성을 약화한다고 주장할 수 있다. 즉, 우리가 죽은 이상 욕구가 충족되더라도 그것이 우리에게 좋은 것이 아니며, 충족되지 않더라도 나쁜 것이 아니라고 보는 것이다. 욕구 충족의 중요성을 약화하는 요인이 과거성에 있다고 설명할 수도 있다. 그러나 욕구가 약화하는 이유는 그것이 단순히 '과거의 것'이 되어서가 아니라, 우리가 그 욕구를 '자발적'으로 포기하기 때문이다. 그런데 죽음은 우리가 욕구를 자발적으로 포기한다는 의미가 아니다.

셋째, 죽음으로 인한 선의 좌절은 해롭지 않다고, 즉 '무해한 좌절'이라고 주장할 수 있다. 알라딘의 램프를 찾지 못한 것이 우리에게 전혀 해롭지 않은 것처럼 말이다. 램프를 찾아서 지니를 불러냈다면 훨씬 더 많은 좋은 것들을 누릴 수 있었겠지만, 그러지 못했다고 우리에게 해가 되진 않는다는 얘기다. 그렇지만 이런 주장은 비교주의를 너무 성급히 배제하는 처사다. 알라딘의 램프를 찾지 못하는 것 같은 '음(-)의 사건'이나 '음의 상태'를 논하는 게 혼동을 초래할 수 있으며, '무해한 좌절' 문제가 실제로 존재하지 않을 수도 있다. 더욱이 우리가 어떤 좋은 것을 갖지 못하는 게 해롭지 않아 보이는 이유는 그것이 상대적으로 그리 중요하지 않거나 애당초 우리가 얻을 가능성이 희박하기 때문일 수 있다. 그렇더라도 그런 이익을 얻지 못한다는 데 완전히 무관심해도 된다는 근거는 되지 못한다.

  넷째, '이익 실재주의'를 채택할 수 있다. 어떤 사건이 우리에게 제공하는 가치는 그 사건이 일어나지 않았다면 우리가 얻었을 내재적 선이나 악에 의해 좌우된다. 우리가 '반응 불능' 상태가 된 죽음 이후에 얻게 됐을 것들이라면 고려 대상이 아니라는 논리다. 죽음은 우리가 얻었을지 모를 좋은 것들을 박탈하지만, 이익 실재주의 관점에서는 전혀 해로운 일이 아니다. 이익 실재주의는 우리가 존재하지 않는 시점의 일은 우리에게 아무런 이익이나 해악이 될 수도 없다는 것을 전제로 하는 듯 보인다. 하지만 그렇더라도 비교주의를 굳이 그런 식으로 수정할 까닭은 없다. 표준적 비교주의 관점에서도 누구나, 당연히, 우리가 죽고 나면 아무것도 이로울 게 없고 해로울 것도 없다고 말할 수 있기 때문이다.

제5장

죽음은 언제 해로운가?

DEATH

제3장에서 우리는 에피쿠로스 철학이 '해악 논제'를 거부하는 방식을 살폈다. 죽음은 죽는 당사자에게 나쁜 영향을 미치기에 '해악'이라는 논리가 해악 논제다. 에피쿠로스의 생각을 다시 한번 정리해보자. 해악 논제가 성립하려면 세 가지 요건이 충족돼야 한다. 죽음으로 해를 입는 '주체', 해악의 '내용', 해악이 발생하는 '시점'이 그것이다. 어떤 경우에는 이 세 가지 요건이 쉽게 충족된다. 예컨대 죽음이 어느 날 당사자를 고통스럽게 하고 자기 동일성을 파괴하면 누가 해를 입은 주체이고, 어떤 해악이 일어나고, 그 해가 언제 일어나는지가 분명히 드러난다.

그런데 문제는 '박탈' 해악이다. 앞서 제4장에서 우리는 박탈 해악을 우리가 삶에서 누릴 수 있었던 좋은 것들을 얻지 못하게 되는 데서 비롯되는 해악으로 규정했다. 에피쿠로스주의자들은 죽음이 선을 박탈

해서 우리에게 해를 끼칠 수 있으려면 우리가 그 해악을 입는 시점을 특정해야 한다고 전제할 것이다. 이 전제에 동의한다면 박탈 해악이 구체적으로 언제 발생하는지를 분명히 밝혀야 한다.

　시점 문제와 관련해 가장 먼저 떠오르는 답변은 두 가지인데, 하나는 죽음이 우리가 살아있는 동안 해를 가한다는 것이고, 나머지 하나는 우리가 죽은 뒤에 해를 끼친다는 것이다. 하지만 둘 다 조금만 들여다보면 매우 엉성한 대답이다. 죽음이 우리가 죽은 뒤에 해를 끼친다는 관점은 곧바로 주체 문제와 맞닥뜨리게 된다. 살아있지 않다면 존재하지 않는 것이므로, 해를 입을 주체가 없기 때문이다. 우리가 살아있는 동안 해를 끼친다는 관점은 주체 문제는 쉽게 해결되나 죽음이 어떻게 나쁜지 설명해야 하는 문제에 봉착한다. 살아있다면 죽음이 아직 일어나지 않은 것이기에, 그 시점에서 죽음은 우리에게 그 어떤 악영향도 미칠 수 없는 것 같다.

　이 장에서는 바로 이런 '시점'의 문제를 풀기 위한 여러 시도를 검토할 것이다. 그 전에 먼저 왜 이런 시도가 필요한지, 그리고 이런 시도의 전제가 무엇인지부터 짚고 넘어가자.

에피쿠로스의 도전

에피쿠로스주의자들은 어떤 것이 우리에게 해가 되려면 반드시 그것이 우리에게 해를 끼치는 특정 시점이 존재해야 한다고 전제하면서, 그 시점이 언제인지 제시하라고 요구한다. 이 전제를 참이라고 인정한다면, 에피쿠로스주의에 반박하기 위해서는 이들의 요구에 응해야 한다. 그러나 사실 이 전제조차 여러 방식으로 해석할 수 있기 때문에, 에피쿠로스주의자들의 도전 과제 또한 여러 방향에서 다르게 이해할 수 있다. 이 전제를 명백히 참이라고 해석하는 해악 논제 옹호자들은 에피쿠로스주의자들의 으름장에 즉시 대응할 수밖에 없다. 그렇지만 이 전제 자체를 더 어려운 도전에 직면하게 만드는 또 다른 해석도 있다. 곧 살필 텐데 이 경우에는 에피쿠로스주의자들의 도전에 애써 응할 필요가 없다. 이 해석에서는 에피쿠로스의 전제가 거짓이기 때문이다.

차근차근 설명하기 위해 이 전제를 좀 더 자세히 검토해보자. 우리는 우선 에피쿠로스가 세워놓은 이 전제를 어떻게 읽을 수 있는지, 그런 해석들이 각각 어떤 또 다른 도전 과제를 낳는지 살필 것이다. 비교적 쉽게 대응할 수 있는 도전부터 들여다보고, 그런 다음 에피쿠로스주의자들이 실제로 염두에 뒀을 가능성이 큰, 좀 더 까다로운 도전을 다루도록 하겠다.

사소한 도전 과제

"사건 E가 우리에게 해를 끼치는 때가 있다"는 말은 "우리에게 해를 끼치는 사건 E가 특정 시점에 일어난다"는 뜻이다. 이를 토대로 에피쿠로스주의자들의 전제를 옮기면 다음과 같다.

> P1: 사건 E가 우리에게 해를 끼치려면, E가 일어나는 특정 시점이 있어야 한다.

물론 P1은 명백히 참이다. 어떤 사건도 발생하는 시점이 없으면 우리에게 해를 끼치지 못한다. 시간과 사건은 불가분의 관계다. 사건이 발생하는 시점 또는 상태가 성립하는 시점은 시간 경계가 모호할 수도 있고, 짧을 수도, 길 수도, 심지어 영원할 수도 있다. 그렇더라도 반드시 '특정 시점'에 일어난다. 이 해석에 비추면 에피쿠로스주의자들의 도전은 아주 사소하다. 그냥 단순히 이것이다.

> C1: 죽음(또는 죽음 이후의 사건)이 일어나는 시점을 제시하라.

죽음의 정확한 시점을 말하기란 쉬운 일이 아니다. 앞서 우리는 이 문제와 여러 차례 씨름했다. 에피쿠로스주의자들도 해악 논제를 향한 도전을 그저 죽음이 '언제' 일어나는가의 문제로 환원하려고 한 것은 아니었다. 그들은 이렇게 말할 것이다.

"누군가가 언제 죽었는지는 명확히 할 수 있다고 해도, 죽음이 그 사람에게 해를 끼치는 시점을 특정하기란 매우 어렵다."

따라서 에피쿠로스주의자들의 전제를 좀 더 다르게 이해할 필요가 있다. "어떤 사건 E가 우리에게 해를 끼치는 때가 있다"는 말은 "사건 E가 우리의 이익에 반하는 특정 시점이 있다"는 의미일 수도 있다. 그러면 전제는 이렇게 바뀐다.

> P2: 사건 E가 우리에게 해를 끼치려면, E가 우리의 이익에 반하는 특정 시점이 있어야 한다.

이렇게 해석해도 이 전제는 명백히 참이다. 그런데 이때의 도전 과제는 무엇일까? 분명치 않다. 왜냐하면 제4장에서 지적했듯이 어떤 게 한 번이라도 우리 이익에 반하게 되면 늘 우리 이익에 반하게 되기 때문이다. 다시 말해 어떤 사건이 나의 이익에 반한다는 것은 그 사건이 일어나지 않았으면 우리 삶이 더 나았을 텐데, 그 사건 때문에 우리 삶 전체에서 봤을 때 더 나빠진 것이다. 나아가 어떤 사건 타입(유형)이 일어나는 게 우리 이익에 반하는 경우, 우리가 실제로 해당 유형의 사건을 경험하지 않더라도 그것은 여전히 우리 이익에 반한다고 말할 수 있다. 사건 타입 E가 일어났더라면 우리 삶이 더 나빠졌을 경우, E의 발생은 우리 이익에 반하는 것이다.

예를 들어 내가 내일 악성 병균에 감염되고 그 감염의 여파로 다음 주 내 삶이 더 나빠진다고 해보자. 그렇다면 감염은 내 이익에 반하는 사건이다. 게다가 단지 그때뿐 아니라 지금을 포함해 내가 존재하는 모든 시점에서 내 이익에 반한다. 비교주의 관점으로 표현하면 어떤 것이 우리에게 해가 되거나 우리 이익에 반한다는 사실은 그 자체로 사건이 아니다. 특정 시점에 일어나는 사건이 될 수 없다. 다만 실제 사건들이 일어나면서 그런 사실을 참이 되게 만들 수는 있다. 비교주의에 따르면 어떤 것이 우리 이익에 반할 때 그것은 '시간을 초월해' 우리 이익에 반한다고 할 수 있다. 이를 토대로 P2에 대응하는 도전을 정리하면 이렇다.

> C2: 시점 T에서 죽는 것이 우리에게 해를 끼친다면, 그것이 우리 이익에 반하는 시점을 제시하라.

이에 대한 충분히 적절한 답변은 "우리가 시점 T에서 죽는 것이 우리에게 해를 끼친다면, 그것은 언제나 내 이익에 반한다"다. 시점에 구애받지 않고 시간을 초월해 우리 이익에 반한다. 그렇지만 이게 에피쿠로스주의자들이 구하고 싶은 대답은 아닐 것이다.

본격적 도전 과제

에피쿠로스주의자들이 말하는 도전을 이해하려면 "사건 E가 우리에게 해를 끼치는 때가 있다"라는 문장을 더 잘 해석할 필요가 있다. 내가 제안하는 이 전제의 의미는 "사건 E 때문에 우리가 해를 입는 때가 있다"다. 제4장에서 다뤘던 구분을 떠올려보자. 하나는 그냥 이익, 즉 '시간을 초월한 이익'이고, 다른 하나는 '시점 T에서의 이익'이다. 이는

'해악'에도 그대로 적용된다. 따라서 에피쿠로스주의자들이 진정으로 말하려는 바는 "특정 시점 T에서 사건 E가 일어나지 않았을 때보다 우리에게 더 나쁜 때가 있다", 즉 T에서 E가 'T에서의 우리 이익'에 반한다는 것이다. 이 해석으로 에피쿠로스주의자들의 전제를 정리하면 이렇다.

> **P3:** 사건 E가 우리에게 해를 끼치려면, 특정 시점 T에서 E 때문에 우리가 해를 입는 때가 있어야 한다. 즉, T에서 E가 T에서의 우리 이익에 반해야 한다.

그러면 이 본격적 해석은 다음과 같은 본격적 도전을 낳는다.

> **C3:** 죽음(또는 죽음 이후의 사건) 때문에 우리가 해를 입는 시점을 제시하라(죽음이나 죽음 이후의 사건이 우리의 이익에 반하는 바로 그 특정 시점 T를 제시하라).

에피쿠로스주의에서도 인정하듯 이 시점을 제시하는 일은 매우 어렵다. 뒤에서 몇 가지 시도를 살펴볼 것이다. 그러나 사실 이 도전을 해결하는 게 에피쿠로스주의자들이 말하는 만큼 중요한 일은 아니다. 왜냐하면 이 도전을 낳은 전제인 P3 자체가 거짓이기 때문이다. 그 이유를 알려면 이전 장에서 살핀 몇 가지 논점을 다시 떠올리면 된다.

앞서 우리는 비교주의가 그 어떤 그럴듯한 복지 이론과 결합하더라도, 우리 삶을 이전보다 더 나쁘게 만드는 사건 때문에 해를 입는다는 결론을 도출할 수밖에 없음을 확인했다. 이는 곧 해악 논제가 옳다는 사실, 즉 죽음이 우리에게 해가 될 수 있음을 의미한다. 비교주의는 개인의 이익을 설명하는 가장 타당한 이론이다.

그리고 우리는 에피쿠로스주의가 해악 논제를 반박할 수 있을 만한 몇 가지 방식을 들여다봤다. 그중 하나는 '소극적 쾌락주의'에 호소하는 것이었고, 또 다른 방식은 '이분법적 비교주의'로 표준적 비교주의 자체를 공격하는 것이었다. 하지만 각각의 경우 모두에서 에피쿠로스주의의 논리는 설득력이 약했다. 그러므로 우리는 비교주의가 별다른 허점 없이 잘 작동한다고 결론 내릴 수 있으며, P3가 옳은지 그른지를 논하는 데도 비교주의 관점을 적용하는 것이 적절하다고 할 수 있다. 만약 비교주의가 대략적으로라도 옳다고 판가름 나면 그 즉시 P3는 거짓이 된다. 왜 그런지는 어떤 것이 우리에게 나쁘다고 말할 수 있는 두 가지 방식을 구분해보면 분명해진다.

한편으로 어떤 사건은 일정 기간 우리를 이전보다 더 나빠지도록 만들 수 있다. 일테면 '건강하고 쾌활했던 여자'의 혼수 상태는 그녀가 1주일 동안 즐거운 활동을 누리지 못하게 했다. 혼수 상태에 있는 동안 그녀의 복지 수준은 혼수 상태에 빠지지 않았을 때보다 낮았다.

다른 한편으로 어떤 사건은 우리 삶을 전반적으로 이전보다 더 나쁘게 만들 수도 있다. 보통은 우리 삶 전반을 더 나쁘게 하는 사건들이 일정 기간 우리 삶을 더 악화시키면서 그렇게 만든다. 건강하고 쾌활했던 여자의 '혼수 상태'가 바로 그런 사례다. 그런데 삶을 전반적으로 더 나쁘게 만드는 사건이라고 해서 꼭 일정 기간만 우리 삶을 더 나쁘게 하진 않는다. 건강하고 쾌활했던 여자의 '죽음'은 그녀가 앞으로 수년 또는 수십 년 더 누릴 수 있었던 즐거운 활동을 박탈했고, 그 때문에 그녀의 삶 전반은 죽지 않았을 때보다 더 나빠졌다. 그녀가 살아있는 동안의 어느 시점에 더 나빠진 게 아니다. 혼수 상태와 달리 죽음은 그녀의 삶이 더 나빠질 가능성 자체를 차단했다. 죽은 이후에 그녀는 복지 수준을 전혀 가질 수 없다. 죽음은 우리의 삶 전반의 손상이다. 반면 삶의 전반적인 형태에는 관심이 없고 오직 당장의 순간만을 사는 사람들에게는 이 손상이 눈에 띄지 않을 것이다.

우리는 이렇게 물을 수도 있다. 건강하고 쾌활했던 여자의 삶 전반이 그녀의 이른 죽음 때문에 더 나빠지기 시작한 시점은 언제이며, 또 언제부터 나빠지지 않게 됐느냐고 말이다. 이는 에이브러햄 링컨(Abraham Lincoln)의 삶 전반이 소크라테스의 삶 전반보다 짧아지기 시작한 시점은 언제이며, 또 언제부터 나빠지지 않게 됐느냐고 묻는 것이나 마찬가지다. 만약 건강하고 쾌활했던 여자의 삶 전반이 그녀의 이른 죽음으로 더 나빠졌다는 게 참이라면, 그 사실은 언제나 참이다. 같은 맥락에서 링컨보다 소크라테스가 더 오래 살았다는 사실도 항상 참이다.

결론은 이렇다. 에피쿠로스주의의 전제는 "해를 입히는 사건 E가 일어날 때만 우리는 해를 입는다"라는 따분하기 짝이 없는 명제로 축소할 때만 온전히 유지될 수 있다. 그러나 에피쿠로스주의에서 본래 의도한 전제는 죽음(또는 죽음 이후의 사건)이 오직 당사자를 더 나빠지게 할 때만 당사자에게 해를 끼치는 것이며, 따라서 에피쿠로스주의자들의 도전은 죽음이 당사자를 더 나빠지게 만드는 그 시점을 제시하라는 의미였다. 하지만 우리가 방금 살폈듯이 전제 자체가 거짓이기에, 해악 논제를 지지하는 쪽에서는 굳이 에피쿠로스주의자들의 도전에 대응할 필요가 없다.

그런데 죽음이 우리 삶을 더 나빠지게 하지 않으면서 우리에게 해를 끼칠 수 있더라도, 죽음 때문에 우리 삶이 더 나빠지는 시점이 있을 수 있다. 에피쿠로스주의자들의 전제 P3가 거짓이라도 해도, 그래서 애써 답변할 필요가 없어도, C3로 제시된 본격적 도전에 대응할 방법은 있을지 모른다는 얘기다. 실제로 수고를 감수하면서까지 많은 철학자가 에피쿠로스주의의 도전에 여러 방식으로 대응했다. 이제 그들이 각각 어떤 해법을 제시했는지 살펴보자.

죽음이 나빠지는 다섯 시점

죽음이나 죽음 이후의 사건이 죽는 사람을 더 나쁘게 만든다면, 그 해악은 다음과 같은 다섯 가지 시점 또는 이 시점들의 조합에서 발생한다고 가정할 수 있다.

1. 모든 시점에서: 영원주의(eternalism).
2. 죽음이 일어난 이후 시점에: 후행주의(subsequentism).
3. 죽음이나 죽음 이후의 사건이 일어나는 바로 그 시점에: 동시주의(concurrentism).
4. 죽음이 일어나기 이전 시점에: 선행주의(priorism).
5. 특정할 수 없는 시점에: 불확정주의(indefinitism).

여러 철학자가 이 다섯 가지 관점을 각각 지지해왔다. 하나씩 살펴보자.

영원주의

'영원주의'에 따르면 죽음은 죽는 사람의 모든 시점에서 해를 끼친다. 다섯 가지 해법 가운데 가장 극단적인 관점으로 보인다. 에피쿠로스는 죽음이 결코 우리에게 해를 끼치지 않는다고 주장한 데 반해 영원주의는 죽음이 늘 우리에게 해를 끼친다고 말하기 때문이다. 영원주의를 지지한 철학자는 다름 아닌 프레드 펠드먼이다.[1] 펠드먼이 제시한 '시점'의 문제에 대한 해법은 비교주의에서 파생된 것이다.

다른 비교주의자들처럼 펠드먼도 죽음이 '외재적으로' 나쁘다고 봤다. 우리가 죽었는데, 만약 죽지 않았다면 우리 삶이 내재적으로 더 좋앉을 경우 그렇다. 죽음이 얼마나 나쁜지는 우리가 더 오래 살았더라면 삶이 얼마나 더 좋아졌을지에 달렸으므로, 어떤 죽음은 다른 죽음보다 더 나쁠 수 있다. 펠드먼은 이렇게 설명했다.

나는 누군가의 죽음이 그 사람에게 나쁠 수 있다고 주장했다. 그 사람이 살아있었다면 누렸을 좋은 것들을 죽음이 박탈하기 때문이다. 그런데 그 불행이 '언제' 일어나는가 하는 점에서 당혹스러운 문제가 생길 수 있다. 그렇다면 그 사람이 살아있는 한 죽음은 나쁘지 않은가? 아울러 죽어서 존재하지 않게 된 이후에도 죽음은 그 사람에게 나쁘지 않은가?
내 대답을 이해하려면 우리는 이 질문을 더 깊이 살펴야 한다. 어떤 소녀가 어린 나이에 죽었다고 가정해보자. 여기서 우리가 고민하게 되는 부분은 그녀에게 해를 끼친 사망 시점에 관한 수수께끼가 아니다. 그 정확한 시점을 이미 알고 있다고 가정해도 된다. 사망 날짜와 시각을 안다고 말이다. 나아가 우리는 그 죽음의 결과로 그녀가 겪은 고통의 시점을 따지는 것도 아니다. 죽었기에 고통은 없다고 가정할 수 있다. 우리가 부딪히는 문제는 그녀의 죽음이 그녀 자신에게 해가 되는 시점이 언제냐는 것이다. 그 소녀의 이름이 린지(Lindsay)이고, E는 '린지가 1987년 12월 7일 오전 4시에 죽은 상태'라면, 질문은 이렇게 된다.
"E가 린지에게 나쁜 시점은 정확히 언제인가?"
나는 죽음의 해악에 관해 한 설명을 제안한 바 있다. 그 설명에 따르면

"E가 린지에게 나쁘다"는 것은 'E가 일어나는 삶'에서 린지의 삶이 'E가 일어나지 않는 삶'에서 린지의 삶보다 가치가 더 낮다는 뜻이다. 따라서 우리는 질문을 이렇게 바꿀 수 있다.

"E가 일어나는 삶에서 린지의 삶이 E가 일어나지 않는 삶에서 린지의 삶보다 가치가 낮아지는 시점은 정확히 언제인가?"

내가 볼 때 이 질문에 대한 대답은 "영원히"다. 왜냐하면 우리가 린지의 죽음이 그녀 자신에게 나쁘다고 말할 때, 우리는 두 개의 가능한 삶이 갖는 상대적 가치에 대한 복합적 사실을 표현하는 것이기 때문이다. 그리고 이 가능한 삶들이 서로 어떤 가치 관계에 있다면 항상 그런 관계에 있다는 점을 고려할 때, 그 관계는 린지가 존재할 때뿐 아니라 존재하지 않는 모든 시점에서도 분명히 성립한다.[2]

펠드먼은 여기서 '영원한 참'이라는 표현을 사용했다. 영원한 참이란 말 그대로 언제나 참인 명제를 말한다. 예를 들면 다음 두 명제는 영원한 참이다.

"2 더하기 2는 4다."
"진주만이 1941년 12월 7일에 공격당했다."

반면 다음 두 명제는 그렇지 않다.

"조 스미스(Joe Smith)의 차고에는 상자가 두 개 있다."
"진주만이 공격당했다."

이런 명제는 영원한 진리가 아니다. 특정한 경우에만 참이기 때문이다. 조 스미스의 차고에 상자가 두 개가 아닌 경우에는 거짓이며, 진주만이 공격당했다는 저 명제가 1941년 이전이나 이후에 진술된다면 거짓이다. 이와 달리 2 더하기 2는 늘 4이며, 진주만이 1941년 12월 7일에 공습당한 사실은 아무 때나 진술되더라도 항상 참이다.

펠드먼은 린지가 죽지 않았다면 그녀의 삶이 내재적으로 더 좋았으리라는 점에서 죽음이 린지에게 나쁘다는 것은 영원한 참이라고 주장했다. 그는 두 가지 가능한 삶 사이에 일정한 관계가 성립하면 그 관계는 영원한 참이라고 설명하면서, 이를 "죽음은 린지에게 언제 해악을 끼치는가?"라는 질문에 대한 답으로 제시했다. '영원히', 즉 '모든 시점에서' 죽음은 나쁘다.

하지만 지금까지 우리가 이해한 관점에서 펠드먼의 이 시점의 문제 해법은 꽤 당혹스럽다. 린지가 태어나기 훨씬 전부터 살아있는 내내, 그리고 죽은 뒤에도 계속해서 그녀가 죽음으로 인해 죽지 않았다면 누렸을 삶보다 더 나쁘게 살았다고 믿긴 어렵기 때문이다.

닐 페이트(Neil Feit)와 벤 브래들리(Ben Bradley)를 비롯한 여러 철학자도 펠드먼의 제안이 에피쿠로스가 던진 시점의 문제에 대한 해법이 될 수 없다고 비판했다.[3] 내가 어제 실수로 발가락을 찧어 엄청나게 아팠다고 해보자. 그 찧음이 언제 내게 나쁘냐고 묻는다면 우리는 정확히 무엇을 알고자 하는 걸까? 두 가지를 생각할 수 있다. 첫째, 이렇게 물을 수 있다.

"내가 어느 시점 T에서 발가락을 찧어 해를 입은 것은 언제 참인가?"

이 질문의 대답은 이렇다.

"내 발가락이 아픈 시간 동안이다."

둘째, 다른 방식으로 이렇게도 물을 수 있다.

"발가락 찧음이 내게 해로운 시점은 언제인가?"

여기서 대답은 아마도 "영원히"일 것이다. 왜냐하면 "발가락 찧음은 내게 해롭다"라는 명제는 언제나 참이기 때문이다. 그러나 내가 실제로 해를 입은 것은 발가락이 욱신거리는 동안뿐이었다.

죽음이 언제 해롭냐고 물을 때도 이와 똑같은 모호함이 발생한다. "링컨의 죽음이 그에게 해로운 시점은 언제인가?"라는 질문을 생각해 보자. 이 질문을 위 첫 번째 형식으로 바꾸면 "링컨이 어느 시점 T에서 죽음으로 해를 입는 것은 언제 참인가?"다. 그런데 펠드먼은 이 질문을 "죽음이 링컨에게 해로운 시점은 언제인가?"라고 받아들이는 것 같다. 그러면 그의 답은 "영원히"가 된다. "죽음은 링컨에게 해롭다"라는 명제는 영원한 참이므로, 링컨의 죽음은 그 자신에게 시간을 초월해 해롭다는 것이다.

그러나 펠드먼을 비판한 철학자들이 보기에 보통 우리가 죽음이 해로운 시점을 묻는다고 할 때 관심이 향하는 쪽은 첫 번째 형식의 질문이다. 그러니까 펠드먼은 첫 번째가 아닌 두 번째 질문에 대답한 셈이다. 그의 의도를 호의적으로 해석한다면, 그는 애초부터 시점의 문제에 대한 해법을 제시하려던 게 아니었을 수도 있다. 해법으로 '영원주의'를 제시했다기보다, 죽음이 시간을 초월해 우리에게 해롭다는 점을 부각하고자 했는지도 모른다.

어쨌든 영원주의는 에피쿠로스주의의 본격적 도전인 C3에 대한 타당한 답변이 아니다. 이제 다른 해법을 살펴보자. '후행주의', 즉 죽음은 죽음이 일어난 이후 시점에 해를 끼친다는 관점이다.

후행주의

'후행주의'는 우리 삶의 일반적인 과정에서 일어나는 일련의 사건들을 가리키며 그로 인해 언제 해를 입는지 묻는다. 후행주의를 지지하는 철학자들은 우리가 해당 사건들이 일어난 이후에 해를 입는다고 설명한다. 내가 발가락을 찧은 예시를 다시 떠올려보자. "내가 어느 시점 T에서 발가락을 찧어 해를 입은 것은 언제 참인가?"라는 질문에 대한 대답은 "내 발가락이 아픈 시간 동안"이었다. 다시 말해 발가락을 찧은 사건이 내게 해를 끼친 시점은 그 사건이 일어난 이후다. 발가락이 욱신거리는 동안에만 나쁘다는 얘기다.

또 다른 예를 들어보자. 여러분의 적이 여러분에게 약을 먹여 한 달 동안 의식을 잃게 만든다고 해보자. 이때 적이 약을 먹인 행위가 여러분에게 해를 끼치는 시점은 언제일까? 그 사건이 일어난 이후, 즉 여러분이 평소처럼 살지 못하고 의식을 잃은 한 달 동안일 것이다. 이런 사례는 일반적인 우리 삶의 과정에서 일어난 사건은 오직 그 사건이 발생한 이후에만 우리에게 해를 끼친다는 사실을 보여준다. 그렇다면 죽음도 마찬가지여야 한다. 죽음이라는 사건이 우리에게 해를 끼친다면,

해를 끼치는 시점은 죽음이 일어난 이후일 것이다. 죽음만 예외일 수는 없다.

하지만 에피쿠로스주의는 우리가 죽은 상태에서는 존재하지 않으므로 해를 입을 수 없다고 주장한다. 이 부분은 그들이 옳아 보인다. 만약 후행주의가 옳아서 죽음이 해를 끼친다면 오직 사후에만 가능하고, 동시에 에피쿠로스주의도 옳아서 사후에는 해를 입을 수 없다면, 에피쿠로스의 주장은 입증된다. 죽음은 해롭지 않은 것이다. 따라서 후행주의가 논리에서 이기려면 '주체'의 문제부터 짚고 넘어가야 한다. 이 문제를 해결하기 위해 후행주의는 토머스 네이글과 해리 실버스타인의 생각을 차용한다.[4] 죽음으로 해를 입는 주체는 죽게 될 바로 그 살아 숨 쉬는 사람이라는 것이다. 죽음이 링컨에게 해를 끼쳤다고 가정하면, 그 해를 입은 주체는 살아있는 링컨이다.

그런데 어떻게 살아있는 링컨이 죽은 이후에 발생한 해악의 주체가 될 수 있을까? 링컨이 존재하지 않게 된 이후 일어난 사건들 때문에 링컨이 어떤 속성을 갖게 되는 걸까? 확실히 이 문제는 난해하지만, 단순히 겉으로만 보면 링컨이 죽은 뒤에 일어난 사건들로 인해 어떤 사실이 링컨에 대해서 참이 될 수 있다고 이해하는 것은 충분히 가능하다.

그럴 수 있는 한 가지 방식이 있다. 해리 실버스타인 등이 제시한 '4차원주의(four-dimensionalism)'라는 형이상학적 견해를 채택하면 된다.[5] 이 관점에서 과거, 현재, 미래의 대상(사물/사건)은 존재론적으로 동등하다. 우리는 어떤 대상이 존재한다는 사실을 알 때, 그것이 시공간의 일부를 차지하고 있음은 알면서도 정확히 어느 시간과 어느 공간에 있는지는 알지 못한다. 예를 들어 '사과'를 생각해보자. "사과가 존재한다"고 할 때 그 사과는 우리가 어제 먹은 사과일 수도, 지금 식탁 위에 있는 사과일 수도, 내일 시장에서 팔리는 사과일 수도 있다. 사과라는 존재 자체는 어느 시점 어느 장소에나 위치할 수 있기 때문이다.

공간 속 사물을 떠올려보자. 어떤 사물이 다른 곳이 아닌 여기 있다고 해서 그것이 더 많이 또는 덜 존재하는 것은 아니다. 같은 맥락에서 어떤 사건이 다른 시점이 아닌 지금 일어난다고 해서 그 일이 더 빈번히 또는 드물게 존재하는 것도 아니다. '존재' 관점에서 보면 과거나 미래의 대상은 시간적 위치가 다를 뿐 현재의 대상과 존재론적으로 같다. 각각의 대상에 대해 "존재한다"고 말하는 것은 시간을 막론하고, 즉 시제를 초월해 참이다. 따라서 "링컨은 존재한다"라는 명제는 과거든 현재든 미래든, 항상 참이다.

4차원주의 관점에서는 "링컨은 지금 죽어 있다"라는 명제도 참이다. 우리는 링컨이라는 이름의 존재가 과거에 살았던 한 사람을 지칭한다는 사실에도 불구하고 "링컨은 더 이상 살아있지 않다"라고 말할 수 있다. 마찬가지로 그가 죽은 뒤 수 세기가 지난 뒤에 일어난 어떤 사건을 두고 "2006년 철학 수업에서 링컨이 논의됐다"라고 말하는 것도 참이 된다.[6]

또 다른 설명 방식도 있다. 사회철학자이자 형이상학자 데이비드-힐렐 루벤(David-Hillel Ruben)은 이미 존재가 사라졌거나 아직 시작되지 않은 대상 또는 사람에게도 속성을 올바르게 귀속시킬 수 있다고 제안했다.[7] "2006년 철학 수업에서 링컨이 논의됐다"라는 명제를 살펴보자. 이 명제는 링컨에게 변화가 일어났음을 암시한다. 다시 말해 그는 '수업에서 논의된 사람'이라는 속성을 획득했다. 이 변화가 일어난 시점은 2006년이다.

우리는 이 현상을 '케임브리지 변화(Cambridge change)'라는 개념을 통해 이해할 수 있다. 케임브리지대학교 철학자들이 논의한 변화 개념인 데서 따온 용어인 '케임브리지 변화'는 어떤 대상이 자기 안에서는 변화가 없는데 다른 대상과 관계를 형성하면서 생기는 변화를 의미한다. 링컨이라는 존재는 1865년 4월 15일에 죽은 뒤 내재적으로 아무 변화가 없었지만, 2006년 철학 수업에서 논의됨으로써 '수업에서 논의된 사람'이라는 속성을 확보하는 관계적 변화가 일어난 것이다.

어떤 대상이 갖는 속성 중 일부는 그 대상 자체가 어떤 방식으로 존재하느냐에 따라 정해진다. 이를 '내재적 속성'이라고 부른다. 그래서 어떤 대상의 완벽한 복제물은 내재적 속성을 공유한다. 또 한편으로 대상은 다른 대상과의 관계나 상호 작용하는 방식에 따라 속성을 가질 수 있다. 이것이 '외재적 속성'이다.[8] 링컨이 21세기에 논의됐다고 해서 그 존재의 내재적 속성에 변화가 생기진 않았다. 내재적 속성이 변한 쪽은 수업에서 링컨을 논의한 사람들이다. 링컨은 이들과의 관계로 '수업에서 논의된 사람'이라는 외재적 속성을 갖게 된 것이다. 어떤 대상이 특정 시점에서 내재적 속성을 확보하려면 반드시 그 시점에 존재해야 한다. 내재적 변화도 마찬가지다. 하지만 케임브리지 변화에 해당하는 외재적 속성을 획득하기 위해 꼭 그 대상에 내재적 변화가 생기거나 해당 시점에 존재할 필요는 없다. 루벤은 케임브리지 변화가 '진짜' 변화는 아니라고 암시했지만, 자신의 주장을 따라야 할 이유를 제시하진 않았다. 진짜 변화를 꼭 내재적 속성의 변화로만 제한해야 할 이유가 있을까?

어쨌든 죽음이 해를 끼친다면 우리가 죽은 이후라는 후행주의의 주장을 명확히 할 수 있을까? 물론 해악의 내용이 고통과 같은 나쁜 상태에 놓이는 것이라면 그럴 수 없다. 링컨이 죽은 뒤에도 '링컨'이라는 이름은 살아있는 그 시절의 링컨을 가리킨다. 따라서 "링컨은 시점 T에서 해를 입었다"라는 명제는 살아있는 링컨이 시점 T에서 해를 입었다는 뜻일 뿐이다. 해악을 고통 같은 상태로 한정한다면, '살아있는 링컨'은 '삶이 끝난 이후'에는 해를 입을 수 없다. 당연히 후행주의자들도 이를 알기에 박탈 이론을 채택한다. "죽음은 링컨의 삶이 끝난 뒤에 해를 끼쳤다"라는 명제를 이렇게 해석하는 것이다.

"살아있는 링컨은 죽지 않았다면 가졌을 다양한 핵심적인 좋은 것들을 죽음 때문에 박탈당했다."

두 가지 방식으로 모두 이렇게 말할 수 있다. 4차원주의 관점에서처럼 시제를 초월해 존재하는 링컨이 더는 살아있지 않을 때 좋은 것들을 박탈당했다고 말할 수도 있고, 루벤을 따라 링컨이 더는 존재하지 않게 됨으로써 다양한 좋은 것들을 박탈당했다고 할 수도 있다.

그러므로 후행주의는 '주체'의 문제에 대한 해법을 찾을 수 있다. 그런데 구체적으로 죽음 이후에 해를 입는다는 것은 정확히 무엇을 뜻할까? 벤 브래들리에 따르면 죽음은 오직 그 사람이 죽지 않았더라면 잘 살고 있었거나, 살 만한 가치가 있는 삶을 살고 있었을 바로 그 시점에서만 나쁘다.[9] 브래들리의 분석을 좀 더 자세히 살펴보기로 하자.

브래들리의 관점은 펠드먼의 비교주의적 분석을 정교화한 것이다. 펠드먼의 분석은 어떤 사람, 일테면 샐(Sal)의 죽음이 나쁜지를 평가할 때, 그녀가 살았던 삶의 내재적 가치와 죽지 않았다면 살았을 삶의 내재적 가치를 비교하는 것이었다. 전자가 후자보다 더 나쁘면, 바로 그런 의미에서 샐의 죽음은 그녀에게 나쁜 것이다.

한편 브래들리는 일평생이 아닌 더 짧은 기간의 내재적 가치에 초점을 맞췄다. 샐이 삶의 특정 시점 T에서 가진 내재적으로 좋은 것들의 가치를 전부 더한 다음, 그 시점에서 가진 내재적으로 나쁜 것들의 가치를 뺀다. 즉, 샐이 시점 T에서 가진 내재적 가치는 좋은 것들의 합에서 나쁜 것들의 합을 뺀 값이다. 그런 뒤 그녀가 죽지 않았더라면 특정 시점 T에서 그 값이 컸을지를 본다. 만약 그 값이 크다면 죽음은 그녀에게 나쁜 것이다.

그렇지만 막상 내재적 가치 계산을 죽음에 적용하려니 난관에 부딪혔다. 우리는 죽으면 존재하지 않는데 죽지 않았더라면 가졌을 내재적 가치를 어떻게 측정할 수 있을까? 그는 이 난관을 해결하고자 우리가 존재하지 않는 특정 시점의 내재적 가치를 0으로 규정했다. 어찌 보면 당연한 게, 우리가 존재하지 않을 때는 내재적으로 좋은 것도, 내재적으로 나쁜 것도 갖지 못하기 때문이다. 그렇게 나온 브래들리의 결론은 이것이다. 샐이 죽지 않았을 때 특정 시점 T에서 삶의 내재적 가치가 0보다 더 크면 죽음은 그녀에게 나쁘다.

예를 하나 더 들어보자. 링컨이 1865년 4월 15일에 죽지 않았더라면 10년을 더 살았다고 해보자. 만약 그가 첫 5년(1865~1870)은 고통스러운 병에 걸려 삶의 내재적 가치가 0보다 낮았고, 마지막 5년(1870~1875)은 크게 좋아져 삶의 내재적 가치가 훨씬 더 높았다면, 링컨의 죽음은 1865년부터 1870년까지는 그에게 나쁘지 않았고(사실 좋기까지 했고), 1870년부터 1875년까지는 나빴다. 이제 링컨이 죽은 뒤 10년 전체를 놓고 그가 살았을 삶의 내재적 가치가 0보다 컸다고 가정해보자(첫 5년의 나쁨이 마지막 5년의 좋음으로 상쇄되고도 남았다면). 그러면 전반적으로 봐도 링컨의 죽음은 그에게 나쁜 것이다. 동시에 1865년부터 1870년까지는 죽음이 그에게 좋았다는 것도 참이 되겠지만 말이다.

정리해보자. 후행주의는 우리가 죽음 이후에 필멸의 해악을 입지 않는다면 그 필멸의 해악은 매우 이례적인 것이 되고 만다고 지적한다. 왜냐하면 보통은 우리에게 나쁜 사건이 일어난 이후에 해를 입기 때문이다. 아울러 후행주의는 필멸의 해악을 겪는 주체도 제시한다. 다름 아닌 죽게 될 살아있는 사람이다. 살아있는 사람이 죽음 이후에 일어나는 사건들과의 관계로 인해 일종의 박탈 해악을 입게 되는 것이다.

마지막으로 후행주의는 박탈 해악에 대한 설명도 덧붙인다. 박탈 해악은 외재적 악이다. 구체적으로는 죽음 이후 우리가 존재하지 않는 시점들의 가치인 0보다 더 큰 내재적 가치의 삶을 누릴 수 있었으리라는 사실에 근거한 해악이다.

지금까지는 잘 흘러온 것 같다. 그렇지만 과연 후행주의는 '시점'의 문제를 정말로 해결한 걸까? 공교롭게도 의문을 제기할 여지가 남아 있다. 어떤 존재가 해악을 입으려면, 더 정확하게는 특정 시점 T에서 해를 입으려면, T에서 특정 속성을 가져야 한다. 그런데 죽은 존재는 그 속성 중 하나로 우리가 '반응성(responsiveness)'이라고 부를 만한 것이 없다.

나는 이전에 발표한 논문에서 어떤 존재가 특정 시점 T에 반응한다는 의미는 T에서 그 존재의 복지가 특정 조건에 따라 높아지거나 낮아진다는 뜻이라고 설명한 바 있다.[10] 이를 이 책의 논지에서 좀 더 명확하게 표현하면, 어떤 존재가 특정 시점 T에 반응한다는 것은 바로 그 시점에 자신의 복지를 구성하는 내재적 좋은 것들이나 내재적 나쁜 것들을 얻을 능력을 갖췄다는 의미다. 그리고 반응성에 필요한 조건은 내재적으로 좋은 것들과 나쁜 것들의 성격에 따라 달라진다.

쾌락주의에 따르면 어떤 존재의 특정 시점 T에서의 복지는 그 존재가 T에서 경험하는 쾌락과 고통의 수준으로 결정된다. 이 관점에서 보면 특정 시점 T에서의 반응성이란 T에서 쾌락이나 고통을 경험할 수 있는 능력으로 구성된다. 이런 의미에서 알려진 모든 생명체의 반응성은 상황에 맞춰 쾌락이나 고통을 유발하는 일종의 신경계를 요구한다. 따라서 수정란처럼 인지 기관을 전혀 갖추지 못한 접합체는 반응성이 없다. 반면 성인 인간은 잠들어 있을 때나 혼수 상태일 때조차 반응성을 갖고 있다. 한편으로 선호주의는 주체 S의 특정 시점 T에서의 복지는 S가 T에서 갖는 욕구 중 충족된 것과 충족되지 않은 것들에 의해 결정된다고 본다. 이 관점에서 반응성은 욕구할 수 있는 능력을 요구한다. 이 경우에도 일정한 유형의 기능적 신경계가 필요하기에 수정란 같은 접합체는 반응성이 없다.

나는 이렇게 주장한다. 어떤 생명체가 반응성이 없을 때도 해를 입을 수는 있지만, 실제로 해를 입는 건 반응성이 있을 때뿐이다. 어떤 존재가 특정 시점 T에서 반응하지 않는 한 T에서 상황은 나빠질 게 없다. 악어에게는 우정이 없다. 그렇다고 악어가 해를 입고 있다고 말하진 않는다. 애초에 우정을 형성할 능력이 없는 거니까. 그래도 악어는 반응성을 갖춘 생명체다. 다른 방식으로는 해를 입을 수 있다. 내 신발에도 우정이 없다. 하지만 악어와 달리 내 신발은 반응성도 없다. 신발은 생명체가 아니므로 아무것도 느낄 수 없다. 그래서 좋은 것들이 없어도 전혀 해를 입지 않는다. 그야말로 무엇에도 반응하지 않는 무적 상태다.

이제 죽은 사람을 생각해보자. 링컨이 죽어 있는 동안 여러 좋은 것들을 갖지 못했다는 말과, 링컨이 죽어 있는 동안 여러 좋은 것들을 갖지 못해 해를 입었다는 말은 완전히 다르다. 신발과 마찬가지로 시신도 결국 분해돼 아무것도 아닌 상태가 되겠지만, 그 때문에 해를 입는다고 할 수는 없다. 태어나지 않은 비존재도 삶을 갖지 못하고 있다고 해서 해를 입는 것은 아니다. 앞서 언급한 시신 재조립 장치가 있어서, 지난 10년 동안 언제든 소크라테스를 되살릴 수 있었다고 치자. 그렇더라도 우리가 그동안 그를 되살리지 않았다는 이유로 지난 10년 동안 소크라테스가 해를 입었다고 하는 것은 어리석은 주장이다.

주체 S가 특정 시점 T에서 해를 입는다는 것은 단지 T에서 S가 어떤 핵심적인 좋은 것들인 G를 갖지 못한다는 것만으로는 충분치 않다. S는 T에 반응해야 한다. 살아있는 사람들은 이 조건을 충족하므로, 살아있는 동안 좋은 것들을 박탈당할 수 있고 그에 따라 복지 수준이 떨어질 수 있다. 그러나 신발은 이 조건을 충족하지 않기에 결코 좋은 것들을 박탈당할 수 없다. 죽은 사람도 마찬가지다. 그 누구도 죽은 상태에서는 반응성이 없다. 이것이 바로 에피쿠로스가 주장한 핵심이었다.

그런데 후행주의에서 말하는 박탈 해악이란 단순히 어떤 좋은 것들을 갖지 못한다는 뜻이 아니다. 주체 S가 본래 가졌을 핵심적인 좋은 것을 죽음 이후 박탈당하는 동안 S는 해를 입는다는 의미다. 신발은 애초부터 어떤 좋은 것들도 가질 수 없기에 본래 가졌을 좋은 것들을 박탈당할 수도 없다. 내가 강조하고 싶은 부분이 이것이다. 해를 입는다는 것은 복지가 낮아진다는 뜻이고, 그러려면 내재적으로 좋은 것들이나 나쁜 것들을 가질 능력이 있어야 한다. 신발처럼 우리도 죽어서 시신이 된 이후에는 어떤 좋은 것들도 가질 수 없으니 본래 가졌을 좋은 것들을 박탈당할 수도 없다. 죽음으로써 우리의 반응성은 사라진다. 복지 능력의 상실이다. 복지 능력 상실의 결과는 복지의 저하가 아니라 복지의 소멸이다.

같은 맥락에서 죽음은 죽음 이후에 생기는 박탈 혜택에도 책임지지 않는다. '고통받던 남자'의 죽음은 그가 죽지 않았더라면 그에게 해가 됐을 사건들을 원천 차단했다. 그러니 "그는 죽어서 더 나아졌다"라고 할 수 있을까? 이는 참이 아니다. 복지 능력 상실은 복지 향상을 의미하지 않는다. 신발이 고통과 실패를 겪지 않는다고 해서 이득을 보는 게 아니듯이, 죽은 동안 고통과 실패를 경험하지 않는다고 해서 이익은 아니다. 반복해서 말하건대 죽은 사람에게는 반응성이 없기 때문이다.

결국 아무리 교묘한 논변을 전개하더라도 후행주의는 '시점'의 문제를 해결하는 데 실패한다. 어쩌면 곧이어 살펴볼 '동시주의'가 이보다 나은 성과를 낼지도 모르겠다.

동시주의

'동시주의'는 우리가 필멸의 해악을 입는 시점은 정확히 죽음이 일어나는 바로 그 순간이라고 말한다. 죽음 이후의 사건도 만약 그것이 나쁜 것이라면 그 사건들이 일어나는 그 순간 우리에게 해를 끼친다고 주장한다. 이 관점을 지지하는 대표적인 철학자 줄리언 라몬트(Julian Lamont)는 이렇게 설명했다. 어떤 사건이 본래 얻을 수 있었던 좋은 것들을 우리가 더 이상 유지하거나 획득하지 못하게 확정 지을 때, 우리는 그 사건이 일어난 바로 그 시점에 박탈 해악을 입는다는 것이다.[11] 이런 유형의 사건이 '확정 사건'이다. 죽음은 그 자체로 확정 사건이며, 따라서 죽음과 박탈 해악은 동시에 발생한다. 같은 논리로 죽음 이후의 사건도 동시주의적 설명이 가능하다. 사후 사건들도 죽음처럼 우리가 본래 가졌을 어떤 좋은 것들을 얻지 못하게 확정 짓기 때문이다. 예를 들면 사자명예훼손과 같이 죽어서도 명예를 유지할 수 있었던 사람이 누군가의 모략으로 명예가 실추되는 경우가 그렇다. 이처럼 동시주의는 죽음과 죽음 이후의 사건이 우리에게 해를 끼치는 시점을 하나로 통합해 설명하는 관점이다.

하지만 '시점'의 문제에 대한 해법으로서의 동시주의는 곧장 반론에 부딪힌다. 죽음은 너무 짧은 순간에 일어나기 때문에, 그 짧은 시간 동안 해를 입는다고 말하기는 어렵다는 논리다. 이미 우리는 제3장에서 이 반론에 대응했었다. 죽음의 속도는 우리가 정확히 죽는 순간 필멸의 해악을 입는다는 사실에 아무런 걸림돌이 되지 않는다.

그럼에도 동시주의는 또 다른 반론에 직면한다. 동시주의는 죽음 이후의 사건 역시 우리에게 나쁜 것이라면 그 사건들이 일어나는 바로 그 순간 해를 끼친다고도 주장하는데, 여기서 문제는 죽음 이후의 사건이 일어날 그 시점에 우리는 해를 입을 어떤 것도 남아 있지 않다는 것이다. 조금 전 후행주의에 제기된 바로 그 비판 말이다. 그래도 동시주의에는 여지가 남는다. 죽음 이후의 사건으로 인한 해악의 시점에 대해서는 틀렸더라도, 죽음이 죽는 그 시점에서 우리에게 해를 끼칠 수 있다는 부분에서는 옳을 수 있다. 실제로 동시주의는 쉽게 "죽음은 우리에게 해를 끼칠 수 있지만, 죽음 이후의 사건은 그렇지 않다"고 말할 수 있다.

선행주의

앞서 내가 후행주의에 제기한 비판은 '선행주의'에는 해당하지 않는다. 내 주장의 요지는 특정 시점 T에서 좋은 것들을 갖지 못하는 게 내재적이든 외재적이든 우리에게 나쁠 수 있으려면, 우리가 시점 T에 반응해야 한다는 것이었다. 우리가 특정 시점 T에서 죽었을 때 그 시점에서 좋은 것들을 갖지 못하는 게 살아있는 동안의 우리에게 나쁠 가능성까지 배제한 것은 아니다. 나를 포함해 선행주의 관점을 옹호하는 철학자들, 일테면 조지 피처(George Pitcher)와 조엘 파인버그 그리고 어쩌면 아리스토텔레스는 우리가 살아있는 시점에서 죽음과 죽음 이후의 사건들로 인해 해를 입을 수 있다고 본다.[12]

제3장에서 지적한 것처럼 어떤 사건이 오직 인과적으로만 우리에게 영향을 미칠 수 있고, 역행 인과를 허용하지 않는다면, 우리가 살아있는 동안 죽음 이후의 사건들 때문에 해를 입는 것은 불가능할 것이다. 그러나 죽음 이후의 사건들이 우리 삶의 내재적 속성을 바꾸진 못하더라도 여전히 우리의 복지 상태에는 영향을 미칠 수 있다. 선호주의의 어떤 설명이 옳다면 우리의 복지 수준은 미래에 관한 사실들 때문에

도 우리가 누릴 수 있었던 것보다 낮아질 수 있다.

예를 들어보자. 내가 내일 여러 좋은 것들을 갖지 못하리라는 사실은 그 사건이 내일 일어나기 전 오늘에도 이미 참이다. 내가 내일 그 좋은 것들을 갖게 되길 바라는 현재의 욕구와 충돌하므로, 오늘 내 복지 수준은 그렇지 않았을 경우보다 낮아진다. 내가 죽고 난 뒤 내 명예가 훼손되리라는 사실은 내가 죽은 뒤 퍼지는 중상모략으로 참이 된다. 나는 살아있는 동안 내 명예가 죽음 뒤에도 유지되기를 바라기에, 이 사실이 살아있는 지금의 복지 수준을 그런 중상모략이 없을 경우보다 낮아지게 만든다.

또 다른 예도 들어보자. 내가 어떤 프로젝트를 추진하다가 채 완수하기도 전에 죽는다고 해보자. 내가 언젠가 반드시 죽는다는 사실은 내가 그 프로젝트를 결코 완성하지 못하리라는 사실을 참으로 확정짓는다. 물론 내가 그 프로젝트를 시작하지도 않았고, 그것을 완수하려는 욕구도 품지 않은 시점에는 실패하리라는 사실이 내 복지에는 영향을 미치지 않는다. 그래서 죽음이 언제나 내게 해악을 끼치진 않는다. 하지만 그 프로젝트를 완수하려는 욕구를 가진 동안의 나는 해를 입는다. 프로젝트를 추진하는 동안의 내 복지는 프로젝트를 완수하면 누릴 복지 수준보다 낮기 때문이다. 따라서 죽음과 죽음 이후의 사건들은 살아있는 우리의 복지 수준을 미래에 누릴 복지보다 낮추는 방식으로 우리에게 해를 끼칠 수 있다.

선행주의 관점에서 보면 필멸의 해악에 책임이 있는 사건 대부분은 두 가지 특징을 갖는다. 첫째, 사건은 특정 시점에서 일어나지만 우리는 다른 시점에서 그 사건 때문에 해를 입는다. 둘째, 사건의 피해자는 자신이 해를 입고 있다는 사실을 알아차리지 못한다. 이런 특징은 사실 그리 신비로울 게 없다. 이를 제4장의 '기만당하고 있는 남자'에 비춰서 생각해보자. 내가 실수로 어떤 앙심쟁이의 운전을 방해했는데, 그러자 그 앙심쟁이가 FBI를 사칭해 내 약혼자에게 접근해서는 내가 악명 높은 국제 범죄자이며 계속해서 감시해야 한다고 설득해 내게 복수한다. 두 달 뒤 그녀는 나와 결혼하지만, 평소처럼 나를 사랑하는 척하면서 속으로는 극도로 혐오하며 내 일거수일투족을 감시해 그에게 보고하게 된다. 이 예시에서 미래 사건은 내 현재 이익에 큰 영향을 미친다. 지금 내게 두 달 후 아내가 될 약혼자에게 사랑을 받는 것이 이익이라고 해보자. 그러나 나는 이 사건이 지금 내 복지 수준에 미치는 영향을 전혀 알아차리지 못한다.

  비교주의가 옳다는 가정 아래 선행주의가 죽음과 죽음 이후 사건의 해악 전체를 설명해주진 못한다. 비교주의적 설명을 고려할 때 죽음이 해로운 이유 중 하나는 우리가 죽지 않았더라면 가졌을 욕구들이 좌절된다는 데 있다. 그런데 우리가 현재 그런 욕구들을 전혀 갖지 않으면 그것들이 좌절된다고 해서 특정 시점에 우리가 더 나빠질 일은 없다. 특정 시점에 초래되는 해악과 연결되지 않기 때문이다. 또 비교주의는 우리가 죽지 않았더라면 누렸을 쾌락을 차단하기 때문에 죽음이 나쁘다고 설명한다. 설령 우리가 죽음이 박탈하는 그 쾌락을 원한 적이 없었더라도 말이다.

반면 선행주의는 죽음이나 죽음 이후의 사건들이 초래하는 해악 가운데 우리가 실제로 입는 해악에 대한 설명 전체를 제공할 수 있을지도 모른다. 그리고 이는 죽음의 해악이 우리가 실제로 입는 해악으로만 제한되지 않는다는 사실과도 양립이 가능하다. 선행주의는 죽음과 죽음 이후의 사건이 우리에게 나쁜 이유를 설명하는 비교주의와도 양립할 수 있다.

내가 죽은 뒤 여러분이 내가 지금 갖고 있는 욕구들을 좌절시킬 뭔가를 하리라고 가정해보자. 선행주의에 따르면 나는 지금 그 욕구들을 가질 동안 해를 입는다. 그렇다면 이 경우 여러분은 내가 지금 당하고 있는 그 해악에 대해 지금 책임이 있는 걸까?[13] 한편으로는 책임이 있다. 여러분의 미래 행위가 현재의 내게 소급해서 해악을 끼친 셈이기 때문이다. 물론 그렇더라도 여러분이 그 해악에 지금 도덕적으로 책임이 있다는 결론으로까지 이어지진 않는다. 일반적으로 누군가가 타인에게 끼친 해악에 대한 도덕적 책임은 그 사람이 해로운 행위를 실행한 시점부터 물을 수 있으니까. 그런데 만약 훗날 실제로 그런 행위를 하면 여러분의 행위는 지금 내게 도덕적으로 책임이 있다는 사실을 참으로 만들뿐더러, 지금 내가 소급해서 해를 입었다는 사실도 참이 되게 한다.[14]

확실히 '시점'의 문제에 대한 해법으로 선행주의는 죽음이나 죽음 이후의 사건이 우리에게 해를 끼칠 수 있는 시점에 관해 그럴듯한 설명을 제공한다.[15] 하지만 우리가 살펴봐야 할 다른 해법이 하나 더 있다. 바로 '불확정주의'다.

불확정주의

시점의 문제에서 '불확정주의'는 말 그대로 죽음과 죽음 이후의 사건이 우리에게 해를 끼치긴 하나 그 정확한 시점은 알 수 없다는 관점이다. 여기서는 마지막 해법으로 제시하지만, 사실 해악 논제에서 가장 먼저 나온 시점의 문제 해법이었다. 대표적으로 토머스 네이글과 해리 실버스타인이 이 관점을 옹호했다. 네이글은 이렇게 설명했다.

> 사람에게 닥칠 수 있는 선과 악을 특정 시점에서 귀속되는 비관계적 속성으로만 제한하는 것은 자의적이다. 어떤 선과 악은 불가분의 관계에 있으며, 이는 시공간적 경계가 있는 사람과 시공간적으로 일치하지 않을 수 있는 상황들 사이의 관계 속에서 성립하는 속성이다. 한 사람의 삶에는 신체와 정신의 경계 내에서 일어나지 않는 많은 것들이 포함돼 있으며, 그 사람에게 일어나는 일 또한 삶의 경계 내에서만 벌어지는 사건들로 국한되지 않는다. 속거나, 경멸당하거나, 배신당하는 등의 불행은 흔히 이런 경계를 넘나들곤 한다. 한 사람이 선과 악의 대상이 되는 이유는 고통을 겪거나 즐거움을 누릴 수 있어서일 뿐 아니라, 그 사람이 품은 희망이 성취되거나 좌절될 수 있으며, 가능한 일이 실현되거나 무산될 수 있어서이기도 하다. 만약 죽음이 악이라면 죽음은 이런

용어들로 설명해야 하며, 삶 속에서 죽음을 찾는 게 불가능하니 곤란하다는 이유가 될 수 없다.

사람이 죽을 때, 손실을 겪는 개체의 시공간적 위치는 분명하더라도 그 불행 자체는 그리 쉽게 특정할 수 없다. 우리는 그저 "그 사람의 삶은 끝났고, 더 이상 존재하지 않는다"라는 사실을 진술하는 데 만족해야 한다. 바로 그 사실이 한 사람의 과거나 현재의 상태가 아닌 불행을 구성해야 한다. 그렇더라도 손실이 있다면 손실 자체는 그렇지 않더라도 그 손실을 겪는 누군가는 존재해야 하며, 그 존재는 구체적인 시공간적 위치를 점유해야 한다.[16]

여기서 네이글은 개체들이 내재적 속성뿐 아니라, 내가 지금 컴퓨터 앞에 앉아 있다는 사실처럼 다른 것들과 맺는 공간적 관계를 통해 외재적 속성을 지닐 수 있다고 지적한다. 아울러 개체는 시간적 관계를 통해서도 속성을 가질 수 있다. 예컨대 앞서 링컨은 죽은 뒤 이미 한참 지난 2006년 철학 수업에서 논의된 사람이라는 속성을 갖는데, 이는 특정 사건들이 그의 죽음 이후에 발생했다는 시간적 관계로 인한 것이다. 네이글은 필멸의 해악과 죽음 이후의 사건들이 끼치는 해악은 살아있는 주체와 그 주체가 사라진 뒤 일어난 사건들 사이의 관계라고 보면서도, 그 해악의 시간적 위치, 즉 '시점'은 특정할 수 없다고 생각한 듯하다.

네이글의 이 관점은 부조리한 결과를 낳는다는 이유로 줄리언 라몬트와 닐 페이트의 비판을 받았다.[17] 이들의 반론에 따르면 네이글의 견해는 어떤 사건은 일어나는 시점 없이 발생하고, 어떤 해악은 아무런 시점 없이 해를 끼친다는 의미를 담고 있다. 이들은 발생하는 모든 사건은 반드시 어떤 시점에서 일어난다고 주장했다. 반면 윌리엄 그레이(William Grey)는 그의 견해를 제대로 이해한다면 모순된 결과를 낳지 않는다는 사실을 알 수 있다면서 네이글의 불확정주의 관점에 동참했다.[18] 네이글과 그레이의 불확정주의는 필멸의 해악이 경계가 흐릿한 시간 동안 발생한다고 봤다. 죽음이 우리에게 해악을 끼치는 시점은, 일테면 누군가가 대머리가 되는 시점 같은 것이다. 정확히 특정할 수 없다.

이렇게 이해하면 불확정주의는 후행주의, 동시주의, 선행주의와 경쟁하는 관점이 아니다. 영원주의는 예외인데, 어차피 영원에는 흐려질 경계 자체가 없다. 그레이의 불확정주의는 후행주의와 선행주의, 그리고 가능하다면 동시주의가 참일 경우에만 성립할 수 있다. 왜냐하면 경계가 흐릿한 시간이라도 죽음이라는 사건이 죽음 이전에서든 이후에서든 동시에서든 일어나긴 해야 하기 때문이다. 실제로 그레이는 '흐릿한 경계' 개념의 불확정주의를 후행주의와 결합해 보완했다. 그는 우리가 죽음의 해악을 죽음 이후 경계가 흐릿한 일정 시점에 겪는다고 설명했다.

그레이의 흐릿한 경계 개념만 불확정주의에 속하는 것은 아니다. 우리가 필멸의 해악을 겪긴 하지만, 막상 그 시점이 언제냐는 질문에는 명확한 답이 없다는 개념도 있다. 나는 이를 '무응답 불확정주의(no-answer indefinitism)'라고 부른다. 네이글도 "불행 자체는 그리 쉽게 특정할 수 없다"고 쓸 때 혹시 이 개념을 염두에 뒀는지 모르겠다. 이 버전의 불확정주의는 죽음이 우리에게 시간을 초월해 해를 끼칠 수 있다는 주장과 사실상 같은 개념으로 이해할 수 있다. 필멸의 해악은 어떤 시점에 발생하는 사건이라기보다, 죽음이 벌어지면 참이 되는 하나의 사실이라고 이해하는 것이다. 그렇기에 무응답 불확정주의는 불확정주의 관점으로서 제시된 시점의 문제 해법이 아니라, 시점의 문제에 대한 대답 자체를 유보하는 태도라고 볼 수 있다. 물론 해법이 있을 수 있다는 관점과는 양립할 수 있다.[19]

동시주의와 선행주의 조합

'영원주의'는 죽음이 우리가 죽지 않았다면 누릴 수 있었을 더 나은 삶을 박탈함으로써 해를 끼친다는 유망한 생각에서 영감을 얻었다. 그러나 우리가 모든 시점에 걸쳐 필멸의 해악을 겪는다는 주장은 극도로 설득력이 떨어진다. 이보다 그럴듯한 관점은 '후행주의'인데, 우리가 죽지 않았더라면 좋은 삶을 누리고 있었을 시간 동안 필멸의 해악을 입는다는 견해다. 그렇지만 후행주의 역시 받아들이기 어렵다. 우리 모두 죽고 나면 반응성을 상실하므로, 죽음 이후에 해를 입는다는 생각은 도무지 이해할 수 없기 때문이다. '불확정주의'도 실망스럽긴 매한가지다. '흐릿한 경계' 개념은 우리가 필멸의 해악을 겪는 시점의 경계가 흐릿하다고만 할 뿐 그게 언제인지는 알려주지 않는다. '무응답' 개념은 아예 우리가 직면한 질문 자체를 회피한다.

그렇다면 결국 우리에게 남은 해법은 동시주의와 선행주의 또는 이 둘의 조합이다. 죽음이 일어나는 동안 우리에게 해를 끼친다는 관점은 합리적으로 보인다. 반면 죽음 이후의 사건이 일어나는 동안 우리에게 해를 끼친다는 생각은 타당해 보이지 않는다. 거듭 말하건대 우리는 죽은 상태에서 반응할 수 없다. 한편으로 죽음과 죽음 이후의 사건 모두 우리가 살아있는 시점에서 우리에게 해를 끼칠 수 있다는 주장은 설득력이 있다. 살아있는 사람은 미래에 어떤 일이 일어나느냐에 따라 삶의 이익이 좌우될 수 있기 때문이다. 우리가 죽은 뒤에 벌어질 사건이라도 우리의 현재에 관한 여러 사실을 성립시킬 수 있으며, 그 가운데 일부는 지금 우리의 이익에 반할 수 있다. 우리의 평판이 내일 훼손되리라는 사실은, 그동안의 좋은 평판을 내일도 유지하고 싶다는 현재 우리의 이익에 반한다.

이 장의 서두에서 우리는 에피쿠로스주의의 전제 자체가 거짓임을 확인했기에, 해악 논제 지지자들이 반드시 시점의 문제에 대한 해법을 제시할 필요는 없다. 어떤 사건이나 상태가 우리에게 해를 끼친다는 것은 어떤 시점 T에서 우리를 T에서 겪는 다른 경우보다 더 나쁘게 만든다는 의미가 아니더라도 성립할 수 있어서다. 비교주의가 보여주듯이 우리 삶을 원래보다 더 나쁘게 만드는 것은 그것들이 무엇이든 우리의 이익에 반한다. 일반적으로 죽음도 그렇다. 우리가 죽고 나면 이후 어떤 시점에서도 우리는 존재하지 않기 때문에, 죽지 않은 것보다 더 나쁜 상태는 있을 수 없다. 죽음은 죽음이 일어날 때 우리를 더 나쁘게 할뿐더러, 죽음과 죽음 이후의 사건은 현재 살아있는 우리의 삶도 더 나쁘게 만들 수 있다. 우리가 갖고 있던 이익에 반할 수 있기 때문이다.

사실 해악 논제를 옹호하는 쪽에서는 죽음 때문에 어떤 시점 T에서 우리가 죽지 않았을 때보다 더 나쁜 상태에 있다고 말할 수 있는 시점 T를 굳이 특정할 이유는 없다. 비교주의 관점에서 보면 그런 시점이 존재하지 않더라도 죽음은 얼마든지 우리에게 해로울 수 있다. 죽음은 시간을 초월해 우리에게 해롭다. 죽음은 우리가 죽지 않았을 때보다 우리 삶을 더 나쁘게 만든다는 바로 그 점 때문에 사는 내내 우리에게 해롭다.

그렇긴 하지만 시점의 문제에 답할 그럴듯한 해법이 없는 것은 아니다. 우리가 영원히 필멸의 해악을 겪는다는 '영원주의', 우리가 죽은 뒤에 해악을 입는다는 '후행주의', 흐릿한 경계 개념을 내세워 우리가 필멸의 해악을 겪는 시점을 정확히 특정할 수 없다는 '불확정주의'와 달리 '선행주의'는 우리가 죽음이 박탈하는 이익을 갖고 있는 동안, 즉 살아있는 동안 필멸의 해악을 입는다고 설명한다. 죽음 이후의 사건도 살아생전 우리의 이익에 반하는 한 마찬가지로 해롭다. 또 다른 해법인 '동시주의'는 우리가 죽는 동안 필멸의 해악을 겪는다고 보는데, 이 또한 합리적인 관점이다. 다만 우리가 언제 죽음 이후의 사건으로 해악을 입는지를 설명하는 관점은 되지 못한다.

제2부

죽임

KILLING

제6장

죽인다는 것

DEATH

"살해는 언제 도덕적으로 문제가 되는가?"

이 질문은 몇몇 특수한 경우에 특히 격렬한 논쟁을 불러일으킨다. 예를 들어 발달 초기 단계의 인간 존재를 죽이는 행위인 '낙태'가 과연 문제가 되는지, 문제가 된다면 얼마나 잘못된 일인지 여전히 의견이 분분하다. 또 어떤 경우에는 우리 스스로 자신을 죽이는 '자살'이나 타인(의사)의 도움을 받아 자신을 죽이도록 하는 '안락사'가 전혀 문제없다거나, 적어도 살고자 하는 사람을 억지로 죽이는 행위보다야 낫다는 주장도 있다. 이런 특수한 경우들은 이어지는 장에서 따로 살필 것이다. 제7장은 '자살'과 '안락사', 제8장은 '낙태'를 다룬다.

특수하고 예민한 '죽임'의 경우에서는 논쟁이 끊이지 않지만, 일반적으로 사람을 죽이는 행위가 매우 심각한 잘못이라는 데는 이견이 없다. 나아가 다른 생명체를 죽이는 것도 정도의 차이는 있겠지만 문제가 될 공산이 크다. 이 장에서는 특수한 경우들은 제쳐두고 왜 살해가 일반적으로 잘못된 일인지 묻겠다.

우선 이 문제를 우리 논지에 맞게 좁히려면 질문을 좀 더 세밀하게 다듬을 필요가 있다. 어떤 행위가 잘못인지를 따지는 일은 꽤 복잡한 문제다. 어떤 특성들이 잘못을 향해 있다면 그 행위가 잘못임을 강하게 시사할 수 있다. 반대로 어떤 특성들은 해당 행위가 잘못이 아님을 가리킬 수도 있다. 어떤 행위가 잘못인지 아닌지는 이런 모든 특성을 종합적으로 살펴 판단해야 할 것이다. 설령 어떤 행위가 잘못을 구성하는 특성을 가졌더라도, 종합적으로 볼 때 잘못된 것이 아닐 수도 있다. 그래도 그런 특성을 가졌다면 그 행위는 '일단은' 잘못된 것이다. 따라서 나는 "살해는 왜 잘못된 행위인가?"라고 묻는 대신 "어떤 특성 때문에 살해가 '일단의 잘못(prima facie wrong)'이 되는가?"라고 묻고자 한다.

이제 질문을 다듬어보자. 살해가 일단의 잘못인 이유는, 다른 이유도 있겠지만, 주로 죽임을 당하는 당사자에게 끼치는 나쁜 영향 때문이라고 보는 것이 타당하다. 예컨대 내가 여러분을 죽인다면 여러분 가족이 큰 상심에 빠질 것이고, 이는 내가 여러분을 죽여선 안 되는 하나의 이유가 된다. 하지만 설령 여러분 가족이 여러분의 죽음을 차라리 잘됐다고 여길지라도, 내가 여러분을 죽이는 행위는 여전히 '일단은' 잘못된 일이다. 살해가 죽임의 당사자에게 미치는 나쁜 영향 때문에 일단의 잘못된 행위임을 확실히 표현하기 위해 '일단의 직접적 잘못(prima facie directly wrong)'이라는 용어를 쓰겠다. 이 장에서 내가 물으려는 게 바로 "무엇이 살해를 일단의 직접적 잘못이 되게 만드는가?"다. 그런데 '일단의 직접적 잘못'은 너무 기니까 앞으로는 줄여서 '직접적 잘못'이라고 부르겠다.

고려해야 할 또 다른 문제도 있다. 통상적으로 우리는 어떤 생명체를 죽이는 행위와 그 생명체가 죽도록 내버려두는 '부작위(不作爲/omission)'를 구분한다. 이 구분은 상당히 중요하다. 왜냐하면 어떤 경우 살해는 허용되지 않더라도 그냥 죽게 내버려두는 것은 허용될 수도 있기 때문이다. 물론 어떤 존재를 죽게 내버려두는 행위가 잘못이면 그 존재를 살해하는 행위도 분명히 잘못이다. 어쨌든 우리가 일테면 굶주려 쓰러진 사람들은 반드시 도와야 하고 죽도록 내버려두면 안 된다는 생각에 관해서는 논쟁의 여지가 있지만, 그들 가운데 누구도 죽여선 안 된다는 점만큼은 확실하다. 이 장에서는 우리가 행위와 부작위 구분을 충분히 할 수 있다는 전제 아래, 죽음을 내버려두는 경우와 대조해 어떤 때 살해가 '직접적 잘못'이 되는지 논의하겠다.

살해의 직접적 잘못을 설명하는 관점에는 크게 세 가지가 있다. 첫 번째는 '해악 설명'이다. 살해의 잘못인 이유를 살해당한 당사자에게 끼치는 해악의 문제로 설명한다. 두 번째는 '동의 설명'이다. 살해당한 당사자가 자기 죽음에 동의하지 않은 살해를 잘못이라고 본다. 세 번째는 '주체 가치 설명'이다. 살해당한 당사자가 상실한 가치, 즉 주체의 내재적 가치를 헤아려 잘못을 판단하는 관점이다. 차례대로 살펴볼 테고, 세 관점 모두 저마다 설득력이 있지만, 이후 나는 '해악 설명'과 '동의 설명'을 결합한 네 번째 관점인 '결합 설명'이 가장 적절하다고 제안할 것이다.

해악 설명

도덕철학자 제임스 레이첼즈(James Rachels)와 돈 마르퀴스(Don Marquis)는 통상적인 살해가 직접적 잘못인 이유는 죽임을 당하는 당사자에게 해를 끼치기 때문이라고 설명했다.[1] 이들의 관점은 살해의 부당성에 관한 다음과 같은 분석을 가리킨다. 나는 이를 '해악 설명'이라고 부른다.

> 주체 S를 살해하는 행위가 직접적 잘못인 경우는 오직 S에게 해를 끼칠 때뿐이다. 잘못의 정도는 S에게 끼친 해악에 비례한다. 해악이 클수록 살해 행위는 더 큰 잘못이 된다.

해악 설명의 무게는 우리가 해악을 어떤 식으로 이해하느냐에 달렸다. 제4장에서 논의한 표준적 비교주의와 결합하면 해악 설명은 상당한 설득력을 얻게 된다. 우리가 이미 확인했듯이 비교주의는 다양한 복지 이론과도 양립 가능하다. 복지를 바라보는 어떤 관점이 옳은지는 열린 문제로 남겨두겠다. 그래도 해악 설명을 쾌락주의와 결합했을 때 어떤 결과가 나오는지는 살펴볼 가치가 있다. 쾌락주의를 거부해야 할 추가적인 근거가 도출될 수도 있다. 아니면 쾌락주의가 완강하게 해악 설명을 거부하는 쪽을 택할 수도 있을 것이다. 검토 과정에서 어떤 함의를 발견할 수 있을지 들여다보자.

쾌락주의적 해악 설명

앞서 언급했듯이 복지와 개인의 이익으로 타산적 가치를 바라보는 에피쿠로스의 관점은 이른바 '소극적 쾌락주의'다. 다시 말해 우리가 고통이 늘 때 해를 입고 고통이 줄 때 이익을 얻는다는 견해다. 소극적 쾌락주의 관점에서 해악 설명을 진술하면 다음과 같은 입장을 제시할 것이다.

> 주체 S를 살해하는 행위가 직접적 잘못인 경우는 오직 S에게 고통을 가할 때뿐이다. 잘못의 정도는 S에게 가한 고통에 비례한다. 고통이 클수록 살해 행위는 더 큰 잘못이 된다.

이 입장은 어느 정도 설득력이 있을까? 분명한 부분부터 시작해보자. 소극적 쾌락주의 관점에서 보면 이 경우 살해당하는 사람에게 할 수 있는 최선의 일은 가능한 한 빨리 그 사람의 생명을 거두는 것이다.

그것도 가장 고통이 덜한 방식으로 말이다. 이는 소극적 쾌락주의가 주장한 두 가지 사실, 즉 오직 고통의 감소만이 우리에게 이익이 된다는 사실과 모든 삶은 상당한 고통을 수반한다는 사실에 근거한 분석이다.

삶의 지속 여부와 상관없이 에피쿠로스주의 관점에서는 자살로 삶을 포기하는 것마저 비합리적 선택이 아니다. 아울러 타인에 의해 고통 없이 살해되는 것도 타산적 측면에서 반대할 수 없다. 삶에서 겪을 고통을 없애주니 이익이 되기 때문이다. 따라서 소극적 쾌락주의 관점의 해악 설명으로는 살해의 직접적 잘못을 도출하지 못한다. 오히려 살해의 직접적 허용이라는 결론마저 이끌어낸다.

이게 전부가 아니다. 에피쿠로스주의자들이 말하는 자선의 의무, 즉 타인에게 이익을 줄 의무까지 고려하면 기꺼이 살인 행각을 벌여야 하는 듯 보인다. 고통만 없게 해준다면 에피쿠로스주의자들을 아무리 죽여도 잘못이 아니다. 살면서 겪게 될 고통을 없애주니 그들에게 이익이고, 이익이 아니더라도 최소한 그들의 복지에는 아무런 차이를 유발하지 않으니까. 물론 우리가 그들에게 쾌락 같은 좋은 것들을 주지 않거나 그들로부터 그런 좋은 것들을 박탈해 잘못을 저지를 수는 있다. 그런데 우리가 그들을 고통 없이 살해하면 더는 그런 좋은 것들의 결핍으로 고통받는 일을 멈추게 해주는 셈이니 그 또한 잘못이 아니다. 결국 에피쿠로스주의자들을 살해하는 게 잘못이 되는 유일한 방식은 살아서 고통받게 될, 같은 에피쿠로스주의자들인 그들의 가족이나 동료들을 남겨두는 것뿐이다.

그렇다면 생존자들, 즉 그들의 가족이나 동료들에게는 잘못일까? 한 가지 대답은 우리가 생존자들에게는 자선의 의무가 있고, 그들이 아끼는 사람들을 죽이지 않음으로써 그들이 이익을 얻는다면, 살인을 하지 말아야 할 의무가 있다는 것이다. 그러나 이 대답도 곧바로 틈을 보이게 된다. 소극적 쾌락주의 관점에서는 고통을 겪으며 계속 사는 게 이익이 아니라 고통 없이 죽는 게 이익이니, 에피쿠로스주의자들인 생존자 자신들도 아끼는 이들에게 고통 없는 죽음을 제공할 책임이 있는 것이다. 더욱이 우리가 같은 인간만을 도와야 하는 것도 아니다. 감각이 있는 모든 존재가 고통받기에, 우리는 전부 죽여야 한다.

여러분은 아마도 이렇게 말하고 싶을지 모르겠다. 모든 사람은 자신의 허락 없이 살해당하지 않을 권리를 갖고 있지 않은가? 당연히 그렇다. 그러나 에피쿠로스주의의 세계관에서는 고통 없는 죽음이 최선의 이익이 될 수 있으니, 고통 없는 죽음에 동의한다는 추정도 늘 성립하게 된다. 그리고 살인을 저지르는 사람들은 자신이 죽이는 대상의 이익을 위해 행동한 것뿐이라는 정당성도 확보하게 된다. 오직 사이비 에피쿠로스주의자들만이 이 논리를 거부할 수 있다.

소극적 쾌락주의로는 도저히 돌파구가 보이지 않으니, 이번에는 해악 설명을 적극적 쾌락주의와 결합해보자. 그러면 다음과 같은 진술이 나올 것이다.

주체 S를 살해하는 행위가 직접적 잘못인 경우는 오직 S의 쾌락을 박탈하거나 고통을 더할 때뿐이다. 잘못의 정도는 S에게서 박탈한 쾌락과 S에게 더한 고통에 비례한다. 박탈한 쾌락과 더한 고통이 클수록 더 큰 잘못이 된다. 쾌락만이 S의 유일한 내재적 선이고, 고통만이 S의 유일한 내재적 악이다.

이 관점은 소극적 쾌락주의 버전보다 훨씬 더 그럴듯하다. 놀랄 일도 아닌 게, 애초에 복지 이론에 속하는 것도 적극적 쾌락주의이기 때문이다. 그렇긴 하나 이 견해 또한 거부해야 할 이유가 적어도 두 가지는 있다. 첫째, 제4장에서 이미 확인했듯이 적극적 쾌락주의는 선호주의나 다원주의 같은 다른 복지 이론에 비해 설득력이 없다. 둘째, 적극적 쾌락주의와 해악 설명이 결합한 이 버전은 사람을 살해하는 게 다른 생명체를 죽이는 것보다 더 나쁜 이유는 설명하지 못한다. 수명이 비슷하게 긴 다른 동물보다 유독 인간만이 살아있는 동안 더 많은 쾌락을 얻는다고 단정하기 어렵기 때문에, 박탈된 쾌락이나 더해진 고통의 양만 놓고 보면 인간 살해나 동물 살해나 동등하게 직접적 잘못인 듯 보인다.

표준적 해악 설명

복지 이론과 결합하지 않은 상태로도 해악 설명을 논의할 수 있다. 이렇게 이해하면 해악 설명은 비교적 명확한 관점이 되며, 살해의 직접적 잘못을 꽤 구체적인 방식으로 설명할 수 있다.

해악 설명은 실질적인 장점이 있다. 서로 다른 생명체가 살아있는 동안 얻게 되는 이익의 크기가 일반적으로 다르고, 어떤 경우에는 아예 아무런 이익도 얻지 못한다고 가정해보자. 그렇다면 어떤 종류의 생명체를 살해하는 행위는 다른 생명체를 살해하는 것보다 문제가 덜 되며, 또 어떤 생명체를 죽이는 일은 전혀 문제가 되지 않을 것이다(여기서 내가 '일반적으로'라고 표현한 이유는 어떤 개체를 죽이는 행위는 오히려 그 개체의 이익에 부합할 수도 있다는 가능성을 고려한 것이다). 예를 들어 자기 결정이나 자기 인식 능력을 가진 존재는 단순한 감각적 존재보다 삶에서 월등히 많은 것들을 얻어낸다고 해보자. 반면 감각 능력조차 없는 생명체는 삶에서 아무런 것도 얻지 못한다고 하자. 이 가정은 당연히 설득력이 있다. 자기 결정을 할 수 있는 존재의 이익은 감각적 존재보다 훨씬 더 광범위하고 정교하며, 식물처럼 감각 능력이 없는 생명체는 무슨 일이 벌어져도 그것을 중요하게 판단할 만한 관점을 갖고 있지 않기 때문이다.

이렇게 가정할 때 해악 설명은 살해가 모두 직접적 잘못이긴 하지만, 어떤 생명체를 죽이는 행위는 다른 생명체를 죽이는 것보다 더 나쁘다는 의미를 함축한다. 이 함축된 견해를 '계층 논제(hierarchy thesis)'라고 부르겠다. 해악 설명에 따르면 사람과 같은 자기 결정적 존재를 살해하는 행위는 개나 고양이 같은 감각적 존재를 죽이는 것보다 훨씬 더 나쁘고, 단순 감각적 존재를 죽이는 행위는 감각이 없는 식물이나 다른 비감각적 존재를 죽이는 일보다 더 나쁘며, 비감각적 존재를 죽이는 것은 전혀 잘못이 아니다.

그렇더라도 해악 설명에 장점만 있는 것은 아니다. 곧이어 다룰 '시간 상대적' 버전을 포함해 두 가지 반론에 부딪힌다. 첫째, 해악 설명은 살해의 잘못이 피살자에게 가한 해악의 크기에 따라 달라진다고 하는데, 그러면 잃을 게 적은 노인을 살해하는 행위가 잃을 게 많은 청년을 죽이는 것보다 잘못이 덜하다는 걸까? 이는 우리의 직관과 어긋난다. 둘째, 해악은 살해가 직접적 잘못이 되기 위한 필요조건도 충분조건도 아니다. 이제 이 두 가지 비판을 차례대로 살펴보자.

첫 번째 비판은 '평등주의' 관점의 반론이다. 보통 대부분 사람은 어떤 식으로든 '평등 논제(equality thesis)'를 받아들인다. 인간 존재나 일부 하위 집단처럼 특정 종의 생명체에 대해서는 어떤 존재를 죽이더라도 다른 존재를 죽이는 것만큼이나 직접적 잘못이라고 여긴다.[2] 그런데 인간이라면 모두가 평등할까? 어떻게 대답하느냐에 따라 평등 논제의 버전도 둘로 갈라진다.

- **강경한 인간 중심적 평등 논제**: 어떤 인간을 살해하더라도 다른 인간을 죽이는 것만큼이나 심각한 잘못이다.
- **온건한 인간 중심적 평등 논제**: 어떤 자기 결정적(자기 인식적) 인간을 살해하더라도 다른 자기 결정적(자기 인식적) 인간을 죽이는 것만큼이나 심각한 잘못이다.

위 두 버전은 대상을 인간 존재로만 한정하고 있으나, 이 제한을 풀면 모든 생명체로 평등 논제를 확장할 수 있다.

- **극단적 평등 논제**: 어떤 생명체를 살해하더라도 다른 생명체를 죽이는 것만큼이나 심각한 잘못이다.
- **강경한 평등 논제**: 어떤 감각적 존재를 살해하더라도 다른 감각적 존재를 죽이는 것만큼이나 심각한 잘못이다.
- **온건한 평등 논제**: 어떤 자기 결정적(자기 인식적) 존재를 살해하더라도 다른 자기 결정적(자기 인식적) 존재를 죽이는 것만큼이나 심각한 잘못이다.

이것들 가운데 어느 것이 옳다고 해도 해악 설명은 틀린 게 된다. 왜냐하면 해악 설명은 피살자에게 끼친 해악의 크기에 따라 살해의 잘못이 달라지며, 따라서 해롭지 않은 살해는 전혀 문제가 되지 않는다고 보기 때문이다.

평등 논제의 어떤 버전은 도덕 이론의 방어 불가능한 공리로 취급될 수도 있다. 그러나 어떤 버전이 옳은지는 명확하지 않다. 물론 이런 이유로 평등 논제를 통째로 포기할 필요는 없지만, 조심스러운 태도를 가질 수밖에 없는 것 같다. 그러니 평등 논제가 왜 그럴듯한지 따져보고, 그에 따라 우리의 평등주의적 직관을 조정할 필요가 있을 것이다.

먼저 '온건한 평등 논제'를 살펴보자. 문제가 없어 보이기는 하는데,

설령 옳다고 해도 해악 설명이 작동할 여지는 여전히 남겨두고 있다. 확실히 온건한 평등 논제는 해악 설명을 인간이 아닌 동물에게 적용해도 양립할 수 있다. 이를 통해 앞서 언급한 '계층 논제'를 설명할 수 있다. 나아가 온건한 평등 논제는 자기 결정 능력을 상실한 인간에게 해악 설명을 확대할 명분을 마련해준다. 우리는 자기 결정적 존재를 살해하는 행위가 자율성을 침해하므로 잘못이라고 비난하더라도, 해악 요건이 살해의 잘못에 일정 부분 역할을 한다는 점을 인정할 수 있을 뿐더러 인정해야 한다. 누군가를 살해하는 게 자율성을 크게 침해하는 일이라고 해도, 그 해악이 다른 경우보다 더 크다면 그만큼 더 나쁘다고 할 수 있다. 예컨대 내가 여러분을 죽여서 여러분이 원했던 1주일이나 1개월을 빼앗는다면, 나는 여러분의 의지를 존중하지 않았다는 점과 여러분에게 해를 끼쳤다는 점 모두에서 잘못을 저지르는 것이다. 그러나 여러분의 의지에 반해 수년 수십 년의 세월을 빼앗는다면, 그 잘못은 훨씬 더 클 것이다. 자기 결정적 존재를 살해하는 잘못에서 해악이 유일한 요인은 아니지만, 하나의 요인인 것은 분명하다.

두 번째 비판은 '허용한 해악'과 '해악 없는 잘못'이라는 관점의 반론이다. 해악 설명은 이런 이유로도 비판받을 수 있다. 타인에게 해를 끼치는 행위가 도덕적으로 허용될 때도 있기 때문이다. 이는 자신의 동의로 해를 입었을 때 대다수 사람은 잘못된 일을 당했다고 보지 않는다는 사실에 근거한다. 예를 들어 임상 시험 참가자들은 상당한 해를 입을 수 있지만, 정당한 동의 절차를 거쳤다면 그 위험을 스스로 감수한 셈이다. 같은 맥락에서 살해로 해를 입더라도 자신이 동의한 상태에서 살해된다면 잘못된 일을 당한 게 아닐지도 모른다.

한편으로 살해가 잘못된 일이 되기 위해 꼭 해악이 필요한 것도 아니다. 어떤 경우에는 해를 입지 않더라도 자신의 의사에 반해 유익한 대우를 받으면 잘못을 당한다고 할 수 있다. 누군가에게 유익한 일을 해주더라도 그 사람의 동의 없이 하면 잘못은 잘못이다. 그래서 보통 의사는 환자에게 도움이 되더라도 환자의 동의가 없으면 그 치료를 진행하지 않는다. 그렇다면 살해 또한 해를 끼치지 않더라도 당사자의 의지에 반해 이뤄지면 잘못이 될 수 있다.

따라서 '해악 설명'은 살해의 직접적 잘못을 설명하는 관점으로 적합하지 않다. 다른 설명이 필요하다. 이번에는 살해의 직접적 잘못을 당사자에게 해를 끼친다기보다 주체의 가치를 파괴한다는 쪽에 초점을 맞춘 '주체 가치 설명'이 더 나은 분석을 제시할 수 있는지 살펴보자.

주체 가치 설명

어떤 철학자들은 특정 개체들이 내재적 가치를 지닌다고 말한다. 그리고 인간의 내재적 가치가 특히 더 크다는 데는 이의가 없다. 사실상 절대적이다. 다른 어떤 종류의 가치보다 더 클 수 없다는 점에서 그렇다. 그래서 인간의 생명이 신성하다고 주장하는 사람들은 바로 이런 가치를 인간에게 부여하는 것처럼 보인다.[3] 나아가 서로 다른 생명체들도 서로 다른 내재적 가치를 갖고 있으므로, 그 가치의 크기를 통해 살해 행위가 각각의 개체들에 얼마만큼 잘못인지를 판단할 수도 있을 것이다. 이런 관점이 '주체 가치 설명'이다. 정치철학자 로널드 드워킨(Ronald Dworkin)은 인간이 내재적 가치를 지닌다는 관점은 "본질적으로 종교적인 믿음"이라고 주장했다.[4] 아울러 이 믿음은 "거의 모든 사람이 어떤 형태로든 공유하지만 저마다 다르게 해석"한다고도 지적했다.[5] 그러나 여기서 나는 철학적 입장만 다루겠다.

주체 가치와 복지

우리는 어떤 주체 자체가 갖는 가치를 '주체 가치'라고 부를 수 있다. 주체 가치는 주체가 본성으로 지니는 가치다. 따라서 주체 가치는 주체의 복지 수준이나 그에 따라 측정된 삶의 가치와는 구별돼야 한다. 살면서 우리의 복지 수준은 시간에 따라 달라지지만, 우리의 주체 가치는 살아있는 내내 유지된다. 또 다른 차이도 있다. 주체 가치는 '행위 중립적'이고 '비개인적'인 반면, 복지는 '행위 상대적'이고 '개인적'이다. 가치가 '행위 상대적'이라는 것은 어떤 행위자에게는 가치를 갖지만 다른 이들에게는 그렇지 않을 수 있다는 뜻이다. '개인적' 가치는 특정 행위자에게 해당하는 가치이고, '비개인적' 가치는 객관적인 가치다. 물론 '개인적' 가치와 '비개인적' 가치를 동시에 가질 수도 있다. 우리가 지금 복지를 누리고 있다는 사실은 두 관점 모두에 해당한다.

과거 토마스 아퀴나스(Thomas Aquinas)나 임마누엘 칸트를 비롯한 서양의 대부분 철학자는 인간 존재만을 가치 있는 주체로 꼽았다. 하지만 내가 보기에 이런 견해는 매우 자의적이고 맹목적인 '종 우월주의(species chauvinism)'의 한 형태다.[6] 왜 인간만 가치를 지닌 유일한 존재라고 간주해야 할까? 아마도 우리 안의 어떤 것들이 우리의 가치를 뒷받침할 것이다. 예컨대 우리의 감각 능력, 자기 인식 능력, 자기 결정 능력 같은 것들 말이다. 그렇다면 원칙적으로 다른 생명체 역시 저마다 내재적으로 가치 있는 존재들이다.

내재적 가치

일부 개체만 내재적 가치를 지닌다는 생각을 당연하게 받아들인다면, 우리는 살해의 잘못에 관한 두 번째 관점인 '주체 가치 설명'을 이렇게 진술할 수 있다.

> 주체 S를 살해하는 행위가 직접적 잘못인 경우는 오직 S가 내재적 가치를 지닌 주체일 때뿐이다. 잘못의 정도는 S의 내재적 가치에 비례한다. 내재적 가치가 클수록 살해 행위는 더 큰 잘못이 된다.

이 관점이 살해의 직접적 잘못을 설명하고 있을까? 그런 것 같다. 주체가 내재적 가치를 지니고 있다면, 그것은 분명 그 주체를 살해하지 말아야 할 이유가 되기 때문이다. 그렇지만 뭔가가 내재적 가치를 지닌다는 사실만으로는 주체가 얼마나 큰 가치를 가졌는지 알 수 없기에, 주체를 살해하는 행위가 얼마나 심각한 잘못이 되는지도 알 수 없다. 아마도 어떤 생명체, 일테면 아르마딜로(armadillo) 같은 경우는 다른 존재들보다 훨씬 더 작은 주체 가치를 지니고 있을지도 모르겠다.

어떤 주체가 다른 주체보다 더 큰 내재적 가치를 지닌다는 사실은 '계층 논제'를 뒷받침함으로써 '주체 가치 설명'에 유리하게 작용할 수도 있다. 어떤 존재든 살아있다면 아무리 미미할지라도 일정 수준의 내재적 가치를 지닐 것이다. 감각적 존재라면 그 능력이 단순히 고통이나 쾌락을 느끼는 수준이더라도 더 큰 내재적 가치를 지닐 것이다. 자기 결정적 존재라면 그보다 훨씬 더 큰 내재적 가치를 갖고 있을 것이다. 이 모든 것을 종합하면, 우리가 식물은 어떤 이유에서든 죽일 수 있으나 감각적 존재를 죽이려면 더 무거운 이유가 필요하고, 자기 결정적 존재를 죽이려면 그보다 더욱 무거운 이유가 필요하다는 결론에 이른다.

그럼에도 불구하고 주체 가치 설명은 결정적인 두 가지 의문 앞에서 멈칫하게 된다. 첫 번째 의문은 생명체 발달 과정에서 극적으로 변화하는 존재가 많다는 사실이다. 그때마다 내재적 가치가 달라진다고 생각할 수 있다. 두 번째 의문은 적어도 인간을 제외한 동물, 그러니까 소나 돼지 같은 동물의 경우에는 내재적 가치를 지닌다는 사실은 인정할 수 있어도, 실제로 그것들을 죽여도 될지 판단할 때는 결국 '복지'와 관련한 고려가 기준이 되는 듯 보인다는 사실이다.

첫 번째 의문을 좀 더 자세히 들여다보자. 이 의문은 내재적 가치를 주체가 존재하는 모든 시기에 걸쳐 지니는 특성이라고 전제할 때 문제가 된다. 주체의 내재적 가치를 설명하려면 주체에게 중요성을 부여하는 속성들을 찾게 되는데, 그런 '가치를 부여하는 특성'은 주체가 어떤 시기에서는 결여한 것처럼 보이기 때문이다. 확실히 여러분과 나는 내재적 가치를 지녔다. 그런데 우리가 갓난아기 때는? 인간 본성에 관한 어떤 관점들에 따르면 우리는 영속적인 주체 가치를 확보하지 못한 시기를 거친다. 이 문제는 앞서 우리가 살핀 동물주의 관점에서 가장 심각하다. 동물주의자들의 주장처럼 우리가 존재의 첫 시기를 배아와 태아로 보내고 마지막 시기를 식물인간 상태나 시체로 보내는 존재라면, 이 시기의 우리는 절대적 가치는 말할 것도 없고 그 어떤 내재적 가치도 없는 것이다. 만약 내재적 가치가 우리 생애 전체에 걸쳐 갖는 것이거나 생애 전체에 걸친 '가치를 부여하는 특징'에 의존하는 것이라면, 내재적 가치를 갖지 못한다고 보는 게 타당하다.

모름지기 여러분과 내게 '행위 중립적'이고 '비개인적'인 내재적 가치를 부여하는 특성은 자기 인식 및 자기 결정 능력일 것이다. 그런데 실제로 우리는 존재의 모든 단계에서 이 능력을 지니지 못한다. 그래서 나는 이런 가치 있는 특성들이 '능력'일 뿐 그 능력의 '발현'은 아니라고 전제한다. 주체 가치 설명은 우리가 잠들어 있는 동안에도 여전히 주체 가치를 유지한다고 말할 수밖에 없기 때문이다. 아울러 주체가 존재하는 모든 시기에 걸쳐 보유하지 못하는 '가치를 부여하는 특성'

의 획득 및 상실에 따라 오락가락하는 주체 가치를 '일시적 주체 가치'라고 부르겠다.

도덕철학자 패트릭 리(Patrick Lee)에 따르면 우리의 주체 가치는 일시적이지 않다. 그는 우리를 "있는 그대로 규정하는 속성들" 덕분에 내재적으로 가치 있다고 주장했다.[7] 존재에 필수적인 속성들이 우리 존재를 내재적으로 좋게 만든다면, 우리의 내재적 가치는 영속적이다. 그러나 우리를 규정하는 필수 속성 가운데 어떤 것이 우리에게 내재적 가치, 더구나 상당한 수준의 내재적 가치를 부여하는지는 명확하지 않다. 리도 이 부분은 설명하지 않았다. 예를 들어 영구적인 혼수 상태에 빠진 주체는 존재하긴 하지만 그 존재가 내재적으로 가치 있다고 말하기는 어렵다. 초기 태아가 설령 필수 속성은 아니더라도 내재적 가치를 부여할 만한 속성을 지녔다고 보기도 어렵다. 알다시피 초기 태아 단계의 인간은 의식 능력을 갖추지 못한다. 우리가 죽은 상태에서도 마찬가지다. 인간이 태아일 때도 내재적 가치를 지닌다고 말할 만한 근거는 없다. 여러분과 내가 내재적 가치를 지니고 있고, 한때 태아였다면, 우리의 주체 가치는 필수 속성에서 비롯된 것이 아니라고 보는 게 합리적이다.

그래도 우리는 주체 가치가 일시적 주체 가치임을 인정하면서 이 설명을 수용할 수 있다. 주체가 내재적 가치를 지니고 있을 때만 주체를 살해하는 행위가 잘못이라고 하면 된다. 이 관점에서 보면 성숙한 인간을 살해하는 게 미성숙한 인간을 살해하는 것보다 더 나쁘며, 인간이 내재적 가치를 지니고 있다는 이유로 낙태를 비난하는 것은 잘못이 된다. 낙태를 비난하려면 인간이 태아일 때도 내재적 가치를 지닌다는 사실을 확실히 입증해야 할 것이다.

일시적 주체 가치에 다르게 반응하는 방식도 있다. 우리는 "죽임을 당하지 않았더라면 내재적 가치를 지니고 있었을 주체를 살해하는 것은 잘못"이라고 말할 수도 있다. 이른바 '최대 주체 가치 설명'이다. 이 관점으로는 이렇게 진술할 수 있다.

> 주체 S를 살해하는 행위가 직접적 잘못인 경우는 오직 S가 살해되지 않았다면 내재적 가치를 지니게 됐거나 유지하고 있었을 때뿐이다. 잘못의 정도는 S가 지니게 됐거나 유지하고 있었을 내재적 가치에 비례한다. 내재적 가치가 클수록 살해 행위는 더 큰 잘못이 된다.

우리가 자기 인식이나 자기 결정 능력을 확보할 때까지 내재적 가치를 얻지 못한다고 가정해보자. '최대 주체 가치 설명'을 따르면 내재적 가치를 확보해 주체 가치가 최고조에 이르기 전에 우리를 죽이면 잘못이다. 이제 우리가 감각 능력을 지닌 순간부터 내재적 가치를 갖지만, 그 가치는 자기 인식적 존재가 될 때 얻게 될 가치보다 훨씬 떨어진다고 해보자. 그러면 감각 능력은 있으나 자기 인식적이지 않은 상태의 우리를 살해하는 행위도 자기 인식적 존재가 된 이후 죽이는 것만큼이나 잘못이 된다. '최대 주체 가치 설명'에서 살해의 직접적 잘못은 살해 시점의 주체가 지닌 내재적 가치가 아닌, 살해당하지 않았다면 도달했거나 유지했을 가치에 달렸다. 요컨대 개체를 살해하는 게 잘못인 이유는 그 개체가 갖게 될 주체 가치를 박탈하기 때문이다.

'최대 주체 가치 설명'은 다음과 같은 그럴듯한 일반 원칙으로 뒷받침될 수 있다. 이 원칙을 '주체 가치 원칙'이라고 부를 수 있다. 어떤 주체를 특정 방식으로 대하는 게 어떤 상황에서 잘못이 되는지에 관한 원칙이다.

행위 A가 주체 S에게 직접적 잘못인 경우는 오직 A로 인해 S가 얻거나 유지할 내재적 주체 가치가 A가 일어나지 않았더라면 얻었거나 유지했을 가치보다 작을 때뿐이다. 잘못의 정도는 A가 S에게서 박탈하는 주체 가치에 비례한다. 즉, A가 일어나지 않았다면 S가 얻었거나 유지했을 주체 가치가 클수록 A의 잘못도 커진다.

예를 들어 내가 어떤 유아의 자기 인식 능력을 박탈한다고 해보자. 이번에는 가상의 인물 프레드를 아기로 등장시켜야겠다.

나는 아기 프레드에게 자기 인식 능력을 없애는 물약을 먹인다. 이 물약은 프레드가 자기 인식적 존재가 되는 것을 영원히 막지만, 그 대신 정상적인 수명을 누리면서 즐거운 삶을 살게 될 것이다.

내 행위가 허용될 수 있을까? '주체 가치 원칙'에 따라 허용되지 않는다. 프레드에게 물약을 먹여 자기 인식 능력을 없앤 뒤 살해하는 것은 허용될까? 안 된다. 자기 인식 능력이 없는 아기를 죽이는 게 정상적인 아기를 죽이는 것만큼의 잘못은 아니지만, 정상적인 아기의 자기 인식 능력을 박탈하는 행위는 정상적인 아기를 죽이는 것만큼이나 잘못이다.

이 원칙을 바탕으로 '최대 주체 가치 설명'을 들여다보면 평등에 대한 통상적인 직관과 어느 정도 일치한다는 사실을 확인할 수 있다. 정상적인 인간을 갓난아기 때 죽이는 것이나, 자기 인식 능력을 얻은 직후에 죽이는 것이나, 자기 인식 및 자기 결정적 존재가 된 이후 죽이는 것이나 전부 똑같이 잘못이라는 의미를 함축하고 있다. 이 모든 경우에서 살해는 피살자가 죽지 않았더라면 얻게 됐을 가장 높은 수준의 주체 가치에 상응하는 정도만큼 잘못이다.

물론 평등에 대한 '통상적인 직관'이 정확히 무엇을 뜻하는지는 분명치 않지만, 그런 직관 가운데 하나가 앞서 언급한 "어떤 인간을 살해하더라도 다른 인간을 죽이는 것만큼이나 심각한 잘못"이라는 '강경한 인간 중심적 평등 논제' 입장이라고 가정해보자. 그렇게 되면 '최대 주체 가치 설명'은 일부 사람들의 직관과는 꼭 들어맞지 않을 수 있다. 일테면 '지속적 식물인간 상태'에 있는 사람을 죽이는 문제에 아무런 반대 이유도 제시하지 못한다. 이들에게는 높은 수준의 주체 가치가 없기 때문이다. 설령 일정 수준의 주체 가치가 있더라도 단순히 살아있다는 사실에서 오는 가치뿐인데, 이는 식물의 주체 가치 수준과 다르지 않다.

이 설명은 또 다른 방식에서도 통상적인 직관에 어긋난다. 단순히 감각 능력만 지닌 존재의 주체 가치가 자기 인식 능력을 가진 존재의 가치보다 낮다고 가정한다면, 자기 인식 능력을 절대로 확보하지 못하는 결함을 가진 인간을 살해하는 행위는 정상적인 인간을 죽이는 것만큼의 잘못은 아니게 된다. 심각한 정신 장애로 유아가 감각적 존재로만 남아 자기 인식 능력을 확보할 가능성이 원천적으로 차단된다면, 더 높은 주체 가치로 나아가는 길은 영원히 봉쇄되는 셈이다. 성인 인간도 마찬가지다. 치매로 자기 인식 능력을 상실했으나, 여전히 감각 능력을 지니고 있어서 쾌락과 고통을 느낄 수 있는 사람을 죽이는 행위도 정상적인 인간을 죽이는 것만큼의 잘못이 되지 않는다.

물론 이런 우려 중 일부는 해당 개인들이 실상은 살아있는 존재가 아니라고 부정하거나, 살아있더라도 더는 인간이 아니라는 논리로 무뎌지게 할 수 있다. 그들이 죽어 있는 상태라면 죽인다는 게 성립할 수 없고, 인간이 아니라면 논점과 무관해진다. 다음과 같은 두 가지 주장도 꽤 타당해 보인다. 첫째, 극심한 치매로 인해 감각 능력은 남아 있으나 자기 인식 능력은 회복 불가능하게 상실한 인간을 살해하는 행위는 정상적인 인간을 죽이는 것만큼 직접적 잘못은 아니다. 둘째, 감각 능력도 없고 자기 인식 능력도 없는 인간을 죽이는 것은 전혀 직접적 잘못이 아니다. 이 두 주장을 '의식 불능자의 불평등'이라고 부르겠다. '최대 주체 가치 설명'이 내포한 이런 의미가 불편할 수 있겠지만 어쨌든 받아들일 수밖에 없다. 이를 거부할 근거는 임시방편적일 뿐 논리적이지 못하기 때문이다. 이 부분만큼은 통상적인 직관을 수정할 필요가 있다.

또 다른 경우를 살펴보자. 불평등 또는 평등에 관한 통상적인 직관 중에 "인간을 살해하는 행위가 인간이 아닌 동물을 죽이는 것보다 더 심각한 잘못"이라는 주장이 있다고 해보자. 이 직관을 공유하는 사람들이라면 '최대 주체 가치 설명'이 직관에 반한다고 여길 것이다. 방금 언급한 사례처럼 인간이라도 해서 모두가 동물보다 더 큰 주체 가치를 확보하진 못하기 때문이다. 따라서 인간을 죽이는 게 동물을 죽이는 것보다 늘 잘못된 일이라고는 할 수 없다.

가장 높은 주체 가치를 지니는 생명체는 자기 결정적 존재이고, 그 아래 단계는 자기 인식 능력을 가진 존재, 그보다 아래는 감각적 존재라고 하자. 그러면 종이 무엇이건 간에 어떤 생명체가 살해되지 않았다면 자기 결정적 존재가 됐거나 그런 존재를 유지했을 것이라면, 그 생명체를 살해하는 행위는 그렇게 될 수 있었던 다른 존재를 죽이는 것만큼이나 잘못이며, 자기 결정 능력을 결코 얻지 못할 존재를 죽이는 것보다 훨씬 더 잘못된 일이다. 마찬가지로 어떤 생명체가 지닐 수 있는 잠재력이 자기 인식 능력까지로만 한정돼 있다면, 그 존재를 살해하는 행위는 그럴 수 있는 다른 존재를 죽이는 것만큼이나 잘못이며, 감각 능력만 가진 존재를 죽이는 것보다 더 잘못된 일이다. 반면 감각만 지닌 생명체를 살해하는 행위는 또 다른 감각만 지닌 존재를 죽이는 것과 동등한 잘못일 뿐이다.

예를 들어 지구의 돌고래나 가상 행성 크루톤(Crouton) 출신의 비인간 생명체들이 성체가 되면 자기 결정적 존재가 된다고 가정해보자. 그러면 돌고래나 크루톤인을 살해하는 행위는 그 개체들이 유체이든 성체이든 상관없이 인간을 유아일 때나 성인일 때 죽이는 것만큼이나 잘못이며, 의식 불능의 인간을 죽이는 것보다 더 잘못된 일이다. 반면 감각만 지닌 동물을 죽이는 것은 자기 인식 능력을 상실했으나 여전히 감각 능력을 가진 인간을 죽이는 것과 동등한 잘못일 뿐이다.

다양한 종류의 생명체를 죽이는 잘못의 심각성에 관한 주장들은 좀 더 세밀하게 다듬을 필요가 있다. 그래도 두 가지 함의는 받아들여야 한다고 제안하고 싶다. 첫째, 자기 인식 능력이 없고 감각 능력만 지닌 인간을 살해하는 행위가 단순히 감각 능력만 가진 동물을 죽이는 것보다 더 큰 직접적 잘못이 아닐 수도 있다. 둘째, 자기 인식 능력을 지닌 동물을 살해하는 행위가 인간을 죽이는 것보다 더 큰 직접적 잘못일 수도 있다. '종을 초월한' 관점인 이 두 가지 주장을 거부한다면 어떤 형태로든 '종 우월주의'에 빠지고 만다. 그래서 '종을 초월한' 관점을 옹호한다는 측면은 '최대 주체 가치 설명'의 강점이 될 수 있다. 이 부분에서도 통상적인 직관은 수정될 필요가 있다.

다시 표준적인 '주체 가치 설명'으로 돌아오자면, 또 다른 비판에 직면하는 모습을 볼 수 있다.[8] 단순히 감각 능력만 가진 존재들, 개나 고양이처럼 감각적 존재이긴 하나 자기 결정적 존재는 아닌 생명체들을 떠올려보자. 그리고 이들이 내재적 가치를 지닌 주체라고 해보자. 이 경우 만약 이들에게 이익이 되고 고통 없이 죽일 수 있다면, 살해 행위가 합리적일 수 있을까? 그렇지 않다면, 다시 말해 아무리 죽음이 이들에게 이익이더라도 죽여선 안 된다면, 이는 이들의 '내재적 주체 가치'가 '복지'에 우선한다는 뜻이 된다. '주체 가치 설명'을 따르면 어떤 존재를 살해하는 행위가 얼마나 잘못인지는 전적으로 해당 존재의 주체 가치에만 달렸고 존재의 이익과는 무관하다는 결론에 이른다. 그렇기에 '주체 가치 설명'이 옳은 관점이 되려면 주체 가치는 언제나 복지를 능가해야 한다. 그러나 주체 가치가 늘 복지를 능가한다는 주장은 사실이 아니다. 아마도 대부분 사람이 인정할 텐데, 예컨대 회복 불가능한 병에 걸린 상황에서처럼 차라리 죽음이 반려동물에게 이익이 된다면, 이들을 고통 없이 죽여주는 게 합리적일 때도 있는 것이다.

감각 능력만 지닌 존재를 죽이는 행위의 잘못이 주체 가치뿐 아니라 그것이 복지에 어떤 영향을 미치느냐에도 달려 있다면 '최대 주체 가치 설명'은 틀린 관점이 된다. 오히려 일종의 '혼합적 관점'으로 바라보는 것이 더 타당할 것이다. 혼합적 관점에 따르면 살해 행위는 주체 가치를 훼손하더라도 그만큼 충분히 유익할 수 있다. 이 설명을 다양한 방식으로 공식화할 수 있겠지만, 다음과 같은 진술이 그 핵심을 잘 표현하는 듯하다.

시점 T에서 주체 S를 살해하는 행위가 직접적 잘못인 경우는 오직 T 또는 그 이후 일정 기간 S가 T에서 죽지 않았더라면 S가 내재적 가치를 지닌 주체가 됐고, S의 복지와 S의 주체 가치를 합친 값이 0보다 컸을 때뿐이다. 잘못의 정도는 합산 값에 비례한다.

혼합적 관점을 따르면 '주체 가치 설명' 옹호자들은 주체 가치와 복지를 동등한 척도로 인정할 수 있다. 그런 뒤 주체 가치를 어떻게 측정하고 복지와 어떻게 비교할지 설명하면 된다. 우리가 지금까지 살핀 비판은 감각 능력만 지닌 존재들이 주체 가치를 갖지 않는다고 하면 성립되지 않는다. 어쩌면 그런 생명체들이 주체 가치를 갖는 게 명확하지 않을 수도 있다. 정말로 그렇지 않다면, 그런 생명체들은 주체 가치를 지니지 않는다면, '최대 주체 가치 설명'은 이들을 살해하는 행위가 직접적 잘못이 아니라는 결론에 이르게 된다. 하지만 이는 수용하기 어려운 결론이다.

여러분이나 내가 주체로서의 가치를 지닌다는 관점을 동물들에게 적용하지 못할 이유는 없다. 이와 관련한 잘 알려진 논증이 있다. 데이비드 벨러먼의 주장이 대표적이다. 그는 "어떤 사람의 이익이 중요해지려면, 그 사람 스스로 가치가 있어야 한다"고 지적했다.[9] 이 주장이 옳다면 "어떤 동물의 이익이 중요해지려면, 그 동물 스스로 가치가 있어야 한다"는 주장도 똑같이 합리적이다. 벨러먼 자신도 이를 인정했다.[10] 그리고 단언하기는 어렵지만, 그 또한 동물의 주체 가치가 그들의 이익에 우선한다고 생각한 것 같다.

 내가 고양이 같은 감각 능력을 지닌 존재를 고통 없이 안락사시키는 이유를 잘못 이해한 것일 수도 있다. 어쩌면 고양이 안락사를 허용하는 이유가 고양이가 겪고 있던 고통이 고양이의 주체 가치를 0 또는 0 이하로까지 끌어내려서인지도 모른다. 그렇게 되면 다시 한번 살해의 잘못과 관련해 유일한 고려 요소로 주체 가치를 제시할 수 있다. 하지만 이 설명에도 두 가지 문제가 있다. 첫째, 고양이 안락사가 허용되는 명백한 이유는 그것이 고양이에게 이로워서다. 둘째, 벨러먼의 주장대로라면 고양이의 주체 가치가 0일 경우 우리는 고양이의 복지에 무관심해야 하는데, 그러면 설령 고양이가 극심한 고통을 겪고 있더라도 안락사시켜야 할 아무런 명분도 찾을 수 없게 된다. 이런 가치 판단은 끔찍하기까지 하다. 고양이가 너무 불쌍하다. 어떤 고양이가 주체로서의 가치를 완전히 잃어버릴 정도로 고통받고 있는데도 무관심해야 한다는 논리가 참일 수 있을까? 게다가 고양이가 음(-)의 주체 가치를 가질 수 있다는 당혹스러운 관점을 지지할 만한 이유도 별로 없다. 고양이의 주체 가치 값이 음이라면 그 값이 0인 고양이와 마찬가지로 그들의 복지에 무관심해야 할까? 아니면 음의 주체 가치인 고양이는 죽어 마땅한 존재일까? 모두가 말도 안 되는 논리다. 아무리 음의 주체 가치를 가진 고양이가 있더라도 고통받아 마땅할 까닭은 없다. 그리고 모든 고양이에 대해서도 마찬가지다.

 혼합적 설명은 또 다른 난관에 부딪힌다. 가장 큰 문제는 이 설명이 주체 가치를 정량화할 수 있고 복지와 비교할 수도 있다는 전제를 깔고 있다는 점이다. 우선 우리가 주체 가치와 복지를 어떻게 저울질할 수 있을지 헤아리기 어렵다. 그래도 한번 시도해볼까? 개별 주체 S의 주체 가치를 SV(S)라고 해보자. SV(S)를 S의 복지와 비교 가능한 방식으로 정의하려면 SV(S)를 S가 생애 전반에서 얻게 될 복지 수준과 동일하게 설정하는 방법이 있을 것이다. 그런데 곧바로 적절하지 않다는 게 드러난다. 이렇게 하면 단순히 S를 죽이는 것만으로 S의 주체 가치를 낮출 수 있게 된다. 더욱이 일테면 고양이라면 다 똑같은 고양이인데도 고양이 한 마리와 또 다른 고양이 한 마리의 주체 가치가 달라진다.

이번에는 SV(S)를 S가 속한 유형의 생명체가 달성할 수 있는 최고 수준의 생애 전반의 복지와 동일하다고 해보자. 이렇게 하려고 해도 유형을 어떻게 구분해야 할지 막막해진다. 종에 따라? 아니면 능력에 따라? 결국 이 접근법으로는 동물을 안락사시키는 행위를 정당화할 수 없다. 고양이를 안락사시키는 게 정당해지려면 남은 생애의 내재적 가치가 아주 큰 음수여야 하고, 그것을 고양이 유형의 생명체가 달성할 수 있는 최고 수준 복지와 합산했을 때의 값도 0보다 작아야 한다. 그렇지만 실제로 이렇게 되기란 사실상 불가능하다. 또 이 접근법은 여러 유형의 생명체들 사이의 상대적 가치에 대한 터무니없는 의미도 함축하게 된다. 예를 들면 인간 한 사람은 양 N마리의 값에 해당한다는 결론을 도출하고 만다.

복지와의 비교 가능성 문제는 차치하더라도, 주체 가치를 정량화할 수 있다는 발상 자체가 황당한 결과를 낳는다. 주체 가치는 '비개인적'이라는 도덕적 관점에서 보면 고양이 열 마리보다 스무 마리의 주체 가치가 더 크다는 식의 주장은 거짓이다. 도덕적으로 볼 때 우리가 할 일은 고양이의 개체 수를 최대한 늘리는 게 아니다. 인간 10명보다 20명의 주체 가치가 더 큰가? 단순히 수가 많을수록 주체 가치가 올라간다는 논리는 잘못된 것이다.

이는 고양이 스무 마리를 죽이는 게 열 마리를 죽이는 것 또는 인간 스무 명을 죽이는 게 열 명을 죽이는 것보다 더 나쁘다거나, 반대로 스무 마리를 구하는 게 열 마리를 구하는 것보다 더 낫다고 말하는 것과는 차원이 다른 얘기다. 이 논리는 터무니없지 않다. 어떤 대상을 죽이는 행위가 도덕적으로 잘못이라면, 그 행위를 반복할수록 당연히 더 나쁘다. 같은 맥락에서 어떤 행위가 도덕적으로 옳다면, 그 행위를 반복할수록 당연히 더 좋다.

만약 이상적인 인구의 수라는 게 있다면, 그 수는 지구의 수용 능력이나 안정적이고 자급자족적인 사회를 유지하는 데 필요한 조건 등으로 결정되지, 주체 가치에 의해 결정되는 게 아닐 것이다. 행여 이상적인 인구의 수가 정해졌다고 해도, 그 수에 도덕적으로 허용할 수 있는 방식을 통해 도달할 수 있을지는 또 별개의 문제다. 이처럼 주체 가치가 정량화 가능하다는 관점을 받아들이면, 이런 종류의 황당한 결론들을 피할 길이 없다.

칸트 철학에서의 주체 가치

칸트가 주체 가치 설명을 옹호했다고 여기는 철학자들이 꽤 많다. 내가 생각해도 어느 정도는 사실인 것 같다. 칸트의 윤리학은 도덕적 행동을 할 수 있는 능력에 주목했는데, 이는 도덕적 원칙을 인식하고 이에 따르려는 성향이라고 할 수 있다.[11] 아마도 도덕적 행동 능력은 자기 결정 능력도 포함할 것이다. 즉, 도덕적 행동 능력이 있는 도덕적 행위자는 자신에게 합리적 구속력이 있는 원칙에 따라 행동할 수 있다. 그렇지만 칸트의 관점에서 도덕적 행위자가 반드시 도덕 원칙에 따라 행동하는 것은 아니다. 칸트는 비도덕적인 사람도 도덕적 행위자로 간주했다.

도덕적 행동 능력을 존중한다는 것은 칸트 자신이 '존엄성'이라 불렀던 도덕적 주체성의 가치를 인정하고 그에 걸맞게 행동한다는 의미다. 칸트는 도덕적 행동 능력의 가치에 대한 자신의 주장을 도덕적 행위자에 관한 주장으로 바꿔 말할 수 있다고 본 듯하다. 다시 말해 모든 도덕적 행위자는 도덕적 주체로서 존엄성을 지니며, 이는 도덕적 행동 능력을 행사하는 데서 비롯되는 도덕적 주체로서의 특별한 가치다. 심지어 가장 악랄한 범죄자조차 도덕적 주체다. 칸트는 모든 인간에게 존엄성이 있다고 여겼고, 자주 이를 인간성 자체로 귀속시키곤 했다. 우리가 지금까지 논의했듯이 도덕적 행동 능력이 있어서 주체 가치(존엄성)를 지닌다는 견해는 문제가 있다. 우리는 도덕적 행위자가 되기 전까지도 꽤 오랜 기간 살기 때문이다. 칸트는 인간이 지각과 감각으로 경험하는 '현상계(現象界/phenomenon)'의 존재일 뿐 아니라 이성의 명령을 따르는 '예지계(叡智界/noumenon)'의 존재로서 도덕적 행위자가 될 수 있다고 설정해 이 문제를 피하고자 했다. 잘 알려진 대로 칸트는 도덕적 행위자가 도덕 원칙을 향한 원인 없는 헌신에서 비롯된 '자율성'을 누린다고 주장했는데, 그 헌신은 도덕 법칙이 지배하는 예지계에서 이뤄진다.[12]

칸트는 인간의 주체 가치인 존엄성을 존중하면 우리가 인간에게 할 수 있는 일과 인간이 스스로 할 수 있는 일을 엄격히 제한할 수 있다고 봤다. 이를 통해 우리는 아무리 쾌락을 늘려주고 아무리 고통을 줄여줘도, 도덕적 행동 능력을 약화하고 도덕적으로 살려는 노력을 방해할 행위는 하지 않을 수 있다. 우리의 도덕적 주체 가치를 저해하는 모든 것은 존재를 침식한다. 나쁜 약물도 우리 존재를 침식하며 노예제 같은 나쁜 제도도 인간 존재를 침식한다. 칸트는 이성의 명령에 따라 죽음을 불사하고라도 반드시 저항해야 한다고 생각했다. 인간을 살해하는 행위 또한 이런 도덕 원칙에 어긋나는 직접적 잘못이다. 어떤 이유 어떤 방식으로든 인간에게 해를 끼치는 행위는 우리가 마땅히 받아야 할 주체 가치에 대한 존중과 양립할 수 없다.[13] 칸트는 설령 죽음이 우리에게 이익이 되는 경우라도 이를 근거로 살인을 정당화할 수 없다고 봤으며, 죽고 싶어 하는 이들에게 아무리 유익하다고 해도 자살은 도덕적 행동이 아니라고 비난했다.

이 모든 것이 칸트가 주체 가치 설명을 받아들였음을 시사한다. 도덕적 행동 능력을 지닌 행위자는 다른 어떤 가치보다 더 무거운 절대적 주체 가치를 갖는다는 것이다.

동의 설명

사람을 살해하는 행위의 직접적 잘못이 당사자의 이익에 미치는 영향 때문도 아니고, 주체 가치에 미치는 영향 때문도 아니라면, 달리 어떻게 설명할 수 있을까? 어쩌면 당사자가 자기 죽음을 선택하느냐, 즉 자신이 죽임을 당하는 데 동의하느냐 아니냐에 잘못 여부가 달렸을 수도 있다. 우리는 인간이 적어도 어떤 경우에는 자기 자신을 스스로 해치거나 자신을 죽이도록 허용할 도덕적 권한을 갖고 있다고 말할 수 있으며, 당사자의 자율성을 존중하지 않고 의지에 반해 그 사람을 죽이는 행위는 언제나 직접적 잘못이라고 주장할 수 있다. 이런 관점이 '동의 설명'이다. 이 관점의 가장 단순한 버전은 아래의 진술을 뒷받침한다.

주체 S를 살해하는 행위가 직접적 잘못인 경우는 오직 S의 선택이나 동의에 따르지 않을 때뿐이다.

동의 설명에 따르면 살해의 직접적 잘못에는 정도의 차이가 없다. 당사자의 동의 여부만으로 살해는 비난받거나 비난받지 않는 행위가 된다. 잘못의 정도가 없다는 불변성 측면에서 문제가 있는 설명처럼 보일 수도 있다. 그렇더라도 평등주의 관점의 반론에 대응할 여지를 제공한다는 점에서 장점으로 볼 수도 있다. 당사자의 의지에 반해 어떤 사람을 죽이는 행위는 다른 사람을 죽이는 것과 똑같이 비난받아 마땅하다.

유능한 동의

그러나 동의 설명은 단순한 버전으로는 설득력을 갖추지 못한다. 더 정교하게 다듬어야 한다. 순진한 아이를 구슬려 동의를 얻는다거나, 어떤 사람이 제정신이 아닌 상태에서 충동적으로 자신을 죽이는 데 동의한다고 직접적 잘못이 아니게 되진 않을 것이다. 결정적으로 작용할 수 있는 동의는 '유능한(competent) 동의, 즉 '자기 죽음에 판단 능력이 있는' 사람의 동의다. 상황을 제대로 이해하고 합리적으로 판단할 수 있는 사람의 '충분한 정보'를 바탕으로 한 동의여야 한다.[14] 이 '유능한 동의'는 당사자가 자신의 이익에 반할 수 있는 특정 사안을 명확히 인식하면서도 동의한다는 유연한 개념이다. 예를 들면 담배를 피우는 일반적인 사람들은 흡연의 위험을 익히 알면서도 흡연을 택한 것이고, 권투 선수들도 권투의 위험을 인지한 채 권투 경기에 임한다는 가정이다. 물론 지나치게 비합리적인 상황에서는 유능한 동의가 이뤄진다고 볼 수 없다. 자발적 마약 복용이나 투여 같은 사례가 그렇다. 이렇게 다듬은 동의 설명은 다음과 같이 진술할 수 있다.

> 주체 S를 살해하는 행위가 직접적 잘못인 경우는 오직 자기 죽음에 판단 능력이 있는 S가 충분한 정보를 인지한 상황에서 자신을 죽이는 데 동의하지 않을 때뿐이다.

동의 설명을 지지하는 철학자들은 인간 서로 간의 자기 결정권 존중을 강조한다.[15] 우리 서로가 개인의 삶에 대한 자기 결정을 존중해야 한다면, 그 삶을 끝낼지 말지에 대한 타인의 결정도 존중해야 한다는 것이다.

우리가 자기 결정적 존재가 되려면 몇 가지 능력을 갖춰야 한다. 그 가운데 가장 중요한 능력은 '의지력'이다. 어떤 일이 일어나기를 능동적으로 바라는 '의지'는 단순한 욕구가 아니라 그 욕구를 우리 자신의 '정체성'으로 표출하는 능력이다.[16] 우리는 자기 삶을 형성하는 과정에서 근본적인 가치, 확고한 목표, 무거운 책임을 받아들일 때 의지력을 행사한다. 자기 결정적 존재가 되기 위한 다른 능력도 필요한데, 우리 자신의 의지에 따라 합리적으로 행동할 방법을 찾아내고, 자신이 처한 상황과 가치, 목표, 책임을 고려해 의지와 욕구를 비판적으로 수정할 수 있는 능력이다. 자기 삶에 그 어떤 의지도 갖지 못하거나, 환경적 여건이 허락하는 범위 내에서라도 의지를 실행하지 못할 때, 우리는 자기 결정적 존재가 되지 못한다. 나아가 진정한 자기 결정적 존재가 되려면 삶의 걸림돌을 없앨 줄 알아야 한다. 타인이 내 삶을 방해하거나 그들 멋대로 내 삶을 움직이려고 할 때 분연히 떨쳐낼 수 있어야 자기 결정적 존재가 될 수 있다. 우리 자신의 삶에 대한 의지와 다른 사람들의 의지가 충돌해야 한다는 뜻은 아니다. 모두의 의지가 한 곳을 향해 일치하면 좋겠지만, 불일치하더라도 우리가 자기 결정적 존재라는 사실과 모순되진 않는다.

타인이 우리에게 그들의 의지를 무조건 강요하는 것과 도덕적으로 강요하는 것과 법률적으로 강요하는 것은 각각 다른 문제다.[17] 우리가 자신의 의지대로 삶을 형성하고 있다면, 우리는 '사실상의' 자기 결정권을 갖는 것이다. 다른 사람들이 우리의 자기 결정을 저해하는 행위가 도덕적으로 잘못이라면, 우리는 '도덕적' 자기 결정권을 갖는 것이다. 다른 사람들이 우리의 자기 결정을 저해하는 행위가 불법이라면, 우리는 '법률적' 자기 결정권을 갖는 것이다. 동의 설명을 옹호하는 철학자들이 자기 결정권을 존중해야 한다고 강조할 때 그들이 말하려는 참뜻은 '사실상의' 자기 결정 능력을 갖춘 사람은 '도덕적'으로 자기 결정적 존재가 돼야 하는 동시에 '법률적'으로도 자기 결정적 존재가 돼야 한다는 것이다.

무능한 동의

앞서 동의 설명 관점을 진술할 때, 죽임을 당하는 시점에서 자기 죽음에 판단 능력이 있는 주체에만 초점을 맞췄다. 그리고 비록 지금은 판단 능력이 있지만 나중에 혹여 판단 능력을 상실했을 때 죽임을 당할지를, 일테면 연명 치료 중단 같은 결정을 미리 해놓은 주체들도 있다. 이 경우에도 동의 설명을 그대로 적용하는 게 합리적으로 보인다. 편의상 이런 주체를 통틀어 '유능한 주체'로, 그렇지 않으면 모두 '무능한 주체'라고 부르겠다. 무능한 주체로는 적절한 환경에서 계속 성장하면 언젠가 자기 죽음에 판단 능력을 갖추게 될 아이들과, 이런 능력이 심각하게 손상된 치매 환자나 식물인간 상태의 인간 및 모든 비인간 동물을 포함한다.

동의 설명은 이들 '무능한 주체'에는 적용할 수 없다. 그런데 해악 설명은 가능하다. 따라서 동의 설명과 해악 설명을 결합할 수 있다.

결합 설명

해악 설명과 동의 설명을 결합한 '결합 설명'을 통하면 다음과 같이 진술할 수 있다.

> S가 자기 죽음에 판단 능력이 없는 무능한 주체라면, S를 살해하는 행위가 직접적 잘못인 경우는 오직 S에게 해를 끼칠 때뿐이다. S가 자기 죽음에 판단 능력이 있는 유능한 주체라면, 시점 T에서 S를 살해하는 행위가 직접적 잘못인 경우는 S가 T에 자신이 죽는다는 충분한 정보를

인지한 상황에서 자신을 죽이는 데 동의하지 않을 때뿐이다.

이제 이 설명이 타당한지 검토해보자. 결합 설명은 주체의 동의와 이익 모두 도덕적으로 중요하다는 사실에 근거해 지지받을 수 있다. 이 논거를 좀 더 구체화하면 이렇다. 도덕철학자 워런 퀸(Warren Quinn)에 따르면 우선 유능한 주체가 자기 삶을 자기 방식을 통해 형성하기로 선택했다는 사실 자체가 도덕적으로 중요하다. 다른 모든 조건이 동일할 때, 그들의 선택은 존중받아야 한다. 동시에 유능한 주체든 무능한 주체든 모든 주체는 해를 입을 수도 있고 이익을 얻을 수도 있다는 사실 자체도 도덕적으로 중요하다. 다른 모든 조건이 동일할 때, 그들의 이익은 존중받아야 한다.[18]

퀸의 주장은 도덕적 관점에서 유능한 주체와 무능한 주체에게 서로 다른 도덕적 고려를 적용할 수 있음을 보여준다. 제프 맥마핸은 퀸의 이런 접근 방식을 '2단계 관점'이라고 불렀다. 무능한 주체를 적절히 대하는 것은 전적으로 그들의 이익을 고려하는 문제인 반면, 유능한 주체를 적절히 대하는 것은 주로 그들의 자기 결정권에 대한 존중의 문제다.[19] 물론 유능한 주체의 이익 또한 도덕적으로 중요하지만, 유능한 주체들은 일반적으로 선택을 내릴 때 당연히 자기 이익을 고려한다고 가정할 수 있다. 어떤 선택이 명백히 극단적으로 주체에게 불리하다면, 그것만으로도 그 선택이 무능한 순간에 이뤄진다고 결론지을 근거가 될 수 있다. 이 경우 주체가 실제로 내린 선택이 아닌, 유능했더라면 내렸을 선택을 존중하는 쪽이 합리적이다.

한 가지 덧붙이자면 어떤 아이의 이익에 대한 존중과 그 아이가 훗날 제대로 행사하게 될 자기 결정권에 대한 존중 사이에는 중요한 겹침이 있다. 제4장에서 살핀 것처럼 자기 결정권이 주체에게 내재적으로 좋은 것이라면, 아이의 이익에 대한 존중은 그 아이가 자기 결정권을 행사할 능력을 키우도록 돕는 행동을 수반한다. 그렇게 미래에 아이의 선택은 도덕적 무게를 갖게 되고, 다른 모든 유능하고 자율적인 존재들과 도덕적으로 동등한 지위를 얻게 되는 것이다.

이제 퀸의 관점이 살해의 직접적 잘못에 관해 무엇을 시사하는지 생각해보자. 무능한 주체를 적절히 대하는 게 전적으로 그들의 이익을 존중하는 문제라면, 그들을 살해하는 행위가 직접적 잘못이 되는 경우는 오직 그들의 이익에 부합하지 않을 때뿐이라고 결론 내리는 것이 타당하다. 유능한 주체에 대해서는 그들 삶의 자기 결정권을 가장 중요하게 헤아리는 것, 즉 그들을 살해하는 행위가 직접적 잘못이 되는 경우는 오직 그들이 충분한 정보를 인지한 상황에서 자신을 죽이는 데 동의하지 않을 때뿐이다.

평등주의와의 부합 문제

결합 설명은 실질적인 측면에서 평등주의적이다. 모든 유능한 주체는 의지가 존중받아야 한다는 점에서 서로 동등한 도덕적 입장을 취할 수 있으며, 해를 입거나 이익을 얻을 수 있는 모든 주체(감각적 존재

이상)는 이익이 존중받아야 한다는 점에서 서로 동등한 도덕적 입장을 취할 수 있다. 다만 결합 설명을 받아들이면 우리의 평등주의적 직관 일부를 수정까지는 아니더라도 다듬을 필요가 있다.

예를 들어 '강경한 인간 중심적 평등 논제'의 "어떤 인간을 살해하더라도 다른 인간을 죽이는 것만큼이나 심각한 잘못"이라는 말은 더 이상 참이 아니게 된다. 왜냐하면 어떤 사람들은 유능한 주체가 아니기 때문이다. 이들을 살해하는 행위가 얼마만큼 비난받을 수 있는지는 해악의 정도에 따라 달라지며, 어떤 경우에는 그들을 죽이는 게 직접적 잘못이 아닐 수도 있다. '최대 주체 가치 설명'과 마찬가지로 결합 설명 역시 '의식 불능자의 불평등'을 수용할 수밖에 없다. 결합 설명을 받아들이면 할 수 없게 되는 말이 또 있다. '온건한 인간 중심적 평등 논제'에서의 '자기 결정적 인간'을 '유능한 주체'로 치환하면 "어떤 유능한 주체를 살해하더라도 다른 유능한 주체를 죽이는 것만큼이나 심각한 잘못"이라는 말도 참이 아니게 된다. '동의(선택)'라는 요소가 끼어들기 때문이다. 우리가 확실히 말할 수 있는 부분은 유능한 주체를 동의 없이 살해하는 행위가 똑같이 심각한 잘못이라는 점이다. 이때도 직접적 잘못의 정도는 해악의 크기에 비례한다고 할 수 있을 것이다. 그리고 몇몇 도덕적 관점에 따라 다른 모든 조건이 동일할 때 살해는 피살자의 자기 결정권을 침해하는 행위임을 추가할 수 있다.

곰곰이 생각해보면 이와 같은 함의를 대부분 받아들이게 될 것이다. 인간을 살해하는 행위가 저마다 다른 직접적 잘못인 이유는 죽임을 당하는 사람들 사이의 본질적인 중대한 차이에 근거하기 때문이다. 더욱이 유능한 주체와 무능한 주체를 다르게 대한다고 해서 결합 설명이 무능한 주체의 이익을 가볍게 치부하는 것도 아니다. 누군가 치매 등의 이유로 회복 불가능하게 무능한 주체가 됐더라도 그 사람의 이익은 여전히 존중받는다. 물론 '좋은 것'의 양상은 유능한 주체일 때와 다르겠지만 말이다.

그렇다면 결합 설명이 인간과 동물 사이의 상대적 중요성에 대해 갖는 함의는 어떻게 봐야 할까? '최대 주체 가치 설명'과 맥락을 같이 해서 결합 설명도 '종을 초월한' 관점을 견지한다. 이 점은 두 설명 모두의 장점으로 꼽을 수 있다. 그러나 두 설명 모두에 우려스러운 부분도 있다. 사람들 대부분은 자기 인식 능력이 없는 동물, 특히 가축을 죽이는 행위는 우리의 이익을 위해 허용된다고 여기기 때문이다. 어디 멀리서 사례를 찾을 필요도 없다. 우리는 식량으로 쓰기 위해 동물을 죽이는 일을 당연시하며, 어떤 이들은 그저 즐거움을 위해 사냥을 하기도 한다. 물론 사냥한 동물을 먹으려는 의도가 있긴 하지만 말이다. 그런데 이 두 설명 모두 동물을 죽이는 행위가 해를 끼친다면 직접적 잘못이라고 본다. 동물을 죽이는 게 해를 끼친다면, 인간의 이익을 위해 동물을 죽이는 것도 똑같은 잘못이지 않을까? 하지만 후자가 전자에서 자연스럽게 따라 나온다고 단정할 수는 없다. 이 문제는 도덕적으로 어떻게 풀어야 할까? 이제 동물을 죽이는 행위가 비록 그것들에 해를 끼치더라도 인간의 이익을 위해 허용된다고 주장할 수 있는 두 가지 접근 방식을 살펴보기로 하자.

첫 번째 접근법은 고통 없이 죽임을 당하는 한 거의 모든 동물은 해를 입지 않는다는 가정에서 출발한다. 동물은 더 오래 산다고 해서 이익을 얻는 게 아니기 때문이다. 동물은 자신들에게 일어난 좋은 일을 기억할 수 없기에 좋은 것들이 축적되지 않는다. 따라서 동물은 훗날 얻을 수 있는 좋은 것들을 박탈당해도 아무런 해를 입지 않는다. 이 관점을 '동물 에피쿠로스주의'라고 부를 수 있는데, 에피쿠로스가 해악 논제를 거부하면서 펼친 주장이 동물에게 적용될 때 옳다는 사실을 가리키고 있어서다.[20] 물론 예외는 있을 수 있다. 동물 중 몇몇 종은 실제로 자기 인식 능력이 있고, 그 밖에도 여러 측면에서 인간과 흡사해 죽임을 당하면 인간이 해를 입는 것과 같은 이유로 해를 입을 수 있다. 그렇다면 이런 예외적인 동물을 희생시키는 것은 비난받을 만하지만, 거의 모든 다른 동물들을 죽이는 행위는 그렇지 않다고 여전히 말할 수 있다.

만약 동물 에피쿠로스주의가 옳다면 결합 설명을 지지하는 이들도 동물 살해를 비난할 이유가 없다. 인간에게 주는 이익이 크지 않더라도 허용될 수 있다. 다만 동물 에피쿠로스주의에 의지하는 접근 방식은 최대 주체 가치 설명과는 사실상 일치하지 않는다. 최대 주체 가치 설명 관점에서 동물은 주체 가치를 지니고 있으며, 동물 살해는 그 가치를 파괴하므로 잘못이다. 그리고 더 엄밀한 잣대를 들이대면 동물 에피쿠로스주의는 결합 설명과도 일치하지 않는다. 어디까지나 결합 설명은 비교주의를 바탕으로 하기 때문이다. 동물 에피쿠로스주의가 옳다면 비교주의를 수정해야 한다. 동물이 순간순간 느끼는 쾌락이 누적돼 더 큰 선을 구성할 수 있다고 가정하면, 죽임이 그것을 박탈하는 셈이 된다.

그래서 동물 에피쿠로스주의를 받아들여야 할 충분한 이유가 없기에 첫 번째 접근법은 실패한다. 동물이 기억할 수 없는 수년간의 즐거움이 담긴 삶이, 기억할 수 있는 몇 분 동안의 즐거움만 담긴 삶보다 그 동물에게 더 낫다고 하는 게 전적으로 타당해 보인다. 우리도 기억하지 못하는 즐거움이 많지만, 그 즐거움 덕분에 우리 삶이 더 풍성해진 것과 마찬가지다.

이제 두 번째 접근 방식으로 넘어가자. 이 접근법에서는 일반적으로 동물이 죽임을 당할 때 해를 입는다는 사실은 인정하지만, 설령 가장 좋은 상황에서도 동물은 자신들의 삶으로 커다란 이익은 얻지 못하기 때문에 동물 살해가 심각한 해를 끼치진 않는다고 본다. 이 관점을 '감손 해악 논제'라고 부르자. 이에 따르면 대개의 동물을 죽이는 행위가 직접적 잘못인 것은 맞지만, 특별히 심각한 수준의 직접적 잘못은 아니다. 인간인 우리가 동물을 죽여서 얻는 게 충분할 만큼 중요하다면, 그것이 동물을 죽이는 직접적 잘못을 상쇄하고도 남을 수 있다. 그 이익이 하찮다면 이런 논리가 통하지 않겠지만, 사람의 생명을 구할 정도로 이익이 크다면 합리적이라고 할 수 있다.

확실히 동물이 자신들의 삶에서 얻는 이익은 우리 인간이 삶에서 얻는 이익보다 훨씬 적다. 이런 이유로 동물을 죽이는 직접적 잘못은 더 큰 가능성을 지닌 인간의 생명을 보존하는 중요성 앞에서 그 무게가 줄어든다. 따라서 일정 조건이 충족된다면 동물을 살해하는 행위는 정당화될 수 있다. 적어도 동물들을 최대한 고통 없이 죽여야 하고, 썩 괜찮은 환경에서 살 수 있도록 해야 한다. 이 모든 것들을 고려하면 동물을 희생시키는 일은 허용될 수 있다.

일반적으로 동물의 삶이 인간의 삶보다 이익이 덜한 까닭은 뭘까? 가장 주된 이유는 인간은 자기 결정 능력을 발달시킬 수 있고, 자기 결정 능력을 발휘하는 것 자체가 내재적 선이기 때문이다. 동물은 이 좋은 것을 누리지 못한다. 아울러 보통 인간은 가질 수 있어도 동물은 아주 제한된 의미에서가 아니면 결코 갖지 못하는 다른 내재적 선도 있다. 일테면 사랑과 지혜 같은 미덕들이다. 나아가 높은 자의식과 지능도 인간의 삶을 동물보다 훨씬 풍요롭고 보람 있게 만든다. 그렇기에 죽임으로 더 큰 해악을 입지만 말이다.

당연한 말이겠지만 동물 살해를 허용할 수 있다고 주장하기 위해 '감손 해악 논제'에 호소하는 방식은 내가 방금 제시한 내용보다 훨씬 더 많은 논의가 필요하다는 사실을 인정하면서 또 다른 문제로 넘어가 보자. 동물 살해를 정당화할 수 있다면, 관련해서 유사한 인간 살해 역시 정당화할 수 있어야 한다는 문제다. 다음 둘 중 하나를 선택할 수밖에 없을 것이다. 하나는 인간의 이익을 위해 동물을 죽일 수 있다는 발상 자체가 어불성설이므로, 동물을 살해하는 행위는 정당화할 수 없다. 다른 하나는 정말로 그렇게 말할 수 있다면 같은 논리를 동물과 유사한 인간에게도 적용해야 하므로, 동물과 인간을 살해하는 행위 모두 정당화할 수 있다.

이 딜레마는 과연 어떤 인간이 동물과 유사한지 규정할 때 오해를 사기 좋아서 보기보다 더 우려스러울 수 있다. 예컨대 정상적인 아기도 동물과 비슷하다고 주장할 수 있는데, 이는 옳지 않다. 정상적인 아기는 적절한 환경에서 계속 성장하면 자기 결정 능력을 갖추게 되므로, 아기를 살해하는 것은 심각한 해악을 끼치는 행위다. 그러니 정상적인 아기는 논외다.

이 딜레마를 적용할 수 있는 인간 유형은 뇌 손상이 너무 심각해 시간이 아무리 흐르더라도 동물보다 본질적으로 더 나은 삶을 누릴 수 없는 개인들이다. 이들은 앞서 언급한 '의식 불능'의 인간 존재를 일컫는데, 말 그대로 자기 인식 능력을 회복 불가능하게 상실한 사람들이다. 무뇌증 영아들이라든가 지속적인 식물인간 상태의 사람들, 자기 인식 능력이 전혀 없는 극심한 치매 환자들이 그렇다. 따라서 정확히는 이렇게 물어야 한다.

"인간에게 충분한 이익을 가져다줄 때 동물 살해를 정당화할 수 있다면, 회복 불가능한 의식 불능의 인간을 살해하는 행위도 정당화할 수 있는가?"

여러분을 대신해 내가 총대를 메자면, "그렇다" 쪽이 최소한 합리적이라는 것이다. 그러나 반드시 덧붙여야 할 말이 있다. 논리가 그렇다는 것이지, 원칙적으로 두 경우 모두 허용 가능하다는 사실만으로 인간과 동물을 모두 죽일 수 있다는 뜻은 아니다. 우리에게는 일반적인 감정과 사회적 관습을 포함해 아무리 허용되더라도 그 행위를 하지 않을 여러 이유가 있으니 말이다.

'결합 설명'은 우리가 지금까지 살핀 다른 분석들과 비교해 어느 정도 타당할까? '해악 설명'의 경우 가장 큰 장점은 특정 살해 행위가 얼마나 잘못인지 비교적 명확한 함의를 제공한다는 것과 '계층 논제'를 뒷받침한다는 점을 들 수 있다. 반면 유능한 주체의 선택을 존중해야 할 중요성을 반영하지 못한다는 점과 통상적인 평등주의적 직관에 어긋난다는 것이 가장 큰 약점이다. 결합 설명은 해악 설명의 장점을 수용하면서 그 결함 일부를 바로잡는다. 선택지를 명확히 부여하고 꽤 타당한 평등주의적 함의도 담고 있다. 비록 평등주의적 직관에 완전히 들어맞진 않지만, 사소한 차이라서 크게 위협적이진 않은 것 같다. 오히려 그 차이가 평소 우리의 평등주의적 직관 가운데 일부를 수정해야 할 명분마저 제공하는 것처럼 보인다.

결합 설명은 '최대 주체 가치 설명'의 장점도 하나 공유한다. 두 설명 모두 '감손 해악 논제'가 타당할 때 '계층 논제'도 뒷받침한다. 평등주의적 직관과의 일치 측면에서도 두 설명이 매우 비슷하다. 특히 '종을 초월'한 관점을 둘 다 지지한다. 물론 차이도 있다. 최대 주체 가치 설명은 자기 결정 능력을 상실하기 이전의 정상적 인간은 언제 죽이든 잘못의 정도에는 차이가 없다고 보는 데 반해, 결합 설명은 무능한 주체를 더 이른 시기에 죽일수록 잘못이 커진다고 말한다. 그만큼 더 많은 좋은 것들을 박탈하기 때문이다. 이 부분에서 최대 가치 설명보다는 결합 설명이 더 견고하다. 더 큰 박탈이 더 잘못됐다는 사실은 분명하니까.

결합 설명은 최대 주체 가치 설명보다 몇 가지 확실한 장점을 갖고 있다. 특정 살해 행위가 어느 정도 잘못인지 더 뚜렷한 암시를 제공한다. 더욱이 최대 주체 가치 설명을 옹호하려면 '주체 가치' 자체를 정량화할 방법을 마련해야 하지만, 결합 설명을 지지하는 데는 그런 게 필요 없다. 이런 장점들을 종합할 때 결합 설명이 더 우월해 보인다.

물론 결합 설명을 받아들이더라도 감각적 존재나 유능한 주체 모두 도덕적 관점에서 주체 가치를 지닌다는 사실을 부정할 필요는 없다. 우리가 지적해야 할 것은 이들 생명체가 도덕적 관점에서 그 자체로 중요한 존재라는 의미로 주체 가치를 갖는다는 점이다. 단순한 감각적 존재는 이익에 반응한다는 점에서 도덕적 지위를 인정받는다. 유능한 주체는 이익을 얻을 수 있을 뿐 아니라 자기 결정적 존재라는 점에서도 중요한 도덕적 지위를 확보한다. 우리는 이들의 이익을 고려하고 자기 결정 능력 행사를 존중함으로써 그 도덕적 지위를 인정해야 한다.

시간 상대적 해악 설명

마지막으로 고려해야 할 사안이 하나 더 있다. 제프 맥마헨은 비교주의에 의존하는 살해의 잘못에 관한 설명을 비판한 바 있다. 그의 우려가 합리적이라면 결합 설명에 문제가 있는 것이므로 살펴볼 필요가 있다.

맥마핸은 살해의 잘못에 관한 자신의 설명을 제시하면서 칸트 철학이 말하는 '존중의 문턱' 개념을 적용한다.[21] 즉, 존중의 문턱을 넘어선 도덕적 행위자들에게는 칸트주의의 존중을 요구하고, 태아와 영아, 심각한 정신 장애인 그리고 대부분의 동물처럼 그 문턱에 이르지 못한 존재들에게는 다른 분석을 적용한다. 결합 설명에 따르면 존중의 문턱을 밑도는 개체의 경우 살해의 직접적 잘못은 전적으로 피살자에게 끼치는 해악의 크기에 달렸으며, 죽임의 해악은 비교주의적 가치로 결정된다. 그러나 맥마핸은 비교주의를 거부하기 때문에 이런 함의를 받아들이지 않는다.[22] 앞서 우리는 비교주의 관점을 이렇게 정리했다.

> 사건 E가 주체 S에게 해악을 끼치거나 이익을 준다는 것은 E가 일어나서 S의 삶이 E가 일어나지 않았더라면 누렸을 삶보다 전반적으로 더 나빠지거나 좋아졌다는 뜻이다. 사건 E가 S에게 전반적으로 나쁠 때는 가치가 음(-)인 경우다. 사건 E가 S에게 전반적으로 좋을 때는 E가 S에게 주는 가치가 양(+)인 경우다. 사건 E가 주체 S에게 주는 가치는, E가 실제로 일어난 현실 세계 WE의 S가 경험하는 복지 수준에서 E가 일어나지 않은 가장 가까운 가능 세계 W~E의 S가 경험하는 복지 수준을 뺀 값이다.

맥마핸은 이 관점이 죽음의 해악을 지나치게 단순화한다면서 두 가지 이의를 제기했다. 첫째, 이런 설명은 타산적 이익이 동일성과 '분리'될 수 있다는 데릭 파핏의 견해와 양립하지 않는다. 우리가 제1장에서 살폈듯이 파핏은 분리가 가능하다는 점을 '분할' 사례를 들어 옹호했다. 분할된 사람이 우리가 아닌데도 불구하고 그 사람의 이익을 우리 이익으로 여기는 게 합리적일 수 있음을 보여줬다. 둘째, 비교주의는 '심리적 연결성'이 감소하는 정도의 중요성을 무시한다.

이제 이 두 가지 문제 제기를 차례대로 살펴보자. 비교주의는 '결부 논제(attachment thesis)'를 내포하고 있다. 다시 말해 어떤 것이 내게 갖는 타산적 가치는 오직 내 삶에 어떤 영향을 미치느냐에만 달렸고, 다른 사람들의 삶에 미치는 영향은 내 삶과 결부된 한에서만 헤아릴 수 있다는 것이다. 후자의 경우 일테면 타인의 행운에 내가 행복감을 느낄 수도 있고, 반대로 내게 타인의 행운에 배 아파하는 성향이 있다면 나 자신을 불행하게 만들 수도 있다. 파핏의 '분리 논제'는 이런 결부 논제를 부정한다. 맥마핸도 파핏의 '분할' 사례를 들어 결부 논제에 반박했다. 우리 뇌는 우리가 분할돼 나뉘어 들어가는 각 사람들의 뇌와 의식 측면에서 물리적으로 연결된다. 맥마핸에 따르면 이는 "합리적인 자기중심적 관심을 최소한이라도 충족하기 위한 필요조건이자 충분조건"이다.[23] 그리고 분할된 우리는 각 사람들과 강한 심리적 유대감도 공유하는데, 이 유대감은 합리적인 자기중심적 관심을 최대한 충족하는 데 필요하다. 따라서 파핏처럼 맥마핸도 우리가 분할돼 들어간 존재들과 이해관계를 공유한다고 여겼다. 우리가 뇌를 가르기 전부터 이미 뇌를 가른 이후의 자신과 이익을 공유하듯이 말이다. 즉, 뇌를 가른 사람도 우리 자신이듯이, 분할 이후의 존재들에게 일어나는 이익과 해악도 우리 자신의 이익과 해악이라는 것이다.

하지만 비교주의를 향한 이런 식의 이 비판은 그다지 강력하지 않다. 파핏과 맥마핸의 관점을 따르면 '분할' 상황에서는 다른 사람의 이익을 우리 자신의 이익으로 보는 게 타당하므로, 그들의 이익이 우리의 이익이라고 결론 내려야 한다. 그런데 맥마핸 자신도 깨달았듯이 이 논리는 금세 뒤집어진다.[24] 어떤 사람의 이익이 내 이익이 되는 경우는 내가 그 사람일 때뿐이므로, 파핏과 맥마핸의 전제처럼 동일성을 상실해 내가 분할 이후의 존재들과 같은 사람이 아니라면, 그들의 이익을 곧 내 이익으로 보고 어떤 태도를 보이는 것은 합리적이지 않다.

맥마핸의 두 번째 문제 제기는 비교주의가 삶의 일정 기간에 우리가 갖는 가치를 평가할 때 오직 그 기간의 우리 내재적 가치만 고려해야 한다고 설명하는 부분과 관련이 있다. 맥마핸은 여기에 더해 우리가 그 기간을 살 무렵에 심리적 연결성의 정도가 얼마나 떨어져 있을지도 고려해야 한다고 주장했다.[25] 이른바 '시간 상대적 가치'다. 그래서 어떤 사건을 평가할 때도 그 사건이 우리 삶의 특정 시기에 끼치는 영향만 따질 게 아니라, 시간이 흐르면서 심리적 연결성이 약해지는 정도까지 고려해 가치를 헤아려야 한다는 것이다. 요컨대 죽음이나 죽임의 해악성도 '시간 상대적'으로 봐야 한다는 얘기다.

맥마핸의 의도를 명확히 이해하려면 비교주의를 삶의 일정 기간에 적용되도록 다시 공식화하는 게 도움이 된다. 이렇게 더 복잡하고 번거로운 형태의 비교주의는 세 단계에 걸쳐 제시할 수 있다(또 기호 논리가 나오는데, 앞에서 이미 봤듯이 사실 간단한 방정식이니 너무 머리 아파하지 말자).

1. 비교주의 정의에 따라 IV(S, W, P)는 '주체 S의 삶이 가능 세계 W에서 기간 P 동안 갖는 내재적 가치'를 말한다.
2. IV(S, W)는 '주체 S의 삶이 가능 세계 W에서 서로 겹치지 않는 기간 P1, P2 … PN 동안 소진될 때 각 기간의 내재적 가치를 더한 값'이다. 이를 방정식으로 표현하면 'IV(S, W) = IV(S, W, P1) + IV(S, W, P2) + … + IV(S, W, PN)'이다.
3. V(S, E)는 '주체 S의 삶이 특정 사건 E에서 갖는 시간 중립적 가치'로, '주체 S의 삶이 현실 세계 WE에서 갖는 내재적 가치에서 S의 삶이 E가 일어나지 않는 가장 가까운 가능 세계 WE에서 갖는 내재적 가치를 뺀 값'이다. 즉, 'V(S, E) = IV(S, WE) - IV(S, W~E)'이다.

맥마핸은 자신의 분석을 명확히 공식화해서 제시하진 않았다. 그래서 내가 대신하면, '분할'과 달리 '분기'가 없는 경우에는 다음과 같은 번거로운 형태의 비교주의 버전으로 공식화할 수 있다. 이를 '시간 상대적 이익 설명' 또는 줄여서 '이익 상대주의'라고 부를 수 있다.

1. RIV(S, W, T, P)는 '주체 S의 삶이 가능 세계 W에서 기간 P 동안 갖는 내재적 가치에 특정 시점 T에서 S의 삶이 P 동안의 삶과 심리적으로 얼마나 연결되는지를 나타낸 0과 1 사이의 비율을 곱한 값'이다. C(S, W, T, P)를 심리적 연결성 비율이라고 하면 방정식 'RIV(S, W, T, P) = IV(S, W, P) × C(S, W, T, P)'가 도출된다.

2. RIV(S, W, T)는 '주체 S의 삶이 가능 세계 W에서 서로 겹치지 않는 기간 P1, P2 ⋯ PN 동안 소진될 때 각 기간의 시간 상대적인 내재적 가치를 더한 값'이다. 즉, 'RIV(S, W, T) = RIV(S, W, T, P1) + RIV(S, W, T, P2) + ⋯ + RIV(S, W, T, PN)'이다.

3. RV(S, E, T)는 '주체 S의 삶이 특정 시점 T에서 일어나는 특정 사건 E로부터 갖는 시간 상대적 가치'로, 'E가 발생하는 현실 세계 WE에서의 시간 상대적인 내재적 가치에서 E가 벌어지지 않는 가장 가까운 가능 세계 W~E에서의 시간 상대적인 내재적 가치를 뺀 값'이다. 즉, 'RV(S, E, T) = RIV(S, WE, T) - RIV(S, W~E, T)'이다.

이익 상대주의 접근법을 따르면 우리 삶이 끝날 때와 그 이후 시점에서 우리 삶 사이의 심리적 연결성이 약해질수록, 죽음의 해악 또는 이익을 평가할 때 죽음 이후 시점의 내 복지 수준은 덜 중요해진다. 예를 들어 만약 우리의 죽음이 우리가 어떤 좋은 일을 성취하는 것을 막더라도, 그 성취가 우리 삶이 끝난 시점의 우리와 심리적으로 전혀 연결되지 않는 시점의 사건이라면 그 죽음은 우리에게 별다른 해를 끼치지 않는다. 반대로 우리 삶 전체에서 심리적 연결성이 강하게 유지된다면 이익 상대주의와 비교주의 기준은 완벽하게 일치한다.[26]

맥마핸은 존중의 문턱을 넘지 못하는 존재를 살해하는 직접적 잘못을 분석할 때 이익 상대주의를 토대로 설명했다. 이 관점을 '시간 상대적 살해 설명'이라고 부를 수 있는데, 정리하면 다음과 같다.

> 존중의 문턱을 넘지 못한 주체 S를 살해하는 행위가 직접적 잘못인 경우는 오직 그 죽음이 S에게 음(-)의 시간 상대적 가치를 가질 때뿐이다. 잘못의 정도는 S가 갖는 음의 시간 상대적 가치에 비례한다. 음수 값이 클수록 살해 행위는 더 큰 잘못이 된다.

따라서 동물이나 영아의 삶이 더 좋았을수록 이들을 죽이는 게 더 잘못이라고 단정할 수는 없다. 삶이 끝난 시점과 그 이후 시점 사이의 심리적 연결성이 감소할수록 죽음 이후 시점의 복지 수준은 이들을 살해하는 행위의 직접적 잘못을 평가할 때 덜 중요해지기 때문이다.

살해의 직접적 잘못을 이런 관점에서 설명하는 게 어느 정도 설득력이 있을까? 한 가지 우려스러운 점은 맥마핸이 이익 상대주의를 옹호하는 방식이다. 그는 자신의 설명이 비교주의보다 우월하다고 여겼는데, 비교주의가 여러 사례에 적용할 때 용납하기 어려운 함의를 낳는다는 이유에서였다. 그는 오히려 "태아나 영아를 살해하는 것이 더 나이 든 아이나 어른을 살해하는 것보다 훨씬 더 심각한 잘못"이라면서,

"그 죽음이 그들 삶 전체의 가치에 끼치는 영향이 더 나쁘기 때문"이라고 주장했다.[27] 더 어릴수록 성인 인간보다 더 많은 좋은 삶을 박탈당하므로 해악이 더 크다는 논리였다.

하지만 맥마핸의 이익 상대주의가 정말로 비교주의보다 우월한지는 불분명하다. 제8장에서 이 문제를 살펴볼 텐데, 그때 우리는 맥마핸이 수용한 몇 가지 가정을 보완하면 비교주의로도 그가 반박한 사례들을 충분히 처리할 수 있다는 사실을 확인하게 될 것이다.

살해가 일단의 직접적 잘못이 되는 경우, 다시 말해 살해 행위가 가져올 부수적인 여파가 아닌 피살자 자신에게 미치는 영향 때문에 잘못인 경우는 어떤 때일까? 철학자들은 세 가지 설명으로 이 질문에 답하고자 했다. '해악 설명'은 살해 행위의 잘못을 피살자에게 끼친 해악에서 찾았고, '동의 설명'은 피살자가 자신을 죽이는 데 동의하지 않았다는 사실에 근거했으며, '주체 가치' 설명 가운데 가장 그럴듯한 버전인 '최대 주체 가치 설명'은 살해당하는 주체가 지닌 내재적 가치를 기준으로 삼았다.

각각의 설명은 나름대로 장점이 있다. 그리고 각기 다른 방식으로 어떤 존재를 살해하는 게 다른 존재를 죽이는 것보다 더 나쁘다(물론 후자의 경우도 잘못은 잘못)는 '계층 논제'를 뒷받침한다. 아울러 세 가지 설명 모두 특정 개체를 살해하는 행위가 어느 정도의 잘못인지 평가할 기준도 제공한다.

그러나 저마다 허점이 있기에 나는 가장 타당한 관점으로 네 번째 설명, 즉 '결합 설명'을 제안했다. 이 관점을 통하면 자기 죽음에 판단 능력이 없는 무능한 주체를 살해하는 행위가 직접적 잘못인 경우는 오직 그 주체에게 해악을 끼칠 때뿐이며, 유능한 주체를 죽이는 행위가 잘못인 경우는 그 주체가 충분한 정보를 인지한 상황에서 자신을 죽이는 데 동의하지 않을 때뿐이다.

결합 설명은 최대 주체 가치 설명과 마찬가지로 평등주의에 대한 우리의 일반적인 직관에 상당히 부합하고 훨씬 더 명확하다. 특히 주체 가치를 정량화해야 한다는 까다로운 개념을 피할 수 있다는 점에서 그렇다.

결합 설명은 비교주의를 바탕으로 한다. 비교주의는 어떤 사건의 해악은 우리가 그 사건에서 얻는 가치에 달렸다고 말한다. 그런데 맥마핸의 주장처럼 심리적 연결성이 약해질수록 그 가치가 떨어진다면 비교주의는 올바른 설명이 되지 못한다. 그에 따르면 사건이 우리에게 끼치는 해악을 평가할 때 우리의 미래 복지에 미치는 영향을 고려해야 하는 것은 맞지만, 그 미래의 삶이 현재의 삶과 심리적으로 연결된 정도가 약할수록 그때의 복지 수준은 덜 중요해진다.

그렇기에 지금의 죽음이 우리가 훗날 성취할 수 있었을 어떤 좋은 일들을 박탈하더라도 그때의 삶이 현재의 삶과 연결되지 않는다면 우리에게 그리 큰 해악은 아니다.

  나는 맥마핸의 해악 설명에 치명적 결함이 있다고 보는데, 이 책의 마지막 장인 제8장에서 그 결함을 들여다볼 것이다.

제7장

스스로 죽는 것과
남의 손에 죽는 것

우리 대다수는 훗날 결국 죽음에 이르게 하는 질병과 싸우다가 삶을 마감한다. 적어도 미국에서는 그렇다. 교통사고 등 우발적 사고로 죽는 경우는 약 5%, 폭행으로 사망하는 경우는 0.7% 정도밖에 되지 않는다. 자살로 생을 마치는 경우도 약 1.4%에 불과하다.[1]

우리는 언제 어떻게 죽어야 바람직할까? 치명적인 질병이나 부상에 맞서 끝까지 싸우는 것도 충분히 합리적일 수 있다. 생명 자체가 걸린 문제이므로 고통을 줄여주는 진통제를 포함한 적극적인 의학적 치료를 찾는 게 제일 나은 선택일 때도 있다. 하지만 언제나 그런 것은 아니다. 어떤 이들에게는 연명 치료를 거부하고 스스로 죽음을 받아들이는 편이 더 나을 수 있다. 또 어떤 이들, 특히 생명이 직접 위협받는 상황은 아니지만 삶의 질이 심각하게 훼손돼 회복 불능인 상태의 사람들에게는 더 적극적인 선택이 최선일 수도 있다.

    삶을 억지로 이어가는 게 오히려 해로울 때는 스스로 삶을 끝내는 선택도 합리적일 수 있으며, 가급적 의료 전문가의 도움을 받아 그렇게 하는 것이 좋다. 그런 도움은 자살을 돕는 형식일 수도 있고, 또 스스로 죽지 못할 정도로 무능해진 이들에게는 안락사 형태가 바람직할 수 있다. 물론 우리는 되도록 오랫동안 그런 결정을 미루고 싶을 것이다. 삶이 여전히 좋은 때 죽는 것은 중대한 불행이기 때문이다. 그렇더라도 어떤 이들에게는 그 같은 결정을 내리는 게 현명할뿐더러 도덕적으로도 허용될 수 있다.

    이는 어디까지나 내 생각이다. 나는 그렇게 믿는다. 그러나 영국이나 미국의 일부 주에서는 자살을 돕는 행위가 불법이며, 적극적 안락사는 영국과 미국 전역에서 범죄다. 더욱이 아직도 많은 사람이 이런 행위가 계속해서 범죄로 규정돼야 한다고 여긴다. 이들 가운데 상당수는 자살, 조력 자살, 안락사 등이 모두 직접적 잘못이라고 주장한다. 이 장에서 나는 의사 조력 자살이나 안락사를 합법화해야 하는지를 논하진 않을 것이다.[2] 다만 몇몇 극단적인 경우를 제외하면 자살과 조력 자살 그리고 안락사가 직접적 잘못이 아니며, 모든 사안을 고려할 때 간접적으로도 잘못된 행위가 아니라고 주장할 것이다. 이는 법률적 문제와도 직결되는데, 특정 형태의 조력 자살과 안락사를 합법화하는 데는 도덕적 걸림돌이 없다는 뜻이다. 이 주장은 이 장의 두 번째 절에서 하겠다. 그 전에 우리는 '자살'과 '안락사'라는 용어를 어떻게 사용해야 하는지부터 살펴야 한다.

자살과 안락사

우리가 이 장에서 풀어야 할 과제는 우리의 죽음을 우리 스스로 결정할 수 있느냐는 문제를 검토하는 일이다. 그러려면 여러 유형의 결정을 구분해야 하는데, 그 과정에서 '자살'과 '안락사'라는 용어를 사용할 수밖에 없다. 에둘러 표현하는 방식도 있지만, 이런 용어를 피해서 설명하려고 하면 오히려 더 번거로워지고 애매해지기 때문이다.

용어 자체를 두고 치열한 논쟁이 벌어지기도 했다. 특히 '자살'이 그렇다. 도덕적으로 비난받을 일이 아닌 경우 결코 '자살'이라고 불러서는 안 된다는 철학자들도 많다. 이들은 전쟁터에서 전우를 살리려고 자기 목숨을 내던지거나 가족을 위해 희생하는 등의 행위를 '자살'로 분류하지 않는다. 그런 희생은 숭고하기 때문이다.[3] 또 어떤 철학자들은 아예 '자살'을 문자 그대로 '자기 살해', 즉 잘못된 '자기 종결' 행위를 가리키는 용도로만 써야 한다고 주장했다.

일상적인 용례에서도 '자살'과 '안락사'라는 말은 대체로 부정적인 의미를 담고 있는 경우가 많다. 그렇기에 잘못된 자기 종결을 자살이라고 규정해버리면 "자기 종결은 허용되는가?"라는 질문에 공정하고 편견 없이 답하기 어려워진다. 이런 이유와 더불어 명확성을 위해 나는 '자살'과 '안락사'를 일상적인 용례와 다르게 규정하겠다. 내가 제안하는 용법이 일상 언어와 무엇이 다른지 명확히 하려면 우선 '자살'과 '안락사'의 일반적 용례를 살핀 뒤 새로운 용어를 제시하고, 전자를 후자와 연결해야 할 것이다.

자살

'자살'부터 시작해보자. 자살이 잘못된 행위라는 즉각적인 암시를 피하면서도 일상적 용례에 최대한 가깝게 다가가려면 자살을 어떻게 정의해야 할까?

일상적 용례를 반영한 정의는 이렇다. 자살이란 어떤 사람이 그렇게 행동하면 자신이 죽으리라 예상하고 그 행동을 해서 실제로 죽음에 이른 사람의 해당 행동을 가리킨다. 즉, 주체 S의 행위 A가 자살이 되려면 다음의 세 가지 요건을 충족해야 한다.

1. A가 S의 죽음을 초래했을 것.
2. A를 할 때 S는 A로 자신이 죽으리라고 예상했을 것.
3. S는 자신이 죽을 의도로 A를 했을 것.

여기에 몇몇 철학자들은 네 번째 조건을 추가한다.[4]

4. S는 죽음을 다른 무언가를 위한 수단이 아닌 그 자체로 원했을 것.

즉, 비수단적 욕구로서 자신의 죽음을 위해 A를 했을 것.

하지만 요건 4는 거의 받아들여지지 않는다. 죽음을 비수단적으로 욕구하는 사람은 사실상 없기 때문이다. 의도적으로 자기 목숨을 끊는 사람들은 항상 다른 뭔가를 위한 수단으로 그렇게 한다. 일테면 다른 사람을 구하기 위해서라든지 고통에서 벗어나기 위해서다. 그들은 살기를 바랄 수도 있다. 심지어 간절히 원할 수도 있다. 그렇지만 동시에 특정 조건에서만 살고 싶어 할 수도 있다. 그런 조건이 도저히 충족되지 않는다면 상황을 피하고자 어떻게든 애쓸 것이다. 그 어떤 방법으로도 피할 수 없다면, 자기 목숨을 끊는 길을 선택할 수도 있다. 그러나 이런 사람들조차 결코 죽음 그 자체를 욕망하는 것은 아니다.

요건 3, 즉 죽음을 의도했다는 요건은 충족했으나 요건 1에서 요구하는 결과인 죽음에 이르지 못한 행위는 '자살 시도'이지 온전한 의미의 '자살'은 아니다. 그런데 '자살 시도'를 '자살'로 가장하려는 사람들도 있다. 자신이 죽으리라고 예상하지 않으면서 자살과 비슷해 보이는 방식으로 자기 몸을 해쳐 관심을 끌려는 의도에서다. 실제 상황에서는 이런 '자살 시도'가 진짜 '자살'과 구분하기 어려울 때도 있다. 의도한 대로 되지 않아 시도로 끝나야 할 행동이 치명적 결과를 낳을 때가 그렇다.[5]

요건 3의 '의도'는 충족했으나 요건 2의 '예상'에 부합하지 못한 치명적 행위도 자살에 해당하지 않는다. 다시 말해 그러면 죽을 줄 알고 그렇게 했는데 그 행동이 아닌 엉뚱한 이유로 사망하는 경우다. 이런 사례도 꽤 있다. 어떤 행동은 우리가 전혀 예상치 못한 인과적 사슬로 죽음을 초래할 수 있기 때문이다.[6] 이를 '기만적 인과관계에 의한 죽음'이라고 부른다. 예를 들면 이런 경우다.

> 한 여성이 죽기 위해 자두 주스에 비소를 타서 마셨다. 그런데 그녀 자신은 비소를 그 정도 넣으면 충분하다고 생각했지만, 실제로는 속만 약간 쓰릴 정도일 뿐 죽음에 이를 만큼은 아니었다. 하지만 그녀는 결국 죽었다. 사인은 비소가 아니었다. 그녀가 며칠 전부터 먹던 새로 개발된 심장약이었다. 그녀는 임상 시험에 참여하고 있었다. 그때까지는 부작용이 밝혀지지 않았었다. 그녀의 죽음으로 약 성분이 자두 주스와 섞이면 치명적이라는 사실이 드러났다.

그녀는 죽으려고 의도했고 자두 주스에 비소를 타서 마시면 죽으리라고 예상했지만, 그 행동이 아닌 다른 원인으로 죽었다. 그녀는 자살을 시도했으나 실패하면서 죽었다. 비록 죽음에 이르긴 했지만, 자신의 예상과는 다른 이유로 사망했기 때문이다. 똑같은 심장약을 복용하다 우연히 자두 주스를 마시고 죽게 되는 사람들처럼 그녀의 죽음은 자살이 아니다.

그렇다고 예상 요건을 지나치게 강조하면 곤란하다. 자살하려는 사람이 자신의 행위가 정확히 어떤 방식으로 죽음을 불러올지 속속들이 알아야 할 필요는 없다. 내가 자살하려고 총을 쐈는데 총알이 내가 본래 의도한 머리가 아닌 가슴에 치명상을 입혔더라도, 또는 벽에 튕겨 나를 죽였더라도 내가 한 행동은 여전히 자살이다.

그렇다면 예상 요건은 충족했으나 의도가 빠진 치명적 행위는 어떨까? 이 경우에도 자살에 해당할까? 어떤 이론가들은 의도 요건을 아예 제외하기도 한다. 요건 1과 2만 충족하면 어떤 행위든 자살이 되기에 충분하다는 것이다. 《자살론(Le Suicide)》으로 유명한 사회학자 에밀 뒤르켐(Emile Durkheim)이 대표적이다. 그는 "자살이라는 용어는 죽음을 의도한 당사자의 긍정적 또는 부정적 행위가 직간접적으로 초래한 모든 죽음에 적용된다"고 주장했다.[7]

그래도 대부분 철학자는 의도 요건을 반드시 포함해야 한다는 쪽이다.[8] 이들에 따르면 내가 전우들을 구하고자 수류탄 위로 몸을 던진 경우, 비록 내 행동이 치명적일 수 있음을 잘 알고 죽음을 예상했더라도 그 행동은 자살이 아니다. 반면 내가 그냥 죽으려고 수류탄 위로 몸을 던진다면 자살이다. 요컨대 자살은 치명적인 결과를 예상하면서도 죽으려는 행동이다.

선택지가 극도로 제한된 상황에서 치명적인 행동을 하더라도 자살에 해당한다. 예컨대 깊은 구덩이에 갇혀 갈증에 시달리다 죽거나 독을 마시는 것밖에 선택지가 없을 때, 독을 마시는 것은 자기 의지에 따른 행동이다. 어떤 미치광이가 나더러 죽지 않으면 가족을 몰살하겠다고 협박해 내가 어쩔 수 없이 죽음을 선택하더라도, 내 의지로 한 행위이므로 자살로 간주한다. 물론 미친 광인에게는 자살 강요라는 죄가 추가될 것이다. 소크라테스가 독을 마시고 죽은 경우도 마찬가지다. 그에게는 자신에게 자결을 명한 국가의 명령을 따르거나 몰래 망명하는 선택지가 있었다. 그가 내린 선택은 자살이었다.

보통은 행동과 부작위를 구분해서, 스스로 죽도록 방치하는 부작위로 인한 죽음은 자살로 보지 않는 경우가 많다.[9] 하지만 어떤 부작위는 분명히 자살이다. 죽기 위해 부작위를 선택하는 사람들도 있기 때문이다. 일테면 죽음을 앞두고 일부러 곡기를 끊거나 연명 치료를 거부할 수 있다.[10] 아마도 사람들 대부분은 내가 죽으려고 식사를 중단해 실제로 죽음에 이르면 내가 한 행동을 자살이라고 말할 것이다.

자살의 유형

일반적으로 '자살'이라는 용어는 앞서 제시한 요건 1~3의 의미로 사용될 것이다. 그런데 그 의미를 좀 더 유용하게 확장하는 방식도 있다.

첫째, 행위에 의존한 자기 파괴와 부작위에 의존한 자기 파괴를 구분할 수 있다. 주체 S가 행위 A로 인한 자기 죽음을 정확히 예상하고 바로 그 이유로 A를 했다면 '적극적 자살'이다. 반면 S가 A를 하지 않으면 더 빨리 죽음을 맞이하리라는 사실을 예상하고 바로 그 이유로 A를 하지 않았다면 '소극적 자살'이다. 다시 말해 주체 S의 행위 A가 앞의 요건 1~3을 충족하면 적극적 자살이고, S가 A를 하지 않은 것이

다음의 세 가지 요건을 충족하면 소극적 자살이다.

    1-1. S의 죽음이 A를 했을 때보다 더 빨리 일어났을 것.

    2-1. S가 A를 하지 않으면 자신이 더 빨리 죽으리라고 예상했을 것.

    3-1. S는 자신이 더 빨리 죽을 의도로 A를 하지 않았을 것.

둘째, 요건 1과 2를 충족하는 '행위' 그리고 요건 1-1과 2-1을 충족하는 '부작위'를 지칭하는 용어로 '자살'을 사용할 수 있다. 즉, 주체 S가 어떤 행위나 부작위로 자기 죽음이 초래될 줄 예상하고 그 행위나 부작위를 했다면 '자살'이다. 그리고 S의 행위나 부작위가 요건 1-3을 모두 충족하거나 요건 1-1~3-1을 모두 충족하면 '의도적 자살'이다. 이렇게 '적극적 자살', '소극적 자살', '의도적 자살'을 정의할 수 있다.

  요건들의 결합도 가능하다. 어떤 행위가 죽음을 초래하리라고 예상하면서도 기꺼이 그렇게 해서 죽으면 '의도적인 적극적 자살'이다. 이 관점에서 소크라테스의 죽음을 보면, 아테네 정부가 자살을 명령했고 소크라테스는 죽을 것을 알면서도 기꺼이 그 명령에 따라 독약을 마셨으니 '의도적인 적극적 자살'이다.[11] 한편으로 죽을 것을 알고도 수류탄 위로 몸을 던지는 사례처럼 죽음을 초래하는 행위임을 예상한 상황에서 죽으면 '적극적 자살'이라고 했는데, 그 목적이 죽음 자체가 아니라면, 그러니까 다른 사람을 구하는 게 목적이지만 전우들의 생명을 구할 다른 방법이 없어서 어쩔 수 없이 그렇게 죽는다면 '의도적 자살'

에 해당하지 않는다.[12]

　다시 생각해보자. 이런 정의는 자살의 일상적 용례를 확장한 것이다. 그중 일상적 용례에서 가장 멀리 벗어나는 경우는 '비의도적인 소극적 자살이다'이다. 요건 1-1과 2-1는 충족하지만 3-1은 충족하지 못할 때다. 그러나 우리 대부분은 매일 운동을 열심히 하거나 채소를 많이 먹으면 더 오래 살 수 있음을 알면서도 여전히 그렇게 하지 않는다. 이 경우에도 요건 1과 2를 충족하므로 '비의도적인 소극적 자살'에 해당한다. 그렇다고 이런 부작위를 자살이라고 여기는 사람은 없다. '소극적 자살'이라고 불러도 우스꽝스럽게 들린다. 그로 인해 삶이 겨우 조금 단축될 뿐이니까. 하지만 이런 상황을 상상해보자. 우리를 원래 죽을 날보다 이틀 전에 죽게 만드는 어떤 독약이 있는데, 지금 우리가 이 독약을 일부러 마셔서 삶의 마지막 이틀을 깎아냈다면, 비록 우리 삶은 아주 조금 단축됐을 뿐이지만 '적극적 자살'이라고 할 수 있다.

　다음으로 여러 유형의 자살 동기와 관련한 몇 가지 사안을 고려해보자. 자살은 자신의 복지를 위한 수단으로 의도될 수도 있고, 타인의 복지를 위한 수단으로 이용될 수도 있다. 또는 둘 다일 수도 있다. 전자는 '타산적 자살', 후자는 '이타적 자살'이라고 부를 수 있다. 어떤 미치광이가 수천 명의 목숨을 담보로 여러분에게 자살을 강요하는 상황을 상상해보자.

　한 미치광이가 여러분이 죽지 않으면 수천 명의 무고한 시민의 목숨을 앗아가겠다고 위협하면서, 선택은 오롯이 여러분의 몫이라고 말한다.

여러분이 미치광이의 요구를 따른다면, 스스로 독을 마셔 죽음을 맞이할 것이다. 비록 타인을 구한다는 목적에 여러분 자신은 포함되지 않지만, 그 죽음은 '이타적 자살'이라고 할 수 있다. 양상은 다르지만, 역사에서 실제로 있었던 이타적 자살 행위도 살펴보자. 로런스 오츠(Lawrence Oates) 대위의 사례다.

로버트 스콧(Robert Scott) 대령이 이끄는 남극 탐험대에서 로런스 오츠 대위는 동상에 걸린 자신 때문에 전진 속도가 느려지자 이렇게 말하고는 눈보라로 들어가 사라졌다. "잠시 밖에 좀 나갔다 오겠습니다. 조금 오래 걸릴지도 모르겠습니다."

오츠의 행동은 '이타적이고 의도적인 적극적 자살'이라고 볼 수 있다. 그는 자신을 두고 떠날 수 없는 동료들의 짐을 덜어주고자 의도적으로 죽음을 선택했고, 그가 선택한 수단인 '눈보라로 들어가는 것'은 부작위가 아니라 행위였다. 이처럼 자살의 동기는 섞여 있을 수도 있다. 다음 사례도 살펴보자.

여러분은 말기 암 환자로 병원에서 값비싼 치료를 받던 중 고심 끝에 치료 중단을 결정했다. 여러분은 그런 선택을 한 까닭은 자신의 고통을 끝내려는 동시에 가족의 경제적 부담을 덜어주려는 의도에서였다.

블레셋인들에게 눈이 뽑힌 채 신전 쇠사슬에 묶여 갇혀 있던 삼손은 마지막 힘을 다해 신전 기둥을 무너뜨려서 수많은 블레셋인을 죽이고 자신도 죽었다. "블레셋 놈들과 함께 죽게 해주십시오(판관기 16:30)"라는 그의 기도 내용에 비춰볼 때 삼손의 자살은 의도적이었다. 그는 죽음으로 고통과 조롱에서 벗어나고자 한 동시에 적들을 공격하려고 했다.

자살 폭탄 테러범 프레드는 자기 몸에 설치한 폭탄을 터뜨려 자신을 비롯해 수많은 무고한 사람들을 죽였다. 그는 이 테러로 불의에 저항하는 동시에 자신은 고통 없는 내세에서 삶을 이어갈 수 있다고 믿었다.

자살에는 더 어두운 동기가 작용할 수도 있다.

복수심에 불탄 비키(Vicky)는 자신을 배신한 전 남편에게 고통을 주려고 자살을 선택했다.

마지막으로 내가 여기서 결론을 내리지 않고 남겨둘 모호한 질문 두 가지를 언급하고자 한다. 첫째, 어떤 행위가 자살이 되려면 그 행위가 죽음으로 이어진다고 믿는 것만으로 충분할까? 예를 들어 내가 비 오는 날 밖에 나가면 벼락 맞아 죽으리라 믿고 밖으로 나갔다가 우연히 정말로 벼락에 맞아 죽었다면, 나는 자살한 걸까? 아니면 내 행위가 어떤 과정으로 죽음을 불러오는지 정확한 지식이 있어야 자살이 되는 걸까?

둘째, 어떤 행위가 치명적인 결과를 가져오리라는 믿음이 있어야 할까? 또는 그저 죽을 정도로 위험하다는 인식만 있으면 될까? 내가 러시안 룰렛(Russian roulette)이 위험한 게임임을 알고도 하다가 실제로 죽는다면, 나는 자살한 걸까? 아니면 총알이 없는 약실이 몇 개 남았는지, 내가 몇 번 방아쇠를 당겼는지에 달린 걸까?[13]

자살 개념의 이런 모호한 부분과 관련해서는 이 정도로만 정리해도 충분할 것이다. 요즘도 많은 사람이 자기 생명을 위험에 빠뜨리려는 의도로 어떤 행위나 부작위를 선택하는데, 그런 것들은 자살이라기보다 '자살적' 행동이라고 부르면 될 것이다. 진짜로 자기 목숨을 끊으려는 의도가 아닌 단순히 목숨을 위험에 노출하려는 의도라서다.

안락사

'자살'과 마찬가지로 '안락사'라는 용어 또한 정리가 필요하다. 안락사를 살해로 보느냐 그렇지 않느냐에 따라 그 개념을 분석하는 방식에 영향을 줄 수 있다. 많은 사람이 동의하는 부분은 어떤 행위가 살해가 아닌 안락사라고 불리려면 그 행위가 죽음을 맞이하는 당사자에게 이익, 즉 이로워야 한다는 점이다. 하지만 안락사를 살해로 간주하는 이들은 안락사의 적용 범위를 '죽는 당사자에게 이익이라는 명분 아래 그 사람을 의도적으로 살해하는 행위'로 제한했다. 이렇게 정의해 놓으면 인간을 '의도적으로' 살해하는 행위가 본질적으로 잘못이라는 믿음을 유지하면서, 언제라도 안락사가 직접적 잘못이 될 여지를 남길 수 있어서였다.

그러나 최근 들어 정의가 꽤 달라졌다. 제임스 레이첼즈를 비롯한 여러 철학자가 타인의 품위 있는 죽음을 돕는 행위가 정당한지 재검토하면서 '안락사' 개념의 범위를 넓혔다.[14] 오늘날 이 용어는 크게 두 가지 관점에서 논의된다.

첫 번째는 안락사도 살인이라는 가정을 누그러뜨려 '적극적 안락사'와 '소극적 안락사'로 구분하는 관점이다. '적극적 안락사'는 죽음을 맞이하려는 사람을 이롭게 하는 일종의 '살해'이고, '소극적 안락사'는 그 사람이 죽도록 내버려둠으로써 이롭게 하려는 일종의 '방치'다.

두 번째는 적극적 안락사든 소극적 안락사든 죽음을 맞이하려는 당사자의 태도로 안락사를 구분하는 관점이다. 당사자가 유능한 주체로서 동의하면 '자발적 안락사', 유능한 주체로서 반대한 경우는 '비자발적 안락사', 무능한 주체여서 동의나 반대를 표현할 수 없는 경우는 '비의도적 안락사'라고 정의한다.

더 세밀하게 구분할 수도 있다. 어떤 사람 P가 주체 S를 안락사시키는 행위 A가 다음 요건을 충족하면 일단 '적극적 안락사'라고 할 수 있다(소극적 안락사도 유사한 구분이 가능하다).

1. A가 S의 죽음을 초래했고, S의 죽음은 A로 인해 S에게 이익이 됐을 것.
2. A를 할 때 P는 A가 S의 죽음을 초래할지 예상했고, S의 죽음이 A로 인해 S에게 이익이 되리라고 예상했을 것.
3. P는 A로 S의 죽음을 초래해 S에게 이익을 주려고 의도했을 것.

A가 요건 1과 2만 충족해도 '적극적 안락사'라고 부를 수 있다. 세 가지 요건을 모두 충족하면 '의도적인 적극적 안락사'다. P의 의도가 요건 3은 충족하지 못하고 요건 1과 2만 충족한 경우, 예컨대 의사가 환자를 죽이려는 게 아니라 고통을 줄여주려고 모르핀을 투여했다가 그만 환자가 사망했고, 의사는 과도한 모르핀 투여가 죽음을 초래할지 알고 있었다면, 이 경우는 '비의도적인 적극적 안락사'에 해당한다.

어떤 상황에서는 자살과 안락사가 동시에 일어나기도 한다. 내가 치료를 중단할 시 내 죽음이 앞당겨질 것을 알기만 했다면 '소극적 자살'이고, 애초부터 내 생명을 단축하려는 목적으로 치료를 거부했다면 '의도적인 소극적 자살'인데, 둘 중 어느 쪽이든 의사가 내 생명을 단축함으로써 내게 이익이 된다는 사실을 알고 생명 유지 장치를 제거했다면 '소극적 안락사'이고, 의사가 빨리 죽겠다는 내 목적에 공감해서 죽음을 앞당겨 나를 이롭게 하고자 생명 유지 장치를 제거했다면 '의도적인 소극적 안락사'다.

합리적으로 선택한 죽음

자살이 최선의 결정이 되려면 합리적이고 도덕적인 선택이어야 한다. 스스로 죽임을 허용하는 때도 마찬가지다. 이 절에서는 죽음을 선택한다는 게 합리적일 수 있는지 살필 것이다. 자살에 초점을 맞추겠지만, 만약 자살이 언제나 비합리적인 선택이라면 자신을 죽이도록 허용하는 일도 비합리적일 것이다. 이에 관한 도덕적 반론은 다음 절에서 다루겠다.

자살은 절대로 합리적인 선택이 될 수 없다고 여기는 이들은 이렇게 주장할 것이다. 죽음은 결코 우리에게 이익이 될 수 없다고, 설령 일부 사람들에게 이익이 된다고 해도 합리적 판단으로 자살을 선택하는 경우는 없기에 거의 모든 자살은 정신적 손상에서 비롯된 비극이라고 말이다.

자신을 살해하도록 허용하는 경우에도 비슷한 주장이 가능하다. 전혀 이익이 되지 않으며, 그 또한 제 정신이 아닌 상황에서의 선택이라는 것이다. 칼로 자기 손목을 긋는 등의 자해 행위를 봐도 하나 같이 정신적 균형이 무너진 사람들이나 하는 행동이 아니냐는 얘기다.

그렇지만 우리에게 해로워 보이는 일이 사실은 우리를 이롭게 할 수도 있어서 반드시 정신적 불안정의 증거가 되진 않는다. 유명한 사례도 있다. 애런 랠스턴(Aron Ralston)은 2003년에 유타(Utah) 주의 외딴 협곡을 혼자 등반하던 중 좁은 절벽 사이를 타고 내려가다가 떨어져 내린 바위에 오른팔이 끼어서 옴짝달싹 못 하는 신세가 됐다. 그는 127시간을 버티면서 팔을 빼내려고 온갖 방법을 다 써봤지만 모두 실패하고 결국 주머니칼로 짓눌린 팔을 잘라내는 극단적 선택을 하게 된다. 그렇게라도 하지 않으면 꼼짝없이 죽을 수밖에 없기 때문이었다. 자신의 생명을 구할 수 있는 유일한 방법이 자해밖에 없다고 판단한 것이다. 그 선택은 옳았고, 오히려 그의 삶을 이롭게 했다. 그는 살았고, 그 일로 유명 인사가 됐으며, 책도 펴내고 강연도 하면서 삶이 더 풍성해졌다.

이제 본격적으로 자살이나 자신을 살해하도록 허용하는 일이 과연 이익에 부합할 수 있는지 살펴보자. 그런 뒤 그것이 정말로 정신 질환의 산물인지 따지기로 하자.

타산적 고려

사실 우리는 이미 답에 가까이 왔다. 죽음이 우리에게 이로울 수 있다는 것이 이미 확립됐기 때문이다. 우리가 앞서 살폈듯이 어떤 시점에서 죽는 것이 계속 사는 것보다 나은지 판단하려면 우리가 그때 죽었을 경우의 삶과 계속 살아갔을 경우의 삶을 비교하면 된다. 전자가 후자보다 낫다면 죽음은 우리의 이익에 부합한다.

죽음이 자신에게 이익이 되는 이유는 사람마다 다를 수 있다. 가장 쉽게 떠오르는 경우는 고통의 수준이 한계 상황에 이르렀고, 아무리 치료를 받아도 그 고통을 낮출 수 없다고 믿을 충분한 이유가 있는 사람들이다. 또 어떤 이들에게는 부상이나 질병으로 인한 육체적 고통이 아닌 정신적 고통이 결정적 요인으로 작용하기도 한다. 정신적 고통에도 여러 원인이 있을 수 있는데, 일테면 기계나 타인의 의존 없이는 일상적인 활동이 전혀 불가능한 자율성 상실을 들 수 있다.[15]

자살이 합리적일 수 있는지 오랫동안 연구한 철학자 카를로스 G. 프라도(Carlos G. Prado)는 자살을 '종결적 자살'과 '예방적 자살'로 구분했다. 종결적 자살은 "현재의 참을 수 없는 상황에서 벗어나기 위한 수단"으로 선택하는 자살이고, 예방적 자살은 "앞으로 닥칠 참을 수 없는 말기 상태를 방지"하기 위해 선택하는 자살이다.[16] 프라도는 두 경우 모두 우리에게 이익이 될 수 있다고 주장했다. 예를 들어 어떤 질병이 곧 끝없는 고통 속으로 우리를 몰아넣으리라고 예상한다면, 병이 더 진행되기 전에 삶을 끝내는 게 이익일 수 있다. 물론 시점이 중요하다. 초기 단계에는 삶이 견딜 만하고 여전히 좋은 상태일 수 있기에 우리 삶을 끝내는 선택을 미루는 편이 낫다.

그런데 우리 삶을 끝내는 선택이 타산적일 수 있음을 보이려면 죽음이 이익에 부합할 수 있다는 증명만으로는 충분치 않다. 자살의 수단, 즉 어떤 방식으로 죽을지도 고려해야 한다. 어떤 방식은 너무 느리고 고통스러워서 적절하지 않고, 또 어떤 방식은 실패 위험이 커서 오히려 더 나쁜 상황에 빠지게 만들 수 있다. 곡기를 끊고 굶어서 죽는 '소극적 자살'은 아마도 전자에 해당할 것이다. 어떤 철학자들은 이런 방식이 상대적으로 끔찍하진 않다고 설명하지만, 분명히 더 빠르고 고통이 덜한 죽음에 비하면 훨씬 견디기 어려울 것이다.[17] 그래서 이런 방식은 극소수의 사람들한테만 타산적이다. 더 빠르고 덜 고통스러운 수단을 찾을 수 없고, 피하고자 하는 미래가 너무 참담할 때만 이 방식을 선택할 것이다. 총기를 이용한 '적극적 자살'은 후자에 해당할 텐데, 누구라도 자신에게 총구를 겨누는 게 처음이라 손이라도 떨어서 빗나가기라도 하면 고통만 가중될 뿐이므로, 이 또한 극소수에게만 타산적이다.

우리가 일반적으로 생각할 때 가장 적절한 자살 방식은 고통을 느낄 수 없고, 빠르고, 확실한 것이어야 한다. 아무래도 의사가 처방한 어떤 약물을 이용하는 게 가장 나을 것이다. 죽음이 그 사람의 이익에 부합하는 경우라면, 이런 방식의 '적극적 자살'은 타산적이라고 할 수 있다. 하지만 이 방식이 적극적 자살에 유일하게 타산적이라고 해도 최선의 방식이라고는 말하지 못하겠다. 아무리 생각해도 최선의 방식은 모든 정황을 다 알고 기꺼이 도울 준비가 된 의사의 감독 아래 삶을 마무리하는 것이다. 예상치 못한 일이 일어나도 의사가 개입해 안락사를 시행할 수 있어서다. 물론 적극적 안락사가 허용되고 이용 가능하다는 전제에서 그렇다.

삶을 끝내는 수단으로 안락사가 가진 장점은 명확하다. 이를 순수하게 시행할 의지가 있는 의사들이 있다는 가정 아래, 안락사는 고통이 전혀 없고 잠들 듯이 품위 있는 죽음을 맞이할 수 있는 유일한 방식이다.

정신적 손상

일부 자살은 어떤 형태로든 정신적 손상이 요인으로 작용한다. 안락사를 요청하는 결정에도 정신적 손상이 포함될 수 있음은 의심할 여지가 없다. 그럴더라도 자살로 삶을 끝낸 사람이나 앞으로 그런 선택을 할지도 모를 사람들 모두를 정신 장애라고 단정할 이유는 없다. 게다가 어떤 유형의 정신적 손상이 자살 결정의 요인이더라도 그 결정은 여전히 이성적일 수 있다. 내가 주장하려는 게 바로 이 지점이다.

자살에 관한 초기의 영향력 있는 실증 연구 중 하나는 정신과 의사이자 신경화학자 일라이 로빈스(Eli Robins)가 수행했다.[18] 그는 1956년 5월부터 1957년 5월까지 세인트루이스에서 발생한 134건의 자살 사례를 조사해 이들 가운데 94%가 정신 질환을 앓고 있었다고 보고했다. 이들 가운데 45%는 우울증, 23%는 만성 알코올중독, 19%는 진단받지 않은 정신적 손상을 가진 사람들이었다. 그러나 로빈스 자신도 설명했듯 우울증 환자의 약 14%만 자살을 선택했으며, 이들 중 많은 사람은 오히려 우울증이 치료돼서 극복한 이후에 자살했다. 마찬가지로 만성 알코올중독자들도 스스로 삶을 끝내지 않았다.[19]

이후 우울증 전문의 에런 벡(Aaron Beck)을 비롯한 여러 연구자는 자살과 더 밀접한 상관관계를 갖는 요인으로 '절망감'을 지목하면서 "스스로 해결 불가능하다고 여기는 문제에서 벗어나고자 하는 욕구"로 정의했다.[20] 이들에 따르면 "절망감은 우울증과 자살 의도 사이 상관관계의 무려 96%를 차지"한다.[21] 조현병의 경우도 비슷해서, 환자의

10%만 자살을 선택했지만 이들 대다수는 "절망감에 사로잡힌 사람들"이었다.[22] 이 같은 연구 결과는 더 다듬어졌고, 허버트 헨딘(Herbert Hendin) 같은 정신과 의사는 자살과 절망감 사이에 일종의 자포자기 상태가 존재한다고 설명했다. 절망감이 내포한 "해결 불가능한 문제에서 벗어나려는 욕구"를 넘어 "그런 변화 없이는 삶 자체가 불가능하다는 감각"까지 포함한다는 것이었다.[23]

벡과 헨딘이 정의한 '절망감'과 '자포자기' 상태는 죽음이 자신의 이익에 부합한다는 합리적 판단과 양립 불가능하지 않다. 물론 이런 사람들 가운데 상당수는 극도로 불행해지거나 심각한 알코올 의존증을 겪을 수도 있다. 내가 도저히 내 상황에서 벗어날 수 없다고 믿게 됐을 때, 나는 내가 감당하지 못할 수준의 조현병이나 우울증을 겪고 있거나 내가 감당할 수 있는 방식으로는 치료할 수 없는 병을 앓고 있을 수도 있다. 이때 내가 이런 삶을 계속 사느니 죽는 편이 내게 훨씬 이롭다고 판단한다면, 나는 '자포자기' 상태에 있는 것이다. 그리고 내가 내 상황을 합리적으로 평가한 뒤 그런 결론에 도달했고, 삶을 끝내기로 선택했다면, 나는 합리적으로 자살을 선택한 셈이다.

따라서 자살은 결코 합리적 선택이 될 수 없다거나 합리적으로 선택하는 경우는 극히 드물다는 주장은 옳지 않다. 스스로 삶을 끝내는 편이 낫다는 참혹한 결론에 이르렀다는 이유만으로 비합리적이라고 단정 짓는 것은 잘못된 생각이다. 더욱이 '자살적' 행동을 하는 사람들은 정신 질환이 없더라도 일시적으로 비합리적일 수 있다. 많은 연구자가 자살을 시도하는 사람들은 한편으로는 살고 싶다는 혼란스럽고 양가적인 감정에 사로잡힌다고 생각하는 듯하다. 자살에 관한 광범위한 연구로 큰 업적을 쌓은 심리학자 에드윈 슈나이드먼(Edwin Shneidman)은 의료 종사자들에게 자살을 예방하려면 몇 가지 단순한 가정이 필요하다고 조언하면서 이렇게 썼다.

> 자살 의도가 있는 사람들도 여전히 누군가 자신을 구해주거나 자기 죽음이 가로막히기를 열망한다. 자살을 예방하려면 이들 잠재적 당사자가 삶을 향한 욕망과 죽음을 향한 욕망 사이에서 균형을 이루고 있다는 사실을 알아차리게 한 뒤 삶의 편에 서도록 천천히 개입해야 한다.[24]

여기서 슈나이드먼은 스스로 삶을 끝내려는 사람들도 살고 싶어 하는 마음이 있으니, 자신들의 자살 시도가 제지되기를 바란다고 주장하는 것 같다. 그렇지만 이런 논리는 지나치게 단순하다. 살고 싶어 한다는 사실이 합리적으로 자살을 선택하지 않음을 증명하진 못한다. 아무리 살고 싶어도 도저히 살고 싶지 않은 상황은 분명히 있을 수 있다. 그런 끔찍한 상황을 피하고자 할 수 있는 노력을 다하고, 정신과 의사나 심리 치료사 같은 이들의 도움을 받기도 할 것이다. 그러나 그런 상황을 피할 수 있는 유일한 길이 죽음뿐이라면, 여전히 다른 탈출구가 있기를 바라면서도 합리적 판단 끝에 자살을 선택할 수 있다.

그렇다면 자기 파괴를 숙고할 때 사람들이 겪는 고통은 어떨까? 그 고통이 합리적 판단을 방해하진 않을까? 그래서 비합리적으로 자살을 선택하게 만드는 것은 아닐까? 심각한 정신적·육체적 고통은 확실히 우리의 사고 능력을 떨어뜨려 중요한 사실들을 간과하게 만들 수 있다.[25] 정신적·육체적 질병 극복 가능성을 잘못 추정하게 할 수도 있고, 정신과 상담 치료라든가 약물 요법이 고통을 얼마나 줄일 수 있는지 충분히 헤아리지 못하게 할 수도 있다. 나도 자살을 선택한 청년들 대부분은 극도로 비이성적인 상황에서 비합리적인 판단을 내렸다고 짐작한다. 아마도 그들은 자신의 고통이 지나가리라고 생각하지 못했을 것이다. 시간이 흐르고 나면 고통이 줄어들고 삶을 향한 의지가 돌아오리라고 상상하지 못했을 것이다. 장기적으로 볼 때 그들이 살아있었다면 삶은 훨씬 더 나아졌을 것이다.

하지만 큰 고통이 자살을 선택한 사람들의 이성을 약화할 수는 있어도 불가피하다고 결론 내릴 논리적 이유는 없다. 사람이라면 극심한 정신적 압박 속에서도 온갖 결정을 내리는데, 우리는 보통 그 결과를 비합리적이라고 가정하지 않는다. 심각한 병에 걸린 사람들이 스스로 목숨을 끊었다는 소식을 전해 들었을 때 우리는 그들의 선택이 충분히 합리적이었으리라고 간주한다. 비록, 그들이 극심한 정신적·육체적 고통을 견디고 있었더라도, 아니 어쩌면 바로 그 이유로 얼마든지 숙고 끝에 자살을 결심하고 실행할 수도 있는 것이다. 끔찍한 사고로 큰 고통에 처한 사람들, 일테면 상처가 심각하거나 팔다리를 잃은 사람들도 이성적으로 행동한다. 어떤 이들은 이를 악물고 상처를 지혈하거나 고속으로 달리는 차량에서 뛰어내리기도 한다. 애런 랠스턴만 봐도 그렇지 않은가? 바위에 깔린 오른팔을 빼낼 방법이 전혀 없음을 깨달은 그는, 자신이 처한 상황을 냉정히 평가하고 자신에게 가장 이익이 되는 행동을 선택해 고통을 감내하면서 팔을 절단했다.

 마지막으로 하나만 짚고 넘어가자. 나는 이미 그렇고, 지금쯤 여러분도 '적극적 자살'을 지지하는 합리적 판단에 꽤 가까이 다가섰을 수 있다. 특정 상황에서는 자살이 우리의 이익에 부합한다는 충분히 근거 있는 믿음에 도달했기 때문이다. 나는 오래전부터 그렇게 믿어왔다. 내가 만약 치료 불가능한 병에 걸려 자율성을 잃고 고통만 겪게 된다면, 병이 말기에 이르기 전에 고통 없이 삶을 끝내는 것이 내게 이로울 것이다. 내 이성은 이런 결론에 도달하는 과정에서 그 어떤 영향도 받지 않았다. 한 걸음 더 나아가 언젠가 분명히 그런 처지가 되리라고 결론 내려도 마찬가지다. 사고로 죽지 않는 한 우리는 결국 병에 걸려 죽는다. 생명 유지 장치에 의존해 투병해야 하는 상황이 반드시 온다. 자주는 아니지만 이런 생각을 하다 보면 큰 슬픔이 밀려오기도 한다. 그렇다고 그 슬픔이 내 합리적 판단을 무너뜨리진 않는다. 우리는 언제든지 우울한 결론을 내릴 수 있고, 그 결론은 우리를 슬프게 할 테지만 우리는 여전히 이성적일 수 있다. 그러니 언젠가 우리가 끔찍한 병에 걸린 뒤 추이를 보다가 더는 여지가 없어서 말기가 되기 전에 삶을 끝낸다고 가정했을 때, 그 고통이 우리의 이성을 무너뜨린다고 말하는 것은 전혀 설득력이 없지 않을까?

도덕적으로 선택한 죽음

어떤 철학자들은 살해 자체가 '직접적 잘못'이라는 이유로 자살과 안락사에 반대했다. 이들 대부분은 무고한 사람들의 생명을 보호하거나 심각한 불의를 응징하는 등의 경우에는 예외나 우선적인 고려 사항은 될 수 있어도, 이런 이유만으로 자살과 안락사를 정당화할 수는 없다고 주장했다. 그러나 살해가 직접적 잘못이라는 주장은 불변의 전제가 아니다. 앞서 살폈듯이 살해가 늘 직접적 잘못은 아니라고 보는 관점도 충분히 합리적이다.

이 절에서는 자살과 안락사가 항상 직접적 잘못이라는 견해에 대한 비판적 관점을 살피겠다. 우리 자신이나 우리 삶은 사실상 우리 것이 아니기 때문에, 또는 자기 자신을 죽이는 행위는 자연스럽지 않기 때문에 자살은 잘못됐다는 식의 해묵은 견해는 이미 충분히 비판받았으므로 여기서는 다루지 않겠다.[26]

적극적 자살과 안락사가 언제나 직접적 잘못이라고 주장하는 가장 좋은 방법은 두 가지 가정을 전제로 내세우는 것이다. 첫째, 인간은 다른 모든 가치에 우선하는 절대적 '주체 가치'를 지닌 존재다. 둘째, 자살이나 안락사를 선택한 사람은 그 행위가 당사자의 '복지'를 증진한다고 예상하거나 그것을 의도한다. 이 두 전제에 따르면 자살과 안락사는 당사자의 복지를 위해 그 사람이 지닌 절대적 주체 가치를 희생시키는 셈이므로, 절대적 가치는 다른 모든 가치에 우선한다는 원칙에 의해 금지된다. 이를 적극적 자살과 안락사의 직접적 잘못에 관한 '절대주의적 논증'이라고 부를 수 있다. 이를 삼단논법으로 진술하면 다음과 같다.

1. 자살과 안락사는 당사자의 복지를 위해 그 사람의 주체 가치를 희생시킨다.
2. 복지 같은 다른 가치를 위해 절대적 주체 가치를 희생시키는 일은 직접적 잘못이다.
3. 따라서 자살과 안락사는 직접적 잘못이다.

칸트는 절대주의적 논증과 유사한 방식으로 적극적 자살에 반대했다. 그에 따르면 우리는 '행위'든 '부작위'든 우리의 도덕적 행동 능력을 방해하는 모든 것을 거부해야 한다. 도덕적 행동 능력은 절대적 주체 가치이기 때문이다. 우리의 생명에 대한 모든 위협이 곧 우리의 도덕적 행동 능력에 대한 위협이다. 칸트는 절대적 주체 가치를 비교하기 무색한 다른 가치와 맞바꾸는 것을 단호히 비난했다. 우리는 단순한 금전적 이익을 위해 목숨을 걸어서는 안 된다.[27] 스카이다이빙(skydiving) 같은 활동에서 느낄 수 있는 즐거움도 우리 삶을 위험에 빠지게 할 이유가 될 수 없다. 절대적 주체 가치가 아닌 것들을 위해 생명을 위태롭게 해서는 안 되는 것처럼, 그런 것들을 위해 삶을 포기하는 선택도 허용되지 않는다. 칸트가 모든 자살을 비난한 이유는, 그가 보기에 자살

은 늘 절대적 주체 가치를 지닌 것들을 그렇지 않은 것들과 맞바꾸는 행위였기 때문이다.[28]

칸트는 전형적인 자살이 불행에서 벗어나려는 욕구, 즉 절대적 주체 가치를 갖지 못한 욕망에서 비롯된다고 봤다.[29] 그는 '자살'이라는 용어를 내가 '의도적인 적극적 자살'이라고 부른 유형에만 한정해서 사용했다.[30] 그런데 칸트가 혐오한 일종의 '맞바꿈'은 '적극적 자살'만큼이나 '소극적 자살'에서도 자주 일어날 수 있으며, 의도적으로 일어날 수도 있고 '비의도적 자살'처럼 단순히 그냥 알고 행할 수도 있다.[31] 그래서 절대주의적 논증은 최소한 두 가지 비판에 직면한다.

첫째, 절대주의적 논증은 '주체 가치 설명'이나 '최대 주체 가치 설명'의 절대적 버전에 의존하는데, 앞 장에서 이미 이런 분석들은 거짓으로 드러났다. 이런 분석들은 고통을 제거해 이롭게 하려는 목적으로 반려동물을 안락사시키는 것도 직접적 잘못이 된다. 그러나 반려동물 안락사는 잘못이 아니다. 따라서 '주체 가치 설명'은 일종의 '혼합 설명(Hybrid Account)'으로 대체돼야 한다. 혼합 설명을 통하면 살해는 주체 가치를 희생시킬 만큼 충분히 유익할 수 있다. 그리고 혼합 설명이 옳다면 절대주의적 논증은 무너진다. 원칙적으로 계속 살아가는 게 뭘 어떻게 해도 우리의 이익에 반한다면, 우리는 스스로 삶을 끝내거나 자신을 죽이도록 할 수 있다.

물론 내가 제6장에서 제시한 '주체 가치 설명'에 대한 비판은 단순히 감각 능력을 지닌 존재들만 고려한 것이었다. 고양이 같은 동물을 죽이는 잘못이 그들의 주체 가치뿐 아니라 이익에도 달려 있을 수 있다. 반면 사람의 경우에는 다를지도 모른다. 어쩌면 동물과 달리 사람은 주체 가치가 복지에 우선한다고 생각할 수도 있다.

하지만 왜 다른 잣대를 적용해야 할까? 감각 능력만 지닌 존재들에게는 주체 가치가 복지에 우선하지 않는다면서, 왜 사람의 경우에는 우선한다고 여겨야 할까? 가능한 대답은 두 가지뿐이다. 하나는 그렇지 않다는 것이고, 다른 하나는 사람의 주체 가치가 동물보다 압도적으로 크다는 것이다. 우리의 주체 가치는 너무나도 커서, 복지의 중요도가 그에 비하면 매우 사소하다는 논리다.[32] 아마도 이것이 '절대적'이라는 말의 요지일 것이다.

그러나 이 논리는 설득력이 없다. 우리의 주체 가치가 동물보다 훨씬 크다고 치자. 그래서 우리의 주체 가치는 동물의 복지에 우선할 수 있다. 그렇더라도 곧바로 우리의 주체 가치가 우리의 복지에 우선한다는 결론을 무턱대고 내릴 수는 없다. 모름지기 우리가 동물보다 훨씬 더 가치 있는 존재인 까닭은 동물에게는 없는 합리적 사고 능력이나 자기 결정 능력 등이 있어서일 텐데, 바로 이런 능력 덕분에 우리는 동물보다 훨씬 더 많은 복지를 누릴 수 있는 동시에 훨씬 더 큰 해악을 입을 수도 있는 것이다. 그렇다면 우리가 누릴 추가적 주체 가치도 우리가 감수해야 할 추가적 해악으로 상쇄될 수 있다고 말해야 하지 않을까?

게다가 이 논리에는 또 다른 문제도 있다. 사람의 주체 가치가 절대적이어서 복지를 능가한다는 주장은 다음과 같은 반례에 부딪히면 설득력이 확 떨어진다.

나는 프레드를 속여서 평생 잠들게 하는 마법의 물약을 마시게 한다. 이 물약을 마시면 본래 수명만큼 살 수는 있으나 죽을 때까지 의식은 회복하지 못한다. 나는 언제든지 해독제로 그를 깨울 수 있지만 끝내 그렇게 하지 않는다. 그래서 그는 평생 잠든 채로 생을 마친다.

내가 프레드에게 한 짓은 그를 죽이는 것만큼이나 잘못이다.33 그렇지만 프레드가 사람이라는 이유, 자기 결정 능력이 있다는 이유로 절대적 주체 가치를 갖는다면, 내가 한 짓은 그를 살해하는 행위와 비교해 사소한 일이 되고 만다. 다른 사례도 하나 더 살펴보자.

나는 두 가지 마법 주문을 외울 수 있다. 첫 번째 주문은 메리(Mary)가 원하는데, 이 주문을 외우면 그녀가 살게 될 삶보다 훨씬 더 나은 삶을 살게 해주는 대신, 원래대로라면 그녀가 노환으로 죽을 날보다 하루 전날 잠든 사이 고통 없이 죽게 만든다. 두 번째 주문은 메리가 절대로 외우지 말라는 건데, 이 주문은 그녀가 자기 수명대로 살되 원래 살게 될 삶보다 훨씬 더 나쁜 삶을 살도록 만든다.

첫 번째 주문은 전혀 비난받을 구석이 없어 보인다. 어쨌든 두 번째 주문보다 첫 번째 주문이 도덕적 관점에서 메리에게 훨씬 더 낫다고 할 수 있다. 하지만 메리가 절대로 맞바꿀 수 없는 주체 가치를 지녔다고 한다면 어떤 주문이든 외우면 안 된다. 더욱이 첫 번째 주문은 결국 그녀를 죽게 만들기 때문에 다른 모든 가치를 능가하는 주체 가치를 파괴한다. 메리의 복지 수준이 아무리 높아지고 오래 지속되더라도, 그녀가 원래 죽어야 할 날보다 하루 일찍 죽도록 하는 행위를 정당화하진 못한다.

이처럼 절대주의적 논증은 논리적으로 허술하다. 우리가 제6장에서 이미 논의한 것처럼 '결합 설명'이 살해의 직접적 잘못을 가장 타당하게 분석한다. 결합 설명은 '주체 가치 설명'의 그 어떤 버전보다 우월하다. 살해가 어떤 때 잘못이고 얼마만큼 심각한지 훨씬 더 명확히 설명하고, 우리의 평등주의적 직관과 비교해도 더 수긍할 만하며, 주체 가치를 정량화할 필요도 없게 해준다. 그리고 결합 설명은 혼합 설명보다 자살과 안락사에 더 우호적이다. 결합 설명을 따르면 감각 능력을 지닌 존재를 이롭게 하거나 유능한 주체가 자기 죽음을 충분히 이해한 뒤 동의한다면, 살해는 직접적 잘못이 아니다.

결합 설명을 지지하면 자살과 안락사가 사람을 주체 가치가 부족한 존재로 취급한다는 칸트주의적 비판에도 합리적으로 대응할 수 있다. 우리는 사람이 주체 가치를 지닌다는 것은 단순히 도덕적 관점에서 존재 그 자체로 중요하다는 뜻이라고 말하면 된다. 사람을 주체 가치가 부족한 존재로 대한다는 것은 도덕적 관점에서 중요하지 않게 대하는 셈이니 잘못이다. 그러나 어떤 사람이 스스로 삶을 끝내거나 자신을 죽이는 행위를 허용하는 것이 전적으로 당사자의 합리적 숙고에 따른 선택이고 그 사람의 이익에 부합한다면, 결코 도덕적 관점에서 중요하지 않게 대하는 것이 아니다. 사람은 자기 결정 능력과 복지가 있다는 점에서 중요한 존재다. 그렇기에 자살과 안락사는 그들의 이익에 부합하고 자율적 의지에 완전히 부응하는 방식으로 이뤄지는 한 존중해야 한다.

적극적 자살과 안락사에 반대하는 이들에게 다른 방식으로도 대응할 수 있다. 절대주의적 논증은 절대적 가치는 다른 모든 가치에 우선한다는 생각에 근거한다. 하지만 '동등성(parity)' 논리로 볼 때 만약 사람의 주체 가치가 타인을 살해하는 행위를 정당화할 모든 고려에 우선한다면, 그 주체 가치는 어떤 사람이 스스로 자기 죽음을 방치하거나 그 사람이 죽도록 내버려두는 행위를 정당화할 모든 고려에도 우선해야 한다. 주체 가치야말로 모든 것에 우선하는 절대적 가치이기 때문이다. 그러면 절대주의적 논증은 매우 이상한 결론에 도달하게 된다. 본래 절대주의적 논증은 의도적인 적극적 자살과 안락사를 반대하기 위한 논리였는데, 그 구조상 비의도적인 소극적 자살이나 안락사도 덩달아 반대하게 되는 것이다. 예를 들어보자.

> 나는 치료 중단 시 1주일 이내로 죽는 병을 앓고 있다. 치료하면 내 생명은 1년 더 연장되지만, 그 기간 내내 계속해서 고통을 겪어야 한다. 나는 더 살 수 있는 시간과 그때의 고통을 저울질한 끝에 치료 거부를

선택한다. 그리고 사흘 뒤 나는 사망한다.

이 사례에서 나는 '비의도적인 소극적 자살'을 선택했다. 나는 내 죽음을 초래할 의도로 치료를 거부한 게 아니라, 죽음이 뒤따를 것을 알고 그렇게 한 것이다. 나는 추가적인 삶의 중요성과 고통 회피의 중요성을 합리적으로 저울질한 끝에 결정을 내렸다. 나는 더 긴 삶을 포기하고 고통을 제거하는 길을 택했다. 만약 이 선택이 직접적 잘못이라면 '비의도적인 소극적 자살도 직접적 잘못이라는 결론이 나온다. 그렇지만 논리를 떠나 상식적으로도 이런 방식으로 내가 스스로 죽음을 맞이한 행위는 전혀 비난받을 일이 아니다. 따라서 절대주의적 논증은 수용하기 어려울 정도로 폭넓고 지나친 함의를 담고 있는 논리라고 할 수 있다.

사람을 죽이는 행위와 죽도록 내버려두는 행위는 관련한 개인들의 절대적 주체 가치가 동일하더라도 도덕적 의미에서 차이가 있을 수 있다. 예컨대 우리는 그 누구도 죽이지 않고 살 수는 있지만, 그 누구도 죽도록 내버려두지 않으면서 살 수는 없다. 물론 여기서 누군가를 죽도록 내버려둔다는 의미는 누군가의 죽음을 억지로 막을 수 있는 경우로만 한정한다. 그렇지 않으면 모든 인간은 필멸의 존재이므로, 누구도 죽도록 내버려두지 않는 일은 불가능하다. 어쨌든 우리는 다른 이들이 죽지 않도록 막는 일에 시간과 자원을 쏟아부을 수는 있지만, 결코 그 일을 완수하진 못할 것이다. 나는 그렇게 해야 한다고 믿는 사람이 있으리라고 생각하지 않는다.

무책임성 문제

스스로 삶을 끝내는 행위에 대한 또 다른 우려는 무책임하다는 것이다. 가족이나 친구 또는 사회가 우리에게 기대고 있던 부분을 깡그리 무시하는 처사라는 얘기다. 그러나 이런 비난은 그 부수적인 결과 때문에 잘못이 될 수 있다는 뜻이지, 직접적 잘못이라는 의미는 아니다. 물론 그렇더라도 부수적 결과가 실제로도 상당히 심각할 수 있다.

일찍이 토마스 아퀴나스는 죽음을 선택한 이들은 사회에 봉사할 의무를 저버린 것이라고 비판했고 많은 사람이 이에 호응했다.[34] 하지만 훗날 데이비드 흄(David Hume)의 반론이 설득력을 얻으면서 사람들의 생각에도 변화가 일어났다. 흄은 우리가 삶을 끝낼 때 사회에 해악을 끼치는 게 아니라 선을 행하기를 멈추는 것뿐이라고 지적했다. 아울러 선을 행할 의무에도 분명히 한계가 있다고 설명했다. 치명적인 질병에 걸리거나, 사회에 봉사하면 할수록 자신에게 해가 될 때는 사회에 이바지하지 않아도 된다는 말이었다. 우리는 오직 우리가 원할 때만 사회에 봉사하면 된다. 그렇기에 자기 삶을 스스로 끝낸 이들이 사회에 봉사하지 않게 됐다는 이유로 비난받을 까닭은 없다.

어떤 사람이 삶과 스스로 이별을 고한다고 사회에 해를 끼치는 것은 아니다. 그저 선행을 그만둘 뿐이다. 만약 이런 것도 사회적 피해라면, 가장 미미한 종류의 피해일 것이다. 우리가 사회에 선행으로 이바지

해야 할 의무는 어디까지나 상호적 관계에서 성립한다. 사회적 동물인 우리는 사회의 혜택을 받으므로 사회 공동체의 이익을 증진할 의무가 있지만, 우리가 죽어 더는 사회에 소속되지 못하는 상황에서도 여전히 구속받는다는 게 옳은 생각일까? 설령 그 의무가 영속적이라도 해도 현실적인 한계가 있다. 사회에 선사할 작은 이익 때문에 우리가 받는 고통과 해악을 무시할 수는 없다. 왜 우리가 공공의 사소한 이익을 위해 비참한 삶을 연장해야 할까? 나이가 들어 쇠약해지면 우리는 어떤 자리에서도 정당하게 물러날 수 있고, 우리에게 남은 시간 전부를 고통과 불행을 완화하는 데 쓸 수 있다. 하물며 우리가 그 고통과 불행을 단번에 끝내지 못할 이유가 있을까? 더욱이 우리가 사회에 이익은커녕 짐만 되는 상황이라면, 스스로 죽음을 선택해 사회에서 물러나는 행위는 무고할뿐더러 오히려 칭찬받아 마땅한 일 아닐까?[35]

사회는 이렇지만 초점을 가족으로 옮기면 무책임성에 대한 비난 수위가 좀 더 올라갈 수 있다. 우리 가운데는 특정 개인들에게 책임을 지고 있는 사람들이 있다. 예컨대 부모라면 우리가 스스로 생을 마감할 때 남은 자녀가 고통받게 될 것이다. 드문 경우이긴 하지만 이런 책임감이 우리가 계속 살아야 할 이유가 되기도 한다. 우리 없이는 아이들이 살아갈 수가 없다면, 우리는 계속 살아서 아이들을 돌봐야 할 의무가 있다. 그런데 이 의무도 우리가 멀쩡할 때나 지킬 수 있는 것이다. 살아갈 의지 자체를 상실했거나 고통 때문에 아무것도 할 수 없는 상황에서는 무거운 의무를 감당하지 못한다. 그리고 우리가 없어도 사회가 있다. 사회 복지 시스템에 아이들을 맡길 수 있다. 그 또한 괴로운 일이 겠으나 아이를 보육원에 맡긴다거나 입양을 보내는 방법이 있다. 자신이 책임지고 있는 이들을 위해 할 수 있는 모든 일을 한 뒤에라야 스스로 삶을 마무리하는 행위가 허용될 것이다.[36]

마지막으로 굳이 말할 필요도 없는 요점은 이것이다. 죽음을 준비하는 방식이 타인을 위험에 빠뜨린다면, 당연히 그렇게 해서는 안 된다. 이 부분은 앞서 내가 했던 주장으로 되돌아가게 한다. 이상적으로는 모든 정황을 다 알고 기꺼이 도울 준비가 된 의사의 감독 아래 삶을 마무리하는 것이다. 결론은 이렇다. 우리가 스스로 삶을 끝내려면, 우선 자신이 책임지고 있던 이들의 복지 유지할 최선의 조치를 하고, 다른 사람들을 위험에 빠뜨리지 않는 방식으로 해야 한다. 이런 조치를 하지 않는다면 무책임하다는 비난을 피하지 못할 것이다. 그렇다고 이런 의무가 삶을 끝내는 데 걸림돌이 될 수는 없다.

막거나 돕거나

앞서 나는 적극적 자살과 안락사가 직접적 잘못이라는 절대주의적 논증은 실패한다고 주장했다. 그리고 살해의 직접적 잘못에 대한 가장 타당한 설명에 따르면 감각 능력을 지닌 존재를 이롭게 할 때나, 도덕적 행동 능력이 있는 유능한 주체가 충분한 정보를 인지한 상황에서 자신을 죽이는 데 동의할 때는 살해가 직접적 잘못이 아니라고 지적했다. 그렇다면 우리는 죽기를 원하는 사람들이나 죽음으로 이익을 얻으려는 사람들을 어떻게 바라봐야 할까?

두 가지 부류를 구분해서 고려해야 한다. 첫 번째는 유능한 주체 상태에서 삶을 끝내기로 선택한 사람들이다. 이 부류에는 유능한 주체 상태에서 자살을 선택했으나 이후 무능한 주체가 된 경우도 포함한다. 두 번째는 이 밖의 모든 이들이다. 편의상 이들을 '의식 불능자'라고 통칭하겠다. 이제 각 부류에 속한 사람들을 두고 그들의 자살에 개입해야 할지, 도와야 할지, 안락사를 시행해야 할지 생각해보자.

유능한 주체

우리가 유능한 주체이고 자기 죽음에 관한 충분한 정보를 아는 상황에서 숙고를 마친 뒤, 스스로 삶을 끝내는 것이 우리 자신에게 이롭다고 판단했고 적절한 방법도 찾았다고 해보자. 또 그 행위가 무책임하지도 않고 다른 사람들도 이 사실을 알고 있다고 하자. 이런 상황에서 자살은 소극적이든 적극적이든 분명히 문제가 될 게 없고, 타인이 가로막아야 할 도덕적 근거도 없다. 다른 사람이 우리의 죽음을 돕는 것도 전적으로 허용된다. 평소 우리가 정당한 도움을 받아도 되는 것처럼 말이다. 반드시 혼자 행동해야 하는 경우를 제외하고 우리는 다른 사람들에게 도움을 구할 수 있으며, 여기에는 우리 삶을 끝내는 것도 얼마든지 포함할 수 있다.

그러나 우리가 유능한 주체로서 충분한 정보를 바탕으로 판단한 끝에 자살이 유일하게 이롭다고 결론 내렸는데, 알고 보니 그 결론이 잘못인 경우는 없을까? 당연히 있다. 우리가 착각했다면 그렇다. 아무리 명백한 증거가 있어도 거짓 결론으로 이어지는 때가 있다. 이런 경우 자살이나 조력 자살은 크게 문제가 될 수 있다.

아울러 소극적이든 적극적이든 자살이 우리의 이익에 부합하는지, 우리가 택한 방법이 적절한지 다른 사람들의 의심을 산다면, 그들 또한 충분히 개입할 수 있어 보인다. 자칫 우리의 착각으로 우리 자신을 해치지 않도록 막을 수 있기 때문이다. 그렇지만 이런 개입 논리는 사람을 도와야 하는 방식이 언제나 그들의 자기 결정권을 존중하는 방식과 일치해야 한다는 사실을 간과하곤 한다. 자기 결정의 중요성을 고려하면 때때로 사람들이 자기 이익에 반하는 행동을 하더라도 억지로 막아서는 안 된다. 일테면 우리는 유능한 주체들이 담배를 피워 폐를 망가뜨리도록 그냥 놔둬야 한다. 다른 사람들의 간섭에 무감각하게 굴도록 내버려둬야 한다. 비록 그 결과로 사랑받지 못하고 고립되더라도 말이다. 마찬가지로 유능한 주체가 충분히 알면서 적극적이든 소극적이든 자살을 결심하고 실행에 옮기려 할 때 결코 개입해서는 안 된다. 물론 논리가 그렇다는 얘기지 아무것도 하지 말아야 한다는 뜻은 아니다. 그들이 심각하게 자기 이익에 반하는 행위를 하려 든다는 사실을 설득하려고 노력할 수 있다.

그래도 우리가 삶을 끝내려는 방식이 타인에게 해를 끼치리라고 믿을 만한 이유가 있다면, 비록 일시적이더라도 다른 사람들이 개입해 막는 게 합리적이지 않을까? 극단적인 경우라면 확실히 그렇다. 예컨대 자동차를 건물에 들이받아 자살하겠다고 한다면, 자기가 죽으려고 다른 사람들까지 심각한 위험에 빠뜨리는 행동이므로 제지해야 한다. 문제는 극단적이지 않을 때다. 이럴 때는 막을 수가 없다. 유능한 주체가 합리적 숙고 끝에 자살을 선택한 뒤, 그때까지 차분하게 주변을 정리하고 타인에게 전혀 해를 끼치지 않는 데다 자신에게도 고통을 가하지 않는 방식으로 죽겠다는데 어떤 명분으로 개입할 수 있을까?

거듭 말하지만 자기 결정권의 중요성을 과소평가해서는 곤란하다. 타인에게 해를 끼치는 행위는 당연히 막아야 하겠지만, 유능한 주체의 자살을 즉각 개입해 중단시킬 명분은 어디에도 없다. 게다가 현실에서 우리는 개인의 행동이 아무리 비난받아 마땅해도 그 사람의 자율성을 해친다는 이유로 그냥 넘어가는 사례를 흔히 본다. 부양할 능력도 없고 원하지도 않았으면서 아이를 낳거나, 도움이 절실히 필요한 친구의 부탁을 저버리거나, 노년의 힘없는 부모를 외면하는 행동은 누구라도 잘못이라고 비난하지만, 국가가 억지로 개인의 삶에 개입해 좌지우지해야 한다고 여기는 사람은 사실상 없다. 스스로 죽음을 맞으려는 사람을 방치하는 사람은 스스로 죽음을 선택한 사람만큼이나 무책임할 수 있지만, 치료를 거부하는 사람을 강제로 입원시켜야 한다고 주장하지 않듯이 이들의 자기 결정권을 침해해야 한다고 주장할 수도 없는 것이다. 이를 정리해 유능한 주체가 충분한 숙고 끝에 스스로 삶을 끝내기로 한 경우, 우리는 개입과 조력을 다음과 같이 진술할 수 있다.

1. 유능한 주체 S의 자살에 개입하는 행위가 정당한 경우는 오직 S가 타인에게 해를 끼치는 무책임한 방식으로 자살하고자 할 때뿐이다.
2. 유능한 주체 S의 자살에 조력하는 행위가 정당한 경우는 오직 S가 책임 있는 방식으로 자기 삶을 끝낼 수 있도록 도움을 요청할 때뿐이다.

다음으로 안락사를 살펴보자. 자살이 신체적으로 불가능하거나 매우 어려운 경우에는 도움만으로는 부족하다. 아무것도 삼키지 못하거나 손을 움직이지 못할 수도 있고, 입이나 손이 없을 수도 있다. 온몸이 마비된 상태일 수도 있다. 하지만 이런 장애에도 불구하고, 아니 바로 그 이유로 이들은 자신의 삶을 끝내야 한다고 합리적으로 결정할 수 있다. 이들은 도움이 필요하다. 그러나 무력한 상태이기에 단순한 도움만으로는 충분치 않다.

이들에게 필요한 것은 누군가가 자신을 죽일 수 있도록 허락할 자유이며, 그 자유는 보장돼야 한다. 나는 유능한 주체가 합리적 판단 끝에 죽음을 선택했고, 그 죽음이 책임 있는 방식으로 이뤄질 경우, 그 사람의 자살을 다른 사람들이 조력할 수 있다고 설명했다. 같은 이유로 다른 사람들이 적극적 안락사를 제공할 수도 있다. 두 경우 모두 누군가가 누군가를 죽인다는 사실, 죽음을 맞이하려는 유능한 주체가 타인이 자신을 죽여줘야 한다는 합리적 판단 아래 결정을 내린 것이다. 결합 설명에 따라 이런 살해는 허용된다. 죽는 당사자가 살해의 당위성을 합리적으로 선택한 경우라면, 타인을 죽이는 행위는 스스로 죽음을 실행하는 것만큼이나 똑같이 받아들일 수 있다.

적극적 자살을 조력하는 타인은 아무도 죽이지 않지만, 적극적 안락사를 시행하는 타인은 죽음의 당사자를 죽인다. 이 부분이 가장 두드러진 차이점으로 보인다. 그런데 이 차이가 도덕적으로도 중요할까? 만약 그렇다면 그 이유는 살해냐 아니냐에 있는 것이 아니다. 양쪽 모두 죽음이 일어나서다. 적극적 자살의 조력자와 적극적 안락사의 시행자가 맡는 역할의 차이에 도덕적 관련성을 부여해야 할 다른 이유가 있을까? 그렇다고 보기 어렵다. 우리가 스스로 죽을 권한을 부여할 수 있다면, 타인에게 우리를 죽일 권한을 부여하지 못할 이유도 없다.

따라서 조력 자살과 안락사는 정확히 동일한 상황에서 허용된다고 봐야 한다. 이는 사지 마비 환자 같은 사람들만 타인에게 자신을 죽일 권한을 부여할 수 있는 게 아니라는 의미다. 합리적으로 죽음을 선택한 유능한 주체라면 누구든 그렇게 할 수 있다. 그러면 우리는 이전 진술을 다음과 같이 보완할 수 있다.

1. 유능한 주체 S의 자살에 개입하는 행위가 정당한 경우는 오직 S가 무책임한 방식으로 자살하고자 할 때뿐이다.
2. 유능한 주체 S의 자살에 조력하거나 안락사를 시행하는 행위가 정

당한 경우는 오직 S가 책임 있는 방식으로 자기 삶을 끝낼 수 있도록 도움을 요청할 때뿐이다.

이제 우리가 언젠가 합리적 판단 능력을 상실해 무능한 주체, 즉 '의식 불능자'가 될 수 있다는 사실을 인지하고 있다고 하자. 우리는 어떤 일이 일어났을 때 어떻게 해야 할지 유능한 주체 상태에서 미리 선택할 수 있다. 예컨대 우리는 한동안 합리적 판단을 내릴 수 없게 만드는 고강도 치료를 수용하기로 미리 협의할 수 있다. 또는 우리를 의식 불능자로 만드는 심각한 치매나 지속적 식물인간 상태가 됐을 때 치료를 중단하고 죽음을 맞이하겠다고 미리 지침을 남겨놓을 수 있다. 유능한 주체 상태일 때 미리 소극적 자살이나 조력 자살 같은 소극적 안락사로 삶을 끝낼 수 있도록 조치할 수 있는 것이다.

이 경우 이미 의료 기관에서 표준 관행이 된 것처럼 다른 이들도 우리의 결정을 존중해야 한다. 도덕적 행동 능력을 지닌 주체가 자신의 운명을 결정할 수 있다면, 합리적 판단을 할 수 없는 의식 불능 상태가 됐을 때의 운명도 미리 결정할 수 있다. 물론 중간에 마음을 바꿀 수도 있다.

나아가 도덕적 행동 능력을 지닌 주체가 특정 미래 상황에서 자신이 죽도록 내버려둬야 한다고 타인에게 미리 요구할 수 있다면, 그런 상황에서 타인이 자신을 죽일 수 있도록 미리 허락할 수도 있다. 이 논리는 이렇다. 앞서 나는 유능한 주체는 합리적 판단 아래 다른 이들이 자신을 죽일 수 있도록 허락할 수 있다고 말했다. 그리고 방금은 유능한 주체 상태일 때 미래의 특정 상황을 예상해 타인이 자신을 죽이도록 미리 허락할 수도 있다고도 설명했다. 이를 정리하면 유능한 주체인 우리가 충분히 자기 죽음을 결정할 수 있는 상태에서 미래에 자신이 무능한 주체가 됐을 때 죽임을 당해야 한다고 미리 결정한다면, 타인은 소극적이든 적극적이든 우리를 안락사시킬 수 있다. 그러면 다음과 같은 추가 진술이 도출된다.

1. 유능한 주체 S가 자기 죽음에 관한 충분한 정보를 인지한 상황에서 미래에 자신이 무능한 주체가 되는 특정 상황이 발생할 때 자신이 죽도록 내버려둬야 한다고 미리 결정한다면, S가 마음을 바꾸지 않는 한 타인은 S의 결정을 존중해야 한다.
2. 유능한 주체 S가 자기 죽음에 관한 충분한 정보를 인지한 상황에서 미래에 자신이 무능한 주체가 되는 특정 상황이 발생할 때 자신을 죽여달라고 미리 요청한다면, S가 마음을 바꾸지 않는 한 타인은 S의 요청에 응할 수 있다.

무능한 주체

이제 유능한 주체로서 죽임을 선택하지 못하거나, 자기 생각을 다른 사람들에게 알리지 못하는 사람들을 살펴보자. 이들 가운데 일부는 일시적으로 무능한 상태에 있지만 회복이 기대되는 사람들이고, 어떤 이들은 영구적으로 무능한 주체가 됐다. 또 어떤 이들은 애초에 유능한 주체였던 적이 없다. 후자의 경우 합리적 판단 능력은 지니지 못했지만 자기 인식은 할 수 있는 사람이거나, 감각 능력 이상은 처음부터 없었던 사람일 수 있다.

우선 일시적으로 무능한 상태에서 스스로 죽으려고 하거나 죽임을 당하려는 사람들을 어떻게 바라봐야 할까? 이 경우 그들의 죽음을 돕는 행위는 타당하지 않다. 오히려 그들의 목숨을 구하고 유능한 상태가 될 수 있도록 개입하는 게 합리적이다. 흔한 사례가 실연의 슬픔 때문에 일시적이지만 극도의 고통에 빠진 사람이다. 당사자만 빼면 주변 사람 모두가 자살이 그 사람에게 심각한 해악을 끼치리라는 사실을 안다. 그러니 막아야 한다. 정신이 맑은 상태라면 분명히 그렇게 해주기를 바랄 것이고, 시간이 지나면 자신의 자살을 막아줘서 고맙다고 느낄 것이다. 이 개입의 정당성은 온정주의에 기댈 수 있다. 어떤 사람이 유능한 상태가 아닐 때, 그 사람의 자율성을 제한하는 게 이로울 가능성이 크다면 그런 개입은 정당하다.

다음으로는 애초부터 무능한 주체였거나, 유능한 상태였을 때 자기 미래에 대한 선택을 밝히지 않은 채 무능한 주체가 된 사람들을 생각해보자. 이런 경우라면 결정의 부담을 전적으로 우리가 져야 한다. 스스로에게 최선인 것이 뭔지 선택할 수 없는 사람에게 결정을 맡길 수는 없다. 이때는 그들의 이익을 최우선으로 고려할 수밖에 없다. 보통은 되도록 그들의 생명을 보존하고 향상하는 쪽으로 결정해야 한다.

그러나 말기 환자처럼 때로는 고통 없이 죽음을 맞게끔 하는 것이 최선일 수 있다. 이보다 훨씬 더 어려운 결정을 내려야 할 때도 있다. 치명적인 정신 분열이나 치매 상태에 있는 사람 중에는 정신적 공포나 육체적 고통에 빠져 있어서, 이를 완화할 유일한 방법이 그들을 영구적 혼수 상태로 두는 것뿐일 때도 있다. 이들이 이성적 판단으로 자신을 죽여달라고 요청할 수 없다는 사실이 우리가 그들을 돕지 않을 이유가 돼서는 안 된다. 이는 길가에 쓰러져 고통받는 불쌍한 동물을 말을 못 한다는 이유로 방치하는 것이나 마찬가지다.

도덕철학자 로버트 영(Robert Young)은 지금까지 내가 설명한 많은 경우에서 안락사를 옹호했다.[37] 주요한 예외도 방금 내가 든 사례와 같다. 애초부터 무능한 주체였거나, 유능한 상태였을 때 미래의 자기 죽음에 대한 선택을 밝히지 않고 무능한 주체가 된 사람들 말이다. 영은 실제로 병원에서 일상적으로 일어나는 일처럼, 한때라도 어떤 생각을 하고 있었는지 알 수가 없고 "앞으로 남은 시간 동안 의미 있는 삶을 회복할 현실적 전망이 전혀 없는" 경우에는 무능한 주체가 죽도록 내버려두는 행위를 허용할 수 있다고 봤다. 아울러 "더는 치료할 수 없는 무능한 상태의 말기 환자들을 죽도록 내버려두는 것이 정당하다면, 그들이 죽음을 맞이하도록 돕거나 죽이는 행위도 똑같이 정당하다"고 주장했다.[38]

하지만 그는 이런 사람들을 죽이는 게 정당하다고만 했을 뿐 허용해야 한다고는 말하지 않았고, 그 이유도 명확하지 않다. 그런 주저함이

전적으로 '전략적'인 이유 때문이라고만 언급했다. "자발적 의사 조력 자살 합법화가 말기 환자들을 안락사해도 된다는 명분으로 이어질 빌미를 주고 싶지 않다"는 이유에서였다. 그러면서 "무능한 상태의 말기 환자들과 스스로 죽음을 선택하는 사람들 사이에는 중요한 차이가 있다"고 말했다. 후자의 경우 조력은 "그저 그들의 선택이 실행되도록 돕는다는 의미일 뿐"이고, "비록 조력을 받더라도 행동은 그들의 책임"이며, "유능한 주체와 무능한 주체는 조력 자살을 요청할 능력에서 차이가 있으므로 오직 전자만이 온전한 지원을 받을 수 있다"고 얼버무렸다.39 그토록 조심스러웠던 그는 아마도 비슷하게 얼버무리면서 말기 환자가 아닌 무능한 주체를 죽이는 행위는 허용되기 어렵다고 주장했을 것이다. 이 말이나 그 말이나 매한가지인데 말이다.

나는 로버트 영의 이 '전략적 주저'가 적극적 안락사 반대론자들을 안심시키지 못한다고 생각한다. 적극적 안락사는 오직 당사자의 요청이 있을 때라야 허용할 수 있다는 겁쟁이 같은 주장으로 여지를 남겨둬서는 안 된다. 영구적으로 무능한 상태에 빠진 주체를 적극적 안락사로 죽음에 이르게 하는 행위는 당사자의 이익에 부합한다면 직접적 잘못이 아니다. 물론 당연한 말이지만 문제인 경우도 있다. 흔한 사례는 아니겠으나 일테면 임신 중일 때, 생명을 유지하면 아기를 구할 수 있으므로 이때는 안락사를 허용하면 안 될 것이다. 그러나 이와 같은 특별한 고려 사항이 없는 한, 안락사가 당사자의 이익에 부합한다면 무능한 주체를 죽인다고 비난할 도덕적 근거는 없다.

자살과 안락사는 합리적이고 도덕적으로 선택될 수 있다. 따라서 조력 자살과 안락사는 도덕적으로 허용된다. 자살이 당사자의 이익에 부합하려면 일반적으로 고통 없이, 빠르게, 확실한 수단으로 이뤄져야 하는데, 이상적으로는 의사가 처방한 약물을 사용하는 게 최선이다. 적극적 안락사가 허용되고 이용 가능하다는 전제에서 안락사는 스스로 삶을 끝낼 수 없는 이들에게 가장 나은 선택이다. 전문의를 통한 고통 없이, 빠르고, 확실한 죽음이 보장되기 때문이다.

　자살 연구자들 가운데 일부는 자살이나 자살 시도가 정신적 손상 때문이지 합리적 선택에 따른 행동은 아니라고 주장했다. 하지만 꼭 그렇지는 않다. 정신 질환과 자살 사이에는 상관관계가 거의 없고, 삶을 끝내려는 사람이 극심한 고통에 처해 있을 가능성이 크다고 해서 그 선택이 불합리하다는 결론으로 이어지는 것은 아니다. 대부분 사람은 극심한 정신적 압박에서도 매우 많은 합리적 결정을 내린다.

　자살과 안락사에 반대하는 가장 거센 비판은 '주체 가치 설명'의 절대주의적 논증에 의지한다. 그러나 일부 살해 행위가 주체 가치 상실을 상쇄할 만큼 당사자의 이익에 부합한다고 인정하지 않는 이상 주체 가치 설명은 설득력이 떨어진다. 공교롭게도 그런 수정을 절대주의적 논증에서는 금지하고 있다.

　살해의 직접적 잘못을 가장 타당하게 설명하는 관점인 '결합 설명'에 따르면, 자살과 안락사는 죽음과 죽음의 방식이 당사자의 이익에 부합하고, 도덕적 행동 능력을 지닌 주체가 자기 죽음을 충분히 인지한 채 자신을 죽이는 데 동의한 경우라면 허용된다. 자살과 안락사가 도덕적으로 허용되는 행위임을 고려할 때 다음과 같은 진술은 타당하다.

1. 유능한 주체 S가 자기 죽음에 관한 충분한 정보를 인지한 상황에서 책임 있는 방식으로 자신의 삶을 끝내기로 결정할 때 S는 자살할 수 있으며, S가 도움을 요청할 때 타인은 S의 자살을 도울 수 있다.
2. 유능한 주체 S가 자기 죽음에 관한 충분한 정보를 인지한 상황에서 현재 또는 미래에 자신이 죽도록 내버려둬야 한다고 결정하고 마음을 바꾸지 않는다면, 타인은 S의 결정을 존중해야 한다.
3. 유능한 주체 S가 자기 죽음에 관한 충분한 정보를 인지한 상황에서 현재 또는 미래에 자신을 책임 있는 방식으로 죽여달라고 요청하고 마음을 바꾸지 않는다면, 타인은 S의 요청에 응할 수 있다.
4. 유능한 주체 S가 일시적으로 무능한 상태가 된 상황에서 자살하려고 하거나 자신을 죽여달라고 요청하는 경우, 타인은 S의 자살을 돕거나 S를 죽일 수 없다. 그 대신 S에게 개입해 S가 유능한 상태를 회복하도록 도울 수 있다.
5. 주체 S가 애초부터 무능한 상태였거나, 유능한 상태일 때 자기 미래에 대한 선택을 밝히지 않은 채 무능한 주체가 된 경우, 타인은 S의 이익에 최대한 부합하는 결정을 할 수 있다. 최선의 이익은 대체로

S의 생명을 보존하는 것이지만, 어떤 경우에는 소극적 또는 적극적 안락사가 S의 이익에 부합할 수도 있다.

제8장

태아 살해의 딜레마

DEATH

일반적으로 사람을 살해하는 행위는 끔찍하게 잘못된 일이다. 하지만 앞서 살폈듯이 이 원칙에도 예외가 있다. 아직 완전히 발달하지 않은 인간 개체를 죽이는 낙태도 그 예외 중 하나일 수 있다. 그런데 낙태가 언제나 살해를 수반하진 않는다. 어떤 낙태는 발달 중인 인간 개체를 죽이는 게 아니라 그냥 죽도록 내버려둔다. 또 어떤 낙태는 태아가 되기 전 배아 상태일 때 일어나기도 한다. 그런 경우에는 한 개체의 탄생이 무산될 뿐이며, 죽임을 당하는 것은 개체를 형성하던 조직에 지나지 않는다.

낙태 논쟁과 관련한 수많은 쟁점을 여기서 다루진 않을 것이다. '낙태'라는 용어가 수정란, 배아, 초기 단계의 태아를 자궁에서 제거하는 행위를 뜻한다면, 이 장의 논의는 낙태와 간접적으로만 관련된다. 적어도 이론적으로는 이런 개체들을 죽이지 않고도 제거할 수도 있기 때문이다. 일테면 적출해 냉동하거나 인공 자궁으로 옮길 수 있다. 자궁에서 제거하지 않고 죽이는 것도 가능하다. 체외 시험관에서 발달한 배아를 파괴할 때 그런 일이 발생한다. 내가 초점을 맞추려는 부분은 '죽임' 그 자체다. 그래서 낙태를 발달 중인 인간 개체를 죽이는 행위로만 한정해서 논의할 것이다. 논점을 확실히 하기 위해 여기서는 수정란, 배아, 초기 태아를 죽이는 행위가 일단의 직접적 잘못인지, 잘못이라면 죽임의 영향 때문인지 아니면 다른 이유가 있는지 따져볼 것이다. 이전 장과 마찬가지로 여기서도 '직접적 잘못'은 '일단의 직접적 잘못'을 줄인 표현으로 이해하면 된다. 그러므로 이 장에서는 인간 개체의 도덕적 지위와 상관없이 여성에게 낙태할 권리가 있는지 등의 주제는 다루지 않는다.[1]

낙태 반대 논증

초기 단계의 인간 개체를 살해하는 행위가 직접적 잘못이라고 보는 견해는 두 가지 주요 논증에 기반을 둔다. 첫 번째 논증은 '주체 가치 설명' 또는 그 파생 버전에 근거해 태아(아마도 수정란과 배아까지)가 내재적으로 가치 있는 주체라는 이유를 들어 낙태가 직접적 잘못이라고 주장한다. 두 번째 논증은 '해악 설명' 또는 그 파생 버전을 전제로 낙태가 태아에게 심각한 해악, 즉 태어났더라면 누렸을 좋은 것들을 박탈하기 때문에 직접적 잘못이라고 비난한다.

이 절에서는 이 두 가지 논증을 검토할 것이다. 첫 번째 논증인 '주체 가치적 접근'은 우리가 이미 제6장에서 살핀 '주체 가치 설명'에 기대는 주장이므로 간략히 약점만 짚은 뒤, 이보다 더 강력한 두 번째 논증인 '해악적 접근'으로 넘어가겠다. 그리고 이 논증 자체의 약점은 이 장의 후반부에서 자세히 들여다볼 것이다.

주체 가치적 접근

일부 이론가들은 살해의 잘못에 관한 '주체 가치 설명'의 한 버전을 수용해서 낙태 반대 논리를 펼친다. 그들에 따르면 실질적인 주체 가치를 지닌 개체, 또는 죽임을 당하지 않았더라면 주체 가치를 지니게 됐을 개체를 살해하는 행위는 직접적 잘못이다. 이를 '낙태에 대한 주체 가치 논증'이라고 부를 수 있으며, 다음과 같은 진술로 정리할 수 있다.

1. 만약 죽임을 당하지 않았다면 실질적인 내재적 주체 가치를 지녔거나 유지했을 개체, 특히 절대적 주체 가치를 가졌을 개체를 살해하는 행위는 직접적 잘못이다.
2. 인간은 실질적이고 절대적인 내재적 가치를 지니거나 지니게 되는 존재다.

3. 낙태는 이런 인간 존재를 죽이는 행위이므로 직접적 잘못이다.

그러나 제6장과 제7장에서 연이어 확인했듯이 주체 가치 설명, 특히 절대적 관점에서 주체 가치를 바라보는 접근 방식은 최대 주체 가치 설명으로 재구성하거나 혼합 설명으로 보완하더라도 곧장 반론에 부딪힌다. 그렇기에 주체 가치적 접근은 전제인 1부터 거부되므로 실패한다. 낙태에 반대할 좀 더 강한 논거가 필요하다.

해악적 접근

태아는 죽임을 당할 때 심각한 해악을 입을까? 돈 마르퀴스는 그렇다고 봤다. 그는 낙태가 태아에게 나쁜 일이기에 반대해야 한다고 설명했다.

> 내가 죽으면 나는 장차 내 삶의 일부가 될 현재 가치 있다고 여기는 것들뿐 아니라, 앞으로 내 삶에 가치 있다고 여길 것들까지 송두리째 박탈당하는 것이다. 따라서 내가 죽으면 나는 미래의 모든 가치를 잃는다. 내게 가하는 이와 같은 해악이 나를 살해하는 행위를 잘못으로 만든다. 이로 볼 때 어떤 성인 인간을 죽이는 행위가 일단의 심각한 잘못이 되는 까닭은 다름 아닌 그 또는 그녀의 미래를 잃게 만들기 때문이다.

살해의 주된 잘못을 구성하는 요소가 희생자의 미래 가치를 잃게 만드는 데 있다는 주장은 낙태 윤리에 명백한 함의를 제공한다. 표준적인 태아의 미래는 경험, 계획, 활동 등을 포함하는데, 이는 유아나 성인의 미래와 동일하다. 출생 이후의 인간을 살해하는 행위가 잘못인 이유는 태아에게도 똑같이 적용되므로, 낙태는 도덕적으로 일단의 심각하고 직접적인 잘못임을 알 수 있다.[2]

마르퀴스에 따르면 태아를 살해하는 행위도 성숙한 인간을 죽이는 것과 같은 이유로 해악을 끼친다. 두 경우 모두 해당 개체가 누릴 좋은 삶의 기회를 박탈한다. 다른 모든 조건이 동일할 때, 개체를 더 이른 시기에 죽일수록 해악의 정도는 더 커진다. 삶이 일찍 끝날수록 잃게 되는 좋은 것들의 양이 더 많기 때문이다. 따라서 해악적 접근법으로 보면 태아를 살해하는 행위는 정말이지 중대한 잘못이다. 태아를 죽이는 행위는 우리와 같은 삶을 빼앗는 것과 같다는 주장을 '유사한 삶 논제(comparable lives thesis)'라고 부른다. 마르퀴스가 이를 근거로 세운 논리를 진술하면 다음과 같다.

1. 어떤 개체를 살해하는 행위가 우리와 같은 삶을 박탈한다면 심각한 직접적 잘못이다.
2. 태아를 살해하는 행위는 일반적으로 우리와 같은 삶을 박탈하는 것과 동일하다.
3. 따라서 태아를 살해하는 행위는 심각한 직접적 잘못이다.

이를 '낙태에 대한 유사한 삶 논증'이라고 부를 수 있다. 사실 워런 퀸이 돈 마르퀴스보다 훨씬 이전에 이 논증을 다룬 바 있다.[3] 뒤에서 이 논증도 평가할 것이다. 그에 앞서 마르퀴스의 논증을 명확히 하기 위해 몇 가지만 짚고 넘어가자.

우선 전제 1이 마르퀴스의 해악 개념을 잘못 진술한 것처럼 보일 수 있다. 앞서 인용문의 첫 문장을 보면 그는 '가치 있는 것들'이 아닌 '가치 있다고 여기는 것들'을 말하고 있는데, 이 부분은 살해가 심각하고 직접적인 잘못이 되는 이유를 해당 개체가 가치 있게 여기거나 원하는 삶을 박탈하기 때문이라고 해석할 여지를 남긴다. 그런데도 내가 전제 1을 저렇게 진술한 까닭은 그가 다음 문장을 통해 그런 해석을 확실히 배제했기 때문이다.

"살해 행위가 잘못인 궁극적인 이유는 살고 싶어 하는 욕구를 좌절시키는 게 아니라, 미래에 누릴 수 있는 좋은 것들을 박탈한다는 데 있다."[4]

그리고 전제 2에는 '일반적으로'라는 단서가 붙었는데, 인용문에서 마르퀴스가 지칭한 '표준적 태아'에 대응하는 표현이다. 모든 태아가 여러분이나 나 같은 삶을 살게 되진 않기 때문이다. 어떤 태아는 사산되기도 하고, 또 어떤 태아는 무뇌증이나 테이-삭스병(Tay-Sachs disease, 유대인에게 주로 발생하는 유전성 뇌 질환) 및 그 밖의 심각한 질병을 안고 태어나 자라기도 한다.

몇몇 철학자들은 태아가 '잠재적으로' 사람이기 때문에 낙태가 잘못이라고 비판했다. 하지만 이 비판은 '잠재적 사람'이라는 개념 자체의 모호성으로 큰 설득력은 얻지 못했다.[5] 그래도 다른 방식으로 진술하면 모호함을 피할 수 있다. '잠재적 사람'을 '잠재적 삶'으로 대체하는 것이다. 그러면 진술은 이렇게 바뀐다.

낙태는 태아의 잠재적 삶을 희생시키기 때문에 잘못이다.

이를 다시 마르퀴스의 방식으로 표현할 수 있다.

낙태는 태아가 누릴 수 있었던 잠재적 삶을 박탈하기 때문에 잘못이다.

결국 '잠재적 사람'을 근거로 낙태를 반대하는 이들은 사실상 '유사한 삶 논제'를 염두에 두는 셈이라고 말할 수 있다. 마르퀴스의 '낙태에 대한 유사한 삶 논증'을 비판하기 위해 전제 1과 2를 걸고넘어질 수 있다. 다음 절에서 이 두 가지 트집 전술을 모두 검토할 텐데, 우선 전제 2부터 살피고 전제 1은 뒤에서 다루겠다.

낙태 옹호 논증

어떤 개체를 살해하는 행위가 우리와 같은 삶을 박탈한다면 잘못이라는 마르퀴스의 주장이 옳다고 가정해보자. 그럼더라도 태아가 우리와 같은 생명체가 아니라면 낙태는 여전히 정당화될 수 있다. 그런 경우 태아는 우리와 같은 삶을 박탈당할 수 없기 때문이다. 태아도 정말 우리와 같은 생명을 지니고 있을까?

인격 및 정신 본질주의적 대응

우리가 맨 처음 제1장에서 살핀 '인격 본질주의'와 '정신 본질주의' 관점에서는 전혀 그렇지 않다. 인격주의자나 마음주의자라면 여러분과 나는 특정 존재로서 특정 종류의 삶을 사는 데 반해 태아는 다른 특정 존재로서 다른 특정 종류의 삶을 산다고 주장할 것이다. 그렇다면 태아를 죽이는 행위는 '우리와 같은 삶'을 빼앗는 것이 아니게 된다. 이런 방식으로 유사한 삶 논제를 공격하는 게 타당한지 들여다보자.

정신 본질주의 관점이 참이라면, 우리 삶은 후기 태아의 몸 안에 '정신(마음)'이 자리 잡았을 때 시작됐다. 후기 태아란 의식 능력을 확보한 태아를 말한다. 초기 태아는 이런 능력이 없다. 한편으로 인격 본질주의 관점이 참이라면, 우리 삶은 우리가 유아의 몸을 점유하고 인격을 이루는 심리적 연결이 처음 형성될 때 시작됐다. 이전까지는 정신을 가진 존재가 살아있었으나, 그 존재는 우리 자신과 잇는 심리적 연결을 이루지 못했다.

특정 가정을 수용하면 인격 본질주의와 정신 본질주의 관점 모두 유사한 삶 논제에 최적화한 반론으로 활용할 수 있다. 예를 들어 여러분과 나뿐 아니라 '정신'을 지닌 모든 존재는 '정신성'이라는 본질적 속성을 가졌다고 해보자. 정신을 가진 생명체가 존재할 수는 있어도 정신이 없는 존재가 정신을 갖게 될 수는 없으며, 정신이 없는 존재는 정신을 가질 잠재력도 없다. 어떤 존재가 한때라도 정신이 없는 상태였다면, 그 존재에게는 '정신성'이라는 본질적 속성 자체가 없는 것이다. 우리와 같은 미래를 누리려면 정신을 가져야 하므로, 정신이 없는 존재는 당연히 그런 미래를 누릴 수 없다. 그렇기에 '유사한 삶 논제'는 거짓이다.[6] 이것이 '정신 본질주의' 관점의 반론이며, 다음과 같은 진술로 요약할 수 있다.

1. 정신성은 정신을 지닌 존재의 본질적 속성이다.
2. 정신이 없는 존재는 정신성이 없기에 정신을 가질 수 없다.
3. 우리와 같은 삶을 누리려면 초기 태아에도 정신이 있어야 한다.
4. 초기 태아는 정신이 없으므로 우리와 같은 삶을 누릴 수 없다.
5. 따라서 초기 태아를 살해하는 행위는 우리와 같은 삶을 박탈하는 것이 아니다.

'인격 본질주의'도 이와 비슷한 반론을 펼칠 수 있다. '인격성'이 '인격'을 지닌 모든 존재의 본질적 속성이라고 가정해보자. 인격이 없는 존재는 인격성이라는 본질적 속성이 없으므로 인격을 갖게 될 수 없으며, 그렇기에 우리와 같은 미래를 누릴 수 없다. 이를 정리하면 다음과 같다(여기서 '초기 태아와 영아'는 초기 태아 단계부터 인격을 갖추기 전의 영아 단계까지 아우른다).

1. 인격성은 인격을 지닌 모든 존재의 본질적 속성이다.
2. 인격이 없는 존재는 인격성이 없기에 인격을 가질 수 없다.
3. 우리와 같은 삶을 누리려면 초기 태아와 영아에도 인격이 있어야 한다.
4. 초기 태아와 영아는 인격이 없으므로 우리와 같은 삶을 누릴 수 없다.
5. 따라서 초기 태아와 영아를 살해하는 행위는 우리와 같은 삶을 박탈하는 것이 아니다.

물론 태아를 죽이는 일은 중대한 결과를 초래한다. 한 사람의 존재를 가로막기도 한다. 그러나 인격 본질주의에 따르면 허용 가능한 일이다. 또 다른 결과는 태아에게 해를 입힌다는 것이다. 하지만 인격 본질주의자들은 태아에게 끼치는 해악은 심각할 수 없다고 말할 것이다. 태아 살해는 정신이 없는 비인격 존재를 죽이는 것과 다를 바 없으며, 비인격 존재를 살해하는 것은 우리와 같은 존재를 죽이는 것보다 훨씬 덜 해롭기에 비난받을 일이 아니라는 논리다.

인격 본질주의 관점을 향한 다음 반론을 생각해보자. 방금 살핀 대로 인격성이 인격을 지닌 모든 존재의 본질적 속성이라면, 초기 태아에서 영아까지는 인격체가 될 수 없다. 그렇지만 우리는 영아가 곧 유아로서 인격을 갖춘다는 사실을 안다. 이 부분에서 인격 본질주의는 난관에 부닥친다. 그러면 유아 인격체가 되기 전의 비인격체 영아는 어떻게 되는 걸까? 그 비인격체는 어떤 존재일까? 그냥 동물에 불과하다면 유아 인격체가 나타나는 순간 그 비인격체 동물은 소멸하는 걸까? 말이 안 된다. 자기 인식 능력을 확보했다고 해서 동물이던 존재가 사라진다고 볼 수는 없다. 아니면 비인격체 동물이 유아 인격체가 나타날 때도 동물로서 계속 존재하는 걸까? 그렇게 되면, 그러니까 비인격체 동물이 계속 존재한다고 치면, 자기 인식 능력이 영원히 없는 동물과 인격성이라는 본질적 속성을 갖춘 유아 인격체가 한 몸을 이룬다는 애기밖에 되지 않는다.

어쩌면 정신 본질주의 옹호자들은 이처럼 당혹한 상황에 직면한 인격 본질주의를 보면서 자신들의 관점이 더 우월하다고 뿌듯해할지도 모르겠다. 인격 본질주의와 달리 정신 본질주의는 후기 태아와 영아가 인격체로 변모한다고 말할 수 있으니까. 애벌레에서 나비가 되는 곤충처럼 말이다. 하지만 그때는 동물 본질주의자들이 비슷한 논거를 들어 정신 본질주의를 비판할 것이다. 정신이 없는 초기 태아가 정신이 있는 후기 태아로 바뀔 때, 그 정신이 없던 태아는 어떻게 되느냐고. 초기 태아는 어떤 존재냐고. 마찬가지로 그냥 동물이라면, 태아가 정신을 확보하는 순간 그 동물은 소멸하는 걸까? 정신을 지닌다는 것이 동물 존재를 끝낼 수 있을까? 그렇다고 또 태아가 정신을 확보한 이후에도 여전히 정신이 없는 동물로 계속 존재한다고 얼버무리는 것도 타당하지 않다. 둘이 같은 존재가 아니라고 하면 정신이 있는 존재가 정신이 없는 존재와 한 몸을 이룬다는 소리밖에 안 된다. 얼핏 생각해도 무척 이상하고, 정신이 있는 존재의 이익에 반하는 행동을 할 때마다 "내 안의 동물이 그런 거예요" 같은 우스꽝스러운 변명을 늘어놓아야 한다. 낙태는 '우리와 같은 존재'를 해치지는 않으나 그 '인간적 존재'에게는 치명적이다. 그렇다면 '우리와 같은 존재'를 해칠 수 있기 때문이 아니라 '인간적 존재'를 해친다는 이유로, 매우 중요한 이해관계가 걸려 있지 않는 낙태를 허용해선 안 되는 걸까?

이런 수상쩍은 결론을 받아들일 바에 차라리 동물 본질주의 편에 서는 게 더 나을 수도 있겠다. 즉, 태아는 정신을 획득해 인격체로 발달하는 동물이라고 말이다. 그러나 이렇게 돌아서면 '유사한 삶 논제'를 지지하게 된다. 태아가 우리와 같은 인간 존재라면, 낙태는 태아에게서 우리와 같은 삶을 박탈하는 행위다. 마르퀴스의 논지가 힘을 얻게 되는 셈이다.

그런데 정신 본질주의와 인격 본질주의 관점에는 또 다른 문제도 있다. 왜 우리가 정신성이나 인격성이 정신이나 인격을 지닌 모든 존재의 본질적 속성이라는 양쪽 관점의 첫 번째 전제를 받아들여야 하는지 명확하지 않다는 점이다. 이 전제를 부정하면 두 관점은 치명적인 타격을 입는다. 초기 태아가 정신성과 인격성을 확보할 수 있다는 반론에 그대로 노출되기 때문이다. 태아는 이런 속성을 '본질적'이 아니라 '우연적'으로 얻겠지만, 어쨌든 확보하긴 한다. 그렇게 되면 태아를 살해하는 행위가 우리와 같은 삶을 박탈한다는 주장이 그럴듯해진다.

정신 본질주의로 향하는 가장 개연성 있는 경로는 마음주의와 "정신성은 정신을 지닌 존재의 본질적 속성"이라는 가정을 결합하는 것이다(마찬가지로 인격 본질주의로 향하는 가장 개연성 있는 경로는 인격주의와 "인격성은 인격을 지닌 존재의 본질적 속성"이라는 가정을 결합하는 것이다). 그렇지만 정신 본질주의가 반드시 "정신을 지닌 모든 존재는 본질적으로 정신"이라는 결론을 함축하진 않는다(인격 본질주의 또한 "인격을 지닌 모든 존재는 본질적으로 인격"이라는 결론을 함축하진 않는다). 정신 본질주의는 어떤 존재가 본질적으로 정신을 지녔다는 관점과 더불어 장차 정신을 우연히 확보할 가능성에 대해서도 열어놓고 있다. 다시 말해 본질적 속성을 새롭게 얻을 수는 없어도 부수적인 우연적 속성으로 획득하는 게 불가능하진 않다는 얘기다. 예컨대 광합성 능력은 나무나 다른 식물에 본질적 속성이지만, 그렇더라도 내가 유전자 변형을 통해 이 능력을 우연적 속성으로 획득하는 장면은 충분히 상상할 수 있는 것이다.

점진주의적 대응

방금 우리는 정신 및 인격 본질주의가 초기 태아를 정의할 때도, 정신을 지니게 되는 과정에서 태아에게 무슨 일이 일어나는지 설명할 때도 어려움에 봉착한다는 사실을 알게 됐다. 이 틈을 헤집고 들어가 낙태 반대론자들은 동물 본질주의에 의지하면서 '유사한 삶 논제' 방어를 시도할 수 있다. 기본 논증은 이렇다.

1. 우리는 한때 우리의 상태였던 태아와 동일한 동물이다.
2. 한때 우리의 상태였던 태아는 지금 우리와 같은 삶을 살고 있다.
3. 따라서 태아를 살해하는 행위는 일반적으로 우리와 같은 삶을 박탈하는 것과 동일하다.

하지만 이 논증에는 결정적 한 방이 없다. 설령 우리가 동물 본질주의를 수용하더라도 '형이상학적 점진주의(metaphysical gradualism)'를 기반으로 '유사한 삶 논제'를 거부할 수 있기 때문이다. 점진주의에 따르면 태아는 '완전한' 인간 존재가 아니다. 이익을 얻거나 해를 입을 수 있는 '완전한' 주체가 아니다. 워런 퀸은 이 관점을 이렇게 설명했다.

> 태아는 발달 과정에 있는 개체, 부분적으로는 존재하나 완전히 실재하지 않는 개별 인간 존재다. 그렇더라도 동시에 태아는 태아로서의 적절한 기준을 충족하는 완전한 태아다. 수정된 순간을 완전한 생물적 유기체로 보는 견해는 옳지만, 생물적 유기체를 곧 실체적 존재로 분류하는 해석은 잘못이다. 과정 이론 관점에서 '건설'이 '집'을 향하는 과정이듯이, 태아도 '인간'을 향하는 일종의 '준생명체'로 분류하는 것이 자연스럽다. 실제로 태아는 완전한 유기체지만, 그렇다고 곧바로 완전한 유기

체가 완전한 개별 존재가 되는 것은 아니다.[7]

    태아도 여러분과 나처럼 인간 존재이지만, 이 속성은 '점진적으로' 획득된다. '집'이나 '다리'를 생각해보자. 일정 기간 건설 자재가 모이고 일부는 다른 것들과 결합한다. 한동안 '짓고 있는 집(다리)' 상태였다가 나중에야 '완전한 집(다리)'이 된다. 이와 마찬가지로 인간 존재도 점진적으로 발달한다. 어떤 시점에서 정자가 난자에 들어가 서로의 유전물질이 결합한다. 그렇게 형성된 수정란이 분열을 거듭하며 8개 세포 덩어리가 되는 '8세포기'로 발달하고, 이후 '상실배'와 '포배기'를 거쳐 온전한 '배아' 상태로 자궁벽에 착상한다. 수정 후 약 2주가 되기 전에 배아는 둘로 갈라져 쌍둥이(일란성)가 되기도 한다. 세포 분열이 계속되면서 배아는 결국 '태아'가 된다. 2주 전까지는 몇 명의 인간 존재가 발달하고 있는지 불확실하다. 퀸은 온전한 인간 존재가 나타나는 시점을 태아로 발달하고 한참 뒤, 즉 후기 태아로 봤다.

    따라서 발달 과정 상태의 인간 존재는 발달 중인 다른 동물들과 마찬가지로 존재가 완성된 개체가 아니기에, 생명을 박탈당하더라도 해를 입을 수 없다. 형이상학적 점진주의는 '가치 점진주의(value gradualism)'를 뒷받침한다. 인간 존재의 발달을 중단시키는 해악의 정도는 해당 개체가 얼마나 완성됐는지에 달렸다. 발달 과정이 시작되기도 전에 가로막는 것은 아무런 해가 없다. 이제 막 발달이 시작된 시점에서 가로막는 것은 무시할 만한 수준의 해악이다. 그러나 발달이 거의 완성될 무렵에 가로막는 행위는 발달이 완성된 이후만큼이나 커다란 해악이다.

점진주의 관점은 완전히 형성된 인간이 언제 존재하는가에 대한 여러 견해와 양립한다. 아마도 자기 인식 능력을 얻기 전에 이미 완전히 형성돼 있을 것이다. 영아는 생후 15개월 정도가 돼야 자기 인식이 가능할 텐데, 그때가 되면 심리학자 고든 갤럽(Gordon Gallup)의 '거울 시험'을 통과할 수 있다. 거울을 보고 자기 코에 있는 표식을 찾아내면 자기 인식 능력을 확보한 것이다.[8]

퀸은 고등 신경 체계가 충분히 발달해 개체가 정상적인 영아처럼 세상의 방식을 배우기 시작하면 인간 존재가 되는 과정이 끝난 것이라고 설명했다. 그렇다고는 하나 정상적인 학습이 어느 시점에 가능해지는지는 불분명하다. 학습 또한 점진적으로 시작되기 때문이다. 영아 학습은 대뇌피질 뉴런의 수상돌기가 얼마나 정교한지에 달렸는데, 임신 3분기에 급속히 발달하고,[9] 출생 후 첫 6개월 동안 가장 활발하다.[10] 그래서 정상적인 영아 학습이 가능해지는 시점은 대략 임신 3분기 말 무렵이라고만 말할 수 있다. 정신 발달 과정이 시작될 때를 인간 존재가 완전히 형성되는 시점이라고 보는 것도 타당하다. 그 또한 대략 임신 3분기 말 무렵이다. 정신 발달 시점과 학습 능력 발달이 시작되는 시점이 일치한다는 사실은 우연이 아니다. 당연하게도 정신이 발달해야만 학습을 할 수 있다.

태아가 오직 완전히 형성된 인간 존재가 된 이후에야 우리와 같은 삶을 살 수 있다고 해보자. 점진주의와 동물 본질주의가 옳다면, 초기 태아를 살해하는 행위는 우리와 같은 삶을 박탈하는 것이 아니다.

철학으로 풀기 어려운 유일한 죽음

앞서 마르퀴스의 '낙태에 대한 유사한 삶 논증'을 다시 떠올려보자. 지금까지 우리는 이 논증의 전제 2를 트집 잡았다.

1. 어떤 개체를 살해하는 행위가 우리와 같은 삶을 박탈한다면 심각한 직접적 잘못이다.
2. 태아를 살해하는 행위는 일반적으로 우리와 같은 삶을 박탈하는 것과 동일하다.
3. 따라서 태아를 살해하는 행위는 심각한 직접적 잘못이다.

이제 전제 1을 걸고넘어질 차례다. 이 전제가 과연 타당한지 검토해보자. 마르퀴스의 이 관점은 다음과 같은 가정을 토대로 한다.

A. 주체 S를 살해하는 행위가 직접적 잘못인 경우는 오직 S에게 해를 끼칠 때뿐이다.
B. 주체 S를 살해하는 행위가 해를 끼치는 경우는 S로부터 우리와 같은

삶을 박탈할 때다.
  C. 따라서 주체 S를 살해하는 행위가 우리와 같은 삶을 박탈한다면 심각한 직접적 잘못이다.

제6장에서 우리는 이미 A를 거부했다. 이 전제는 '해악 설명' 관점인데, 유능한 주체를 살해하는 행위가 직접적 잘못인 이유는 S에게 해를 끼칠 때뿐 아니라 S가 살해당하는 데 동의하지 않을 때도 포함하기 때문이다. 제6장에서 우리가 지지한 관점은 '결합 설명'이었다.

S가 자기 죽음에 판단 능력이 없는 무능한 주체라면, S를 살해하는 행위가 직접적 잘못인 경우는 오직 S에게 해를 끼칠 때뿐이다. S가 자기 죽음에 판단 능력이 있는 유능한 주체라면, 시점 T에서 S를 살해하는 행위가 직접적 잘못인 경우는 S가 T에 자신이 죽는다는 충분한 정보를 인지한 상황에서 자신을 죽이는 데 동의하지 않을 때뿐이다.

결합 설명을 따르면 A를 우리가 수용할 만한 방식으로 보완할 수 있다. 즉, "개체를 살해하는 행위가 심각한 직접적 잘못이 되는 경우는 유능한 주체가 자신의 죽는다는 충분한 정보를 인지한 상황에서 자신을 죽이는 데 동의하지 않았는데도 해를 끼칠 때뿐"이다. 태아는 동의 여부를 밝힐 수 없다. 이를 마르퀴스의 본래 '낙태에 대한 유사한 삶 논증'에 적용하면 다음과 같은 진술로 정리할 수 있다.

1-1. 어떤 개체가 유능한 주체일 때 자신이 죽는다는 충분한 정보를 인지한 상황에서 자신을 죽이는 데 동의하지 않았는데도 우리와 같은 삶을 박탈한다면 심각한 직접적 잘못이다.

2-1. 태아를 살해하는 행위는 일반적으로 우리와 같은 삶을 박탈하며, 태아의 동의 없이 이뤄진다.

3-1. 따라서 태아를 살해하는 행위는 심각한 직접적 잘못이다.

그런데 어떤 철학자들은 마르퀴스가 근거로 삼는 가정 중에서 B, 즉 "주체 S를 살해하는 행위가 해를 끼치는 경우는 S로부터 우리와 같은 삶을 박탈할 때다"를 성급한 일반화라면서 거부한다. '비교주의' 관점에 동의하는 사람이라면 누구나 이 일반화를 받아들일 테지만, 마르퀴스를 비판하는 이들은 비교주의가 잘못됐다고 주장한다. 이제 마르퀴스의 논증에 불리하게 작용할 이런 반론들을 살펴보기로 하자. 첫 번째는 '이익 실재주의'에 근거한 반론이다.

이익 실재주의적 비교주의

제4장에서 살핀 '이익 실재주의' 관점에 따르면 우리의 복지는 오직 우리가 '실제로' 해를 입거나 이익을 얻을 수 있는 기간에 우리 삶이 갖는 내재적 가치에만 영향을 받는다. 우리는 '실제로' 살아서 존재라는 동안에만 이런 속성을 지니기 때문에, 죽지 않았더라면 생겼을 욕구의 충족 여부는 우리의 복지와는 아무런 관련이 없다. 이 관점이 옳다면

이익 실재주의를 받아들이기 위해 비교주의를 수정해야 한다. 제4장에서 우리는 이렇게 수정된 관점, 즉 '이익 실재주의적 비교주의'를 다음과 같은 진술로 공식화했다.

> 사건 E가 주체 S에게 주는 가치는, E가 실제로 발생하는 현실 세계 WE에서 S의 삶이 갖는 내재적 가치에서 E가 일어나지 않는 가장 가까운 가능 세계 W~E에서 S의 삶이 갖는 내재적 가치를 뺀 값이다. 이때 W~E에서 S가 얻을 수 있는 내재적 가치 중 WE에서 S가 반응 불능 상태에 들어간 이후에 얻을 수 있는 가치는 제외한다.

여러분이 오늘 죽임을 당했다고 가정해보자. 만약 죽지 않았다면 여러분은 PT(P를 욕구하는 시점 T) 기간 동안 살았을 것이다. 이익 실재주의를 따르려면 여러분이 살해당한 사건이 여러분에게 어떤 가치를 갖는지 평가할 때 PT 동안의 삶이 여러분에게 갖는 가치는 무시해야 한다. 여러분이 PT 동안 해악을 입었을지 이익을 얻었을지는 살해가 여러분에게 어떤 가치를 갖는지와는 전혀 관련이 없다. 반면 복권에 당첨되는 사건은 매우 좋은 일이다. 복권에 당첨됐을 때의 기간별 삶의 가치 총합이 당첨되지 않았을 때의 기간별 삶의 가치 총합을 크게 웃돌아서다.

형이상학적 점진주의가 거짓이고, 초기 태아와 후기 태아 모두 '우리와 같은' 미래를 누린다고 하더라도, 이익 실재주의 편에 서면 태아를 살해하는 행위가 일반적으로 우리와 같은 삶을 박탈한다는 점은 인정함과 동시에 실제로 해를 끼치는 것은 아니라고 부정할 수 있다. 태아는 죽임을 당하고 나면 결코 우리와 같은 욕구를 실제로 발달시키지 못한다. 단지 가정일 뿐인 욕구가 좌절된다고 해도 전혀 해롭지 않다. 태아가 실제로 발달시키는 욕구만을 기준으로 평가할 때 그들의 죽음은 기껏해야 아주 약간 나쁠 뿐이다. 이로써 마르퀴스의 '낙태에 대한 유사한 삶 논증'을 반박할 수 있다. 태아를 살해하는 행위는 일반적으로 우리와 같은 삶을 박탈한다는 사실에도 불구하고 심각하게 해로운 일이 아니며, 따라서 심각한 직접적 잘못도 아니다.

그런데 같은 논리를 들이대면 여러분과 내가 죽음으로써 발달시키지 못하는 욕구를 가로막는 행위도 해롭지 않다. 그렇다면 누군가 우리를 살해하는 행위도 심각하게 해로운 일이 아니니, 정상적인 성인 인간을 죽이는 게 태아를 죽이는 것보다 더 나쁘다고 말할 수 없지 않을까? 그러나 제5장에서 언급한 '선행주의' 덕분에 그렇게 되진 않는다. 비록 가정뿐인 욕구를 좌절시키는 사건이 우리에게 나쁘지 않더라도, 성인 인간이 사는 동안 발달시킨 욕구가 태아보다 훨씬 더 많고 정교하므로, 성인 인간을 살해하는 행위는 태아를 죽이는 것과 비교할 수 없을 만큼 더 큰 해악을 입힌다. 우리의 살아생전 이익이 훨씬 더 크기 때문에, 살해당하는 일은 태아보다 우리에게 더 치명적이다.

이처럼 태아에게 죽음은 거의 해롭지 않다는 견해를 함축하기에, 이익 실재주의는 낙태를 허용하는 강력한 논거로 자리매김하는 듯 보인다. 하지만 우리가 제4장에서 확인했듯이 이익 실재주의는 어떤 관점과 결합해도 자가당착적 논리로 귀결된다. 물론 그렇더라도 이익 실재주의 지지자들이 그런 모순을 피할 방법만 찾아낸다면, 태아가 우리와 같은 삶을 해롭지 않게 박탈당할 수 있다는 점을 들어 마르퀴스의 '낙태에 대한 유사한 삶 논증'을 거부할 수 있을 것이다.

이익 상대주의

비교주의를 수정할 다른 관점도 있을 것이다. 기억해보자. 제3장에서 특정 시점의 복지만 강조하는 '시간 상대적' 방식과 모든 시점의 복지에 동등한 가치를 두는 '시간 중립적' 방식을 대조했었다. 만약 우리의 복지를 시간 상대적 방식으로 평가한다면, 태아가 우리와 같은 삶을 박탈당하는 일이 그리 나쁘진 않다고 결론지을 수도 있다.

이게 바로 제프 맥마핸이 제안한 방식이다. 제6장에서 언급했듯이 맥마핸은 죽임을 당하는 일의 해악을 비교주의 관점에서 우리의 욕구에 미치는 영향으로 평가하는 대신 '시간 상대적 이익 설명', 즉 '이익 상대주의'를 활용해 우리의 시간 상대적 이익에 미치는 영향으로 평가하자고 제안했다.[11] 그는 이 생각을 더 확장해 '존중의 문턱'을 넘지 못한 주체들, 예컨대 태아 같은 존재를 살해하는 행위의 잘못을 이렇게 설명했다. 이른바 '살해에 대한 시간 상대적 설명'이다.

존중의 문턱 아래에 있는 주체 S를 살해하는 행위가 직접적 잘못인 경우는 오직 S에게 음(-)의 시간 상대적 가치를 줄 때뿐이다.

이 접근 방식에서는 태아나 영아를 살해하는 행위의 잘못을 치명적인 행위를 가하는 바로 그 시점에서 그들이 갖는 시간 상대적 이익 관점에서 평가한다. 평가는 두 단계로 이뤄진다. 첫 번째 단계에서는 그들이 그때 가졌을 삶의 가치를 살핀다. 가치가 양(+)이라면 그 삶을 박탈하는 행위는 해악이고, 따라서 나쁜 것이라는 잠정적 결론을 내릴 수 있다. 이는 비교주의 관점과도 일치한다. 그렇지만 이 잠정적 결론은 두 번째 단계에서 수정될 수 있다. '심리적 연결성'이 부족해서다.

맥마핸의 설명에 따르면 후기 태아를 살해하는 행위가 일반적으로 가치 있는 삶을 박탈한다는 점은 인정되지만, 그렇다고 해서 심각한 직접적 잘못은 아니다. 아무리 정신을 지닌 태아라고 해도 그들이 될 수 있는 '사람'과의 심리적 연결고리가 매우 약하기 때문이다. 그렇기에 태아로부터 우리와 같은 삶을 박탈하는 행위는 우리의 삶을 빼앗는 것만큼 해로운 일은 아니다.[12]

맥마핸은 '살해에 대한 시간 상대적 설명'을 논증하면서 '이익 상대주의'를 '비교주의'보다 더 타당한 논거로 삼았다. 그가 그렇게 여긴 까닭은 이익 상대주의가 다음과 같은 사례에서 '치료'를 거부하는 것이 합리적이라는 직관과도 어울리는 '최선의 설명으로의 추론(inference to the best explanation)'에 부합하기 때문이다.[13]

여러분이 스무 살이고, 치료받지 않으면 반드시 5년 안에 죽게 되나 통증이나 장애는 수반하지 않는 병에 걸렸다고 상상해보자. 다행히 확실한 치료법은 있다. 다만 부작용이 있는데, 영구적 퇴행성 기억 상실과 급격한 성격 변화가 일어난다. 치료받은 환자들을 장기간 추적해 분석한 연구에 따르면 이들은 하나같이 오래도록 행복하게 살았지만, 치료 전과는 전혀 다른 욕구와 가치로 완전히 다른 삶을 살았다. 여러분이 이 치료를 받으면 약 60년을 더 산다고 합리적으로 기대할 수 있다. 그러나 치료 후의 삶은 지금껏 여러분이 살아온 삶과는 다를 것이다. 치료 이전의 기억은 모두 사라지며, 성격과 가치관도 근본적으로 바뀔 것이다. 확실히 예측할 수 있는 한 가지 사실은 있다. 이 치료를 받는다면, 전반적으로 볼 때 여러분이 20세에서 80세 사이에 살아갈 향후의 삶은 치료받지 않고 5년 안에 죽는 삶보다 더 나을 것이다.[14]

맥마핸의 말대로라면 우리가 복지를 시간 상대적 이익에 따라 평가할 때 죽음은 태아보다 유아나 성인에게 더 나쁘고, 위 사례에서 '치료'도 여러분에게 이익이 되지 않는다. 치료 이후의 여러분은 여러분이 아닌 존재로 인식될 것이기 때문이다. 하지만 이런 관점으로 복지를 평가하면 오히려 직관에 반하는 결과를 낳는다. 왜 그런지 보려면 위 치료 사례를 약간 조정하면 된다. 우선 여러분이 치료받은 뒤 살해당하는 상황을 생각해보자.

여러분은 가족과 상의한 끝에 치료를 받기로 결정했다. 치료는 그 주 토요일에 이뤄졌다. 기억 상실과 성격 변화 부작용은 다음 주 화요일에 나타날 예정이다. 그때부터 여러분은 이전과 전혀 다른 사람이 되겠지만 행복한 삶을 살게 될 것이다. 그런데 월요일, 여러분이 잠든 사이에 내가 여러분을 죽인다.

나는 여러분의 60년 행복을 앗아갔다. 이는 분명히 여러분에게 매우 나쁜 일이다. 그런데 맥마핸의 '시간 상대적 이익 설명(이익 상대주의)' 기준으로 평가하면 그 해악은 미미한 수준이다. 어차피 다음 날이면 여러분은 치료 부작용으로 완전히 다른 사람이 되어 있었을 것이기 때문이다.

다음은 여러분이 치료받은 뒤 독살당하는 상황이다.

여러분은 가족과 상의한 끝에 치료를 받기로 결정했다. 치료는 그 주 토요일에 이뤄졌다. 기억 상실과 성격 변화 부작용은 다음 주 화요일에 나타날 예정이다. 그때부터 여러분은 이전과 전혀 다른 사람이 되겠지만 행복한 삶을 살게 될 것이다. 그런데 월요일, 여러분이 잠들기 전 마신 물에 내가 독을 탔다. 그 독에는 잠복기가 있어서 얼마간은 아무런 증상도 일으키지 않는다. 그러나 여러분이 기억을 잃고 성격이 완전히 바뀐 뒤 심장마비를 일으켜 여러분을 죽인다.

내가 여러분에게 해를 끼친 걸까? 내가 독을 먹인 시점을 기준으로 여러분의 이익을 평가한다면, 그러니까 맥마핸의 설명에 따르면 내가 한 짓은 역시나 여러분에게 별로 나쁜 일이 아니다. 하지만 상식적으로 옳을 리가 없다.

그러면 독이 실제로 여러분을 죽이는 시점을 기준으로 여러분의 이익을 평가할 때는 맥마핸의 논리에 도움이 될까? 공교롭게도 그렇게 되면 맥마핸이 주장한, 여러분의 복지는 지금 시점에서 급격히 떨어져야 한다는 논리가 무너진다. 맥마핸의 살해의 해악성 대비 부당성에 대한 설명도 결함이 있어 보인다. 다음과 같은 '태아 중독' 사례를 예로 들어보자.

> 나는 태아에게만 작용하는 독을 임신부에게 먹인다. 그 독은 잠복기가 매우 길어서 태아기 때는 아무런 눈에 띄는 효과가 없다가, 아이가 세 살이 될 때 심장마비를 일으켜 아이를 죽인다.

나는 아이가 태아일 때 독을 주입했지만, 결국 세 살짜리 아이의 생명을 끊는 셈이 된다. 당연히 이런 행위도 중대한 해악이자 잘못이다. 그렇더라도 이 해악은 태아의 시간 상대적 이익에는 영향을 미치지 않는다. 아이가 잃게 된 삶은 내가 태아일 때 먹인 독과는 무관한 걸까? 맥마핸의 '살해에 대한 시간 상대적 설명'을 받아들인다면 그렇다.

이 정도면 무너질 만도 한데, 아이에게 해를 끼친 게 아니라고 주장할 방법이 하나 더 있다. 이 논증은 누구라도 받아들일 '방지 원칙'에서 출발한다.

누군가가 존재하지 못하도록 행동하거나 누군가가 존재하도록 행동하지 않는 것은 그 자체로는 결코 잘못이 아니다.

이 원칙이 참이 아니라면, 아이를 낳을 수 있을 만큼 낳지 않는 것은 잘못이다. 그리고 우리는 적어도 다음 원칙을 수용하기에 이런 방지 원칙도 받아들이는 것이다.

존재하지 않는 주체는 해를 입을 수 없다.

독살된 아이가 태아와 동일한 인격체가 아니라고 가정해보자. 방지 원칙에 따르면 아이에 대한 해악은 고려 대상에서 제외된다. 태아를 살해하는 행위는 태아에게 해를 끼치기에 문제가 될 수 있지만, 동시에 그 살해 행위는 아이의 존재 또는 아이가 해를 입는 것을 막는 셈이 된다. 그러나 이런 논리는 아이와 태아와 동일한 존재라고 여기는 맥마핸을 비롯해 다른 누구에게도 먹히지 않을 것이다. 이를 의식한 듯 맥마핸은 위 태아 중독 같은 사례에 대응해 다음과 같은 '태아 상해' 사례를 제시했다.

한 임신부가 기분 전환을 위해 어떤 약물을 복용한다. 그런데 그녀는 자기가 마신 약물이 태아의 생식 기관을 손상해 추후 아이가 불임이 될 수 있다는 사실을 알고 있다.

맥마핸은 이 약물이 태아의 시간 상대적 이익에는 영향을 미치지 않으므로, 자신의 '살해에 대한 시간 상대적 설명'에 따라 임신부의 행위가 심각한 직접적 잘못이 아니라고 주장될 수 있음을 지적했다. 그리고 동시에 임신부의 행동은 분명히 심각한 직접적 잘못이라고 인정했다. 일종의 논리적 양보를 시도한 셈인데, 그러면서 도덕적 평가에서는 심리적 연결성 부족을 이유로 해악의 비중을 축소하지 말고 행위의 모든 연관성을 충분히 고려해야 한다고 주장했다. 태아의 생식 기관을 손상한 상해 행위가 임신부의 약물 복용을 비도덕적 행위로 평가할 근거로 작용한다는 것이다. 그는 이렇게 반문했다.

"후기 태아를 살해하는 행위가 도덕적으로 허용된다면, 태아에게 치명적 해악이 아닌 상해 행위는 왜 허용될 수 없는가?"[15] 그러고는 이렇게 설명했다.

낙태는 그 피해자가 시간 상대적 이익이 미미한 태아일 때만 영향을 미치는 데 반해, 태아 상해는 피해자가 태어나 시간이 흐른 뒤 충분한 시간 상대적 이익을 갖게 됐을 때까지도 영향을 끼친다. 후기 낙태의 경우 해당 행위로 피해자가 박탈당하는 시간 상대적 이익은 후기 태아가 현재 생존을 이어가려는 미미한 시간 상대적 이익뿐이다. 낙태가 이뤄지면 태아의 미래 시간 상대적 이익은 더는 존재하지 않기 때문이다. 그러나 태아 상해의 경우 그 행위는 후기 태아가 현재 가진 미미한 시간 상대적 이익뿐 아니라, 이후 태어나 나이가 들어 성인으로 성장했을 때 갖게 될 훨씬 큰 시간 상대적 이익에도 영향을 미친다. 우리가 시간 상대적 이익을 중시한다면, 우리의 행위로 영향을 받는 모든 시간 상대적 이익도 함께 고려해야 한다.[16]

계속해서 그는 이렇게 덧붙였다.

따라서 낙태를 옹호하는 논증은 태아의 미래 이익을 축소할 필요가 없다. 태아가 현재 생존을 이어가려는 시간 상대적 이익이 미미하다는 사실만 지적하면 된다. 낙태는 태아의 미래 이익에 반할 수 없다. 그 이익들이 아예 생겨나지 못하게 하기 때문이다.[17]

여기서 맥마핸은 두 가지 이야기를 하고 있다.

첫째, 도덕적 평가에서는 어떤 주체에게 우리의 행위가 끼치는 모든 영향, 즉 미래의 영향까지도 심리적 연결성 부족을 이유로 축소하지 말고 온전히 고려해야 한다.

둘째, 도덕적 평가에서는 해당 주체가 실제로 존재하지 않을 시점에서 우리가 미쳤을지 모를 영향은 무시해야 한다. 그 시점에 주체는 존재하지 않으므로 아무런 시간 상대적 이익도 확보할 수 없다. 주체가 실제로 갖지 못할 이익을 증진하거나 저해하려는 시도는 아무에게도 해악이나 이익을 미치지 않는다.

그래서 맥마헨은 낙태가 "태아의 미래 이익에 반할 수 없다"고 말한 것이다. 일단 태아를 낙태하고 나면, 그 태아가 성장해 다양한 이익을 얻었을지 모른다는 가능성 때문에 살해가 그런 이익에 반한 행위라는 사실을 무시할 수 있다. 죽은 태아는 실제로 그런 이익을 얻지 못하니까.

그런데 여기서 핵심 원리는 '이익 실재주의'다. 복지는 우리가 실제로 얻거나 얻게 될 이익을 증진하거나 저해하는 것들에만 영향을 받는다. 실제로 갖지 못할 이익인데, 있었더라면 가졌을 이익은 고려 대상이 아니다. 이익 실재주의를 반영해 맥마헨의 설명을 다시 진술해야 한다. 지금까지 그의 '이익 상대주의' 관점에 기반한 설명은 다음처럼 공식화할 수 있다.

> 사건 E가 시점 T에서 주체 S에게 주는 시간 상대적 이익 가치 RV(S, E, T)는 현실 세계 WE의 T에서 S의 삶이 갖는 내재적 가치에서 E가 일어나지 않은 가장 가까운 가능 세계 W~E의 T에서 S의 삶이 갖는 내재적 가치를 뺀 값이다. 즉, 'RV(S, E, T) = IV(S, WE, T) - IV(S, W~E, T)'이다.

이제 이를 '이익 실재주의'와 결합해 재진술하면 이렇게 된다.

사건 E가 시점 T에서 주체 S에게 주는 실재적인 시간 상대적 이익 가치 ARV(S, E, T)는 현실 세계 WE의 T에서 S의 삶이 갖는 내재적 가치에서 E가 일어나지 않은 가장 가까운 가능 세계 W~E의 T에서 S의 삶이 갖는 내재적 가치를 뺀 값이다. 이때 W~E에서 S가 얻을 수 있는 내재적 가치 중 WE에서 S가 반응 불능 상태에 들어간 이후에 얻을 수 있는 가치는 제외한다. W에서 S가 반응 가능 상태인 마지막 시점 T(S, W)의 실재적인 시간 상대적 이익 가치를 RIV[S, W, T, T(S, W)]라고 한다면, 반응 불능 이후 가장 가까운 가능 세계 W~E에서의 실재적인 시간 상대적 이익 가치는 RIV[S, W~E, T, T(S, W)]가 된다. 그러면 사건 E가 시점 T에서 주체 S에게 주는 실재적인 시간 상대적 이익 가치는 'ARV(S, E, T) = RIV(S, WE, T) - RIV[S, W~E, T, T(S, W)]'이다.

이렇게 설명하면 우리가 죽어 있는 시기에 박탈당할 수도 있는 좋은 것들은 우리에게 해를 끼치지 못하고, 같은 시기 우리가 겪을 수도 있는 나쁜 것들을 방지하더라도 우리에게 아무런 이익을 주지 못한다.

물론 그럼에도 불구하고 선행주의를 고려할 때 죽음은 우리가 지금 갖고 있는 욕구들을 좌절시키기에 여전히 우리에게 해를 끼칠 수 있다. 이 부분은 태아도 마찬가지지만, 태아가 현재 지닌 욕구는 극히 미약하다고 볼 수 있다. 반면 태아 상해는 태아가 훗날 실제로 겪게 될 시기에 심각한 해악을 끼친다. 태아의 모든 이익을 도덕적 관점에서 고려하면, 태아 상해는 심각한 직접적 잘못이 되는 행위가 맞다.

결과적으로 맥마핸은 이익 실재주의를 받아들인 것이다. '태아 상해' 같은 사례를 제시하는 바람에 그는 "도덕은 개인의 현재 시간 상대적 이익과 미래 시간 상대적 이익을 똑같이 존중하라고 요구한다"라고 말할 수밖에 없었다.[18] 그의 이익 상대주의적 해악 설명은 낙태가 심각한 직접적 잘못이라는 결론으로 귀결된다. 그래서 이익 실재주의를 끌어들였다가 다시 논쟁의 장으로 떠밀리게 됐다.

어쨌든 맥마핸이 이익 실재주의를 끌어들인 건 여러 이유에서 놀랍다. 우리가 제4장에서 확인한 것처럼 이익 실재주의가 직관에 반하는 결과를 낳는다는 점 때문만이 아니다. 첫째, 맥마핸은 이익 실재주의가 자신이 '살해에 대한 시간 상대적 설명'이라고 부른 이익 상대주의 관점과 양립 불가능하다는 사실을 눈치채지 못한 듯하다. 이익 상대주의 관점에서 보면 죽음의 해악은 우리가 죽지 않았더라면 얻었을지 모를 이익의 영향에 의해 상당 부분 결정된다. 그는 '젊은 암 환자' 사례를 들어 자신의 이익 상대주의 관점을 설명했다.

한 남자가 스무 살에 암으로 사망한다.

맥마핸은 이렇게 썼다.
"이 젊은 암 환자의 죽음이 얼마나 나쁜지를 평가하기 위해서는 그의 죽음을 그가 죽지 않았다면 일어났을 일과 비교해야 한다. 만약 그가 오래도록 풍요로운 삶을 살았고 삶의 전반부와 후반부가 매끄럽게 연결됐으리라고 가정한다면, 죽음은 그에게 심각한 해악을 끼친 것이다."[19]

그리고 뒤에서는 이렇게 주장했다.

"서른 살에 죽는 것이 여든 살에 죽는 것보다 더 나쁘다. 전자의 상실과 불행이 후자보다 더 크기 때문이다."[20]

또 뒤에서는 이렇게 말했다.

"죽을 당시에는 욕구하지 않았던 미래의 좋은 것들을 잃는 일 또한 죽음의 해악일 수 있다."[21]

그의 이런 모든 발언은 본래의 이익 상대주의 관점에서는 옳다. 하지만 이익 실재주의와 결합하면 틀리게 된다. 이익 실재주의 관점에서 젊은 암 환자의 죽음은 그의 미래 이익에 반하지 않는다. 그 이익들이 아예 발생하지 않기 때문이다.

둘째, 이익 실재주의는 젊은 암 환자가 살아있었더라면 얻었을지 모를 좋은 세월을 잃었다는 사실이 그의 죽음을 나쁘게 만든다는 맥마핸의 주장과 양립할 수 없을뿐더러, "설령 어떤 동물이 태아나 영아보다 미래에 더 이익을 얻을 수 있을지라도, 태아나 영아가 죽음으로 잃게 될 좋은 것들의 양이 압도적으로 더 많다"는 그의 이후 주장과도 어울리지 못한다.[22]

셋째, 만약 이익 실재주의가 옳다면 맥마핸의 이익 상대주의를 받아들일 이유가 없다. 오히려 이익 실재주의와 비교주의를 결합하는 편이 더 그럴듯하다. 이 둘을 결합하면 우리가 앞서 살핀 '이익 실재주의적 비교주의' 관점이 된다.

> 사건 E가 주체 S에게 주는 가치는, E가 실제로 발생하는 현실 세계 WE에서 S의 삶이 갖는 내재적 가치에서 E가 일어나지 않는 가장 가까운 가능 세계 W~E에서 S의 삶이 갖는 내재적 가치를 뺀 값이다. 이때 W~E에서 S가 얻을 수 있는 내재적 가치 중 WE에서 S가 반응 불능 상태에 들어간 이후에 얻을 수 있는 가치는 제외한다.

이익 실재주의적 비교주의가 맥마핸의 관점보다 그럴듯한지 확인하는 방법은 그가 비교주의를 비판하면서 든 핵심 논점을 살피면 된다. 그는 비교주의가 태아의 죽음을 영아의 죽음보다 더 나쁘게 보고, 심리적 일체성이 떨어지는 동물에 가해지는 해악을 과대평가하며, 앞서 '치료' 사례에서 치료 거부를 비합리적인 선택으로 본다고 지적했다.

그렇지만 이익 실재주의적 비교주의 관점에서 보면 죽음은 일반적으로 태아보다 영아에게 더 나쁘다. 죽지 않았다면 얻었을지 모를 이익이 아닌 죽기 전의 삶 동안 가졌던 이익, 즉 '사망 전 이익'만 고려하기 때문이다. 여기에 더해 선호주의를 따르면 사망 전 이익은 죽기 전에 가졌던 욕구 또는 욕구의 이상화로 결정된다. 영아부터 성인의 경우 죽음은 분명히 사망 전 이익에 반하는 사건이지만, 태아의 경우에는 그렇지 않거나 적어도 영아부터 성인과 비교해 이익을 침해받는 정도가 훨씬 더 작다. 그러므로 죽음은 태아보다 영아에게 더 큰 해악이다. 맥마핸이 다음과 같이 묘사한 '고립된 동물'도 살아서 얻게 될 이익이 거의 없다.

> 정신적 삶이 심리적 연결성 없이 그저 흐름으로만 구성된 감각적 존재를 상상해보자. 이 존재는 전적으로 '허울뿐인 현재'를 살 뿐이다. 자기 인식도 없고 미래 같은 개념도 없다. 기억이나 예상 능력도 없으며, 앞으로 계속 이어질 어떤 심리적 구조도 없다. 신념, 태도, 성향, 성격 등의 속성도 갖고 있지 않다. 경험만 있다. 그래도 그 경험 대부분은 즐겁다.[23]

맥마핸은 "이런 동물을 헤아려야 할 이유가 우리의 직관에는 거의 없다"고 지적했다.[24] 이것이 '고립된 동물'을 살해하는 행위가 해악이 아니라는 의미라면 이익 실재주의적 비교주의 관점에서도 동의할 것이다. 사후 이익이 없는 동물을 살해하는 행위가 초래할 수 있는 유일한 해악은 사망 전 이익을 해친다는 점뿐인데, 그 이익은 매우 미미하다. 물론 죽지 않는 게 이익이긴 하다. 그렇더라도 큰 이익은 아니다. 우리 삶이 갖는 가치와 비교할 수준이 못 된다. 이익 실재주의적 비교주의 관점에서 일체성이 없는 삶은 우리 삶처럼 가치가 높지 않다.

'치료' 사례의 경우 이익 실재주의적 비교주의에 따르면 그런 치료를 두고 조금은 양가적 태도를 가질 수밖에 없다. 그렇다고 해서 공격 초점이 들어맞진 않는다. 왜냐하면 우리의 직관적 반응이 그런 양가성을 향하기 때문이다. 치료를 거부하면 5년 안에 죽게 돼서 단기적인 사망 전 이익이 침해받지만, 적어도 그 기간만큼은 이익을 추구할 수 있다. 반대로 치료를 받게 되면 그 순간 곧바로 그 단기적 이익조차 추구할 수 없게 된다. 따라서 단기적 이익 측면에서 보면 치료를 거부하는 게 낫다.

그렇다면 미래의 다른 자아가 얻을 이익은 어떨까? 치료를 거부하면 미래의 자아가 형성되기도 전에 죽게 되므로 그 이익은 좌절된다. 그러나 치료를 받는다면 미래의 자아는 그 이익을 온전히 누리게 된다. 따라서 미래의 자아가 얻을 이익 측면에서 보면 치료를 받는 게 낫고 치료를 거부하는 것은 이익도 없고 해악도 없다. 만약 치료 거부가 미래의 자아에는 이익도 해악도 없지만 단기적 이익에는 치명적이라고 여긴다면, 치료를 거부하는 쪽으로 생각이 기울 것이다. 반대로 치료가 단기 지금의 자아와 단기적 이익을 박탈하더라도 얼마든지 다른 자아로 살아가는 게 장기적으로 이익이라고 여긴다면, 치료를 받는 쪽으로 기울 것이다.

우리가 자기 삶이 일관되게 이어지길 강하게 바란다면 치료가 주는 장기적 이익은 기대할 수 없을 것이다. 어쩌면 이것이 장기적 이익 측면에서 봐도 치료를 거부할 이유가 될 수 있을 것이다.

현재 욕구 비교주의

데이비드 부닌(David Boonin)은 마르퀴스의 '낙태에 대한 유사한 삶 논증'을 비판한 철학자 가운데 한 사람이다. 그는 주체가 자기 삶을 가치 있게 여기거나 계속 살기를 욕구할 때 그 삶을 박탈하는 행위는 잘못이라고 주장했다.[25] 부닌은 이 관점이 마르퀴스와 달리 낙태 허용을 뒷받침한다고 봤다. 마르퀴스는 태아를 포함해 인간을 살해하는 모든 행위가 직접적 잘못이라고 주장한 데 반해, 부닌은 낙태만 허용할 뿐 자신의 관점이 영아 살해나 청소년 자살, 일시적 의식 불능 상태에 빠진 성인 그리고 여러분과 나 같은 일반적인 인간 등의 살해에 대해서는 마르퀴스와 동일한 견해를 취한다고 설명했다. 낙태를 제외한 사례들에서 우리와 같은 미래를 박탈하는 게 직접적 잘못인 까닭은 해당 주체들이 자기 삶을 유지하려는 욕구를 지니고 있기 때문이다.

그는 심지어 혼수 상태에 있는 사람도 삶을 욕망한다고 여겼다. 그 욕구는 현재의 의식적 욕구가 아니라 잠재적 또는 무의식적 욕구다. 마치 우리가 잠들었을 때도 삶을 향한 욕구를 갖고 있는 것과 같다.[26] 청소년 자살과 관련해서는 그들에게 '이상적 욕구'가 있다면서 이렇게 설명했다.

> 사람들의 실제 욕구는 불완전한 조건들, 예컨대 정확한 정보 부족 같은 상황에서 나타난다. 이상적 욕구란 이상화한 실제 욕구라고 정의할 수 있다. 불완전한 조건들이 초래했을지 모를 왜곡 효과를 바로잡아 실제

욕구를 드러내는 것이다.²⁷

그렇다면 영아는 어떨까? 형이상학자 마이클 툴리(Michael Tooley)의 주장처럼 영아는 이상적 욕구에 필요한 개념적 장치를 갖추지 못해서 살고 싶다는 실제 욕구가 없을지도 모르겠다.²⁸ 하지만 부닌은 영아에게도 이상적 욕구가 있다고 봤다.

> 신생아에게는 아직 자신이 연속적인 경험 주체라는 개념이 없다. 죽음이 그런 주체의 소멸을 의미한다는 사실도 이해하지 못한다. 그러나 만약 이해한다면 신생아도 분명히 자기 미래의 개인적 삶이 보존되기를 욕구할 것이다. 의식적으로 욕구하는 경험을 누리려면 삶이 계속돼야 한다는 사실을 이해할 것이기 때문이다.²⁹

반면 초기 태아는 그 어떤 실제 욕구도 없다. 잠재적 욕구나 무의식적 욕구도 없다. 그렇기에 미래의 삶에 대한 욕구도 없으며, "그 내용이 여러 불완전한 조건들로 왜곡됐을 수도 있는" 욕구 또한 존재하지 않는다. 따라서 "더 이상적 상황에서 가질 수도 있었을 욕구" 같은 것도 없다.³⁰

태아가 우리와 같은 미래를 박탈당한다고 해도 낙태가 허용될 수 있다는 된다는 부닌의 주장은 타당할까? 그는 주체를 살해하는 행위의 직접적 잘못은 해당 주체가 자기 삶을 '욕구'하거나 '가치' 있게 여기는

지에 달렸다고 봤지만, 그 삶이 그 주체에게 실제로 가치 있을지 없을지는 불분명하다. 다시 말해 욕구하거나 가치 있다고 여긴다고 해서 실제 가치로 연결되는 것은 아니다. 누군가 자기 삶에 욕구가 없거나 가치가 없다고 여겨도 실제로는 그 삶이 가치 있을 수도 있다.

부닌이 태아가 죽임을 당할 때 우리처럼 심각한 해를 입는다고 봤다면, 더 명확한 설명도 없이 낙태를 허용할 수 있다고 주장하는 것은 이상하다. 내가 보기에 부닌은 어떤 주체의 미래가 해당 주체에게 가치 있으려면, 그 주체가 이상적으로 욕구하거나 가치 있게 여기면 된다고 생각한 듯하다.[31] 부닌의 이런 관점을 '현재 욕구 비교주의(present desire comparativism)'라고 부를 수 있다. '현재 욕구'와 '비교주의'를 결합하면 다음과 같은 진술로 정리할 수 있다.

> 사건 E가 특정 시점 T에서 주체 S에게 해로운 경우는 오직 S가 T에서 E가 일어나지 않았다면 자신이 누렸을 삶을 이상적으로 욕구하고 선호할 때뿐이다. E가 T에서 S에게 이로운 경우는 오직 S가 T에서 E가 일어난다면 자신이 누릴 삶을 이상적으로 욕구하고 선호할 때뿐이다. 해악과 이익의 정도는 S의 이상적 욕구와 선호에 비례한다.

이처럼 부닌은 자신의 이상적 욕구 개념을 '해악 설명'과 '비교주의'를 활용해 주체 S를 시점 T에서 살해하는 행위의 직접적 잘못은 S가 자신이 살해되지 않았더라면 누렸을지 모를 삶을 이상적으로 욕구하고 선호하는지에 달렸다고 결론 내렸다. 그러나 이렇게 해석해도 부닌의 설명은 두 가지 심각한 문제에 부딪친다.

첫 번째는 '해악 설명'과 '현재 욕구 비교주의'의 결합과 관련이 있다. 방금 언급했듯이 누군가 계속 살고 싶다는 이상적 욕구와 선호를 갖지 않더라도 그 삶이 실제로 가치 있을 수도 있기 때문에 살해 행위가 정당화되진 않는다. '동의 설명'에서 봤듯이 유능한 주체가 자기 죽음에 동의하지 않으면 살해 행위는 허용될 수 없는 일이다. 삶을 욕구하지 않는 사람이더라도 살해에 동의하지 않을 수 있다.

두 번째는 태아보다 영아가 삶에 대한 이상적 욕구를 더 많이 갖고 있다는 점을 설득력 있게 설명하지 못한 부분이다. 부닌은 계속 사는 것이 이미 가진 몇몇 욕구를 충족하는 데 도움이 되기 때문에 영아에게도 삶을 향한 이상적 욕구가 있다고 봤다. 하지만 고양이에게도 갖가지 욕구가 있고, 더 오래 살면 그것들을 충족할 수 있다. 그렇다고 부닌이 고양이에게 삶에 대한 이상적 욕구가 있다고 주장하지는 않을 것이다. 어떤 욕구는 고양이가 자동차를 운전할 수 있다면 더 잘 충족될지도 모른다. 귀찮은 개를 피하는 데 편리할 것이다. 그렇더라도 고양이가 자동차 운전을 향한 이상적 욕구를 가졌다고 할 수는 없다. 우리 대부분은 고양이가 삶을 욕구하지 않는다고 생각할 텐데, 그 이유는 고양이에게 삶과 죽음에 관한 선호를 형성할 능력이 없기 때문이다. 이는 영아도 마찬가지다.

특정 시점 T에서 죽지 않는 게 이익이면 T에서 우리가 삶을 향한 이상적 욕구를 지닌다고 말할 수 있는 걸까? 계속 그렇게 주장한다면 현재 욕구 비교주의가 표준적 비교주의보다 더 견고하다고 볼 근거는 희박하다. 그러면 부닌의 낙태 옹호 논증은 무너질 수밖에 없다. 태아 또한 더 많은 삶을 누리면 이익을 얻기 때문이다.

 '낙태에 대한 유사한 삶 논증'은 낙태 반대 관점의 강력한 논거다. '비교주의'를 살해의 '해악 설명'과 결합하면 낙태는 태아가 우리와 같은 삶을 누릴 기회를 박탈함으로써 심각한 해악을 끼치기에 직접적 잘못이라고 주장할 수 있다. 이 주장은 해악 설명 자체가 지나치게 단순하다는 이유로 수정이 필요한데, 수정하더라도 기본 논증이 훼손되지는 않는다. 우리가 제6장에서 살핀 '결합 설명' 관점을 수용한다면 낙태에 대한 유사한 삶 논증을 이렇게 다시 진술할 수 있다. 태아를 살해하는 행위인 낙태는 우리와 같은 삶을 박탈함으로써 심각한 해를 끼치며, 살해 행위는 자기 죽음에 판단 능력이 있는 유능한 주체가 충분한 정보를 인지한 상황에서 자신을 죽이는 데 동의하지 않을 때 직접적 잘못이 된다. 태아는 동의를 제공할 수 없다.

 태아가 살해되면 정말로 우리와 같은 삶을 박탈당할까? 인격 본질주의와 정신 본질주의는 그렇지 않다고 본다. 이들 관점에 따르면 여러분이나 나는 특정 유형의 존재로서 특정 유형의 삶을 살고 있지만, 태아는 다른 유형의 존재로서 다른 유형의 삶을 산다. 그러나 정신 본질주의와 인격 본질주의는 초기 태아가 어떤 존재인지, 정신을 확보할 때 무슨 일이 일어나는지 쉽게 설명하지 못한다.

동물 본질주의도 낙태 반대 논거로 동원될 수 있다. 여러분과 나도 한때는 태아였기 때문이다. 그렇지만 동물 본질주의가 반드시 낙태를 거부할 필요는 없다. 태아를 현재 진행 중인 인간 존재라고 바라보는 '형이상학적 점진주의'를 받아들일 수 있다. 이 관점에 따르면 태아는 아직 실재하는 개별 존재가 아니므로 존재를 끝낼 수 있는 주체가 아니다. 따라서 삶을 박탈당해도 해를 입을 수 없다.

낙태에 대한 유사한 삶 논증을 거부할 다른 방식도 있다. 비교주의 자체를 공격하는 방법이다.

첫 번째 방법은 우리가 제4장에서 비판한 '이익 실재주의'를 끌어오는 것이다. 이익 실재주의 관점에서 살해당하지 않았더라면 발전시켰을 욕구를 충족하는 일은 우리의 복지와 무관하다. 그래서 낙태는 심각한 해를 끼치지 않는다는 결론으로 이어진다. 태아가 미래에 발전시켰을 욕구들이 좌절되더라도 태아의 현재 이익에 반하지 않기 때문이다.

두 번째 방법은 이익 상대주의로 비교주의를 거부하는 것이다. 이익 상대주의는 태아와 영아를 살해하는 행위의 잘못을 낙태 시점에서 평가하고, 심리적 연결성이 끊어진 이후 시점에서 발생하는 해악은 무시한다. 앞서 제프 맥마핸의 접근 방식이다. 그러나 이익 상대주의는 이미 확인했듯이 설득력 없는 결론을 도출한다. 맥마핸이 태아 살해의 잘못을 분석한 방식도 우리의 직관과 어긋난다. 더 어이없는 부분은 그가 '태아 상해' 같은 사례를 들었다가 다시 이익 실재주의로 물러섰다는 점이다. 그의 접근은 이익 실재주의와 비교주의를 단순히 결합한 것 이상도 이하도 아니었다.

세 번째 방법은 비교주의를 수정해 이렇게 주장하는 것이다. 주체의 삶을 박탈하는 행위가 직접적 잘못이 되는 경우는 오직 그 주체가 자기 삶을 가치 있게 여기거나 욕구(이상적 욕구)할 때뿐이라고 말이다. 영아나 우울한 청소년이나 여러분과 나는 이런 욕구를 갖고 있지만, 태아에게는 없다. 그래서 태아를 죽이는 행위는 괜찮다고 결론지을 수 있다. 하지만 이 논증도 결함이 있다. 그중 하나는 왜 태아보다 영아에게 삶을 향한 이상적 욕구가 더 많은지 설명이 명확하지 않다는 점이다. 계속 사는 게 영아의 몇몇 실제 욕구를 충족하는 데 도움이 된다는 것은 사실이지만, 고양이도 그렇긴 매한가지니까.

결국 낙태 반대 논증도 설득력이 약하고, 낙태 허용 논증도 결함이 있다. 죽음, 살해, 자살, 안락사 같은 주제는 비교적 개념이 명확하고 결론을 내리기 수월한 주제이나, 낙태는 주체, 인격, 정신, 권리, 해악 등의 개념이 다 걸려 있어서 철학적으로 결론 내리기가 훨씬 복잡하다. 철학으로 풀기 어려운 유일한 죽음 문제라고도 할 수 있겠다. 아쉽지만 어쩔 수 없다. 열린 결말로 남겨둘밖에.

: 주 :

제1장: 살아있다는 것

1. Stanley Miller, 1953. K. Kobayashi 외, 1986.
2. John Burdon Sanderson Haldane, 1929. Alexander Oparin, 1952.
3. Graham Cairns-Smith, 1982.
4. Walter Gilbert, 1986.
5. Richard Dawkins, 1976/1987, 제6장.
6. Claude Bernard, 1974, pp. 1878~1879.
7. Eric S. Lander 외, 2001.
8. Malte Andersson, 1984.
9. Lewis Thomas, 1974, pp. 14~15.
10. Edward Wilson, Bert Hölldobler, 2005.
11. Lynn Margulis, 1967/1991.
12. Noriko Okamoto, Isao Inouye, 2005.
13. Lewis Thomas, 1974, pp. 82~83.
14. Aristotle, *De anima*, 2, 413a22-25.
15. Marc Lange, 1996.
16. Norman W. Pirie, 1938.
17. Nicholas Wade, 2007.
18. Robert M. Veatch, 1979. Jonathan Glover, 1984.
19. Nick Bostrom, 2005.

20. Kevin Warwick, 2002.
21. Ray Kurzweil, 2005.
22. Eric Drexler, 1986.
23. Christopher Langton, 1992.
24. 종(種) 개념의 복잡성은 다음을 참조할 것. Mark Ereshefsky, 2001.
25. Donald Davidson, 1987.
26. John Locke, 1975.
27. Gordon Gallup Jr., 1970.
28. Ken Marten, Suchi Psarakos, 1994.
29. John Locke, 1975. Derek Parfit, 1984.
30. David Wiggins, 1967. Derek Parfit, 1984.
31. David Lewis, 1976.
32. Jeff McMahan, 2002.
33. 위 논문. 다음 논문도 참조할 것. Bernard Williams, 1970.
34. Paul Snowdon, 1990. Eric Olson, 1997/2007.
35. Peter van Inwagen, 1990.
36. David DeGrazia, 2005, p. 129.
37. Jeff McMahan, 2002, pp. 66~68. 다음 책도 참조할 것. William Hasker, 1999, 제7장.
38. David Wiggins, 1980.
39. Derek Parfit, 1984, pp. 207~209. 입장 변경에 관해서는 주석을 추가한 1985년 개정판을 참조할 것.
40. William R. Carter, 1982. Eric Olson, 2007.
41. Frederick Doepke, 1996.
42. Lynne Baker, 2000.

43. Eric Olson, 2007, pp. 60~75.
44. Jeff McMahan, 2002, p. 92.
45. Michael Tye, 2003, p. 143.

제2장: 죽는다는 것

1. Christopher Potten, James Wilson, 2004.
2. Leonard Hayflick, 1965.
3. Calvin B Harley 외, 1992.
4. Andrea Bodnar 외, 1998.
5. Calvin B Harley, 2001.
6. Jun Chen, Michael Goligorski, 2006.
7. Richard Allsopp 외, 1992. Ken-Ichi Nakamura 외, 2002.
8. Germain Grisez, Joseph Boyle, 1979. James Bernat, Charles M. Culver, Bernard Gert, 1981. Christopher Belshaw, 2000.
9. Fred Feldman, 1992/2000.
10. David Mackie, 1999.
11. Jay Rosenberg, 1983, p. 21.
12. Pierre Mollaret, Maurice Goulon, 1959.
13. Ad Hoc Committee, 1968.
14. President's Commission, 1981, 서문.
15. Robert Fine, 2005.
16. Christopher Pallis, 1982, p. 1488.
17. Germain Grisez, Joseph Boyle, 1979.
18. Christopher Pallis, 1982, p. 1489
19. Christopher Pallis, 1994.

20. 위 논문, p. 1489.
21. Alan Shewmon, 1998/2001.
22. Robert W. McCarley, 1999, Beverley E. Jones, 1998.
23. Constantin von Economo, 1931. Frederic Bremer, 1929. Giuseppe Moruzzi, Horace Winchell Magoun, 1949.
24. Christopher Pallis, 1982, p. 1489.
25. Fred Plum, 1991.
26. D. E. Levy, David Bates, J. J. Caronna 외, 1981. David Bates, 2001.
27. David Bates, 2001.
28. Michael Green, Daniel Wikler, 1980. David Lamb, 1983. Christopher Pallis, 1982.
29. Alan Shewmon, 1997.
30. Robert Veatch, 1975.
31. Michael Green, Daniel Wikler, 1980. 다음 논문도 참조할 것. George Agich, Royce Jones, 1986.

제3장: 죽음에 관한 논쟁들

1. David Furley, 1986. Stephen Rosenbaum, 1986. Charles Segal, 1990. David Sedley, 1998. Phillip Mitsis, 1988. James Warren, 2001.
2. Lucretius, 1951, p. 121[3.832~842].
3. 위 책, p. 125[3.972-975].
4. James Warren, 2004.
5. Stephen Rosenbaum 1989a.
6. Thomas Nagel, 1993.
7. Saul Kripke, 1980, p. 112.

8. 이와 관련한 논의는 다음 여러 논문을 참조할 것. Ishtiyaque Haji, 1991. Frederik Kaufman, 1996. Anthony Brueckner, John Fischer, 1998. Christopher Belshaw, 2000.
9. Derek Parfit, 1984, p. 165.
10. 위 책, p. 175.
11. Anthony Brueckner, John Fischer, 1986.
12. Phillip Mitsis, 1988.
13. Frances Kamm, 1988/1998.
14. Epicurus, 1966b, p. 8.
15. William Grey, 1999. Stephen Rosenbaum, 1986.
16. Joel Feinberg, 1984. Barbara Levenbook, 1984.
17. Steven Luper, 2004.
18. Epicurus, 1966a.
19. 위 책, 1966b.
20. Steven Luper, 1985. Martha Nussbaum, 1996. James Warren, 2004.
21. 다음 책도 참조할 것. Justin Cyril Bertrand Gosling, 1969. Geoffrey Scarre, 2007.
22. Bernard Williams, 1973.
23. Stephen Rosenbaum, 1989b, p. 302.
24. Derek Parfit, 1984, p. 143.
25. 위 책, p. 134.

제4장: 필멸의 해로움

1. 이와 관련한 자세한 논의는 다음 책을 참조할 것. David Lewis, 1973. Robert Stalnaker, 1968.

2. 더 세부적인 설명은 다음 책을 참조할 것. James Griffin, 1986, 제5장.

3. Fred Feldman, 1991.

4. John Stuart Mill, 1863.

5. Thomas Nagel, 1993.

6. Robert Nozick, 1971.

7. Robert Nozick, 1974.

8. Fred Feldman, 2004.

9. 위 책, pp. 60~61.

10. 위 책, pp. 73~74.

11. 위 책, pp. 77~78.

12. 프레드 펠드먼의 논증에 관한 추가 논의는 다음 논문을 참조할 것. Leonard Katz, 2006.

13. John Rawls, 1971. Robert Adams, 1999. Thomas Carson, 2000. Richard Kraut, 1994.

14. John Rawls, 1971, 제7장.

15. Derek Parfit, 1984.

16. Mark Overvold, 1980/1982.

17. Simon Keller, 2004.

18. Thomas Scanlon, 1998.

19. Douglas Portmore, 2007.

20. Fred Feldman, 2004, p. 19.

21. Alasdair MacIntyre, 1981. David Velleman, 1991. 다음 책도 참조할 것. John Rawls, 1971, 제7장.

22. Josiah Royce, 1908.

23. Søren Kierkegaard, 1843.

24. Harry Frankfurt, 1971.

25. Stephen Rosenbaum, 1989b.

26. John Davis, 2007.

27. Thomas Nagel, 1993. Warren Quinn, 1984. Fred Feldman, 1991/1992.

28. Christopher Williams, 2007.

29. Jeff McMahan, 2002.

30. Fred Feldman, 1991.

31. Fred Feldman, 1991.

32. Warren Quinn, 1984. Fred Feldman, 1991.

33. Epicurus, 1966b, p. 51.

34. 위 책, p. 51.

35. Stephen Rosenbaum, 1986.

36. Miguel de Unamuno, 1954.

37. Harry Silverstein, 1980. Stephen Rosenbaum, 1986.

38. Walter Glannon, 1994. John Fischer, 1997. Stephen Hetherington, 2001.

39. Harry Silverstein, 1980, pp. 107~108.

40. Jeff McMahan, 1988.

41. David Suits, 2001. James Warren, 2004, p. 35. Lucretius, 1951, 3.9000-3.

42. Derek Parfit, 1984, p. 150, p. 498.

43. 위 책, p. 157.

44. 위 책, p. 152.

45. 위 책, p. 157.

46. 위 책, p. 497.

47. Mark Vorobej, 1998.

48. Harry Frankfurt, 1971.

49. Steven Luper-Foy, 1987.

50. 위 책. Steven Luper, 2005.

51. Kai Draper, 1999.

제5장: 죽음은 언제 해로운가?

1. Fred Feldman, 1991/1992.

2. Fred Feldman, 1992, pp. 153~155.

3. Neil Feit, 2002. Ben Bradley, 2004.

4. Thomas Nagel, 1993. Harry Silverstein, 1980.

5. Harry Silverstein, 1980/2000.

6. 4차원주의에 대한 자세한 설명은 다음 논문을 참조할 것. Michael Rea, 2005.

7. David-Hillel Ruben, 1988.

8. David Lewis, 1983.

9. Ben Bradley, 2004.

10. Steven Luper, 2007.

11. Julian Lamont, 1998.

12. Steven Luper, 2004. George Pitcher, 1984. Joel Feinberg, 1984. 아리스토텔레스를 선행주의자 범주에 넣은 근거는 다음 논문을 참조할 것. Dominic Scott, 2000.

13. Joan C. Callahan, 1987.

14. James Taylor, 2008.

15. 선행주의를 향한 반론은 다음 논문을 참조할 것. Wilfrid J. Waluchow, 1986. 이에 대한 답변은 다음 논문을 살필 것. James Taylor, 2008.

16. Thomas Nagel, 1993.

17. Julian Lamont, 1998. Neil Feit, 2002.
18. William Grey, 1999.
19. 이전에 내가 다음 논문에서 '무응답 불확정주의'를 시점의 문제 해법 중 하나로 지나치게 단순화했던 내용을 바로잡은 것이다. Steven Luper, 2005.

제6장: 죽인다는 것

1. James Rachels, 1986. Don Marquis, 1989.
2. Jeff McMahan, 1995/2002.
3. '신성함'의 개념에 관한 논의는 다음 논문을 참조할 것. James Rachels, 1983. Helga Kuhse, 1987. Peter Singer, 1994. John Keown, 2002. Robert Young, 2007.
4. Ronald Dworkin, 1993, p. 155.
5. 위 책, p. 13.
6. Peter Singer, 1980.
7. Patrick Lee, 1996, p. 55.
8. Jeff McMahan, 2002, p. 245.
9. David Velleman, 1999, p. 611.
10. 위 책, p. 627.
11. Thomas Hill, 1980.
12. Thomas Hill, 1991.
13. Kasper Lippert-Rasmussen, 2007.
14. '유능한 동의' 개념에 관한 더 자세한 설명은 다음 책을 참조할 것. Ruth Faden, Tom Beauchamp, 1986. Gerald Dworkin, 1988.
15. Dan Brock, 1992. Allen Buchanan, 1989.
16. Harry Frankfurt, 1971. Gerald Dworkin, 1981.

17. Joel Feinberg, 1986, 제18장.
18. Warren Quinn, 1984, p. 49.
19. Jeff McMahan, 2002, pp. 245~265.
20. David Velleman, 1991.
21. Jeff McMahan, 2002, p. 245, p. 339.
22. 위 책, p. 105.
23. 위 책, p. 79.
24. 위 책, 2002, p. 41.
25. 위 책, p. 80, pp. 105~106, p. 170.
26. 위 책, p. 106.
27. 위 책, p. 192.

제7장: 스스로 죽는 것과 남의 손에 죽는 것

1. 미국 보건복지부가 2007년에 발표한 2004년 통계치 기준.
2. 이 문제에 관한 본격적인 논의는 다음 책을 참조할 것. Neil Gorsuch, 2006. Robert Young, 2007.
3. Terence O'Keeffe, 1984.
4. Joseph Margolis, 1978. Terence O'Keeffe, 1984.
5. 시인이자 소설가 실비아 플래스(Sylvia Plath)도 이런 사례에 해당할지 모른다. 그녀는 죽기 전에도 이미 자신이 '자살 시도'라고 인정한 행동을 두 번이나 했는데, 공교롭게도 세 번째 시도에서 죽음에 이르렀고 의료진과 사법 당국은 결국 자살로 결론 내릴 수밖에 없었다. 다음 책을 참조할 것. Alfred Alvarez, 1971.
6. Alvin Goldman, 1970. John Bishop, 1989. Alfred Mele 1997.
7. Emile Durkheim, 1952, p. 41. 자살에 관한 다음 논문의 정의도 참조할 것.

Richard Brandt, 1975.

8. Raymond G. Frey, 1981. William Tolhurst, 1983. Gavin Fairbairn, 1995.
9. Roy Fraser Holland, 1971.
10. William Tolhurst, 1983, p. 80.
11. Raymond G. Frey, 1978.
12. 그러나 셸리 케이건은 이 사례에서 병사가 자기 죽음을 의도한 것이나 마찬가지라고 주장했다. 그의 요지는 이렇다. 만약 내가 그 병사를 밀어 수류탄을 몸으로 막게 했다면 내 행동이 당연히 의도적이었다고 말할 것이다. 하지만 의무론적 관점에서 무고한 사람을 죽게 하는 행위는 잘못이다. 병사 자신이 무고한 자신을 수류탄 위로 던져 죽게 했으므로 의무론적 관점에서는 이 또한 도덕적으로 받아들일 수 없는 행동이다. 병사의 행위를 도덕적이라고 말하려면 반드시 '동의' 개념을 끌어와야 한다. 병사가 자신을 희생해도 좋다고 스스로 허락했기 때문에, 즉 '동의'했기 때문에 그 행위는 의도적이라고밖에 말할 수 없다는 것이다. 다음 책을 참조할 것. Shelly Kagan, 1999, p. 145.
13. Peter Windt, 1980.
14. James Rachels, 1975.
15. Linda Gazini, Steven Dobscha, Ronald Heintz, Nancy Press, 2003.
16. Carlos G. Prado, 2008, 제1장.
17. John Arras, 1998.
18. Eli Robins, 1959.
19. 위 책, p. 154.
20. Aaron Beck, Maria Kovacs, Arlene Weissman, 1996, p. 332.
21. 위 논문, p. 336.
22. Alec Roy, 1982, p. 444.

23. Herbert Hendin, 1991, p. 616.
24. Edwin Shneidman, 1965, p. 154.
25. Richard Brandt, 1975, pp. 124~126.
26. 이런 주장에 대해서는 이미 흄과 쇼펜하우어가 깔끔하게 정리한 바 있다. 다음 책을 참조할 것. David Hume, 1826. Arthur Schopenhauer, 1851.
27. Immanuel Kant, 1963, p. 155.
28. Thomas Hill, 1991, pp. 85~104.
29. Immanuel Kant, 1963, p. 152.
30. 위 책, p. 150.
31. Thomas Hill, 1991. Martin Gunderson, 2004.
32. John Finnis, 1995. David Velleman, 1999.
33. 이에 동의하지 않는 견해도 있다. 다음 논문을 참조할 것. Dean Stretton, 2004, p. 158.
34. Thomas Aquinas, 1925.
35. David Hume, 1826.
36. Jonathan Glover, 1990.
37. Robert Young, 2007.
38. 위 책, p. 217.
39. 위 책, p. 218.

제8장: 태아 살해의 딜레마

1. 여성의 낙태 권리와 관련한 논의는 다음 논문과 책을 참조할 것. Judith Thomson, 1971. David Boonin, 1997/2002.
2. Don Marquis, 1989, pp. 190~192. 마르퀴스의 다음 논문과도 비교할 것. Don Marquis, 1994/1995.

3. Warren Quinn, 1984, pp. 40~41. 다음 논문도 참조할 것. Randolph Feezell, 1987. Jim Stone, 1987/1994. Stephen Schwarz, 1990.

4. Don Marquis, 1989, p. 196.

5. '잠재적 사람' 개념에 관한 논의는 다음 논문을 참조할 것. Mary Ann Warren, 1973. Michael Tooley, 1983, 제6장. Kenneth Pahel, 1987.

6. David DeGrazia, 2003, p. 427.

7. Warren Quinn, 1984, pp. 39~40.

8. Gordon Gallup Jr., 1970. George Butterworth, 1992.

9. H. Super, E. Soriano, H. B. Uylings, 1998. J. A. Eyre, S. Miller, G. J. Clowry, E. A. Conway, C. Watts, 2000.

10. Pasko Rakic, 2002. Esther A. Nimchinsky, Bernardo L. Sabatini, Karel Svoboda, 2002.

11. Peter McInerney, 1990. Dean Stretton, 2004.

12. Dean Stretton, 2004.

13. '최선의 설명으로의 추론'은 논의 대상인 현상이나 존재를 볼 수 없고 오직 '머릿속'으로만 떠올려야 할 때, 즉 '개념적'으로만 접근할 수 있을 때 사용하는 논리적 접근 방식을 말한다. 쉽게 말해 설명에 문제가 없으면 참이라고 본다. 철학에서는 꽤 보편적인 방식이며, 이 책에서 여러분과 내가 살피고 있는 대부분의 개념도 '최선의 설명으로의 추론' 방식에 근거한 것이다. 없는 대상을 오롯이 사고 실험으로만 분석해야 하므로 어렵다고 느낄 수도 있는데, 일단 적응하면 철학이 무척 재미있어진다.

14. Jeff McMahan, 2002, p. 77.

15. 위 책, p. 280.

16. 위 책, pp. 282~283.

17. 위 책, p. 284.

18. 위 책, p. 193.
19. 위 책, p. 106.
20. 위 책, p. 165.
21. 위 책, p. 182.
22. 위 책, p. 199..
23. 위 책, p. 75.
24. 위 책, p. 76.
25. 다음 논문과 비교할 것. Michael Tooley, 1972. Warren Quinn, 1984.
26. David Boonin, 2002, pp. 64~70.
27. 위 책, p. 71.
28. Michael Tooley, 1983.
29. David Boonin, 2002, p. 84.
30. 위 책, p. 83.
31. 다음 책과 논문의 저자들도 이 관점을 옹호한 바 있다. John Harris, 1984. Ruth Cigman, 1981.

: 참고문헌 :

- Ad Hoc Committee of the Harvard Medical School to Examine the Definition of Brain Death, 1968, "A Definition of Irreversible Coma - Report of the Ad Hoc Committee of the Harvard Medical School to Examine the Definition of Brain Death," *Journal of the American Medical Association* 205: 337-340.
- Adams, Robert, 1999, *Finite and Infinite Goods: A Framework for Ethics*, Oxford: Oxford University Press.
- Agich, George, and Jones, Royce, 1986, "Personal Identity and Brain Death," *Philosophy and Public Affairs* 15: 267-274.
- Allsopp, Richard, Vaziri, Homayoun, Patterson, Christopher, et al., 1992, "Telomere Length Predicts Replicative Capacity of Human Fibroblasts," *Proceedings of the National Academy of Sciences USA* 89: 10114-10118.
- Alvarez, A. Alfred, 1971, *The Savage God: A Study of Suicide*, London:Weidenfeld& Nicholson.
- Andersson, Malte, 1984, "The Evolution of Eusociality," *Annual Review of Ecology and Systematics* 15: 165-189.
- Arras, John, 1998, "Physician-Assisted Suicide: A Tragic View," in Battin, M. Pabst, Rhodes, Rosamond, and Silvers, Anita, eds., *Physician Assisted Suicide: Expanding the Debate*, New York and London:

Routledge, 279-300.
- Baker, Lynne, 2000, *Persons and Bodies: A Constitution View*, Cambridge: Cambridge University Press.
- Barry, Robert, 1992, "The Paradoxes of 'Rational' Death," *Society* 25-28.
- Bates, David, 2001, "The Prognosis of Medical Coma," *Journal of Neurology and Neurosurgical Psychiatry* 71 (suppl. I): 120-123.
- Battin, M. Pabst, 1982, *Ethical Issues in Suicide*, Englewood Cliffs: Prentice-Hall.
- Battin, M. Pabst, and Mayo, D. J., eds., 1980, *Suicide: The Philosophical Issues*, London: Peter Owen.
- Beck, Aaron, Kovacs, Maria, and Weissman, Arlene, 1996, "Hopelessness and Suicidal Behavior: An Overview," in Maltsberger and Goldblatt 1996, 331-341. First published in *Journal of the American Medical Association* 234(1975): 1146-1149.
- Belshaw, Christopher, 2000, "Death, Pain, and Time," *Philosophical Studies* 97: 317-341.
- ——, 2009, *Annihilation: The Sense and Significance of Death*, Acumen Press.
- Benatar, David, ed., 2004, *Life, Death, and Meaning*, Lanham: Rowman & Littlefield Publishers, Inc.
- Bernard, Claude, 1974, *Lessons on the Phenomena of Life Common to Animals and Vegetables*, 2 vols., 1878-1879, Paris: Librairie J. B. Bailliere et Fil.
- Bernat, James, 2006, "The Whole-Brain Concept of Death Remains

Optimum Public Policy," *Journal of Law*, Medicine and Ethics 34.1: 35-43.
- Bernat, James, Culver, C. M., and Gert, B., 1981, "On the Definition and Criterion of Death," *Annals of Internal Medicine* 94: 389-394.
- Bishop, John, 1989, *Natural Agency*, Cambridge: Cambridge University Press.
- Black, Henry, 1968, *Black's Law Dictionary* (4th edn.), St. Paul, MN: West Publishing Co.
- Boden, Margaret, ed., 1996, *The Philosophy of Artificial Life*, Oxford: Oxford University Press.
- Bodnar, Andrea, Ouellelte, Michel, Frolkis, Maria, et al., 1998, "Extension of Life-span by Introduction of Telomerase into Normal Human Cells," *Science* 279: 349-352.
- Boonin, David, 1997, "A Defense of 'A Defense of Abortion': On the Responsibility Objection to Thomson's Argument," *Ethics* 107.2: 286-313.
- ———, 2002, *A Defense of Abortion*, Cambridge: Cambridge University Press.
- Bostrom, Nick, 2005, "A History of Transhumanist Thought," *Journal of Evolution and Technology* 14.1: 1-25.
- Bradley, B., 2004, "When Is Death Bad for the One Who Dies?," *Noûs* 38: 1-28.
- Brandt, Richard, 1975, "The Morality and Rationality of Suicide," in Battin and Mayo 1980, 117-132.
- Brazier, M., 1987, *Medicine, Patients and the Law*, Harmondsworth:

Penguin.

- Bremer, Frederic, 1929, "Cerveau 'Isole' et Physiologie du Sommeil," *Comptes Rendus des Séances de la Societé de Biologie et de ses Filiales*: 102: 1235-1241.
- Brock, Dan, 1992, "Voluntary Active Euthanasia," *Hastings Center Report* 22.2: 10-22.
- Brock, Dan, and Buchanan, Allen, 1989, *Deciding for Others: The Ethics of Surrogate Decision Making*, Cambridge and New York: Cambridge University Press.
- Brueckner, Anthony, and Fischer, John, 1986, "Why Is Death Bad?," *Philosophical Studies* 50: 213-227.
- ———, 1998, "Being Born Earlier," *Australasian Journal of Philosophy* 76.1: 110-114.
- Buchanan, Allen, 1988, "Advance Directives and the Personal Identity Problem," *Philosophy and Public Affairs* 17.4: 277-302.
- Butterworth, George, 1992, "Origins of Self-Perception in Infancy," *Psychological Inquiry* 3.2: 103-111.
- Cairns-Smith, Graham, 1982, *Genetic Takeover and the Mineral Origins of Life*, Cambridge: Cambridge University Press.
- Callahan, Joan C., 1987, "On Harming the Dead," *Ethics* 97.2: 341-352.
- Carson, Thomas, 2000, *Value and the Good Life*, Notre Dame: University of Notre Dame Press.
- Carter, W. R., 1982, "Do Zygotes Become People?," *Mind* 91: 77-95.
- Chen, Jun, and Goligorski, Michael, 2006, "Premature Senescence of Endothelial Cells: Methuselah's Dilemma," *American Journal of*

Physiology, Heart and Circulatory Physiology 290: 1729-1739.
- Cholbi, Michael, 2000, "Kant and the Irrationality of Suicide," *History of Philosophy Quarterly* 17.2: 159-176.
- Christman, John, ed., 1989, *The Inner Citadel: Essays on Individual Autonomy*, Oxford: Oxford University Press.
- Cigman, Ruth, 1981, "Death, Misfortune, and Species Inequality," *Philosophy and Public Affairs* 10: 47-64.
- Clare, Anthony, 1975, *Psychiatry in Dissent*, London: Tavistock.
- Darwin, Charles, 1859, *On the Origin of Species by Means of Natural Selection*, London: John Murray.
- Davidson, Donald, 1987, "Knowing One's Own Mind," in *Proceedings and Addresses of the American Philosophical Association* 61: 441-458, reprinted in Davidson, Donald, Subjective, Intersubjective, Objective, Oxford: Clarendon Press, 2001.
- Davis, John, 2007, "Precedent Autonomy, Advance Directives, and End-of-Life Care," in *Steinbock* 2007, 349-374.
- Dawkins, Richard, 1976, *The Selfish Gene*, Oxford: Oxford University Press.

―――, 1987, *The Blind Watchmaker*, New York: W. W. Norton & Company.

- DeGrazia, David, 2003, "Identity, Killing and the Boundaries of Our Existence," *Philosophy and Public Affairs* 31.4: 413-442.

―――, 2005, *Human Identity and Bioethics*, Cambridge: Cambridge University Press.

- Doepke, Frederick, 1996, *The Kinds of Things*, Chicago: Open Court.

- Donnelly, John, ed., 1990, *Suicide: Right Or Wrong?*, Buffalo: Prometheus Books.
- Draper, Kai, 1999, "Disappointment, Sadness, and Death," *Philosophical Review* 108.3: 387-414.
- Dresser, R. S., 1986, "Life, Death, and Incompetent Patients: Conceptual Infirmities and Hidden Values in the Law," *Arizona Law Review* 28: 373-405.
- Dresser, R. S., and Astrow, A. B., 1998, "An Alert and Incompetent Self: The Irrelevance of Advance Directives," *Hastings Center Report* 28.1: 28-30.
- Drexler, Eric, 1986, *Engines of Creation: The Coming Era of Nanotechnology*, New York: Anchor Books.
- Durkheim, Emile, 1952, *Suicide: A Study in Sociology*, London: Routledge & Kegan Paul.
- Dworkin, G., 1981, "The Concept of Autonomy," in Haller, R., ed., *Science and Ethics*, Amsterdam and Atlanta: Rodopi Press. Reprinted in Christman 1989, 54-62.

──────, 1988, *The Theory and Practice of Autonomy*, New York: Cambridge University Press.

- Dworkin, Ronald, 1993, *Life's Dominion*, New York: Alfred A. Knopf.
- Epicurus, 1966a. *Principal Doctrines*, in Saunders, J., ed., *Greek and Roman Philosophy after Aristotle*, New York: Free Press.
- Epicurus, 1966b, *Letter to Menoeceus*, in Saunders, J., ed., *Greek and Roman Philosophy after Aristotle*, New York: Free Press.
- Ereshefsky, Mark, 2001, *The Poverty of the Linnaean Hierarchy: A*

Philosophical Study of Biological Taxonomy, Cambridge: Cambridge University Press.
- Eyre, J. A., Miller, S., Clowry, G. J., Conway, E. A., Watts, C., 2000, "Functional Corticospinal Projections are Established Prenatally in the Human Foetus Permitting Involvement in the Development of Spinal Motor Centres," *Brain* 123: 51-64.
- Faden, R., and Beauchamp, T., 1986, *A History and Theory of Informed Consent*, New York: Oxford University Press.
- Fairbairn, Gavin, 1995, *Contemplating Suicide: The Language and Ethics of Self Harm*, London: Routledge.
- Farberow, Norman, and Schneidman, Edwin, 1957, "The Logic of Suicide," in Farberow, Norman, Schneidman, Edwin, and Menninger, Karl, eds., *Clues to Suicide*, New York: McGraw-Hill.
- Feezell, Randolph, 1987, "Potentiality, Death, and Abortion," *Southern Journal of Philosophy* 25.1: 39-48.
- Feinberg, Joel, ed., 1973, *The Problem of Abortion*, California: Wadsworth Publishing Company.
———, 1984, "Harm to Others," in Feinberg, Joel, *Harm to Others*, Oxford: Oxford University Press, 79-95. Reprinted in Fischer
———, 1986, *Harm to Self*, Oxford: Oxford University Press.
- Feit, Neil, 2002, "The Time of Death's Misfortune," *Noûs* 36: 359-383.
- Feldman, Fred, 1991, "Some Puzzles About the Evil of Death," *Philosophical Review* 100.2: 205-227. Reprinted in Fischer 1993, 307-326.
———, 1992, *Confrontations with the Reaper*, New York: Oxford University Press. 2000, "The Termination Thesis," *Midwest Studies*

in Philosophy 24: 98-115.

―――, 2004, *Pleasure and the Good Life: Concerning the Nature, Varieties, and Plausibility of Hedonism*, New York: Oxford University Press.

• Fine, Robert, 2005, "From Quinlan to Schiavo: Medical, Ethical, and Legal Issues in Severe Brain Injury," *Proceedings (Baylor University Medical Centre)* 18.4: 303-310.

• Finnis, John, 1995, "A Philosophical Case Against *Euthanasia*," in Keown, J., ed., *Euthanasia Examined: Ethical, Clinical, and Legal Perspectives*, Cambridge: Cambridge University Press, 23-35.

• Fischer, John, ed., 1993, *The Metaphysics of Death*, Stanford: Stanford University Press.

―――, 1997, "Death, Badness, and the Impossibility of Experience," *Journal of Ethics* 1: 341-353.

• Frankfurt, Harry, 1971, "Freedom of the Will and the Concept of a Person," *Journal of Philosophy* 68.1: 5-20. Reprinted in Christman 1989, 63-76.

• Frey, R. G., 1978, "Did Socrates Commit Suicide?," *Philosophy* 53. Reprinted in Battin and Mayo 1980, 35-39.

―――, 1981, "Suicide and Self-Inflicted Death," *Philosophy* 56: 193-202.

• Furley, D., 1986, "Nothing to Us?," in Schofield, M., and Striker, G., eds., *The Norms of Nature*, Cambridge: Cambridge University Press, 75-91.

• Gallup, Gordon, Jr., 1970, "Chimpanzees: Self-recognition," *Science* 167: 86-87.

• Gazini, Linda, Dobscha, Steven, Heintz, Ronald, and Press, Nancy,

2003, "Oregon Physicians' Perceptions of Patients Who Request Assisted Suicide and Their Families," *Journal of Palliative Medicine* 6: 381-390.
- Gilbert, Walter, 1986, "The RNA World," *Nature* 319: 618.
- Glannon, Walter, 1994, "Temporal Asymmetry, Life, and Death," *American Philosophical Quarterly* 31: 235-244.
- Glover, Jonathan, 1984, *What Sort of People Should There Be?*, Harmondsworth: Pelican Books.

──, 1990, *Causing Death and Saving Lives*, Harmondsworth: Penguin Books.

- Goldman, Alvin, 1970, *A Theory of Human Action*, Englewood Cliffs, NJ: Prentice-Hall.
- Gorsuch, Neil, 2006, *The Future of Assisted Suicide and Euthanasia*, Princeton: Princeton University Press.
- Gosling, J. C. B., 1969, *Pleasure and Desire: The Case for Hedonism Reviewed*, Oxford: Oxford University Press.
- Green, Michael, and Wikler, Daniel, 1980, "Brain Death and Personal Identity," *Philosophy and Public Affairs* 9: 105-133.
- Grey, W., 1999, "Epicurus and the Harm of Death," *Australasian Journal of Philosophy* 77: 358-364.
- Griffin, James, 1986, *Well-Being*, Oxford: Clarendon Press.
- Grisez, Germain, and Boyle, Joseph, Jr., 1979, *Life and Death with Liberty and Justice: A Contribution to the Euthanasia Debate*, Notre Dame: University of Notre Dame Press.
- Gunderson, Martin, 2004, "A Kantian View of Suicide and End-of-Life

Treatment," *Journal of Social Philosophy* 35.2: 277-287.
- Haji, Ishtiyaque, 1991, "Pre-Vital and Post-Vital Times," *Pacific Philosophical Quarterly* 72: 171-180.
- Haldane, J. B. S., 1954, "The Origin of Life" (1929) in *New Biology* 16.12: 12-27.
- Halevy, Amir, and Brody, Baruch, 1993, "Brain Death: Reconciling Definitions, Criteria, and Tests," *Annals of Internal Medicine* 119.6, 519-525.
- Harley, Calvin B., 2001, "Telomerase and Cell Immortality: Applications in Research and Medicine," Scientific *World Journal* 1.1 (1 Supplement 3): 115.
- Harley, Calvin B., Vaziri, Homayoun, Counter, Christopher M., and Allsopp, Richard C., 1992, "The Telomere Hypothesis of Cellular Aging," *Experimental Gerontology* 27: 375-382.
- Harris, John, 1984, *The Value of Life*, London: Routledge & Kegan Paul.
- Hasker, W., 1999, *The Emergent Self*, Ithaca, NY: Cornell University Press.
- Hayflick, Leonard, 1965, "The Limited In Vitro Lifetime of Human Diploid Cell Strains," *Experimental Cell Research* 37: 614-636.
- Hendin, Herbert, 1991, "Psychodynamics of Suicide, with Particular Reference to the Young," in Maltsberger and Goldblatt 1996, 612-632.
- Hetherington, Stephen, 2001, "Deathly Harm," *American Philosophical Quarterly* 38: 349-362.
- Hill, Thomas, 1980, "Humanity as an End in Itself," *Ethics* 91: 84-99.
  ———, 1991, *Autonomy and Self-Respect*, Cambridge: Cambridge

University Press.
- Holland, R. F., 1971, "Suicide," (1969), reprinted in Rachels, James, ed., *Moral Problems*, New York: Harper & Row.
- Höldobler, Bert, and Wilson, E. O., 1990, *The Ants*, Cambridge, MA: Harvard University Press.
- Hume, David, 1826, "On Suicide," *The Philosophical Works of David Hume*, London: Adam & Charles Black.
- Inwald, David, Jacobovits, Immanuel, Petros, Andy, Fisher, Malcolm, and Raper, Raymond F., 2000, "Brain Stem Death," *BMJ* 320: 1266-1267.
- Jones, B. E., 1998, "The Neural Basis of Consciousness Across the Sleep-waking Cycle," in Jasper, H., Descarries, L., Castelucci, V. F., Rossignol, S., eds., *Consciousness: At the Frontiers of Neureoscience*, Advances in Neurology 77, Philadelphia: Lippincott-Raven, 75-94.
- Kagan, Shelly, 1999, *The Limits of Morality*, New York: Oxford University Press.
- Kamm, Frances, 1988, "Why Is Death Bad and Worse than Pre-Natal Non-Existence?," *Pacific Philosophical Quarterly* 69: 161-164.

―――, 1998, *Morality Mortality*, vol. i, Oxford: Oxford University Press.
- Kant, Immanuel, 1963, *Lectures in Ethics*, trans. Louis Infield, New York: Harper & Row, 147-157.
- Katz, Leonard, 2006, "Pleasure," *The Stanford Encyclopedia of Philosophy*, ed. Zalta, Edward N., http://plato.stanford.edu/entries/pleasure.
- Kaufman, Frederik, 1996, "Death and Deprivation; or Why Lucretius' Symmetry Argument Fails," *Australasian Journal of Philosophy* 74.2: 305-

312.

———, 1999, "Pre-vital and Post-mortem Non-existence," *American Philosophical Quarterly* 36: 1-19.
- Keller, Simon, 2004, "Welfare and the Achievement of Goals," *Philosophical Studies* 121.1: 27-41.
- Keown, John, 2002, *Euthanasia, Ethics and Public Policy: An Argument Against Legalisation*, Cambridge: Cambridge University Press.
- Kierkegaard, Søren, 1843, *Either/Or*, ed. Hong, Howard, and Hong, Edna, Princeton: Princeton University Press.
- Kluge, Eike-Henner, 1975, *The Practice of Death*, New Haven: Yale University Press.
- Kobayashi, K., Hua, L. L., Gehrke, C. W., Gerhardt, K. O., and Ponnamperuma, C., 1986, "Abiotic Synthesis of Nucleic Acid Bases by Electric Discharge in a Simulated Primitive Atmosphere," *Origins of Life and Evolution of Biospheres* 16.3-4: 299-300.
- Kraut, Richard, 1994, "Desire and the Human Good," *Proceedings and Addresses of the American Philosophical Association* 68.2: 39-54.
- Kripke, Saul, 1980, *Naming and Necessity*, Cambridge, MA: Harvard University Press.
- Kuhse, Helga, 1987, *The Sanctity-of-Life Doctrine in Medicine: A Critique*, Oxford: Clarendon Press.
- Kurzweil, Ray, 2005, *The Singularity Is Near: When Humans Transcend Biology*, New York: Viking Press.
- Lamb, David, 1983, *Review of Medicine and Moral Philosophy, Journal of Medical Ethics* 9: 175.

- Lamont, Julian, 1998, "A Solution to the Puzzle of When Death Harms its Victims," *Australasian Journal of Philosophy* 76: 198-212.
- Lander, E. S., Linton, L. M., Birren, B., et al., 2001, "Initial Sequencing and Analysis of the Human Genome," *Nature* 409: 860-921.
- Lange, Marc, 1996, "Life, 'Artificial Life,' and Scientific Explanation," *Philosophy of Science* 63: 225-244.
- Langton, Christopher, 1992, "Artificial Life," in Nadel, L., and Stein, D., eds., 1991 *Lectures in Complex Systems*, Santa Fe Institute Studies in the Sciences of Complexity, Lectures, 4; Reading, MA: Addison-Wesley, 189-241. Reprinted in Boden 1996, 39-94.
- Lee, Patrick, 1996, *Abortion and Unborn Human Life*, Washington, DC: Catholic University of America Press.
- Levenbook, B, 1984, "Harming Someone After His Death," *Ethics* 94: 407-419.
- Levy, D. E., Bates, D., Caronna, J. J., et al., 1981, "Prognosis in Non-Traumatic Coma," *Annals of Internal Medicine* 94: 293-301.
- Lewis, D., 1973, *Counterfactuals*, Cambridge, MA: Harvard University Press.

―――, 1976, "Survival and Identity," in Rorty, Amelie, ed., *The Identities of Persons*, Berkeley: University of California Press, 17-40. Reprinted in Lewis, D., *Philosophical Papers*, vol. i, Oxford University Press, 1983, 55-77.

―――, 1983, "Extrinsic Properties," *Philosophical Studies* 44, 197-200.

- Lippert-Rasmussen, Kasper, 2007, "Why Killing Some People Is More Seriously Wrong than Killing Others," *Ethics* 117: 716-738.

- Locke, John, 1975, *Essay Concerning Human Understanding* (1690), ed. P. Nidditch, Oxford: Clarendon Press. Reprinted in Perry 1975, 33-52.
- Lucretius, 1951, *On the Nature of the Universe*, trans. Latham, R., Harmondsworth: Penguin.
- Luper(-Foy), Steven, 1987, "Annihilation," *Philosophical Quarterly* 37.148: 233-252. Reprinted in Fischer 1993: 269-290.
- Luper, Steven, 2002, "Death," *The Stanford Encyclopedia of Philosophy (Winter 2002 Edition)*, ed. Zalta, Edward N., http://plato.stanford.edu/archives/win2002/entries/death.

―――, 2004, "Posthumous Harm," *American Philosophical Quarterly* 41: 63-72.

―――, 2005, "Past Desires and the Dead," *Philosophical Studies* 126.3: 331-345.

―――, 2007, "Mortal Harm," *Philosophical Quarterly* 57: 239-251.

- McCarley, R. W., 1999, "Sleep Neurophysiology: Basic Mechanisms Underlying Control of Wakefulness and Sleep," in Chokroverty, S., ed., *Sleep Disorders Medicine*, Boston: Butterworth Heinemann, 21-50.
- McInerney, P., 1990, "Does a Fetus Already Have a Future Like Ours?," *Journal of Philosophy* 87: 264-268.
- MacIntyre, Alasdair, 1981, *After Virtue*, Notre Dame: University of Notre Dame Press.
- Mackie, David, 1999, "Personal Identity and Dead People," *Philosophical Studies* 95: 219-242.
- McMahan, Jeff, 1988, "Death and the Value of Life," *Ethics* 99.1: 32-61. Reprinted in Fischer 1993, 231-267.

———, 1995, "Killing and Equality," *Utilitas* 7: 1-29.

———, 2002, *The Ethics of Killing*, Oxford: Oxford University Press.

- Maltsberger, John, and Goldblatt, Mark, eds., 1996, *Essential Papers on Suicide*, New York: New York University Press.
- Margolis, Joseph, 1978, "Suicide," in Beauchamp, T. L., and Perlin, S., eds., *Ethical Issues in Death and Dying*, Englewood Cliffs, NJ: Prentice-Hall, 92-97.
- Margulis (a.k.a. Sagan), Lynn, 1967, "On the Origin of Mitosing Cells," *Journal of Theoretical Biology* 14.3, 255-274.

———, 1991, *Symbiosis as a Source of Evolutionary Innovation: Speciation and Morphogenesis*, Cambridge, MA: MIT Press.

- Marquis, Don, 1989, "Why Abortion is Immoral," *Journal of Philosophy* 86: 183-203.

———, 1994, "A Future Like Ours and the Concept of Person: A Reply to McInerney and Paske," in Pojman, L., and Beckwith, F., eds., *The Abortion Controversy*, Boston: Jones and Bartlett Publishers, 354-369.

———, 1995, "Fetuses, Futures, and Values: A Reply to Shirley," *Southwest Philosophy Review* 6.2: 263-265.

- Marten, Ken, and Psarakos, Suchi, 1994, "Evidence of Self-awareness in the Bottlenose Dolphin (Tursiops truncatus)," in Parker, S., Boccia, M., and Mitchell, R., eds., *Self-Awareness in Animals and Humans: Developmental Perspectives*, New York: Cambridge University Press, 361-379.
- Mayo, David, 1980, "Irrational Suicide," in Battin and Mayo 1980, 133-

143.
- Mele, Alfred, ed., 1997, *The Philosophy of Action*, Oxford: Oxford University Press.
- Meltzoff, A. N., and Moore, M. K., 1983, "New Born Infants Imitate Adult Facial Gestures," *Child Development* 54: 702-709.
- Mill, J. S., 1863, *Utilitarianism*, London: Parker, Son, & Bourn.
  Miller, Stanley, 1953, "A Production of Amino Acids under Possible Primitive Earth Conditions," *Science*, n.s. 117.3046, 528-529.
- Mitsis, Phillip, 1988, "Epicurus on Death and the Duration of Life," *Proceedings of the Boston Area Colloquium in Ancient Philosophy* 4: 303-322.
- Mollaret, P., and Goulon, M., 1959, "Le coma déassé," *Revue Neurologique* 101: 5-15.
- Moruzzi, G., and Magoun, H. W., 1949, "Brain Stem Reticular Formation and the Activation of the EEG," *Electroencephalography and Clinical Neurophysiology* 1: 455-473.
- Nagel, Thomas, 1993, "Death," in Fischer 1993, 61-69. First published in Noûs 4.1 (1970): 73-80. Also reprinted in Nagel, Thomas, *Mortal Questions*, Cambridge: Cambridge University Press, 1979.
- Nakamura, Ken-Ichi, Izumiyama-Shimomura, Naotaka, Sawabe, Motoji, et al., 2002, "Comparative Analysis of Telomere Lengths and Erosion with Age in Human Epidermis and Lingual Epithelium," *Journal of Investigative Dermatology* 119: 1014-1019.
- Nimchinsky, E. A., Sabatini, B. L., and Svoboda, K., 2002, "Structure and Function of Dendritic Spines," *Annual Review Physics* 64: 313-353.

- Nozick, Robert, 1971, "On the Randian Argument," *The Personalist* 52: 282-304. Reprinted in Paul, J., ed., *Reading Nozick: Essays on Anarchy, State, and Utopia*, Totowa, NJ: Rowman & Littlefield, 206-232.
─────, 1974, *Anarchy, State, and Utopia*, New York: Basic Books.
- Nussbaum, Martha, 1996, *The Therapy of Desire*, Princeton: Princeton University Press.
- Okamoto, Noriko, and Inouye, Isao, 2005, "A Secondary Symbiosis in Progress?," *Science* 14.310: 287.
- O'Keeffe, Terence, 1984, "Suicide and Self-Starvation," *Philosophy* 59.229: 349-363.
- Olson, Eric, 1997, *The Human Animal*, Oxford: Oxford University Press.
─────, 2007, *What Are We? A Study in Personal Ontology*, Oxford: Oxford University Press.
- Oparin, Alexander, 1952, *The Origin of Life*, New York: Dover, 1952. First published in Russian, 1924.
- Overvold, Mark, 1980, "Self-Interest and the Concept of Self-Sacrifice," *Canadian Journal of Philosophy* 10: 105-118.
─────, 1982, "Self-Interest and Getting What You Want," in Miller, H., and Williams, W., eds., The Limits of *Utilitarianism*, Minneapolis: University of Minnesota Press, 185-194.
- Pahel, Kenneth, 1987, "Michael Tooley on Abortion and Potentiality," *Southern Journal of Philosophy* 25.1: 95-96.
- Pallis, Christopher, 1982, "ABC of Brain Stem Death," *British Medical Journal* 285: 1487-1490.

- ———, 1994, "Brain (Stem) Death," in Walton, John, et al., *The Oxford Medical Companion*, Oxford: Oxford University Press, 95-97.
- Parfit, Derek, 1984, *Reasons and Persons*, Oxford: Clarendon Press. Reprinted with note, 1985.
- Perry, John, ed., 1975, *Personal Identity*, Berkeley: University of California Press.
- Pirie, N. W., 1938, "The Meaninglessness of the Terms Life and Living," in Needham, J., and Green, E.E., eds., *Perspectives in Biochemistry*, Cambridge: Cambridge University Press, 11-22.
- Pitcher, G., 1984, "The Misfortunes of the Dead," *American Philosophical Quarterly* 21.2: 217-225. Reprinted in Fischer 1993, 119-134.
- Plum, Fred, 1991, "Coma and Related Global Disturbances of the Human Conscious State," in Peters, A., and Jones, E. G., eds., *Cerebral Cortex*, New York: Plenum Press, 359-425.
- Portmore, Douglas, 2007, "Desire Fulfillment and Posthumous Harm," *American Philosophical Quarterly* 44: 27-38.
- Potten, Christopher, and Wilson, James, 2004, *Apoptosis: The Life and Death of Cells*, Cambridge: Cambridge University Press.
- Prado, C. G., 2008, *Choosing to Die*, Cambridge: Cambridge University Press.
- President's Commission for the Study of Ethical Problems in Medicine and Biomedical and Behavioral Research, 1981, *Report*.
- Quinn, Warren, 1984, "Abortion: Identity and Loss," *Philosophy and Public Affairs* 13.1: 24-54.

- Rachels, James, 1975, "Active and Passive Euthanasia," *New England Journal of Medicine* 292: 78-80.
- ———, 1983, "The Sanctity of Life," in Humber, J. M., ed., *Biomedical Ethics Reviews*, Clifton, NJ: Humana Press, 29-42.
- ———, 1986, *The End of Life*, Oxford: Oxford University Press.
- Rakic, P., 2002, "Pre- and Post-developmental Neurogenesis in Primates," *Clinical Neuroscience Research* 2: 29-39.
- Rawls, John, 1971, *A Theory of Justice*, Cambridge, MA: Harvard University Press.
- Rea, M., 2005, "Four Dimensionalism," *The Oxford Handbook of Metaphysics*, Oxford: Oxford University Press, 246-281.
- Rhoden, Nancy, 1990, "The Limits of Legal Objectivity," *North Carolina Law Review* 68: 845-865.
- Robins, Eli, Murphy, George E., Wilkinson, Robert H., Gassner, Seymour, and Kayes, Jack, 1959, "Some Clinical Considerations in the Prevention of Suicide Based on a Study of One Hundred and Thirty-Four Successful Suicides," *American Journal of Public Health* 49: 888-899. Reprinted in Maltsberger and Goldblatt 1996, 142-160.
- Rosenbaum, Stephen, 1986, "How to be Dead and not Care: A Defense of Epicurus," *American Philosophical Quarterly* 23: 217-225.
- ———, 1989a, "The Symmetry Argument: Lucretius Against the Fear of Death," *Philosophy and Phenomenological Research* 50.2: 353-373.
- ———, 1989b, "Epicurus and Annihilation," *Philosophical Quarterly* 39.154: 81-90. Reprinted in Fischer 1993, 293-304.
- Rosenberg, Jay, 1983, *Thinking Clearly About Death*, New Jersey:

Prentice-Hall.
- Roy, Alec, 1982, "Suicide in Chronic Schizophrenia," *British Journal of Psychiatry* 141: 171-177. Reprinted in Maltsberger and Goldblatt 1996, 442-456.
- Royce, Josiah, 1908, *The Philosophy of Loyalty*, New York: Macmillan.
- Ruben, D.-H., 1988, "A Puzzle about Posthumous Predication," *Philosophical Review* 97.2: 211-236.
- Scanlon, Thomas, 1998, *What We Owe to Each Other*, Cambridge, MA: Harvard University Press.
- Scarre, Geoffrey, 2007, *Death*, Stocksfield: Acumen Press.
- Schopenhauer, Arthur, 1851, "On Suicide," *Parerga und Paralipomena*, Berlin: A. W. Hayn.
- Schroedinger, Erwin, 1944, *What is Life? The Physical Aspect of the Living Cell*, Cambridge: Cambridge University Press.
- Schwarz, Stephen, 1990, *The Moral Question of Abortion*, Chicago: Loyola University Press.
- Scott, D., 2000, "Aristotle on Posthumous Fortune," *Oxford Studies in Ancient Philosophy* 18: 211-229.
- Sedley, D., 1998, *Lucretius and the Transformation of Greek Wisdom*, Cambridge: Cambridge University Press.
- Segal, C., 1990, *Lucretius on Death and Anxiety*, Princeton: Princeton University Press.
- Shewmon, Alan, 1997, "Recovery From 'Brain Death': A Neurologist's Apologia," *Linacre Quarterly* 64: 30-96.
- ———, 1998, "Chronic Brain Death: Meta-analysis and Conceptual

Consequences," *Neurology* 51: 1538-1545.

——, 2001, "The Brain and Somatic Integration: Insights into the Standard Biological Rationale for Equating 'Brain Death' with Death," *Journal of Medicine and Philosophy* 26: 457-478.

- Shneidman, Edwin, 1965, "Preventing Suicide," *American Journal of Nursing* 65: 111-116. Reprinted in Donnelly 1990.
- Silverstein, H., 1980, "The Evil of Death," *Journal of Philosophy* 77.7: 401-424. Reprinted in Fischer 1993, 95-116.

——, 2000, "The Evil of Death Revisited," *Midwest Studies in Philosophy* 24: 116-135.

- Singer, Peter, 1980, "Animals and the Value of Life," in Regan, Tom, ed., *Matters of Life and Death*, 2nd edn., New York: Random House, 338-380.

——, 1994, *Rethinking Life and Death: The Collapse of Our Traditional Ethics*, New York: St. Martin's Griffin.

- Snowdon, Paul, 1990, "Persons, Animals, and Ourselves," in Gill, C., ed., *The Person and the Human Mind: Issues in Ancient and Modern Philosophy*, Oxford: Oxford University Press.
- Sober, Elliott, 1992, "Learning From Functionalism - Prospects for Strong Artificial Life," in Langton, C. G., et al., eds., *Artificial Life II*, Santa Fe Institute Studies in the Sciences of Complexity, Proceedings, 10; Redwood City, CA: Addison-Wesley, 749-66.
- Stalnaker, Robert, 1968, "A Theory of Counditionals," in Rescher, N., ed., *Studies in Logical Theory*, Oxford: Basil Blackwell, 1968.
- Steinbock, Bonnie, 1992, *Life Before Birth: The Moral and Legal Status of*

Embryos and Fetuses, New York: Oxford University Press.

———, 2007, *The Oxford Handbook of Bioethics*, Oxford: Oxford University Press.

- Stone, Jim, 1987, "Why Potentiality Matters," *Canadian Journal of Philosophy* 17.4: 815-830.

———, 1994, "Why Potentiality Still Matters," *Canadian Journal of Philosophy* 24.2, 281-294.

- Stretton, Dean, 2004, "The Deprivation Argument Against Abortion," *Bioethics* 18.2: 144-180.

- Suits, David, 2001, "Why Death Is Not Bad for the One Who Died," *American Philosophical Quarterly* 38.1: 69-84. Reprinted in Benatar 2004, 265-284.

- Super, H., Soriano, E., and Uylings, H. B., 1998, "The Functions of the Preplate in Development and Evolution of the Neocortex and Hippocampus," *Brain Research Reviews* 27: 40-64.

- Szasz, Thomas, 1999, *Fatal Freedom: The Ethics and Politics of Suicide*, Syracuse: Syracuse University Press.

- Taylor, James, 2008, "Harming the Dead," *Journal of Philosophical Research* 33: 185-202.

- Thomas Aquinas, 1925, "Whether It is Lawful to Kill Oneself?," *Summa Theologica*, New York: Benziger Brothers, Inc.; London: Burns & Oaks, Ltd., Part 2, Question 64, A5.

- Thomas, Lewis, 1974, *The Lives of a Cell: Notes of a Biology Watcher*, New York: Viking Press.

- Thomson, Judith, 1971, "A Defense of Abortion," *Philosophy and Public*

Affairs 1.1: 47-66.

- Tolhurst, William E., 1983, "Suicide, Self-Sacrifice, and Coercion," *Southern Journal of Philosophy* 21: 109-121. Reprinted in Donnelly, John, ed., *Suicide: Right or Wrong*, Buffalo: Prometheus Books, 77-92.
- Tooley, Michael, 1972, "Abortion and Infanticide," *Philosophy and Public Affairs* 2.1: 37-65.

─────, 1983, *Abortion and Infanticide*, Oxford: Clarendon Press.

- Truog, R. D., and Facler, J. C., 1992, "Rethinking Brain Death," *Critical Care Medicine* 20: 1705-1713.
- Tye, Michael, 2003, *Consciousness and Persons: Unity and Identity*, Cambridge, MA: MIT Press.
- Unamuno, Miguel, 1954, *The Tragic Sense of Life*, New York: Dover. US Department of Health and Human Services, 2007, www.cdc.gov/nchs/datawh/statab/unpubd/mortabs/lcwk9_10.htm.
- Van Inwagen, Peter, 1990, *Material Beings*, Ithaca: Cornell University Press.
- Veatch, Robert M., 1975, "The Whole-Brain-Oriented Concept of Death: An Outmoded Philosophical Formulation," *Journal of Thanatology* 3: 13-30. ed., 1979, *Life Span: Values and Life-extending Technologies*, San Francisco: Harper & Row.
- Velleman, David, 1991, "Well-Being and Time," *Pacific Philosophical Quarterly* 72: 48-77. Reprinted in Fischer 1993, 329-357.

─────, 1993, *Morality and Action*, New York: Cambridge University Press.

─────, 1999, "A Right of Self-termination?," *Ethics* 109: 606-628.

- Von Economo, Constantin, 1931, *Encephalitis Lethargica: Its Sequelae and Treatment*, London: Oxford University Press.
- Vorobej, M., 1998, "Past Desires," *Philosophical Studies* 90: 305-318.
- Wade, Nicholas, 2007, "Scientists Transplant Genome of Bacteria," *New York Times*, June 29.
- Waluchow, W. J., 1986, "Feinberg's Theory of 'Preposthumous' Harm," *Dialogue* 25: 727-734.
- Warren, James, 2001, "Lucretius, Symmetry Arguments, and Fearing Death," *Phronesis* 46: 466-491.
- ──, 2004, *Facing Death: Epicurus and His Critics*, Oxford: Oxford University Press.
- Warren, Mary Ann, 1973, "On the Moral and Legal Status of Abortion," *Monist* 57.1: 43-61.
- Warwick, Kevin, 2002, *I, Cyborg*, London: Century.
- Wiggins, David, 1967, *Identity and Spatio-Temporal Continuity*, Oxford: Basil Blackwell.
- ──, 1980, *Sameness and Substance*, Oxford: Basil Blackwell.
- Williams, Bernard, 1970, "The Self and the Future," *Philosophical Review* 79.2: 161-180. Reprinted in Williams, Bernard, *Problems of the Self*, Cambridge: Cambridge University Press, and in Perry, John, ed., Personal Identity, Berkeley, CA: University of California Press, 1975, 179-198.
- ──, 1973, "The Makropulos Case: Reflections on the Tedium of Immortality," in Williams, Bernard, *Problems of the Self*, Cambridge: Cambridge University Press.

- Williams, Christopher, 2007, "Death and Deprivation," *Pacific Philosophical Quarterly* 88.2: 265-283.
- Wilson, Edward, and Höldobler, Bert, 2005, "Eusociality: Origin and Consequences," *Proceedings of the National Academy of Sciences*, USA: 102: 13367-13371.
- Windt, Peter, 1980, "The Concept of Suicide," in Battin and Mayo 1980, 39-48.
- Young, Robert, 2007, *Medically Assisted Death*, Cambridge: Cambridge University Press.

: 찾아보기 :

ㄱ

(가장 가까운) 가능 세계 · 164~169,
171~172, 194~195, 198, 205, 235,
328, 331~332, 404, 414~415, 418
가치 점진주의 · 399
감각적 쾌락 · 178~179, 189
감손 해악 논제 · 323~324, 326
객관주의(객관적 목록 이론) · 188~189,
240
갤럽(Gordon Gallup) · 400
거울 시험 · 400
결부 논제 · 329
결합 설명 · 20, 285, 317~322,
326~328, 335, 366, 376, 382, 402,
425
경험 기계 · 176~177, 180~181
계층 논제 · 290, 293, 297, 326, 334

고립된 동물 · 419
고립된 주체 · 60, 63, 96
고타마(Siddhārtha Gautama) · 148
과잉결정의 문제 · 196~199
과정 죽음 · 141~143
그레이(William Grey) · 276
극초소형 로봇 · 49
근사 자연 통합 죽음 · 103~104
기만당하고 있는 남자 · 176, 180, 272
길랭-바레 증후군 · 108

ㄴ

나노봇 · 49
낙태에 대한 유사한 삶 논증 · 390~391,
401~402, 405~406, 421, 425~426
낙태에 대한 주체 가치 논증 · 387
네이글(Thomas Nagel) · 123~124, 175,

177~181, 213~217, 259, 274~277
노직(Robert Nozick) • 175, 178, 180~181
뇌사(뇌간사) • 55~56, 62~64, 99~104, 109, 112

ㄷ

다원주의 • 17, 173, 188~190, 200, 240, 289
다중성 문제 • 40~41
단계 분류 • 64~65, 72
대뇌사 • 109
대칭 논증 • 15, 114, 117~118, 121, 123
데이비슨(Donald Davidson) • 51
도덕적 입장 • 74~75, 319~320
도덕적 지위 • 75, 327, 386
독립영양생물 • 44
독립적 욕구 • 150, 152
동등성 • 367
동물 본질주의(동물주의) • 11~13, 60, 76, 91, 93, 96, 395~396, 398, 401, 426
동물 에피쿠로스주의 • 322~323
동물적 설명 • 11~12, 60~64, 72, 77
동시주의 • 253, 268~270, 276~278, 280
동의 설명 • 19, 284, 313~317, 334, 424
뒤르켐(Emile Durkheim) • 343
드렉슬러(Eric Drexler) • 49
드워킨(Ronald Dworkin) • 295

ㄹ

라몬트(Julian Lamont) • 268, 275
랠스턴(Aron Ralston) • 352, 360
레븐북(Barbara Levenbook) • 135
레이첼즈(James Rachels) • 285, 350
로빈스(Eli Robins) • 356
로이스(Josiah Royce) • 191
로젠바움(Stephen Rosenbaum) • 116, 192, 211~217
롤스(John Rawls) • 186
루벤(David-Hillel Ruben) • 260, 262
루이스(David Lewis) • 56~58, 111
루크레티우스(Lucretius) • 15, 114~123, 126~127
리(Patrick Lee) • 299
리바이어던 • 26
링컨(Abraham Lincoln) • 251, 257, 259~262, 264, 266, 275

ㅁ

마르퀴스(Don Marquis)・285, 388~392, 396, 401~406, 421
만족스러운 유아 상태・176, 179~181
맥마핸(Jeff McMahan)・59~60, 63, 72~73, 318, 327~336, 406~410, 411~414, 416~419, 426~427
맥킨타이어(Alasdair MacIntyre)・190
메노이케우스에게 보내는 편지・5, 129, 144, 202
무관심 논제・220~222, 224, 227
무능한 주체・317~319, 321, 335, 350, 372, 377~383, 402
무응답 불확정주의・277
무조건적 욕구・151, 153~154
무해한 좌절・228, 230, 241

ㅂ

반 인와겐(Peter van Inwagen)・62
반응 가능・237~238, 415
반응 불능・234~235, 237~238, 242, 404, 415, 418
반응성・265~268, 277
벌거벗은 뇌 문제・66
벡(Aaron Beck)・356~357
벨러먼(David Velleman)・190, 307~308
보비(Jean-Dominique Bauby)・108~109
복제자・11, 32~33, 36, 39, 45~47, 49, 74~76, 78
부닌(David Boonin)・421~425
분리 논제・59, 329
불확정주의・253, 274, 276~277, 279
브라운(Curtis Brown)・145
브래들리(Ben Bradley)・256, 263~264
비교주의(표준적 비교주의)・16, 153, 162, 167, 170, 173~174, 193, 198~203, 205~215, 218, 228~230, 233, 235~242, 247~248, 250, 253, 263, 272~273, 278~279, 285, 323, 328~335, 403~407, 418~419, 421, 423~427
비대칭 논증・15, 121~123
비의도적 안락사・350
비의도적인 소극적 자살・346, 367~368
비의도적인 적극적 안락사・351
비판적 선호주의・186

ㅅ

(사건) 타입 • 167~171, 199, 230, 247
(사건) 토큰 • 167~168, 196, 199, 230
사물의 본성에 관하여 • 114
사이보그(사이버네틱 유기체) • 48, 64, 67
사적 죽음 • 95
사후 해악 논제 113, 130, 134, 158~159, 193, 200
상위 뇌 기준 • 109
생각하는 동물 문제 • 68, 71~72
샤이보(Terry Schiavo) • 13
선행주의 • 253, 270~273, 276~279, 405, 415
선호주의 • 17, 173, 181~190, 200~201, 207, 239, 266, 270, 289, 418
성취 선호주의 • 187~188
세포 내 공생 • 28, 37
세포의 삶 • 34
세포자멸사 • 80~83, 86, 106, 111, 137
소극적 안락사 • 350~351, 367, 377, 384
소극적 자살 • 344~346, 351, 363, 367~368, 377
소극적 쾌락주의 194, 202~205, 213, 239~240, 250, 286~289
소크라테스(Socrates) • 9, 83~84, 92~93, 142, 251, 267, 344~345
쇼펜하우어(Arthur Schopenhauer) • 439
슈나이드먼(Edwin Shneidman) • 358
스캔런(Thomas Scanlon) • 187
시간 상대적 • 154~155, 218, 327, 330, 332~333, 406~410, 412~416
시간 중립적 • 154~156, 218, 331, 406
시간적 편향 • 125~127
실버스타인(Harry Silverstein) • 212, 214~215, 217, 259, 274
실체 분류 • 64, 72
심리적 설명 • 11, 13, 53~56, 58, 60, 66~68, 76
심리적 연결성 • 53~54, 59, 66~68, 76, 329, 330, 332~333, 335, 407, 412~413, 419, 426
심리적 연속성 • 52~54, 58~59, 64~68, 110

ㅇ

아리스토텔레스(Aristoteles) • 40, 270
아퀴나스(Thomas Aquinas) • 296, 369

아타락시아 • 118, 142~143, 147, 159~160

앨저넌에게 꽃을 • 231

에피쿠로스(Epicuros) • 5, 9~10, 15, 17, 114, 117~119, 128~132, 134, 137~148, 150, 153, 158~159, 160~161, 193~194, 201~206, 211~216, 218~219, 227~228, 243~245, 256, 267, 286, 322,

에피쿠로스주의 • 152~157, 194, 201, 203, 219, 227~228, 233, 240, 243~246, 248~252, 258~259, 278, 287~288, 323

영(Robert Young) • 380~381

영원주의 • 253, 258, 276~277, 279

예방적 자살 • 354

오버볼드(Mark Overvold) • 187

오츠(Lawrence Oates) • 347

올슨(Eric Olson) • 51

올트먼(Sidney Altman) • 30

욕구 실재주의 • 238

욕구 충족 이론 • 181

우나무노(Miguel de Unamuno) • 212

워런(James Warren) • 116

워릭(Kevin Warwick) • 48

원래의 원인 • 67, 94

위긴스(David Wiggins) • 64

유능한 주체 • 317~321, 326~327, 335, 350, 366, 371~378, 381, 383, 402~403, 424~425

유사한 삶 논제 • 389, 391~393, 396, 398

은폐된 배신 • 213, 216

의도적 자살 • 345

의도적인 소극적 안락사 • 351

의도적인 소극적 자살 • 351

의도적인 적극적 안락사 • 351, 367

의도적인 적극적 자살 • 345, 363, 367

의식 불능자의 불평등 • 303, 320

이것이냐 저것이냐 • 191

이분법적 비교주의 • 205~213, 240, 250

이성과 개인 • 223, 227

이익 상대주의(시간 상대적 이익 설명) • 331~334, 406~407, 409, 414, 416~417, 426

이익 실재주의 • 233~238, 242, 403~404, 406, 414~419, 426~427

이익 실재주의적 비교주의 · 235~238, 403~404, 418~419

이타적 자살 · 346~347

이타적이고 의도적인 적극적 자살 · 347

이행성 · 54~55

인격 본질주의(인격주의) · 11, 13, 21, 67, 68, 71, 76~77, 96, 110, 392~397, 426

인공 통합 죽음 · 102~103

일률적 사망 판정법 · 100

임계 죽음 · 85~87, 95, 98, 104, 112

임상사 · 97~99, 101

ㅈ

자가소화(자가분해) · 80, 84, 106

자발적 안락사 · 350

자살론 · 343

자연 통합 죽음 · 102~103

자연선택 · 29, 45, 47

잠금 증후군 · 108

잠수종과 나비 · 108

적극적 안락사 · 338, 350~351, 355, 375~376, 381~382, 384

적극적 자살 · 344~346, 355, 360~363, 367, 371, 376

정신 본질주의(마음주의) · 11~13, 68~69, 71~73, 76~77, 93, 96, 392~393, 395~397, 425

정신적 설명 · 11, 13, 63, 76

조건적 욕구 · 151~153

존중의 문턱 · 328, 333, 406

종 우월주의 · 296, 305

종결 논제 · 91, 93~94, 132~134

종결 죽음 · 85~87, 95, 112, 140~143, 159

종결적 자살 · 354

종속영양생물 · 44

주요 가르침 · 143

주체 가치 설명 · 19~20, 284, 294~298, 305~307, 311~312, 334, 363, 366, 382, 387~388

죽음의 과정 · 14, 84, 87, 95, 112, 137~139, 141

죽음의 상태 · 117, 139, 230

진사회성 · 35~36

ㅊ

체크(Thomas Cech) · 30

최대 주체 가치 설명 • 300~307,
　320~322, 326~327, 334~335, 363
최선과 최악에 관하여 • 150
최선의 설명으로의 추론 • 407, 440
치명적 충돌 • 234, 237~238

ㅋ

카츠(Leonard Katz) • 181
칸트(Immanuel Kant) • 163, 296,
　311~312, 328, 362~363
캄(Frances Kamm) • 128
커즈와일(Ray Kurzweil) • 67
케임브리지 변화 • 261~262
켈러(Simon Keller) • 187
쾌락주의(적극적 쾌락주의) • 17, 156~157,
　173~181, 188~191, 194~200,
　205~207, 210~215, 239, 265, 286,
　289
퀸(Warren Quinn) • 318
크루잔(Nancy Cruzan) • 13
크립키(Saul Kripke) • 123
키르케고르(Søren Kierkegaard) • 191
키스(Daniel Keyes) • 231
키케로(Cicero) • 150

ㅌ

타산적 자살 • 346
타이(Michael Tye) • 73
태도적 쾌락 • 178~181, 189
태아 상해 • 411~416, 427
토머스(Lewis Thomas) • 34~38
통 속의 뇌 • 65~66, 74
통합 죽음 • 86, 100~104, 112
툴리(Michael Tooley) • 422
트랜스휴머니즘 • 47~48

ㅍ

파인버그(Joel Feinberg) • 135, 270
파핏(Derek Parfit) • 58~59, 64~65,
　67, 125~127, 154~157, 187, 203,
　218~227, 328, 330
팔리스(Christopher Pallis) • 105
페이트(Neil Feit) • 256, 276
펠드먼(Fred Feldman) • 178~181, 189,
　196, 214, 253~257, 263
평등 논제 • 291~293, 302, 320
평등주의 • 291~292, 314, 319~320,
　326, 335, 366
포트모어(Douglas Portmore) • 187

프라도(Carlos G. Prado) • 354
프랭크퍼트(Harry Frankfurt) • 191
플라톤(Platon) • 92~93
피처(George Pitcher) • 270

ㅎ

해악 논제 • 113~114, 121, 128, 130, 138, 158, 193~194, 201, 205, 212, 218~219, 228, 240, 243, 245, 246, 250, 252, 274, 278~279, 322
해악 설명 • 18, 284~287, 289~294, 317, 326, 334, 336, 386, 402, 416, 423~425
헤이플릭(Leonard Hayflick) • 81
헤이플릭 한계 • 81, 110
헨딘(Herbert Hendin) • 357
현실 세계 • 123, 164~166, 169, 171~172, 194~195, 198, 235, 328, 331~332, 404, 414~415, 418
현재 욕구 비교주의 • 421, 423~424
현재 중심적 이기주의 • 154~157, 160
현재 지향 이론 • 220~222
형이상학적 점진주의 • 398~399, 404, 426
호모 사피엔스 • 50~52, 60, 70, 78
혼합 설명 • 363, 366, 388
홉스(Thomas Hobbes) • 26~27
후행주의 • 253, 258~259, 262~265, 267~270, 276~277, 279
흄(David Hume) • 369, 439
흐릿한 경계 • 276~277, 279

옮긴이 **조민호**

안타레스 대표. 연세대학교 철학과를 졸업한 뒤 단행본 출판 편집자로 일하면서 인문 및 경제경영 분야 150여 종의 책을 기획·편집했고 저작권 에이전트로도 활동했다. 옮긴 책으로 《불안을 철학하다》, 《모든 삶은 충분해야 한다》, 《과학이 권력을 만났을 때》, 《이코노믹 허스토리》, 《지루할 틈 없는 경제학》, 《로빈 니블렛의 신냉전》, 《가난한 리처드의 달력》, 《리더십의 심리학》 등이 있다.

가슴으로 읽는 철학 ②
죽음을 철학하다

초판 1쇄 인쇄 2025년 10월 23일
초판 1쇄 발행 2025년 10월 30일

지은이 스티븐 루퍼
옮긴이 조민호

펴낸곳 안타레스 유한회사
출판등록 2020년 1월 3일 제390-251002020000005호
주소 경기도 광명시 일직로 72, 광명무역센터 A동 1312호
전화 070-8064-4675 팩스 02-6499-9629
이메일 antares@antaresbook.com
블로그 blog.naver.com/antaresbook   페이스북 facebook.com/antaresbooks
인스타그램 instagram.com/antares_book   유튜브 youtube.com/@antaresbook

한국어판 출판권 ⓒ 안타레스 유한회사, 2025
ISBN 979-11-91742-32-9 03100

안타레스는 안타레스 유한회사의 단행본 전문 출판 브랜드입니다. 삶의 가치를 밝히는 지식의 빛이 되겠습니다.
이 책의 한국어판 출판권은 EYA(Eric Yang Agency)를 통해 Cambridge University Press와 독점 계약한 안타레스 유한회사에 있습니다. 저작권법에 따라 보호를 받는 저작물이므로 무단 전재와 복제를 금합니다.
이 책 내용의 전부 또는 일부를 이용하려면 반드시 저작권자와 안타레스 유한회사의 서면 동의를 받아야 합니다.

*책값은 뒤표지에 있습니다. 잘못 만들어진 책은 구입하신 곳에서 바꿔드립니다.

DEATH